孤戰困局

Britain in Crisis

邱吉爾記下

最艱困的防線

盟軍尚未集結、敵軍持續壓境
英國在焦土與外交間尋找下一步

(Winston Churchill)
溫斯頓·邱吉爾　著
伊莉莎　編譯

從沙漠到地中海，全線危機一觸即
英國由孤戰邁向國際聯盟的關鍵時期

軸心勢力擴張深化，邱吉爾調度軍政資源應對全球性戰略危機

目錄

致謝 …… 005

序言 …… 007

沙漠戰事與巴爾幹局勢 …… 009

戰火持續蔓延 …… 027

閃電戰與英方反制 …… 041

地中海的激烈攻防 …… 057

非洲戰局與義軍潰敗 …… 077

援助希臘的重大決定 …… 089

大西洋戰役初期 …… 105

大西洋戰役延續 …… 125

南斯拉夫局勢變局勢變化 …… 141

日本特使來訪紀錄 …… 159

托布魯克遭到攻擊 …… 175

希臘戰事全面爆發 …… 195

的黎波里與老虎計畫 …… 211

伊拉克政局的背叛行動……225
克里特島危機前夕……237
克里特島戰役詳述……253
俾斯麥號最終命運……271
敘利亞戰役與法國勢力……283
戰斧計畫實施……295
蘇聯的誤判與報應……311
我們的蘇聯盟友……331
托布魯克防禦與非洲戰事暫歇……347
與羅斯福的會談……367
大西洋憲章的簽立……379

致謝

我再次向協助我完成著作的朋友們表示感謝，包括陸軍中將亨利．波納爾爵士、艾倫海軍准將、迪金上校、愛德華．馬什爵士、丹尼斯．凱利先生和伍德先生。對於審閱原稿並提供意見的其他許多人士，我同樣深表謝意。

伊斯梅勛爵及其他友人曾不斷向我提供支持。

蒙受英王陛下政府的許可，得以複製部分官方文件之文字，這些文件的版權依法歸屬英王陛下政府文書局，特此致謝。按英王陛下政府之規定，為保密起見，本卷中刊載的部分電文已由我根據原意進行改寫。此類更動未更改其原意或實質。

溫斯頓．邱吉爾

致謝

序言

如同以往，本書僅提供關於第二次世界大戰的史料及相關敘述。我從英國首相兼具對軍事負有特殊責任之國防大臣的角度敘述這段歷史。由於軍事問題在相當程度上直接屬於我的職責範圍，因此我對英國的戰役作了相當詳盡的討論。至於盟國的戰鬥，除了作為背景外，無法逐一詳述。為了盡量求得公正，這些戰役情況應留待本國歷史學家，或將來更接近通史的英國著作去記載。我承認無法使這些記載的篇幅保持均衡比例，因此我力求將經歷的歷史事件寫得真實些。

本書的主要資料來源依舊是我在日常指揮戰鬥和處理英國事務時所發出的多項指令、電報與備忘錄。這些皆為原始文件，並在此隨著事件的進展被引用。因此，相較於我在真相大白後撰寫的任何作品，這些文件提供了更為確鑿的紀錄，並且，我相信，它們更準確地揭示了當時發生的事件和當時的觀點。在這些文件中，雖然包含了一些後來被證明為錯誤的意見和預測，但我希望透過全書的描述及資料的提供能有助於評判我個人在這場戰爭中的功過。唯有如此，讀者方能理解我們在當時知識水準受限之下所需解決的實際問題。

另外，我收到的回覆通常是政府各部門冗長的備忘錄。無法完整全文刊登這些文件不僅因為本書篇幅有限，而且在許多情況下我也無權這樣做，因此，我盡量避免指責具體個人。在可能的情況下，我力求對回覆進行概括性的描述，不過，整體而言，這裡參考使用的文件足以能夠說明情況。

在本書中，我們將再次探討大規模戰爭。在俄國前線的戰鬥中，雙方投入的軍隊數量與法蘭西戰役相當。在這條遠比法蘭西戰線更為漫長的戰線上，各個據點都有大量軍隊進行激烈交戰，殺戮之慘烈，遠超其他地區的戰鬥情況。對於德國和俄國軍隊之間的戰鬥，我僅在作為英國和西方盟國行動的背景時予以討論，除此之外，我不做進一步描述。1941 年和 1942 年俄國的英雄事蹟值得進行詳盡而理性的研究，並以英文記錄。外國人想要描述俄國人的苦難與榮耀，條件並不便利，儘管如此，仍應努力。也不應因蘇聯政府已將所有榮譽據為己有而使這種情感冷卻。

希特勒對俄國的進攻，象徵著 1940 年整整一年英國獨力對抗德國時期的結束：在這一年裡，大不列顛及其帝國頑強地單獨作戰，並且不斷壯大本身實力。6 個月後，美國因受到日本的猛烈襲擊，成為我們堅定的盟友。我們的聯合行動，早在我與羅斯福總統的函電往來中奠定了基礎，因此不僅可以預見我們的作戰方式，還能推測我們行動的結果。整個英語世界在軍事合作上的高效協同並建立了偉大的同盟。

溫斯頓・邱吉爾

於肯特郡，韋斯特漢，查特韋爾莊園

1950 年 1 月 1 日

英國人如何歷盡艱辛繼續作戰，

直至蘇聯與美國投入此戰之際。

沙漠戰事與巴爾幹局勢

回顧那段動盪不安的戰爭歲月，我無法回憶起有任何時期如同 1941 年上半年這般，戰事如火如荼，問題蜂擁而至，或接踵而來，不斷困擾著我和同僚。事件規模逐漸擴大，但決策並未因此更加艱難。1942 年，我們在軍事上遭遇更大挫折，但那時我們已經不再孤立，英國命運與偉大同盟緊密相連。在 1941 年，我們面臨的各種問題無不相互關聯，需綜合解決。分配給一個戰場的資源，必然來自另一個戰場。在此地關注，意味著他處冒險。我們的資源極為有限。十幾個強國的態度，尚未明確是友善、中立，還是敵對。在國內，我們須應付潛艇威脅、敵機空襲和頻繁的閃電戰；在中東，我們進行多場戰役；同時，我們試圖在巴爾幹半島開闢對德作戰的新戰線。此一階段的漫長時期，我們不得不獨自奮戰。歷經風浪後，我們在急流中掙扎，憑藉本身努力，日復一日地抗爭只圖不被急流吞沒，履行職責，而更為重大的事件則無情地推進。記述此段歷史的困難之一，正是這兩者之間常使我們顧此失彼。

在大不列顛，我們終於奠定了堅實的基礎。我堅信，只要我們在國內保持高度警惕並維持必要的兵力，德國在 1941 年的攻勢對我們並無太大威脅。德國空軍在各個戰場的力量與 1940 年相比幾乎沒有增加，而我們的戰鬥機中隊已經從 51 支增至 78 支，轟炸機中隊也從 27 支增至 45 支。德國在 1940 年的空戰中未能取勝，看來他們在 1941 年也將毫無勝算。我們的本土陸軍已經大大加強，從 1940 年 9 月至 1941 年 9 月，現役師團從 26 個增至 34 個，另有 5 個裝甲師。此外，軍隊訓練有素，武器裝備也大幅增加。國民自衛軍已從 100 萬增至 150 萬，並且全員持有槍支。在兵力、機動性、裝備、訓練、組織和防禦工事等各方面都取得了巨大進展。顯然，希特勒若要侵犯英國，需時刻保持超過所需的兵力。要征服我們，至少需要渡海運送百萬士兵及所需的補給。到 1941 年，他可能擁有大量登陸艇，但由於我們在空軍和海軍方面占據優勢，足以掌控海、空，我們確信有能力摧毀或重創德國的入侵艦隊。因此，我們在 1940 年所依靠的證據，現在更為有力。只要我們保持警惕，不大幅削減防衛力量，戰時內閣和參謀長委員會便不會感到憂慮。

儘管我們的美國朋友 —— 其中一些將軍曾訪問過我們 —— 對我們的處境深感憂慮，並且全球普遍認為德國進攻不列顛的可能性很大，但我們卻自信地利用現有的船舶運輸能力，將所有軍隊調往海外，投入中東和地中海地區的戰鬥。這個戰略是我們最終勝利的關鍵，而最初的重大進展始於 1941 年。戰爭中，軍隊必須戰鬥。非洲是我們唯一能夠與敵人在陸地上對抗的大陸。保衛埃及和馬爾他是我們的責任，而義大利帝國的崩潰是我們能獲得的首個戰果。英國在中東抵禦咄咄逼人的軸心國，我們試圖聯合巴爾幹各國和土耳其共同抵禦敵人，便是我們當前敘述的主題與線索。

沙漠地區的勝利使得這一年初期充滿了喜悅的氛圍。1941 年 1 月 5 日，巴納迪亞被攻占，超過 4 萬名守軍投降。托布魯克似乎即將落入我們手中。果然，不到兩週它便被攻陷，俘虜了將近 3 萬人。1 月 19 日，我們收復了蘇丹境內的卡薩拉。20 日，進入義大利殖民地厄利垂亞。幾天之後，奪取了敵方的供應基地比夏。20 日，海爾．塞拉西皇帝回到了衣索比亞。然而，在此期間，我們不斷收到關於德國為發動巴爾幹戰役而進行調遣和準備的報告。我向三軍參謀長們提出了我對整體戰局的評估，他們大致上同意我的觀點。

首相致函伊斯梅將軍，轉交參謀長聯席會議

1941 年 1 月 6 日

一

1. 在 1941 年的最初幾個月，我們在海外作戰的主要目標是迅速擊潰東北非的義大利武裝力量。一旦昔蘭尼加的義軍被消滅，尼羅河集團軍即可承擔其他任務。至於具體任務，目前尚無法確定。

2. 一旦巴納迪亞被攻克，我們即可在此設立一個前進基地，為奪取托布魯克做好準備。成功占領巴納迪亞和托布魯克後，我們幾乎可以完全棄用陸路交通以支持亞歷山大港，轉而依賴海上運輸繼續向西推進。現在應制定充分利用托布魯克的計畫。

3. 駐紮在巴納迪亞和托布魯克以西的攻擊部隊無需過多。英國第 2 和第 7 裝甲師、第 6 澳洲師，以及即將改編為師的紐西蘭旅團，可能還有一、兩個英國旅，總人數不超過 40, 000 ～ 45, 000 人，足以壓制義大利軍隊殘餘的抵抗並攻占班加西。從托布魯克沿海岸公路到班加西的距離僅有 250 多英里，而從亞歷山大港到托布魯克則約 370 英里。因此，一旦托布魯克被設為基地並成為我們陸上交通的起點，陸路運輸不至於比目前更為緊張，並且可以從托布魯克重新出發，托布魯克將取代亞歷山大的地位，只需維持一支數量不多但足夠使用的攻擊部隊即可。攻占班加西後，利比亞戰役的這個階段即告結束。

4. 問題的關鍵在於所需時間的長短。鑑於義大利軍隊的精銳部隊、車輛及裝備遭受重創，再加上我們掌握了制海權，昔蘭尼加的崩潰似乎已成定局。誠然，情況隨時可能迅速轉變，因此顯然需要加快行動。然而，如果在 3 個月以內成功占領班加西及其東部地區，並將其用作陸軍和海軍的基地，這便能滿足我們的整體戰略需求。

5. 因此，利比亞的軍事行動並未對在衣索比亞攻擊義軍的戰役產生任何影響。韋維爾將軍已調回第 4 印度師，第 5 印度師也可隨時動用。因此，進攻卡薩拉的計畫已經具備可行性，並且能夠在衣索比亞境內更廣泛地策動起義，同時，肯亞的部隊也可以沿魯道夫湖向北推進。在衣索比亞被孤立的義大利守軍，隨時可能向我們提出停戰的請求。這支軍隊之所以還能堅持，必定是因為他們懷有以下希望：期望義軍能夠占領尼羅河三角洲和蘇伊士運河，進而恢復交通，使軍需物資可以通過尼羅河和紅海運輸。這些希望已經破滅。另一方面，由於衣索比亞地域遼闊，但交通匱乏，尤其缺乏海上交通，難以維持大批軍隊的補給，可能導致他們不定期拖延。然而，到 1941 年 4 月底前，駐衣索比亞的義軍屈服或被擊潰的希望是有依據的。

6. 當這個戰略顯現出效果時，我們駐紮在肯亞，以及蘇丹和衣索比亞的所有精銳部隊，將向北推進。隨後，這些部隊將被部署為東地中海地區的後備軍。如果我們假設目前中東地區的總兵力大約為 37 萬人（包括第 5 和第 6 運輸船隊），那麼可以合理預期，在衣索比亞、昔蘭尼加、埃及和巴勒斯坦部署必要的駐軍和保全部隊之後，尼羅河流域將駐紮相當於 10 個師的兵力，連同從國內調來的額外兩個師，總計 12 個師。這樣，這 12 個師在 1941 年 4 月底前就可以調動至其他地區（若無新的干擾）。

二

7. 德國若試圖違背西班牙人民和政府的意願，強行通過西班牙進攻直布羅陀海峽，那將是極其危險且不確定的冒險，尤其是在當前時刻。希特勒面臨諸多不滿的民族，因而他不敢輕易冒犯西班牙，這並不讓人意外。當然，如果得到西班牙政府的許可，德國控制里斯本以及阿爾赫西拉斯和休達的炮臺將會毫不費力。希爾加思海軍上校（英國駐馬德里的海軍武官）曾長期駐留西班牙，近期與英國駐西班牙大使進行了意見交流。根據他的看法，西班牙政府越來越不可能允許希特勒借道或參戰，與我為敵。韋維爾將軍在利比亞的勝利，已在西班牙輿論中發酵並將繼續產生重要影響。若德國未獲許可，他們絕不會在 1941 年 4 月前試圖強行入侵並穿越西班牙。從各個角度來看，這種拖延對我們有利。我們可以利用直布羅陀，並有時間讓中東的部隊完成任務後轉移他處。最重要的是：法國和維琪局勢的發展已出現好轉的可能。

8. 我們必須極其謹慎，避免在西班牙出現問題，或令西班牙政府對我們的敵意加深，亦不可刺激希特勒先生在西班牙採取激進政策。這一切皆為推測，難以證實。然而，儘管在政治和氣候條件對希特勒較為有利時，他並未如我們所顧慮那般通過西班牙進攻直布羅陀，這個事實大致構成一個合理且可信的假設：德國在西班牙的任何冒險行動，至少會推遲至春季。

三

9. 德國在西班牙的行動推遲至春季的可能性，激發了這樣的期望：維琪政府可能在德國的壓力或實際入侵下，選擇在北非重新作戰，或授權魏剛將軍採取行動。如果在直布羅陀海峽被德國控制之前發生這種情況，我們將有極大的機會阻止德國對直布羅陀海峽的企圖。我們可以通過大西洋港口將部隊運往摩洛哥，並利用法國在北非的空軍基地。地中海區域的整體局勢將因此而完全改變，對我方變得有利。在的黎波里的義大利殘餘部隊將無法立足。我們很可能打通地中海航線，將軍需物資和援軍運送至中東地區。

10. 因此，我們認為應向貝當元帥和魏剛將軍保證，一旦他們決定採取我們極為期望的重要步驟，我們將動用最多 6 個陸軍師、強大的空軍和必要的海軍來支援他們。我們也應該讓他們意識到，如果等到德國人已經穿越西班牙並控制直布羅陀海峽和摩洛哥北部再行動，可能面臨何種危險。維琪政府的反應，我們只能拭目以待。同時，我們將在海軍便利時，間歇性地對法國實施封鎖。此舉部分是為了堅持原則，部分是為了製造英、法之間的「煙幕」，以免維琪政府誤以為即便他們無所作為，我們也不會對他們採取措施。法國局勢將迅速演變，這對我們十分有利。希特勒先生可能對此有所察覺。然而，很可能在西班牙發生任何關鍵事件之前，法國的局勢發展已達到頂點。

四

11. 我們依然應該推測，希特勒即將展開大規模的進攻，目前他正以德國人特有的堅持不懈精神進行大規模的籌備。顯然，他能夠輕而易舉地經過義大利南下，在西西里島部署空軍力量。或許這個行動已經在進行中。

12. 請參謀長委員會加快研究「流入」（占領西西里島的作戰計畫），顯然，這項計畫需要迅速展開。然而，目前尚未發現將「流入」作戰計畫置於利比亞軍事行動之前的理由。無論如何，必須先攻占托布魯克並在該地建立一個穩固的前進基地以確保埃及的安全，才能考慮其他行動。

五

13. 上述情況無不顯示，最符合我們利益的戰略，便是將德國對巴爾幹的任何進軍延至春季。正因為如此，我們必須考慮到德國可能會提前採取行動。希臘軍隊的表現對我們有極大助力。雖然我們對他們僅提供了有限的空軍支援，而他們對此並無怨言。然而，若他們在取得勝利後遭遇挫折或陷入僵局，我們應該預料到他們將立即要求更多援助。我們能迅速提供的唯一支持是從中東再調遣 4、5 個中隊的空軍，或許還有幾個炮兵團，以及第 2 裝甲師的部分或全部坦克；該裝甲師現已抵達埃及，並在當地進行整頓。

14. 「狂暴」號已抵達塔科拉迪，40 架「旋風」戰鬥機及其他飛機的抵達，將使朗莫爾空軍中將的實力遠超 100 架「旋風」戰鬥機。他在這次進攻中損失極少。他從亞丁和蘇丹撤回空軍部隊的決定被證明是明智的。托布魯克可能很快被我們攻占，隨後似乎應對希臘提供強而有力的空軍增援，其中應包括一些「旋風」戰鬥機中隊。希臘的機場跑道是否已經延長，以適應「旋風」飛機的需求？克里特島上的機場是否已經建成提供此類飛機中途降落的狀態？一旦時機成熟，對這些機場的需求可能會異常緊迫，現在必須做好一切準備。我們也必須弄清楚，將第2裝甲師調往比雷埃夫斯港需要多少時間和人力。

15. 所有預測均顯示，若希臘軍隊無法攻占發羅拉，後果將極為嚴重。韋維爾將軍僅憑目前部署於西部沙漠的部隊，儘管空中力量有所削弱，或許能夠攻占昔蘭尼加省並在班加西站穩腳跟；然而，為了占領班加西而使希臘軍隊失去攻占發羅拉的機會，進而導致希臘人感到沮喪和憤怒，甚至可能促使他們與義大利單獨和談，這將是不明智的。因此，我們必須預料到，在攻占托布魯克後，尼羅河集團軍繼續向西推進可能會遭遇嚴峻挑戰。我十分清楚，在確保埃及西側的安全後，應優先支援希臘。

六

16. 南斯拉夫的立場，很可能取決於我們對希臘的支援以及希臘軍隊在發羅拉的進展。儘管我們無法做出確切判斷，但德軍通過羅馬尼亞抵達黑海，再經由他們的前盟友保加利亞直達薩洛尼卡，似乎比直接穿越南斯拉夫更為合理。頻繁的軍隊調動和比以往更多的謠言似乎都支持這一個觀點。德國顯然正在集結兵力，並改善通往東南歐的交通線路。我們應採取措施，確保土耳其在敵軍進入保加利亞時參戰。如果南斯拉夫立場堅定，不受敵人矇蔽，希臘軍隊攻占發羅拉，並在阿爾巴尼亞穩住局勢，如果土耳其成為我們積極的盟友，那麼俄國的態度可能會受到正面影響。任何人都能看出，德軍抵達黑海或通過保加利亞進入愛琴海，對俄國是不利甚至是致命的威脅。僅僅是恐懼就足以使俄國人不敢參戰。在巴爾幹建立一條穩固的盟國防線，加上英國海、陸、空軍聲望的提高，或許能緩解這種恐懼，但我們不能寄希望於此。

七

17. 最後的問題，卻是支配我們所有軍事行動的關鍵，涉及敵人入侵的威脅、空戰及其對生產的影響，以及對西部港口和西北交通線的重大壓力。如今，希特勒先生想要封鎖或擊潰大不列顛的決心，無疑比以往任何時候都更加堅定。只要英國空軍在希特勒的背後不斷壯大，加上他必須鎮壓整個歐洲飽受壓迫、飢腸轆轆的各國人民，那麼，即便希特勒在東歐發動大規模戰役、擊敗俄國、征服烏克蘭並由黑海推進至裏海，這些行動無論單獨還是全部成功，都無法帶給他和平的勝利。因此，阻止入侵、維持本土糧食供應和加速軍備生產的任務，絕不能因其他任何目標而受到干擾。

希特勒對新年也有自己的看法。將他一週前寫給墨索里尼的信與我的評估進行對比，頗具趣味。對於佛朗哥將軍及西班牙的立場，我們的觀點顯然一致。

領袖，

1940 年 12 月 31 日

……在全面分析了局勢之後，我的結論是：

1. 關於西部戰爭本身，我們已經取得了勝利。要徹底擊敗英國，仍需付出巨大的努力。為了決定如何完成這項任務，我們必須詳細研判，在加強空軍和潛艇攻勢後，究竟哪些因素讓英國免於全面崩潰。

在這場戰役中，當我們初步贏得勝利後，德國便須做出關於是否最終攻擊英倫三島的重大決策。進攻英國的部隊，尤其是那些龐大的補給站，所需的防空設施將大大超過我們最初的評估。

2. 法國。法國政府已解除賴伐爾的職務。他們通知我的正式理由不真實。我毫不懷疑，真正的原因在於：魏剛將軍從北非提出了無異於訛詐的要求；而維琪政府若要抗拒，則可能面臨失去北非的風險。我也認為，維琪政府內部可能存在一個完整的派系，他們支持魏剛的政策，至少是暗中支持。我並不認為貝當本人是不忠誠的，但不知其真實意圖。對此，需要保持警惕並密切關注事態發展。

3. 西班牙。佛朗哥深感局勢的困擾，認為情況日趨惡化，因此西班牙選擇不與軸心國合作。我擔心佛朗哥可能將犯下他一生中的重大錯誤。他認為不參與戰爭可以換取民主國家提供的原料和小麥，這種想法過於天真。民主國家會讓他惶恐不安，等到小麥耗盡時便會對他開戰。

對於西班牙的現狀，我感到深深的遺憾。就我們而言，一切準備就緒，原本計劃於 1941 年 1 月 10 日跨越西班牙邊境，並在 2 月初對直布羅陀發起進攻。我相信，我們能夠迅速取得勝利。為執行此行動的軍隊經過精心挑選和訓練。一旦我們掌控直布羅陀海峽，法國在北非和西非倒戈的風險將徹底解除。

因此，佛朗哥的此項決定讓我極為失望，這與我們 —— 你，領袖和我 —— 在他困境中提供的支持不成比例。我仍懷有一絲希望，他能在最後關頭意識到自己的行為將帶來災難性的後果，並期望他，即使遲了，也能設法與我們並肩作戰，因為我們的勝利將影響他的命運。

4. 保加利亞。保加利亞也一直不願與三國同盟條約建立連繫，不願在國際關係中採取明確立場。這是因為蘇俄對其施加了越來越大的壓力。如果保加利亞國王當初立刻加入我們的條約，沒有人敢對他施加這樣的壓力。最糟糕的是，這種勢力毒害了輿論，而輿論很容易受到共產主義的負面影響。

5. 毫無疑問，匈牙利與羅馬尼亞在此次衝突中表現出最明確的立場。安東奈斯庫將軍意識到，他的政權未來，甚至他個人的命運，都與我們的勝利息息相關。基於此，他得出明確而直接的結論，這讓我對他特別敬重。

匈牙利人的忠誠不容小覷。自 12 月 13 日起，德國頻繁通過匈牙利向羅馬尼亞輸送部隊。匈牙利和羅馬尼亞已將其鐵路交通網提供給我方使用，使得德國的部隊能迅速抵達緊急地點。目前無法多談正在籌備或可能需要執行的作戰計畫，因為這些計畫正在制定中。但無論如何，我們的兵力將足以應付任何來自各方的反攻威脅。

領袖，務必在阿爾巴尼亞穩固你的戰線，以有效箝制部分希臘軍隊及英、希聯軍，這樣的戰略至關重要。

6. 南斯拉夫。南斯拉夫正謹慎地爭取時間。若情況有利，它可能會與我們簽署互不侵犯條約，但目前看來，無論如何，它似乎不會加入三國同盟。在我們軍事上的成就促使它改變該國想法之前，我對南斯拉夫沒有過多的期待。

7. 俄國。在某些巴爾幹國家中可能出現內部衝突的風險，但需要預期可能的嚴重後果並採取預防措施。我認為，只要史達林在世，俄國不會採取任何與我敵對的行動，尤其是我們沒有遭遇重大挫折。領袖，我認為最重要的是：作為圓滿結束這場戰爭的先決條件，德國應該擁有一支強大的軍隊，以應對東方任何意外事件。軍隊的實力越強，我們面對意外危險的可能性就越小。我願意再補充一點：我們與蘇聯的關係目前很好。我們即將簽署一項令雙方滿意的貿易協定，並且有望合理解決雙方之間的爭議問題。

事實上，我們在芬蘭與君士坦丁堡這兩個議題上仍存在分歧。至於芬蘭，我不認為有實質性的障礙，因為我們並不視芬蘭為我們的勢力範圍，我們唯一關注的是該地區不應再爆發戰爭。

相對而言，將君士坦丁堡交給俄國、將保加利亞交給布爾什維克主義，不符合我們的利益。然而，即使面對這些問題，只要持有善意，就能找到解決方案，進而防止最壞情況的出現，並有助於實現我們的目標。如果莫斯科明白，沒有人能迫使我們接受我們認為不合適的安排，那麼問題的解決將會更為簡單。

8. 非洲。領袖，我認為，在這個戰區內，目前尚不宜發起任何大規模戰鬥。籌備這樣的行動，至少需要 3 ～ 5 個月的時間。如今即將進入一年中德國裝甲部隊難以有效作戰的季節。因為在這種氣候條件下，我們實際上甚至無法使用裝甲車，除非配備特別的冷卻裝置。裝甲車無論如何都不適合用於需要全天行駛的遠距離戰術作戰。

在該戰區，最具決定性的方法似乎是增加反坦克武器，即便這意味著其他戰區的義大利部隊無法獲得這種特殊火炮。

如我近期所述，我依舊堅信，最關鍵的是竭盡所能地利用空軍來削弱英國在地中海的海軍力量，因為在該戰區部署地面部隊無法改善局勢。

在其他方面，領袖在3月之前無法作出重大決策。

艾登先生凝視著東方的陰雲，神情專注。

外交大臣致首相

1941年1月6日

值此巴納迪亞勝利之際，請接受我誠摯的敬意與祝賀！不知是否可以擅自改動你的一句名言：「從未有如此多的人向如此少的人交出過如此多的東西。」

然而，這份備忘錄目的在引起對國際上一個不甚令人滿意的地區——巴爾幹的關注。過去幾天中，從各方獲得的大量情報顯示，德國正在巴爾幹地區積極籌備，意在最終攻擊希臘。多次提到的攻擊日期是3月初，但我堅信，德國人必定會竭力提前行動。我無權斷言，當前時節透過保加利亞對薩洛尼卡進行軍事行動是否可能，但我們可以確信，德國將進行軍事干預，以防止義大利軍隊在阿爾巴尼亞的全面崩潰。我們收到敵人已經增加空軍以對抗希臘部隊的報告，帕普哥斯將軍聲稱，他的進軍因此放緩。德國人的戰略是在地面行動前先取得空中優勢，這個情況正好與之吻合。

在政治領域，保加利亞政府的立場令我極為擔憂。他們當前的行為表現出似乎已經無法掌控局面。他們的報紙日益受到德國的影響，如今已經成為是軸心國宣傳的工具。關鍵在於，務必防止土耳其和南斯拉夫因我們在北非的勝利而放鬆警惕，我們正努力在政治層面上確保這一點。這些問題是否需要提交國防委員會審議，請斟酌決定。

閱讀完這篇備忘錄後，我發出了如下的備忘錄：

首相致函伊斯梅將軍，抄送參謀長委員會

1941 年 1 月 6 日

請審閱附件中的外交大臣備忘錄。在道路狀況理想時，顯然需要沿利比亞海岸追擊義大利軍隊，然而，我們必須考慮增派 4、5 個皇家空軍中隊至希臘，並可能調動英國第 2 裝甲師的部分人員前往。

此刻，我的視線無法超越班加西，而若托布魯克被我軍奪取，則班加西以東的義大利軍隊數量有限，且並非主力……

即便因幸運與勇敢，我們或許能在利比亞海岸輕鬆獲得理想戰利品，但仍需時刻關注攻占發羅拉及維持希臘前線的重要性。

1941 年 1 月 8 日，國防委員會一致決定，鑑於德軍可能經由保加利亞提前進攻希臘，從政治角度來看，首要任務是竭盡全力、千方百計地立刻向希臘提供最大援助。同時，也一致同意，應在 48 小時內確定我們援助希臘的方式和範圍。同一天，我收到史末資將軍的電報。這封電報並不是因為看到我兩天前發出的備忘錄才寫的。他和我的看法 —— 當時已獲三軍參謀長和國防委員會的認可 —— 完全一致，這增強了我的信心。

史末資將軍致首相

1941 年 1 月 8 日

1. 鑑於中東的輝煌勝利，我們必須審視未來的戰略。韋維爾很快就能順利抵達托布魯克。他是否應該繼續前進？的黎波里實在太過遙遠。即便是班加西，它與埃及邊界的距離相當於從埃及邊界到亞歷山大港的距離。然而，推進至班加西或許有其合理之處 —— 無論是從海軍角度還是其他方面。如果沒有充分或特別的理由，我認為應該止步於托布魯克。超越托布魯克則存在風險，無需多言。應在托布魯克的陣地部署適當的防禦力量，並將其餘部隊撤回至埃及和中東；那裡需要一支強大的機動部隊，以防止敵軍經由巴爾幹各國對我方發動進攻。

2. 然而，我提議，目前階段也需思考如何理清衣索比亞的情勢。若能占領衣索比亞，將對墨索里尼的聲望與法西斯的侵略帶來致命衝擊。義大利可能不得不撤出戰爭，整個地中海局勢或許會因此改變。德國將再度陷入孤立，且可能遭遇一定程度的挫敗。

3. 盡快釐清衣索比亞局勢的理由還包括：當地義大利軍隊的士氣如今必定極為低落；迅速結束衣索比亞戰役可以釋放大量兵力以支援我方中東前線。如能立刻調動韋維爾的一部分中東部隊，從北面加強對衣索比亞的進攻，同時再從肯亞發動攻勢，可能迅速削弱義大利軍隊的抵抗力。我認為，若能從兩個方向同時進攻，在北面和肯亞各增派一個師就足夠了。

4. 若此項同步進攻的計畫獲准，我已準備好提供一支增援的師團至南部。此師團已整備完畢，除捷克式輕機關槍不足外，一旦船隻抵達即可立即部署。從南、北兩線調動如此大規模的軍力必然耗時，因此若我的建議獲得批准，應當迅速作出決定。從南部發起的攻勢將迅速將戰線推移至遠離肯亞的區域，因此勢必要放棄當前大部分在該地的計畫。若要避免在厄利垂亞和衣索比亞等廣闊地區內出現不必要的風險和曠日持久的戰事，南、北夾擊的計畫急需制定。為執行此計畫，在北方增派1師軍隊是必要的，或許也已足夠。我希望該師團能夠調出，儘管有傳聞稱德軍正在向羅馬尼亞和匈牙利大舉集結。

問題在於：在俄羅斯作為一個不可預測的因素，而土耳其又表現出敵對態度的情況下，德國是否有膽量在巴爾幹地區引發衝突。義大利軍隊在非洲和希臘的失利，加上德國空軍對英國的攻擊未果，已使局勢發生重大變化，因此德軍的集結可能只是為了安撫義大利軍隊並分散英國的注意力；德國人要大規模進攻不列顛是不可避免的。整個局勢應由參謀人員加以評估，他們擁有充分的實際情報。在我看來，以目前的狀況來看，從中東部隊調出 1 個師並配備必要的空軍以增強駐蘇丹的力量，從北部發動攻勢似乎不會立即遇到重大危險。如能速戰速決，將會對義大利和中東產生深遠影響。

1941 年 1 月 10 日，三軍參謀長向駐中東的各司令官發出警告：德軍可能在本月底前對希臘發起攻擊。他們推測，德軍將通過保加利亞，沿斯特魯馬河流域向薩洛尼卡進軍。預計他們將動用 3 個師，由 200 架俯衝轟炸機提供支援，並且在 3 月分後，可能再增派 3 ～ 4 個師。三軍參謀長還附帶說明，英王陛下政府決心在占領托布魯克後，將所有中東其他軍事行動置於次要地位，以便最大程度地援助希臘軍隊；他們已經批准從中東調撥機械化部隊、特種部隊和空軍，但調撥的兵力不得超過以下列舉者：1 個步兵坦克中隊、1 個巡邏坦克團、10 個炮兵團、5 個空軍中隊。

駐紮在開羅的指揮官們相信，德軍在羅馬尼亞的集結 —— 我們之前曾警告過他們 —— 僅是一種心理戰，目的在誘導我們分散中東的軍力並阻礙我們在利比亞的推進。韋維爾希望三軍參謀長「緊急評估敵方的行動是否為虛張聲勢」。

在審閱這份與事實嚴重不符的覆電後，我撰寫了如下備忘錄：

首相致函伊斯梅將軍或霍利斯上校，抄送參謀長委員會

1941 年 1 月 10 日

三軍參謀長們定於明日，即星期六上午，召開會議，以審議從中東司令部收到的數封電報。關於隨附我起草給韋維爾將軍和朗莫爾空軍中將的電報，除非他們覺得需要與我進一步磋商，否則可以直接發出。

首相致韋維爾將軍

1941 年 1 月 10 日

1. 你們若認為德軍在羅馬尼亞的集結只是「心理戰的戰略」或「分散我方兵力的手段」，這種看法與我們獲得的情報相矛盾。我們收到的多份詳細情報顯示，通過保加利亞直抵希臘邊境並以薩洛尼卡為目標的大規模行動將在本月底前啟動。敵人用於此次進攻的兵力雖不龐大，但戰鬥力極為強悍。至 2 月中旬，能夠越過保、希邊境的敵軍看來僅有 1、2 個裝甲師、1 個摩托化步兵師、大約 180 架俯衝轟炸機以及一些空降兵部隊。

2. 然而，如果不遏制這支軍隊的推進，其在希臘的影響可能與德軍在法國突破色當時的影響相似。希臘在阿爾巴尼亞的各師將面臨致命威脅。這是我們從收到的情報中了解到的事實及推測，我們對此深信不疑。德國人為了能對我們造成最大的損害，正應如此行事。希臘的毀滅將使你在利比亞的勝利失去光彩，且確實可能影響土耳其的態度，尤其是在我們對盟國的危機表現冷漠時，這種情況更是難以避免。因此，你現在必須調整計畫以適應更大的利益危機。

3. 攻占托布魯克的行動必須不受任何阻礙，但隨後的重點應轉向援助希臘，將利比亞的所有軍事行動置於次要地位。因此，從收到這封電報開始，你應在規定的範圍內做好準備，以便立即支援希臘。內閣國防委員會對此問題進行了認真權衡，史末資將軍在經過獨立思考後發出的電報中也表達了相同的觀點。

4. 我們期待並敦促你們迅速且積極地遵循決議行事，我們對此負有全部責任。你將與相關人員一起訪問雅典，這將幫助你找到執行上述決議的最佳方法。雅典之行不宜拖延。

三軍參謀長達成共識，因而發出了這封電報。人們將會發現，此刻我們的計畫並非向希臘提供一整個集團軍的兵力，僅僅是派遣一些特種小組和技術部隊。

韋維爾將軍和朗莫爾空軍中將依照指令前往雅典，與梅塔克薩斯將軍和帕普哥斯將軍展開會談。1 月 15 日，他們報告稱，在我們能派遣足夠兵力進行攻勢之前，希臘政府不願意讓我們的任何部隊在薩洛尼卡登陸。三軍參謀長收到電報後，於 1 月 17 日回電稱，我們當然不能強迫希臘接受支援。這樣一來，我們改變了對近期局勢的看法，決定推進至班加西，同時盡可能在尼羅河三角洲建立一支最強大的戰略後備軍。

因此，三軍參謀長於 1 月 21 日向韋維爾將軍建議，攻取班加西是當前的首要任務。他們認為，若能將班加西建設為一個防禦穩固的海、空軍基地，便可以放棄陸路，進而節省人力和車輛。他們還敦促他迅速奪取佐澤卡尼索斯群島，尤其是羅得島，以阻止德國空軍搶先占領這些島嶼，進而威脅我們與希臘和土耳其之間的交通。此外，他們建議他籌組 4 個師的戰略後備軍，以便隨時支援這兩個國家。

首相致韋維爾將軍

1941 年 1 月 26 日

德國飛機在地中海中部的出現，迫使我暫時放棄了先前的期望：開闢並監控地中海中部各海峽的航道，以便運兵船隊能定期通過。若這種狀況在今年頭幾個月內未改善，船隻的短缺和繞道好望角的航程，必將使尼羅河集團軍及中東戰區實力的成長難以達到我預期的水準。我們不惜高昂代價、冒險派出的運輸船隊，竟然主要是由後勤人員組成，而戰鬥部隊的增編卻有限，這讓我深感痛心。我會盡全力用各種方式支持你；作為交換，我必須要求你確保中東的人員得到充分利用，並盡量籌組成以師或旅為單位的部隊。後勤和軍事機構的內勤士兵，應該有效地執行內部保全任務……

從各方獲取的情報讓我堅信，德軍目前已經部署在保加利亞的機場，正在為進攻希臘做各種準備。這種滲透，可能（幾乎可以肯定）在土耳其面對任何明顯入侵之前就達到關鍵程度，屆時德國人將對土耳其施壓：交出君士坦丁堡，否則將對其進行轟炸。我們必須預見到巴爾幹各國將遭受一系列極為嚴峻的打擊，並可能普遍屈服於德國的要求。你在尼羅河三角洲建立的戰略後備軍越強大，調動這支軍隊至歐洲海岸的準備越充分，我們就越能做出有利的決定。

這段期間我也以電報聯繫史末資將軍：

首相致史末資將軍

1941 年 1 月 12 日

在經過 3 ～ 4 天的深思熟慮後，我們形成了一些明確的結論，正巧在此時收到了你 8 日的電報。我親自向國防委員會宣讀了這封電報，出席的有三軍參謀長、海、陸、空軍大臣、艾德禮和艾登。令人驚訝的是，大家的意見完全一致。唯一的分歧在於：我們認為，從肯亞北進的大軍將因運輸工具不足而面臨長時間的拖延。起義進展順利，衣索比亞皇帝不久即可返回祖國。從卡薩拉－阿戈達特一線進軍可截斷敵軍主力。你提到的軍隊已在途中。應盡可能保持從肯亞施加的壓力，但我們不能在這一線占用過多軍隊。請及早派遣一個師前往中東支援。該師抵達時，或許能在紅海登陸。鑑於局勢多變，最好盡可能保持靈活性，但現在即請派來。

托布魯克可能有 25, 000 名義大利軍隊被圍困。完全同意在抵達托布魯克後，不再以重大代價推進，若道路狀況良好，則繼續向前，以便盡可能在遠離埃及的西面部署側翼部隊；同時，將所有有用的部隊和裝備轉移到保、希邊境即將爆發戰爭的前線。當然，韋維爾和他的同事們一心想追擊敵軍，但韋維爾將在週一或週二前往雅典，與希臘人商討增援事宜。不能保證成功，只能做出我們認為是最好的安排。天氣、山丘、渡過多瑙河，希、保邊境防禦地帶，諸多因素對我方有利。土耳其、南斯拉夫和俄國看到英國援助希臘，或許都會受到有利於我方的影響。

無論巴爾幹地區的局勢如何，駐紮在衣索比亞的義大利軍隊都有可能被消滅。一旦這個情況發生，所有用於肯亞的有效部隊和物資應立即轉移至地中海區域。希望能夠將南非聯邦的軍隊調遣至該地，以便參與夏季的戰鬥。我們仍不斷透過好望角運送大量增援部隊。非常感謝你的各種協助，尤其是你可靠的判斷，與我們經過深思熟慮後得出的結論一致。

戰火持續蔓延

隨著新年的到來，我與羅斯福總統的關係越發緊密。我向他寄去了新春賀信。

前海軍人員致羅斯福總統

1941 年 1 月 1 日

如今，當我們在動盪中迎接新年之際，我覺得有必要代表英國政府，實際上也是代表整個英帝國，向您表達我們的感激和讚美，總統先生，感謝您上週日對美國人民以及全世界熱愛自由的人們發表的難忘宣言。

我們無法預測未來的命運，但在此次號角的召喚下，我們正精神抖擻、充滿信心地前行，堅信你所言，所有講英語的民族及共享相同理想的民族終將迎來光明的未來。

1941 年 1 月 10 日，一位攜帶最高國書的紳士來到唐寧街拜訪我。此前，我接到了華盛頓發來的電報，介紹他是總統最親密的顧問和私人代表。因此，我做出了安排，由布倫丹 · 布雷肯先生前往機場迎接，並在第二天與他單獨共進午餐。就這樣，我會見了哈里 · 霍普金斯 —— 一位獨特的人物，他在整個戰爭過程中發揮了決定性的作用，並將繼續如此。他的身體虛弱多病，卻精神煥發。他就像一座即將倒塌的燈塔，從中發出光芒，引導龐大的艦隊入港。他擅長諷刺幽默。我總是樂於與他相處，尤其是在事情進展不順利之時。他有時也相當辛辣，言辭尖銳。我的經驗告訴我，在必要時這樣做是可以接受的。

我與他初次會面時，共同度過了大約 3 個小時。在如此短短的時間內，我便察覺到他的個人魅力和他肩負的非凡任務。此時，倫敦正遭受敵軍最猛烈的轟炸，各種方面的問題接踵而至。然而，我清楚地意識到，前來拜訪的這位總統特使對我們的生存至關重要。他目光銳利，懷著冷靜而節制的熱忱說道：

「總統已經下定決心，我們必須齊心協力贏得這場戰爭。這是毋庸置疑的。」

「他特意派我來此告知你，無論面臨何種情境，他都會竭盡所能、全力以赴地支持你。凡是人力所能及之事，他都願意去做。」

凡是曾在漫長戰爭過程中接觸過哈里·霍普金斯的人，都會贊同我對這位傑出人物的描述。自此，我們之間建立了友誼，這種友誼在各種變遷和動盪中穩步發展。他是總統與我之間最可靠、最理想的溝通管道。然而，他不僅如此，他在數年間還是羅斯福的主要支持者和鼓舞者。一位沒有公職的助手，與領導強大共和國的總統聯手，能做出對整個英語世界極為重要的決策。霍普金斯嫉妒他人分享他對領袖的影響，也容不下美國同胞中的競爭者。因此，他在某些方面印證了詩人格雷的詩句，「受寵的人沒有朋友」。然而這與我無關。他坐在那裡，身材瘦削、體弱多病，但對我們的事業展現了深刻的理解。這個事業就是打敗、摧毀、消滅希特勒，除此之外的意圖、態度或目的均不予考慮。在美國歷史中，如此光芒四射的人物確實不多見。

哈里·霍普金斯總能精準掌握問題的核心。我曾參與過美國的一次重要會議，會議上有 20 多位的高級官員。當討論陷入僵局，所有與會者都感到困惑時，他總是能一針見血地指出關鍵問題：「總統先生，這正是我們必須解決的要點。我們是否要處理這個問題？」結果，他所提出的問題總能引起重視，一旦大家關注，問題便得到解決。他是真正的領袖，每當危機來臨時，無論在面對問題的熱情還是處理事情的智慧方面，幾乎無人能超越他。他對暴力的憎惡與他對弱者的關懷同樣深切，尤其是在暴力暫時得逞之時。

為了確保英國新任大使哈利法克斯勛爵赴美之旅的宏偉場景，我特別安排了英國最新、最強的戰鬥艦「英王喬治五世」號，在幾艘驅逐艦的護送下，載送他和夫人橫渡大西洋。我乘坐專車陪同他們前往港口，並在斯卡帕灣送行。我藉此機會對艦隊進行了視察；自從離開海軍部後，我就未曾再巡視過艦隊。這也符合我進一步了解哈里．霍普金斯的計畫。我們一同抵達艦隊，檢查艦隻及其防務。我的夫人隨行，她在驅逐艦間靈活地跳躍，其敏捷程度令人驚嘆。霍普金斯則幾乎掉入海中。隨後，我乘專車返回格拉斯哥，受到了群眾的熱烈歡迎，會見了地方長官，參觀了各大工廠，並檢查了防務、消防和空防組織，期間發表了多次即興演講。接著，我們前往泰恩賽德，情形如出一轍。我時刻努力了解此人及其領袖。霍普金斯與我相處約 10 天，在此期間，他使我與那位偉大共和國最近剛完成連任的領袖在精神上完全契合。後來，我帶他到多佛爾視察我們的重型炮臺，這些炮臺俯瞰著英吉利海峽對面的法國海岸 —— 對我們而言，則是德國海岸。

前海軍人員致羅斯福總統

1941 年 1 月 13 日

霍普金斯與我共度週末，他目前正與我在艦隊基地進行短期旅行，所以我們有充足的時間來詳細討論所有問題。感謝你派遣一位如此卓越、與你關係親密且深受你信任的特使，我非常感激。

前海軍人員致羅斯福總統

1941 年 1 月 19 日

或許你已經獲悉，哈利法克斯將搭乘我們的新戰鬥艦「英王喬治五世」號，抵達安納波利斯。此艦無法停留超過 24 小時。我不清楚你是否有興趣前來參觀這艘軍艦。如若你能安排此行，我們將非常榮幸地接待你或你的高級海軍將領上艦參觀。該艦預計在 1 月 24 日上午 7 時抵達切薩皮克灣入口。如有任何建議或請求，請告知我們，我們將悉心遵從。

隨後，在同一個月內，美國總統選舉中的競爭對手溫德爾·威爾基先生來到了英國。他攜帶著總統簽署的最高級別介紹信。由於他被公認為共和黨的領袖，我們因此安排了一系列行程（敵人也在這方面提供了協助），讓他能夠親眼目睹倫敦的各種艱難局面。他還曾在契克斯過夜，我與這位極具才幹和魄力的人進行了一次長談。3 年後，他不幸因病去世。

前海軍人員致羅斯福總統

1941 年 1 月 28 日

昨日，我款待了威爾基。你引用的朗費羅詩句令我感動不已。我打算將其裝裱在鏡框中，作為這段動盪歲月的紀念物，同時象徵我們在緊張局勢中透過電訊和心靈溝通建立的友誼。

我所掌握的情報顯示，德國方面正積極準備對英國發動進攻，而我們也在為給予他們應有的回應而做準備。同時，來自東方的消息指出，敵人大規模的陸軍和空軍已經進入羅馬尼亞，德國空軍的先遣部隊在保加利亞政府的默許下，已數千人潛入保加利亞的機場。希特勒顯然會對英倫三島構成嚴重威脅，目的之一是牽制我們，另一個目的是掩護向東推進的計畫。然而，他的部隊如此龐大，能夠在兩個方向同時發動攻勢。請放心，我們將在兩個戰線全力以赴。

我對哈利法克斯的熱情接待以及為了及時協助所採取的一切措施，深表感謝。我很高興能結識霍普金斯；任何與霍普金斯相遇的人都會感到振奮和欣慰。可以輕易理解他為何與你如此親近。杜諾萬上校在中東也取得了傑出的成就。

致以崇高的敬意和溫暖的問候。願你已經恢復健康。

下文是總統的信函：

親愛的邱吉爾

華盛頓，白宮

1941 年 1 月 20 日

溫德爾·威爾基將親自將這封信交給你。他的支持確實超越黨派界限。

我相信，這首詩對你們的人民而言，正如對我們一樣，具有相同的意義：

「邦國之舟，揚帆啟航吧！

迎風啟程，偉大的聯邦！

憂患中的人類，

他們正全神貫注地將所有未來的期望，

託付於你的命運之中。」

富蘭克林·羅斯福

朗費羅《建舟詠》中的這些華美詩句，給予人振奮之感。

在大規模戰爭中，現實上軍事與政治是不可能區分的。在國家的領導中，軍事與政治也是密不可分的。然而，軍人們往往將軍事視為唯一至高無上的領域，他們在提及政治時常帶有輕蔑的態度。此外，由於「政治」與黨派政治緊密相連，這個詞彙常常被誤解，甚至被汙名化。因此，在這個多災多難的世紀中，許多文獻被曲解，此乃源於一種觀念：戰爭中唯有軍事考量才是重要的，軍人因政客的干預而無法執行他們明確的專業意見；而這些政客則為了個人或黨派利益影響了重大的戰局。戰時內閣、三軍參謀長和我始終保持極為緊密且和諧的關係，並且當時英國完全沒有黨派偏見，因此我們成功將軍、政間的分歧降至最低。

在東北非，我們對義大利的戰事持續取得勝利，而希臘人在阿爾巴尼亞幾乎有望攻占發羅拉。與此同時，我們收到的關於德軍調動及其戰略意圖的情報日益明確，顯示希特勒即將在巴爾幹和地中海地區進行大規模行動。從 1941 年 1 月初，我就預估到德國空軍將會駐紮西西里島，威脅馬爾他並阻礙我們恢復地中海交通的所有努力。我還擔心他們會在班泰雷利亞島建立空軍基地，利用其便利向的黎波里派遣德國軍隊，可能包括裝甲部隊。事實上，他們並未認為占領班泰雷利亞島是必要的，但我們相信他們正在計劃通過義大利建立一條通往非洲的南北通道，同時利用這種戰略阻止我們在地中海東西兩側的活動。

此時，對巴爾幹地區國家，包括希臘和土耳其的威脅顯現，它們可能在壓力與誘惑下屈從於希特勒的帝國，或者在拒絕時遭受侵略。不久前在挪威、丹麥、荷蘭、比利時和法國目睹的那種可怕的過程，是否會在東南歐重演？包括勇敢的希臘在內的所有巴爾幹國家，是否會一個接一個地屈服？在孤立無援的情況下，土耳其是否會被迫為德國軍隊開通前往巴勒斯坦、埃及、伊拉克和波斯的道路？另一方面，是否有可能促進巴爾幹各國的團結，建立一條巴爾幹防線，使德國的新一輪侵略行徑會因為代價過高而裹足不前？巴爾幹國家對德國的抵抗，是否將在蘇聯引發重大且正面的反應？這些國家顯然受到共同利益的支配，只要它們受到這種利益影響它們的判斷，它們甚至可能會產生共同情感的驅動。這些國家的利益大致相同，那麼我們是否能夠從我們緊張但不斷增加的資源中找到額外的外援，以激勵這些國家為共同的事業而行動？或者相反，我們是否應該專注於本身事務，只求在東北非的戰役中獲勝，而聽任希臘、巴爾幹國家，甚至可能包含土耳其和中東其他國家，走向毀滅之路？

如果我們選擇了一種只顧本身利益的決策，精神負擔將會大大減輕；許多曾向我們提供意見的下級軍官在其著作中支持這個選擇。這些作者在揭示我們所遭遇的災難方面，具備一定的優勢；然而，他們缺乏充分考慮相反政策可能後果的知識。若希特勒能在不經過戰爭的情況下令希臘屈服，將巴爾幹各國納入其統治體系，然後迫使土耳其允許德軍南下和東進，難道他不能與蘇聯就這些地區的征服和瓜分達成妥協，進而推遲不可避免的德、蘇衝突？或者，更有可能的是，他能否以更強大的力量提前進攻俄國？以下幾章將探討並揭示的核心問題是：英王陛下政府的行動是否在相當程度上影響了希特勒在東南歐的動向；以及這些行動是否對俄國的行動及其命運產生了影響。

在前幾章中，我們已經討論過希臘在遭到義大利進攻後，我們給予了適當的援助，同時有 4 個英國空軍中隊駐紮在希臘的機場，他們在戰鬥中取得了一些成果。現在是時候審視一下德國方面取得了哪些進展。

1941 年 1 月 7 日，里賓特洛甫告知駐莫斯科的德國使團負責人：

自今年 1 月初，德國的精銳部隊經由匈牙利進入羅馬尼亞。軍隊的部署在匈牙利和羅馬尼亞政府的完全同意下繼續進行。這些部隊將暫時駐紮在羅馬尼亞南部。調動這些軍隊的原因在於：我們應當認真地考慮，有從希臘全境逐出所有英國人的必要。德國軍隊擁有這樣的實力，足以應付多瑙河流域的任何軍事任務和來自任何方面的意外事件。我們所採取的軍事措施，只是為了不讓英國軍隊在希臘有立足之地，而不是為了對付任何巴爾幹國家，包括土耳其在內。

關於會談指導：應保持謹慎態度。若遇到緊急的正式詢問，可根據具體情況指出，此類詢問應在柏林進行。若必須展開會談，應以模糊的措辭表達觀點。表達時，可提及已收到可靠報告，顯示包括各兵種的英國增援部隊正逐步增派至希臘，作為合理的理由，同時，提醒他們回憶第一次世界大戰的薩洛尼卡戰役。關於德軍實力，暫時應保持模糊態度。未來，或許我們會對外公開我軍全部實力，並進行激勵人心的誇大宣傳，相關指示將在適當時機下達。

當天，他亦撥通了德國駐日本大使的電話：

請祕密告知日本外相，德軍一支相當強大的分遣隊正被調往羅馬尼亞。此軍隊的調動已獲得匈牙利和羅馬尼亞政府的完全同意。在希臘，可能需要進行干預，因此，這些部隊的部署是作為干預時的安全措施；若英國軍隊在希臘站穩腳跟，必要時可立即採取行動。

1941 年 1 月 8 日，德國駐莫斯科大使馮德舒倫堡致電回覆：

關於德國向羅馬尼亞派遣軍隊的傳聞甚囂塵上，甚至有消息稱調動人數高達 20 萬。然而，本地政府官員、廣播電臺及蘇聯報紙對此尚未置評。

蘇聯政府對此類部隊的調動表達了高度關注，並渴望了解集結這些部隊的目的，尤其是想知道保加利亞和土耳其的博斯普魯斯海峽及達達尼爾海峽可能受到的影響程度。請指示應對措施。

德國外長致電回覆：

里賓特洛甫致馮德舒倫堡

1941 年 1 月 8 日

請勿與蘇聯政府討論德國向羅馬尼亞增派軍隊的事宜。

若莫洛托夫先生或蘇聯政府中其他有影響力的人士詢問此事，請立即說明，根據你收到的消息，德軍的調遣純屬針對英國的預防性軍事措施。英國已經向希臘派遣了軍隊，並預計近期將再增援部隊。德國在任何情況下都不會允許英國在希臘領土上建立立足點。在另有通知前，請避免進一步討論細節。

至 1 月中旬，俄方深感焦慮，遂在柏林提出此事。1 月 17 日，俄國大使拜訪德國外交部，遞交了一份備忘錄，主要內容如下：

據多方報告指出，德國大批部隊已經駐紮羅馬尼亞，正計劃進軍保加利亞，目標是占領保加利亞、希臘以及博斯普魯斯和達達尼爾海峽。英國勢必會嘗試阻止德軍的行動，占領這兩處海峽，並聯合土耳其對保加利亞展開軍事行動，使保加利亞成為戰場。蘇聯政府曾多次向德國政府表明，它視保加利亞及博斯普魯斯和達達尼爾海峽為保障蘇聯安全的重要地區，不能對威脅蘇聯安全利益的事件置之不理。鑑於此，蘇聯政府警告稱，任何外國武裝力量出現在保加利亞及博斯普魯斯和達達尼爾海峽，都將被視為對蘇聯安全利益的侵犯。

1941 年 1 月 21 日，德國外交部召見了俄國大使，告知他德國政府並未收到任何關於英國意圖占領土耳其兩個海峽的報告。他們也不相信土耳其會允許英國軍隊進入其領土。然而，他們獲得情報顯示，英國有意並即將在希臘領土上取得立足點。德國堅定不移的政策是不允許英國軍隊在希臘立足，因為這將威脅到德國在巴爾幹的重大利益。因此，德國正在巴爾幹地區集結一定數量的軍隊，其唯一目的就是阻止英國人在希臘獲得任何立足點。德國政府相信，這個行動同樣符合蘇聯的利益，因為英國在這些地區獲得立足點也違背蘇聯的利益。

事情就此暫告一段落。

數日之後，我撥通了土耳其總統的電話：

首相致伊諾努總統（在安卡拉）

1941 年 1 月 31 日

總統先生，鑑於土耳其和英國利益正面臨迅速增加的威脅，我直接聯繫您。我獲得了可靠消息，德軍已在保加利亞的機場駐紮。臨時設施正在建設中，數千名前線支援人員已經抵達。這在保加利亞皇家空軍的默許下進行，無疑得到了保加利亞政府的支持。很快，可能在數週內，德國軍隊和空軍中隊將被調往保加利亞。空軍中隊將從羅馬尼亞的基地飛往保加利亞的新基地，立即具備戰鬥能力。除非您阻止德國軍隊進入保加利亞或反對其通過保加利亞，否則他們將可能在同一晚轟炸伊斯坦堡和亞德里亞堡，並用俯衝轟炸機攻擊您在色雷斯的部隊。他們顯然希望不戰而占領薩洛尼卡，或迫使希臘與義大利和談，並將希臘及其島嶼上的空軍基地交給義大利，以威脅我們在埃及的駐軍和土耳其軍隊之間的交通。他們將阻止我們海軍使用士麥那，完全控制達達尼爾海峽的出口，進而三面包圍土耳其的歐洲部分。整體而言，這也有利於他們對亞歷山大和埃及的進攻。

總統先生，我深知，當土耳其面臨這些致命的威脅時，會選擇宣戰。然而，為何要在不發一彈或不發一言的情況下，將可控保加利亞機場的巨大便利拱手讓給敵人呢？

事實上，德國正計劃在土耳其邊境重複其於 1940 年春季在法國邊境實施的戰略。然而，此次面對的並非猶豫不決的中立國，如丹麥、荷蘭和比利時，而是曾為同盟者的保加利亞。保加利亞顯然已經喪失了抵抗的意志，且從未具備抵抗的能力。我再次強調，這一切可能會在 2 月或 3 月降臨；而且，自從保加利亞機場為德國空軍做好接待準備，並由駐紮的空軍人員及地勤人員使用以來，德國無需大規模調動軍隊便可獲得一切便利。我們是否準備袖手旁觀，任由他人從容策劃對我們進行如此致命的打擊呢？

我相信，若我們缺乏應有的謹慎與前瞻性，理應接受各自國家的嚴厲譴責。事至今日，我們已等待太久。

因此，總統先生，我建議我們應採取與德國在保加利亞機場相同的措施，以保衛土耳其。我方政府希望在準備工作完成後，能夠盡快向土耳其派遣至少 10 個戰鬥機和轟炸機中隊。此外，目前已有 5 個空軍中隊正在希臘作戰，如果希臘投降或失敗，我們計劃將這 5 個中隊轉移至土耳其機場。我們還希望我們的精銳空軍能夠從土耳其基地起飛參與空戰，進而為土耳其陸軍提供空中支援，這是維持其著名陸軍能力所必需的。

此外，若德軍越過保加利亞邊境，或者駐紮在保加利亞的德國空軍人員未能迅速撤出，我們將在空軍中隊進駐土耳其後，促使土耳其透過轟炸羅馬尼亞油田來威懾敵方。未經你同意，我們不計劃從土耳其的機場採取此種行動。

未來的問題將會愈加增多。俄國的立場不夠穩定，我們期望它能維持忠誠且友好的關係。遏制俄國援助德國的最佳對策，即便是以間接的手段，也莫過於維持一支強大無比的英國轟炸機隊，從土耳其出發襲擊巴庫油田。俄國的大部分農業依賴這些油田提供石油，一旦這些設施被摧毀，便會引發嚴重的饑荒。

如此一來，若土耳其獲得空軍的護衛，便有可能阻止德國對保加利亞的侵害、希臘的征服，並減輕俄國對德軍的恐懼心理。若要達成這個關鍵地位，刻不容緩。因此，英國陛下政府準備在獲得你的同意後，立刻發布所需命令，派遣我們的前線人員立即動身前往土耳其。無論他們是穿軍裝還是便服，均依照你的意見行事。

此外，我們計劃向您運送100門高射炮。這些高射炮要麼已經在埃及，要麼正在運往埃及途中。高射炮配備了全套操縱人員，您可以選擇讓他們穿軍裝，或者偽裝成教練員。

與查克·麥克元帥商討的其他所有措施，以及涉及海軍的相關方案，將在合適的時機施行。

倘若我們兩國在戰爭中締結同盟，我們在利比亞的勝利將使我們能更迅速直接地援助土耳其；我們期待與你同心協力，並以我們日益增強的力量來支援你們的英勇部隊。

我亦已將該備忘錄提交至三軍參謀長：

首相致參謀長委員會

1941年1月31日

我們絕不可忽視已經傳達給韋維爾將軍的決定：攻占托布魯克後，應優先考慮希臘和土耳其的局勢。儘管推進至班加西是最理想的選擇，我們在後續的幾封電報中已對此加以強調。然而，在執行這項行動時，只能動用那些與歐洲需求無關的部隊。根據當前預估，到2月底才能攻下班加西，這一點須讓韋維爾將軍知曉。例如，承諾支援土耳其的空軍不能推遲至那時再派遣。不過，也許有可能兼顧兩者。

因此，三軍參謀長致電中東各總司令，要求他們關注我發給伊諾努總統的電報，並補充如下：

阻止德國軍隊滲透保加利亞是當前的首要任務。我們深知，只要不損害歐洲的利益，推進到班加西以保障埃及和東地中海的海軍基地是有利的。因此，迅速占領班加西至關重要。我們支持你實施「下顎」作戰計畫（羅得島），因此即便需要暫停西地中海類似的行動數個月，我們也派遣了3艘「格倫」式快速運輸艦支援。之所以如此安排，是為了防止德國空降部隊占領「下顎」，因為那會干擾我們與土耳其的交通。我們要求你儘早執行這個作戰計畫。

最終，必須再次強調，希臘與土耳其的局勢至關重要，理應在你心中占據首要地位。

此刻，我深知土耳其的境況已經變得極為危險。顯然，不能設想戰前我們與其簽訂的條約在局勢改變後仍對其具約束力。當1939年戰爭爆發時，土耳其調動了其精銳且勇敢的軍隊。然而，這個舉措完全是基於第一次世界大戰的經驗。土耳其的步兵依舊出色，其野戰炮隊亦值得稱道。然而，他們缺乏現代化武器，而自1940年5月以來，現代化武器的決定性意義已被證明。他們的航空能力極其薄弱簡陋，既缺乏坦克或裝甲車，亦無製造和維修此類車輛的工廠，且無經過訓練能操作這些車輛的士兵和人員。他們幾乎沒有高射炮或反坦克炮，通訊設施不健全，對雷達一無所知。此外，在他們的好戰特性中，缺乏對這些現代發明的接受傾向。

另一方面，保加利亞軍隊基本上已經由德國協助進行武裝，使用的是1940年從法國和低地國家戰役中獲得的大量裝備。德國擁有豐富的現代化武器，足以武裝其盟友。至於我們，由於敦克爾克戰役的巨大損失、國內軍隊需要防禦敵人入侵、城市承受閃電戰的壓力以及中東戰事的需求，只能在犧牲其他急需的情況下，對其他國家進行少量武器援助。在這種情況下，駐紮在色雷斯的土耳其軍隊與保加利亞軍隊相比，處於相對嚴重且幾乎絕望的劣勢。如果在此基礎上，再增加哪怕是少量的德國空軍和裝甲部隊，土耳其將難以承受這種壓力。

在當前戰爭不斷擴大的階段，唯一可行的政策或希望在於設計一個聯合南斯拉夫、希臘和土耳其力量的計畫；我們正努力實現這個目標。目前，我們對希臘的援助僅限於初步措施，只派遣了少數空軍中隊；這些中隊是在墨索里尼開始進攻埃及時從埃及調往希臘的。第二階段是建議派遣技術部隊，這在三軍參謀長的電報中已有說明，但希臘方面並未接受此提議，他們的理由也並非毫無根據。現在進入第三階段，在此階段中，似乎有可能在班加西及其以西地區建立一個安全可靠的沙漠側翼，並盡可能在埃及集結最大規模的機動部隊或戰略後備隊。

在這樣的情況下，我們踏入了2月分。

閃電戰與英方反制

在 1940 年即將結束之際，我們仍在遭受閃電戰的襲擊，顯然有必要展望未來，並嘗試評估我們將面臨多大的困苦。敵人對我們的工廠和民眾的夜間空襲會持續多久？它會加劇到何種程度？我們必須首先對德國空軍的實際與相對實力，以及他們 1941 年的計畫，進行最可靠的評估。

首相致空軍大臣及空軍參謀長

1940 年 12 月 2 日

今年冬季，德國勢必大規模擴充空軍，預計明年春季將對我們發動更為猛烈的空襲。因此，急需對德國空軍在 1941 年 3 月 31 日和 6 月 30 日可能達到的規模進行最精確的評估。如果有其他日期更適合計算且同樣能闡明問題，可以不拘泥於上述日期。重要的是切勿誇大德國的能力，因此，諸如引擎、特種原料、飛行員訓練以及我們的轟炸效果等限制因素具有特殊意義。另一方面，應充分重視德國對被占領國家工廠利用的情況。

我希望情報處針對這個重要議題向我提交一份報告（限於兩至三頁）。在撰寫過程中，如能與林德曼教授保持聯繫，將有助於避免因計算基礎不同而引發爭論。我要求報告簡明扼要，同時希望了解報告所依據的資料和論證方法。我不清楚飛機生產部對此事的了解程度。如各部門意見一致，將令人滿意。請告知你將如何開展工作，限時一週。

在林德曼教授及其統計處的協助下，我著手探討這個尚不明朗的領域。我們審查了空軍部的文件，並將其與經濟作戰部及空軍部情報處截然不同的資料和看法進行了比較，也與飛機生產部的觀點相對照。我促使各部門暢所欲言，展示他們的不同論點，這是揭示真相的有效途徑。3 個部門中較低階別的官員之間的合作十分融洽。某日下午，我欣然將他們召集到契克斯。各方都陳述了事實和資料，每一方都為疑慮而深思。由於證據互相矛盾，所有證人又都急於了解真相，因此，我認為應邀請一位公正無私、思維敏銳且毫無偏見的人來進行評估和判斷。於是，我說服所有相關人員，提交他們最具說服力的材料，由一位傑出的裁判來釐清真相。

首相致空軍大臣及空軍參謀長

1940 年 12 月 9 日

上星期六，我與空軍部情報處和經濟作戰部的官員一起進行了長達 4 小時的探討，然而未能明確分辨是非對錯。或許事實真相介於兩者之間。此問題對於我們描繪整個未來戰局的場景至關重要，也會影響整個戰爭期間的力量運用。所提到的這兩個部門的官員關係極為友好，我希望能將他們召集起來進行討論，以便評估證據，釐清事實。會議需要一位公正且擅長證據評估和反覆考核的主席。法官辛格爾頓曾擔任炮兵軍官，擁有作戰經驗，最近為我調查過飛機投彈瞄準器。我不確定他是否能指導這些討論，並為破解這個重大問題的謎團提供有價值的線索。當然，應向他提供所有現有材料。在做出任何決定前，我希望知道你們的看法。

與此同時，我已將我在上週六的談話中了解到的各類狀況撰寫成一份報告，供相關部門思索研究。每個事實都可以質疑、修改或否定。我已將副本分別送交相關情報處，這份報告將成為我計劃展開調查的綱要。

我全神貫注地工作了數小時，親自撰寫了這份報告。

首相致空軍大臣

1940 年 12 月 13 日

德國每個月的飛機生產量推估可達到 1,800 架。空軍部情報處認為，其中僅有 400 架被用作教練機。空軍部認為德國在前線保持的實力約為我們的兩倍半，這表明德國的教練機數量似乎相當有限。倘若我們採取不同的戰略，假如空軍部對教練機的需求都有正當理由，若非我們毫不節制地濫用教練機，或將大量教練機閒置在機場上，那麼德國就無法憑藉如此少量的教練機來維持其前線的實力。

辛格爾頓法官將於週日來與我共進午餐，我希望他能開始我們達成共識的調查任務。

法官辛格爾頓與空軍人員及其他專家的合作卓有成效。1941 年 1 月 21 日，他向我提交了最終報告。用具體數字來對比英國與德國空軍的實力極為困難。雙方將其空軍力量劃分為「核定編成的飛機」、「飛機總數」、「適於作戰的飛機」和「前線飛機」等類別。這些分類彼此不同，由雙方隨意設定且經常變動。此外，皇家空軍分為本土空軍與海外空軍，而德國空軍則全部駐紮在國內。因此，我不打算用一些有爭議的統計數字來困擾讀者。法官的結論是，德國空軍與英國空軍的實力約為 4 比 3。儘管空軍部（情報處）仍認為德國的飛機數量多於此，而經濟作戰部則認為少於此，但雙方意見相當接近，因此辛格爾頓的推估成為我們認定的基礎。他的報告給了我鼓舞，表明我們的空軍力量正穩步追趕德國。法蘭西戰役初期，他們的飛機至少是我們的兩倍。現在根據報告，他們與我們的比例不過是 4 比 3。戰後我們了解到，實際上接近於 3 比 2。這是一個顯著的進步。我們的空軍發展尚未達到最高速度，同時尚未接收大量正在運輸途中的美援飛機。

1940 年底，希特勒已經意識到，僅靠空中襲擊無法擊潰大不列顛。大不列顛戰役是他首次遭遇的挫折，對城市的無情轟炸未能動搖這個國家及其政府。1941 年初夏，德國將大部分空軍力量調往準備進攻俄國。5 月底前，我們遭遇的猛烈轟炸反證了敵人不再全力以赴地攻擊我們。儘管這些轟炸對我們是極其殘酷的，但它們已不再是德國最高統帥部或希特勒的主要目標。希特勒認為，繼續轟炸大不列顛是為對付俄國集結兵力的一種必要且便利的掩護戰略。他樂觀地預計，蘇聯將如同法國，在 6 週的戰役中被擊潰，隨後所有德國軍隊將在 1941 年秋季最終征服大不列顛。在此期間，這個頑強的國家將透過遠端飛機支援潛艇的封鎖以及對城市，特別是港口的空襲而被削弱。德國陸軍的「海獅」作戰計畫（攻打英國）現已被「巴巴羅薩」作戰計畫（進攻俄國）取代。德國海軍被命令集中力量擾亂我們在大西洋的航運，而德國空軍則襲擊我們的港口和海口。相比濫炸倫敦和攻擊平民，這是一個更加險惡的計畫。幸運的是，他們沒有以全部現有力量持續進行這個戰略。

回顧 1941 年的閃電戰，可以分為 3 個階段。第一階段在 1 月和 2 月間，由於惡劣的天氣，敵人的計畫未能成功。除了卡地夫、樸茨茅斯和斯溫西，我們的民防組織得到了寶貴的喘息之機。帝國防務委員會早在戰前便設立了港口緊急措施委員會，這個制度代表了與港務機構相關的所有重要利益。在經歷了 1940 年冬季的艱難歷程後，加上軍事運輸部願意採取分權戰略進行支持，這些港口緊急措施委員會現在已經能夠更有效地自力更生，克服困難，並透過地區委員穩妥地獲得外界援助。我們也沒有忽視積極的防禦手段。許多地方準備了煙幕，儘管這種方法因為會汙染當地居民的房屋而不受歡迎，但在保護英格蘭中部工業中心時，其價值得到了證明。還準備了誘敵營火以迷惑敵方轟炸機，整個防禦計畫的各個部分已經交織成一個完整且協調一致的體系。

在天氣轉好的日子，敵方又發起猛烈的閃電戰。第二階段，又被稱為「德國空軍港口出擊」階段，於 3 月初展開。每天遭遇一到兩次空襲，儘管轟炸凶猛，卻未完全摧毀我們的港口。3 月 8 日及接下來的 3 個夜晚，樸茨茅斯遭受重創，船塢被毀。曼徹斯特和沙爾福在 11 日也未能倖免。接下來幾日的夜晚，梅西河區域成為目標。13 日和 14 日，德國空軍首次猛烈攻擊克萊德河，造成 2,000 多名居民死傷，船廠停工，部分廠房到 6

月，有些甚至直到 11 月才恢復生產。約翰・布朗造船廠因大火停工，停工一個多月才恢復正常生產。自 3 月 6 日起，該公司爆發大罷工，受到嚴重影響。大多數罷工工人因轟炸而流離失所，但轟炸的損失和危險促使他們返回工廠，熱情工作。梅西河地區、英格蘭中部、埃塞克斯郡和倫敦在 3 月底再遭轟炸。

4 月之後，空襲的猛烈程度顯著增加。4 月 8 日，敵人集中火力轟炸考文垂。另一個遭受重創的城市是樸茨茅斯。倫敦在 16 日和 17 日遭受了嚴重空襲，造成 2,300 人死亡，3,000 多人重傷。在第三階段，即最後階段，敵人企圖透過持續轟炸摧毀我們的大部分主要港口，某些港口連續遭到一週的轟炸。普利茅斯從 4 月 1 日到 29 日持續遭受空襲，儘管透過誘敵營火保護了一些船塢，但城市仍遭受重大損失。5 月 1 日，敵人的空襲達到頂峰，利物浦和梅西河地區連續 7 個晚上被轟炸。導致 7 萬 6 千人無家可歸，3,000 人死傷。在 144 個停泊點中，有 69 個被炸得無法使用，導致卸貨噸位一度減少到四分之一。如果敵人繼續堅持，甚至可能使大西洋戰役更加膠著，難分勝負。然而，敵人如往常一樣，轉向了其他目標。敵人對哈爾狂轟濫炸了兩個晚上，摧毀了 4 萬人居住的房屋，炸毀了糧食倉庫，使海軍機械廠癱瘓了近兩個月。貝爾法斯特曾兩次遭受轟炸，4 月又遭到了一次空襲。

4 月 12 日，我以布里斯托大學名譽校長的身分，將名譽法學博士學位授予美國大使懷南特先生、哈佛大學校長科南特博士以及澳洲總理孟席斯先生。我與夫人同行。我們的專車在鄉間的一條支線上過夜，然而，我們仍能看到並聽到布里斯托城遭受的猛烈空襲。清晨時分，專車駛入車站，我們直接驅車前往酒店。在那裡，我遇見了許多高級官員，幾乎立刻便出發前往視察城市中被炸得最嚴重的區域。空襲服務團的人員正在全力以赴地工作，仍有人從廢墟中被救出。儘管遭受重創，但市民的意志卻堅不可摧。在一個休息站，許多家園被毀的老年婦女坐在那裡，似乎仍未從驚嚇中恢復，我走進時，她們擦去淚水，為國王和國家歡呼。

授予學位的儀式如期舉行。我乘車巡視了遭受最嚴重破壞的地區長達一小時，隨後抵達布里斯托大學。活動嚴格的按照儀式進行，然而緊鄰大學的一座巨大建築仍在燃燒，而幾位主要人物身上的嶄新大學禮服，也無法掩蓋他們因徹夜辛勞而溼透和弄髒的制服。這一幕確實令人動容。

我說道：「今日在場的諸位，有許多人徹夜堅守職位。我們始終面臨敵人猛烈而持久的轟炸威脅。在這種環境下，你們齊聚一堂，展現了堅韌與冷靜、無畏與超然的精神，這與我們所知的古羅馬和現代希臘的品格相比，毫不遜色。

「我經常走訪全國各地，只要能從總部的事務中抽出幾個小時或一天的時間，我便前往各地巡視。我目睹了敵人空襲帶來的創傷，但在廢墟中，我也看到了鎮定、自信、開朗且帶有微笑的目光，這眼神顯示他們意識到自己已與一個遠比任何個人或人類問題更為崇高和廣泛的事業相結合。我見證了一個不可征服民族的精神。我感受到一種在自由中孕育、在數百年的傳統中培養的精神。在當下這個世界歷史的重要關頭，這種精神必將使我們承擔起自己的責任，進而使我們的後代沒有理由責備他們的祖先。」

在此期間，巫術戰以其獨特的方式逐步展開。我們曾經設想，我們的科學家們對當時尚未證實的雷達所作出的承諾必將實現；早在 1937 年秋季，我們便圍繞這個設想重新制定了大不列顛的空防計畫。1939 年 9 月，當張伯倫先生的飛機載著爭取和平的使團出國時，海岸雷達網中的 5 個最初的雷達站，即防衛泰晤士河口的 5 個雷達站，曾用來監測他的飛機起飛和返航。從 1939 年春季起，從敦提到樸茨茅斯的 18 個雷達站開始了每日 24 小時的監視，在接下來的 6 年中從未中斷。這些雷達站如同空襲警報機構的守護者；它們保護我們的戰時生產免受嚴重損失，也讓我們的民防人員免於無法忍受的負擔。它們使高射炮手不必長時間地待在操作職位上。它們避免了人力與飛機的消耗，因為如果我們那支無比優秀但力量微薄的戰鬥機隊不得不經常巡邏，它的力量必將耗盡。它們的精確度還不足以滿足夜間截擊的需求，但它們能使日間戰鬥機在最有利的高度和方位上等待敵機。它們對日間戰鬥勝利的決定性貢獻得到了其他新式技術設計裝備觀察站的支持和輔助。這些觀察站在低空飛行的敵機逼近時發出警報，雖然警報發出時距離敵機到來的時間很短，但卻非常有價值。

1941 年，儘管德國對射束技術進行了多次改進，但我們依然能夠成功進行干擾。舉個例子，德國人計劃在 5 月 8 日夜間襲擊兩個地點：德爾比的羅爾斯 - 羅伊斯工廠和諾丁漢。由於我們對德爾比射束的干擾，他們最終襲擊了諾丁漢，那裡的小火自前夜起仍在燃燒。德國的誤差導致他們將第二次轟炸目標轉向貝爾沃山谷，而山谷到諾丁漢的距離與諾丁漢到德爾比的距離大致相等。德國公報宣稱德爾比的羅爾斯 - 羅伊斯工廠被摧毀，實際上，他們並未接近德爾比，而是在曠野中投下了 230 枚高爆炸力炸彈和大量燃燒彈，造成的傷亡僅為兩隻小雞。

最猛烈的一次空襲也是最後的一次。5 月 10 日，敵機再次攜燃燒彈襲擊倫敦。敵人的轟炸引發了 2,000 多處火災，並摧毀了約 150 處自來水管道，當時正值泰晤士河退潮期，我們無法撲滅火勢。翌晨 6 時，據報告稱，有數百處火災失去控制，有 4 處火勢持續到 13 日夜間。這是整個閃電戰中夜間空襲最具破壞性的一次。5 座碼頭和 71 個關鍵地區，其中一半為工廠，被擊中。所有主要的火車站當中，除一處外，全都停運數週，直達線路一直到 6 月初才全面恢復。死傷超過 3,000 人。從其他方面來看，此次空襲也具有歷史意義。下議院遭到炸毀，一顆炸彈造成了多年無法修復的損毀。然而，值得慶幸的是，當時下議院沒有人。另一方面，我們的炮隊和夜間戰鬥機擊落了 16 架敵機，這是我們在夜戰中取得的最大勝利，這基本上也是我們在巫術戰中努力整個冬季的成果。

這是一記來自敵人的離別之擊，而當時我們尚未察覺。1941 年 5 月 22 日，凱塞林將他的空軍司令部遷至波森，並於 6 月初將所有空軍調往東方。直至近 3 年後，倫敦的民防組織才再次面臨 1944 年 2 月的「小型閃電戰」以及隨後的火箭和飛彈襲擊。從 1940 年 6 月至 1941 年 6 月，12 個月期間，英國居民傷亡人數為：死亡 43,381 人，重傷 50,856 人，總計 94,237 人。

敵軍不僅利用雷達輔助高射炮部隊作戰，還一直專注於進攻性的新技術發明，如射束等。直到 1941 年過了幾個月之後，他們才意識到需要防禦。顯然，在英國，我們曾將尋找轟炸目標的任務交給了龐大的航空學校，雷達的理念主要用於自衛。掌握射束技術後，局勢好轉，我們開始研究德國的雷達設施，以便反擊時清除障礙。1941 年 2 月，我們首次發現了德國提供偵察機使用的雷達站，並拍攝了照片，幾乎同時接收到其電波。發現瑟堡附近的這個樣本後，我們透過空中攝影和情報人員，沿歐洲敵占區西海岸尋找類似雷達站。到 1941 年年中，皇家空軍試圖大規模夜襲德國。要做到這一點，必須了解他們的防禦設施，全靠雷達。研究德國海岸的雷達設施後，我們又逐漸著眼於德國的夜間戰鬥機防禦線。這些防線從什列斯威 - 霍爾斯坦延伸，經德國西北部和荷蘭至法國比利時邊境，形成廣闊的帶狀區域。然而，在 1941 年最後幾個月中，無論是我們的還是敵人的新設施都未顯著發揮作用。德國轟炸機隊滿懷希望，計劃在攻打俄國 6 週後回到西歐。若真如此，空襲不列顛時將得到新的射束站支持，這些站設在英吉利海峽沿岸，配備更強大的發射機，協助轟炸機突破英國干擾抵達目標。這些轟炸機將遇到我方用於干擾和規避敵人新射束的許多新發射機，以及在夜間戰鬥機上大幅改進的雷達。俄國捲入戰爭的可能性增加，阻止了射束的新競爭，雙方在無線電上的巨大努力暫未用於戰爭。

1941 年 5 月 11 日，星期日，我正在迪奇萊度週末。在夜晚間斷地傳來倫敦遭受重創空襲的消息。我對此無能為力，於是欣然前往觀看由馬克思兄弟主演的喜劇片，這是我的友人特意為我安排的。我中途兩次走出觀賞室，詢問空襲的情況，聽說相當嚴重。電影幽默而有趣，我也樂得藉此舒緩心情。不久，一位祕書告知，有電話來訪，自稱代表漢密爾頓公爵，要與我交談。公爵乃是我個人的友人，他目前在蘇格蘭東部擔任戰鬥機戰區的司令，但我無論如何也想不到他會有什麼事情不能等到次日早晨再議。然而，來電者堅持要與我對話，聲稱此事對內閣有緊急的重要性。我請布雷肯先生去聽聽他的來意。片刻後，布雷肯先生告知我，公爵聲稱有一則驚人的消息要報告，於是我派人去請他前來。公爵一到，他便告訴我，他單獨會見了一位德國俘虜，那俘虜自稱是魯道夫·赫斯。「赫斯到了蘇格蘭！」我認為這是奇聞，然而所報卻是真事。

他親自駕駛飛機，身著德國空軍中尉制服，從奧古斯堡起飛，並以降落傘著陸。起初，他自稱名為「霍恩」。著陸時，他受了輕傷，被送往格拉斯哥附近的陸軍醫院，直到這時才確認了他的真實身分。經過幾道程序後，他被送往倫敦塔。隨後，他被轉移到英國其他戰俘拘留地，一直待到 1945 年 10 月 6 日。那一天，他在紐倫堡的監獄中與一些舊日同僚重聚，這些人都是在戰爭中倖存下來、即將接受勝利者審判和處決的。

我從未對這起逃亡事件給予太多關注。我明白，它對事態的發展毫無影響。此事在英國、美國、俄羅斯，尤其是德國，引起了廣泛轟動，甚至有人為此撰寫了書籍。在此，我僅闡述我認為的真實情況。

魯道夫·赫斯以其俊美的外貌和年輕的年紀贏得了希特勒的青睞，成為他身邊的重要幕僚之一。赫斯對希特勒充滿崇拜，並對國際爭端問題表現出極大關注。他常常單獨或與少數幾人一起與希特勒共進晚餐。他深知並理解希特勒的內心活動——對蘇俄的仇恨、想消滅布爾什維克主義的強烈欲望、對英國的欽佩以及與大英帝國建立友好關係的渴望，同時他也對大多數其他國家持輕蔑態度。沒有人比赫斯更了解希特勒，或是更常與希特勒閒暇時碰面。隨著戰爭的爆發，情況發生了變化，與希特勒一起用餐的人必然增加。三軍將領、外交官和高級官員也時常得以進入這個經過精心挑選的獨裁權力核心圈子。副元首感到自己黯然失色。黨的指示現在不再重要，現在是行動的時刻，而非遊戲之時。

他意識到，在戰爭環境下，他已無法如過去般與他所敬仰的元首保持親密關係；於是心生某種嫉妒，而這點又改變了他的性格，因此，我們應對他逃亡行為的價值進行適當的質疑。在他看來，那些將領和其他人都能與元首親近，分享餐桌。他們是在履行職責，但我，魯道夫，憑藉無比的忠誠，將超越所有人，為我的元首帶來更大的成就和慰藉，即便他們的貢獻加起來，也無法與我相提並論。我將前往英國尋求和解。我的生命無足輕重。為實現這個願望而捨棄生命，我將感到多麼欣慰啊！這種情感雖然天真，但確實是無惡意且無卑鄙之心的。

赫斯對歐洲局勢的看法是：英國已經被戰爭販子們剝奪了其真正利益，邱吉爾是他們膚淺政見的代表，英國放棄了與德國的友好政策，尤其是破壞了與其他國家共同抵禦布爾什維克主義的聯盟。只要他，魯道夫，能夠深入英國的核心，說服英王，希特勒如何關心英國，那麼目前在這個不幸島國上執政的、給它帶來許多不必要災難的邪惡勢力將會被徹底清除。英國如何能繼續維持下去？法國已被征服，德國潛艇即將切斷英國所有海上交通，德國的空襲將摧毀英國的工業，毀滅其城市。

然而，他應當尋求何人之助呢？漢密爾頓公爵曾結識過他的政治顧問豪斯霍弗爾的兒子。他亦了解漢密爾頓公爵是皇室庶務局長。如此身分的人物或許每晚與英王共進晚餐，且能與之促膝長談。這是通往英王的直接途徑。

幾日之後，一家德國報紙發布公告稱：「赫斯黨員似乎沉浸於幻想之中，因此他認為自己能促成英、德之間的和解……這個理想主義者最終淪為他幻覺的犧牲品，國社黨對此深感遺憾。然而，強加於德國的這場戰爭將繼續進行，毫不動搖。」這一個事件使希特勒陷入窘境。這就像我信任的同事，稍年輕的外交大臣，偷了一架「噴火」戰機，然後用降落傘降落在貝希特斯加登廣場一樣。納粹黨逮捕了赫斯的幾位副官，顯然是為了洩憤。

首相致外交大臣

1941 年 5 月 13 日

1. 總體而言，將赫斯先生置於陸軍部管轄之下而非內政部，更為便利。然而，他也應被視為可能因嚴重政治罪行而受控訴之人。與其他納粹領袖一樣，他可能是戰犯，戰爭結束時，他與其同黨或許會被宣布為無法律保護者。在此情形下，他的悔悟可能對其有利。

2. 目前應在倫敦附近選擇一處合適的住宅對他進行嚴格隔離，並盡力研究他的心理狀況，以便從中獲取任何有價值的消息。

3. 應確保他的健康和舒適，提供食物、書籍、文具及娛樂。除非外交部另有指示，不得允許他與外界或訪客有任何接觸。應指派專門的看守人員。禁止他閱讀報紙或收聽廣播。應尊重他的人格，如同對待一位落入我方的高級將領。

首相致亞歷山大·卡多根爵士

1941 年 5 月 16 日

1. 請迅速撰寫關於 3 次與赫斯會晤時談話的詳細摘要，特別突顯我在下議院準備但未發表的宣告要點。之後，我將附上一份說明電報，發送給羅斯福總統。

2. 我已核准陸軍部的提議：今晚將他送至倫敦塔，並立刻在奧爾德肖特為他安排拘留地點。

前海軍人員致羅斯福總統

1941 年 5 月 17 日

外交部代表已經與赫斯進行了 3 次會晤。

在 5 月 11 日至 12 日的夜晚首次談話中，赫斯參照他的筆記侃侃而談。第一部分總結了過去 30 年來英、德關係的歷史，意在表明德國總是正確的，而英國總是錯誤的。第二部分強調德國必將勝利，理由是潛艇與空中力量的協同發展、德國堅定的士氣以及人民對希特勒的支持等。第三部分提出了解決方案。赫斯表示，他的元首從未企圖反對大英帝國，除了應歸還德國之前的殖民地外，英帝國將維持現狀，以此作為德國在歐洲自由行動的交換條件。然而，有一個附加條件，即希特勒將不會與現任英國政府進行談判。這是誘導我們拋棄所有盟友，以便暫時保有大部分海外領地的舊套路。

外交部代表詢問他有關希特勒在歐洲行動自由的言論時，他是否將俄國視為歐洲或亞洲的一部分。他答道：「在亞洲。」同時，他補充說，德國對俄國有一些要求需要滿足，但否認正在策劃攻打俄國的傳聞。

赫斯給人的印象是，他相信德國必將獲勝，但他已經意識到，這需要很長的時間，並且難以避免將造成大量生命的損失和物質的破壞。他似乎認為，如果能讓這個國家的人民相信存在解決的基礎，戰爭或許可以結束，進而避免不必要的痛苦。

在 5 月 14 日的第二次對話中，赫斯再次提出了兩個要點：

（1）任何和平解決方案之中，德國必須支持拉希德・阿里，並驅逐英國人出伊拉克。

（2）在空軍的協助下，潛艇戰將持續進行，直至完全切斷英倫三島的所有供應。即便英倫三島投降而帝國仍在作戰，對不列顛的封鎖依然會繼續，即使這意味著不列顛的最後一個居民被餓死，也不會解除封鎖。

在5月15日的第三次會談中，除了突然對你的國家及你們能提供的援助程度發表了一些輕蔑的言論外，並未透露其他訊息。我特別感覺到，他自認為了解你們的飛機型號和生產狀況，實則並無深入的理解。

赫斯的健康狀況良好，情緒穩定，沒有表現出精神錯亂的典型症狀。他聲稱，這次出逃完全是他個人的決定，希特勒對此毫不知情。若其言屬實，則他試圖與英國「和平運動」成員接觸，並協助他們推翻現任政府。如果他的陳述真實無誤，且精神正常，這無疑是一個令人寬慰的訊號，顯示出德國情報機構的無知。雖然他不應受到虐待，但媒體不應過度渲染他及其冒險經歷。我們必須記住，他對希特勒的罪行負有部分責任，可能是戰犯，他的命運終將由盟國政府決定。

總統先生，上述內容僅供您個人參考。在我們這邊，我們認為最好讓報紙持續刊登一段時間，以迷惑德國人。被俘的德國軍官聽到這個消息後感到非常不安。我相信，德國武裝部隊也一定對他可能說的話感到極為擔憂。

有關醫生們對赫斯本人身心狀態的觀察與描述仍然不足以說明問題。5月22日，他的醫生報告稱：「他說，他對1940年大規模空襲倫敦感到極為反感，每當想到許多兒童及其母親的慘死，他便深感痛苦。想到自己的妻兒時，這種厭惡感尤為強烈，因此他決意飛往英國，與他認為在英國存在的眾多反戰派謀求和解。他強調，這個計畫完全不受任何私人利益的驅動，而是源於日益增強的理想主義衝動。」

正因心中已有此念，當他聽到卡爾．豪斯霍弗爾表達相似感受時，他深受觸動。豪斯霍弗爾提到漢密爾頓公爵是通情達理之人，必定厭惡這種愚蠢至極的屠殺。豪斯霍弗爾還說，他在夢中3次見赫斯駕駛飛機，去向不明。赫斯認為這些話源於豪斯霍弗爾，必是上天旨意，促他飛往英國，作為和平使者會見漢密爾頓公爵，再由其引薦給英王。赫斯希望英國政府被推翻，由和平政黨取而代之。他堅稱不與現執政「集團」交涉，因為該「集團」將竭力阻撓。然而，他對將要面對的政治家卻模糊不清，也對我們政界人物的姓名和地位不甚了解……他講述如何與維利．梅塞施米特聯繫，獲得在德國境內進行遠端飛行訓練的便利，又如何準備妥當後出發。他聲稱沒有同黨。在航程安排上展示了相當的技巧，親自規劃航線，準確飛行，最終在距離敦加發爾目的地僅 10 英里處降落。

內閣邀請西蒙勛爵接見赫斯，因此他們在 6 月 10 日進行了會面。赫斯表示：「當元首意識到英國態度不明確時，他便採取了海軍上將費希爾勛爵的戰略：『在戰爭中溫文爾雅是愚蠢的。若要戰鬥，就得全力以赴，能打哪裡，就打哪裡。』然而，我能證明，元首始終不願輕易下達這類（空軍和潛艇的）攻擊指令。這令他極為痛苦。英國人民成為這種作戰方式的受害者，他常常對他們表示深切的同情……他曾說，即使取得勝利，也不應對我們希望與其達成協定的國家施加苛刻條件。」因此，赫斯的核心觀點是：「我相信，一旦英國了解到這一點，它可能會準備達成協議。」只要英國意識到希特勒的仁慈，他們自然會達成他的期望！

赫斯的心理狀態曾多次接受醫學上的深入研究。毫無疑問，他是一個神經病患者，一個精神分裂者，試圖在追求權力、地位和對領袖的崇拜中尋求內心的寧靜。然而，他不僅僅是一個醫學上的難題。他堅定地相信自己已洞悉希特勒的心理。倘若英國也能領會這一點，將可避免多少痛苦，而雙方達成共識是多麼簡單！德國在歐洲自由行事，英國則在其帝國內自由運作！其他次要條件包括歸還德國殖民地，從伊拉克撤軍以及與義大利和談。實際上，英國已經處於絕望境地。如果它不同意這些條件，「遲早有一天它會被迫接受。」對此，西蒙勛爵回應道：「我認為，英國內閣不太可能接受這個特殊的論點，因為，你知道，這個國家充滿勇氣，而且，我們不太喜歡被人威脅！」

德國即將發動對俄國的攻擊，並且正在為此進行大規模的準備。若說與希特勒關係密切的赫斯對此一無所知，那實在令人費解，除非他是明知不言。蘇聯政府對赫斯事件表現出極大的關注，並圍繞此事進行了一系列與事實不符的猜測。3 年後，我在第二次造訪莫斯科時，發現史達林對此話題頗感興趣。他在餐桌上詢問我關於赫斯前往英國的真相。我簡單地向他陳述了我在本書中所寫的內容。我感到他似乎認為曾有某種深入的談判或計畫，意圖讓德國與英國聯手對抗俄國，但未能成行。考慮到他是一位極為聰明的人，我對他在這一點上的困惑感到十分驚訝。當翻譯明確表示他不相信我的話時，我透過我的翻譯回應道：「當我在我所知的範圍內陳述事實時，我希望它能夠被接受。」史達林對我的這個相當直接的回答報以和藹的一笑。「即使在俄國，我們的特務人員也不一定會將所有發生的事情告知我。」我便不再繼續這個話題。

回顧整件事情的經過，我感到欣慰的是，對於赫斯所遭受和正在承受的待遇，我並沒有責任。不論任何與希特勒關係密切的德國人可能犯下何等道德上的罪行，我都認為赫斯已經透過他那出於愚蠢的善意而採取的狂熱舉動贖清了罪過。他以個人的自由意志來到我們這裡，儘管沒有正式的授令，卻帶有某種特使的性質。這是一個醫學問題，而非犯罪問題，我們應以此角度看待此事件。

地中海的激烈攻防

自從納爾遜時代起，馬爾他島一直如忠誠的英國守衛者般，守護著地中海中部那條狹窄而重要的航道。在最近的戰爭中，其戰略地位較以往更加顯著。為了滿足我們在埃及部署大軍的需求，我們的運輸船隊必須自由通行地中海，同時阻止敵軍增援的黎波里，已成為首要任務。然而，德國的新型空中武器不僅對馬爾他島構成威脅，也對英國在這些狹窄海域保持制海權造成嚴重打擊。若無這些現代武器的威脅，我們的任務會簡單得多。我們原本可以在地中海自由航行，並切斷其他國家的海上交通。現如今，馬爾他島已無法作為主力艦隊的基地。該島本身受到敵軍從義大利港口出擊的威脅，且頻繁遭到空襲。敵軍的空中力量使得我們的運輸船隊在通過突尼西亞海峽及馬爾他海峽時險象環生，幾乎無法通行，只能繞道好望角，歷經漫長航程。同時，敵軍強大的空軍迫使我們的戰艦若不願冒重大損失和危險，就無法在中地中海展開充分活動，進而使敵軍得以維持一條通往的黎波里的補給線。

義屬班泰雷利亞島位於距馬爾他島約 140 英里的位置上，扼守著西西里島與突尼西亞之間西部海峽的要衝。該島以具堅固的防禦工事聞名，並擁有一個極具戰略價值的機場。作為敵軍通往突尼西亞和的黎波里航線上的關鍵據點，若我們能占領此地，將極大地擴展我們在馬爾他島周圍的空軍掩護範圍。1940 年 9 月，我曾請求海軍上將凱斯策劃一項計畫，利用新籌組的突擊隊奪取班泰雷利亞島。我們的戰略是，讓兩、三艘部隊運輸艦緊隨一支防守嚴密的運輸船隊之後。當運輸船隊吸引敵方注意時，這幾艘運輸艦將在夜幕掩護下改變航向，出其不意地突襲該島。此「工廠」作戰計畫受到三軍參謀長的全體支持。凱斯滿懷熱情地宣稱，他願意放下海軍上將的身分，親自率領進攻。

我和周圍的人都不覺得實際占領該島會有多大難度，然而，在馬爾他島已承受巨大壓力的情況下，維持這個戰果的困難讓我們感到疑慮。儘管如此，我仍在 1940 年 12 月 28 日發出了以下備忘錄：

首相致函伊斯梅將軍，轉交參謀長委員會

經過深思熟慮，我認為「工廠」作戰計畫的價值極高，但必須制定一個周密且完善的計畫，並等待一個合適的時機。若能成功，「工廠」作戰計畫的效果將令人驚訝，並顯著提升我們在中地中海的戰略地位。這也是確保我們的商船隊和運輸艦隊順利穿越突尼西亞海峽和馬爾他海峽的關鍵一步，進而極大地便利我們的航運。如果德國人掌控義大利，他們勢必會接管那個「工廠」島嶼，不僅可以用來擾亂航運，還能用於防禦攻擊，進而給我方帶來極大的困難，這種風險更增加了事情的緊迫性。

三軍參謀長立刻開始研究此問題，而我在新年時再次對此事發布了指示：

首相致函伊斯梅將軍，轉交參謀長委員會

1941 年 1 月 13 日

1. 德國空軍成功進駐西西里島，可能預示著地中海中部局勢的惡化。敵軍對「光輝」號及兩艘巡洋艦的俯衝轟炸成功，顯示這些艦艇需要配備空雷投擲器。我不明白為何「光輝」號未能安裝兩個空雷投擲器。應極力促使相關部門使用改進後的海軍空雷。似乎非常需要利用高速飛機在海面上追擊俯衝轟炸機。我們確實應在「可畏」號航空母艦進入地中海之前，在艦上配置 6 架「格倫門」式戰鬥機。

2. 我極為憂慮德軍駐紮於班泰雷利亞島，若果真如此，他們將憑藉強大的俯衝轟炸機群封鎖海峽。古語有云，「及時縫一針，省得縫九針」，此事恐怕正是這句古話的又一例證。

3. 目前有必要重新評估「工廠」計畫。事態已變得比以前更為緊迫和複雜，若德國人占領該島，情況將更為棘手。希望在一週內重新修訂該計畫並達到高度精確。同時，也應制定計畫以儘早尋找實施該行動的機會。至於是否嘗試的問題，只有在戰略和時機安排妥當後才能決定。

4. 我依然堅信，「工廠」是極具重要性的戰役。

儘管大家的意見已達成一致，但由於忙於其他工作，我們未能按原定計畫在 1941 年 1 月底行動。在 1 月 18 日的契克斯會議上，我同意第一海務大臣及其他參謀長的建議，將日期延後 1 個月。我認為原本可以讓會議通過維持原計畫的決議，但因忙於更重要的事務且得知突擊隊訓練未全，故沒堅持原定日期。凱斯不在場，得知後非常失望。這次延期使計畫落空。早在 1 月底之前，德軍空軍已經駐紮西西里島，形勢完全改變。若在 1942 年之前占領班泰雷利亞島，我方運輸船隊在駛往馬爾他的航程中可免受損失，敵人通往的黎波里的航線也會更受擾。然而，我們也可能在德軍空襲中失去優勢，令馬爾他島防務更加複雜。

我感受到班泰雷利亞島的迫切需求，但時機已逝。我們面對諸多問題。直至 1943 年 5 月，在我們摧毀了駐突尼西亞的德、義軍隊後，艾森豪威爾將軍下令一支英國登陸部隊在猛烈轟炸後攻占了班泰雷利亞島。儘管任務被預期為艱難，我們在此戰場上已經擁有極強的實力，未遭損失。

我方海軍與德國空軍的首次激烈交鋒發生在 1941 年 1 月 10 日。當時，我方艦隊正在掩護一系列重要行動，包括一支運輸船隊由西向東穿越中地中海，其他船隻則從東向馬爾他運送補給，以及一些小型運輸船隊駛往希臘。當日清晨，驅逐艦「豪俠」號在馬爾他海峽內護送主力艦隊時觸碰水雷。不久之後，敵方偵察機開始尾隨；下午，德國轟炸機展開猛烈攻擊，集中火力轟炸博伊德上校指揮的新航空母艦「光輝」號。在 3 次空襲中，「光輝」號被 6 枚大型炸彈命中，受重創並起火，造成 83 人遇難，60 人重傷。多虧裝甲甲板，「光輝」號得以有效防禦，艦上飛機至少擊落 5 架敵機。當天夜裡，儘管空襲愈加猛烈且舵機失靈，博伊德上校仍成功將「光輝」號駛入馬爾他。

當晚，坎寧安海軍上將指揮主力艦隊在馬爾他島南方護航東進的運輸船隊，未遭遇任何障礙。次日，巡洋艦「索斯安普敦」號與「格羅斯特」號在即將抵達馬爾他島東岸時，遭到俯衝轟炸機的襲擊。這些敵機從太陽的方向逼近，因而未被察覺。「格羅斯特」號被命中一彈，未爆炸，損傷輕微。然而，「索斯安普敦」號的機艙遭受重創，火勢猛烈，無法撲滅，最終被棄而沉沒。運輸船隊雖順利抵達目的地，然而艦隊卻付出了沉重的代價。

德國人意識到受損的「光輝」號在馬爾他島面臨危險，決心將其摧毀。然而，駐紮在島上的空軍實力已增強，在戰鬥中僅一天就擊落了 19 架敵機。雖然「光輝」號在船塢中再次遭到炸彈襲擊，但它仍於 1 月 23 日晚間啟航。敵人察覺它已離開，極力搜索，然而該艦兩天後安全抵達亞歷山大。

此時，從西西里島起飛的德軍飛機數量達到了 250 架。馬爾他島在 1 月分經歷了 58 次轟炸，隨後直到 5 月底，每天遭受 3 ～ 4 次空襲，期間僅有短暫的緩解。然而，我們的資源和人力得到了增強。在 1941 年 4 月至 6 月間，海軍上將薩默維爾指揮的 H 艦隊 6 次出動，將大量飛行小隊轉移到馬爾他島的航程之內。同時，224 架「旋風」戰鬥機以及少量其他機型的飛機從西面抵達戰場。補給和增援部隊也從東面運來。到了 6 月，成功擊退敵人的首次猛烈攻擊，該島才得以倖存。大難的來臨是在 1942 年。

多比將軍在馬爾他島擔任總督期間表現卓越。他以堅定不移的決心激勵著各階層的軍民。他是一名軍人，其在軍事指揮和宗教熱情上的表現讓人聯想到戈登將軍，甚至更早的「鐵騎兵」和「嚴肅同盟者」。

首相致多比將軍（在馬爾他）

1941 年 1 月 21 日

在皇家空軍及海軍的特別支援下，你們的勇敢守軍與居民正在對抗德、義軍隊的攻勢，進行著一場輝煌且難以忘懷的防衛戰。我謹代表戰時內閣向你們表達最誠摯的祝賀。全體英國國民，甚至整個英帝國的人民，正每日關注著馬爾他島的英勇戰鬥，我們堅信，你們的奮鬥必將獲得勝利與榮耀。

隨著地中海地區緊張局勢的不斷升高，我們努力在義大利本土上與敵軍交鋒。據稱，義大利的士氣相當低落，因此在其本土作戰將進一步削弱其士氣，加速我們期待的義大利崩潰。2 月 9 日，薩默維爾海軍上將在熱那亞港口發動了一次大膽且成功的攻擊。H 艦隊，包括「聲威」號、「馬來亞」號和「謝菲爾德」號，在熱那亞附近海域出現，對城市進行了長達半小時的猛烈炮擊。同時，從「皇家方舟」號航母上起飛的飛機對利佛諾和比薩進行轟炸，並在斯佩西亞海域布置水雷。這次襲擊完全成功，僅遭到來自熱那亞海岸炮臺微弱且無效的反擊。港口設施和船舶遭受了重大的損失。薩默維爾海軍上將的艦隊在低雲的掩護下成功撤離，避開了撒丁島以西敵方艦隊的攔截。

此刻，德國對地中海產生了興趣，因此我們急需增援馬爾他島。

首相致函伊斯梅將軍，轉交參謀長委員會

1941 年 2 月 6 日

英國在蘇達灣設立的加油站確實加大了敵人對馬爾他島發動襲擊的難度，但我仍希望能盡快派遣另一個營，以使總兵力增加到 7 個英國營。鑑於義大利軍隊在非洲的潰敗，從埃及調出第 7 個營應該不會有太大困難，難題在於安排艦隊進行運輸，因此不禁讓人想到：同時運送兩個營是否與運送一個營同樣便捷？如果麵包房的車只送一個麵包，費用不菲，似乎不划算；若還有其他麵包可送，車上完全可以輕鬆地裝載兩個麵包。請務必考慮這一點。切勿拖延。

到 1941 年 4 月初，我們已經能夠加強對敵方艦隻的襲擊，這些艦隻負責向駐紮在利比亞的隆美爾部隊運送補給。在這次行動中，英國潛艇從馬爾他島出發，扮演了關鍵角色，其活動規模和成效都在穩步上升。在這一系列的活動中，海軍少校馬爾科姆・汪克林表現卓越，他的英勇行為為他贏得了維多利亞十字勛章。第 2 年，他與他的艦艇「支持」號一同沉沒，但他的榜樣精神永遠激勵著繼承他事業的人們。

4 月 10 日，由 4 艘驅逐艦構成的戰鬥艦隊啟程駛向馬爾他島，麥克上校在旗艦「迦佛斯灣」號上擔任指揮，計劃對敵方運輸船隊發起進攻。他們在短短一週內取得了非凡的成就。在一個月色皎潔的夜晚，他們遭遇了一支由 3 艘驅逐艦護航、向南航行的敵運輸船隊；共有 5 艘運輸船。在一場近距離的激烈混戰中，所有敵艦均被摧毀。而我們的驅逐艦「莫霍克」號亦遭魚雷重創，不得不棄艦沉沒，然而艦長和大多數官兵成功獲救。在此次行動中，敵方總計 14,000 噸的重要作戰物資被擊沉。

喜訊頻頻自非洲沙漠傳來。第 6 澳洲師於 2 月 6 日攻占班加西，比預定計畫提前了 3 個星期。2 月 5 日黎明，英國第 7 裝甲師（當時的兵力相當於一個旅的坦克部隊）在穿越多處崎嶇地形後抵達姆蘇斯。該師受命切斷沿海公路。當晚，敵軍一支約有 5,000 人的縱隊在貝達富姆遇到我們的路障，很快便投降。2 月 6 日清晨，敵軍的幾個主力縱隊開始進入這條公路，與我們陸續交戰了一整天，其中有相當數量的坦克。傍晚時分，敵方潰不成軍，車輛混亂不堪，綿延近 20 英里，正面被封鎖，側翼遭到攻擊。2 月 7 日黎明後不久，敵軍出動 30 輛坦克進行最後一擊，再次失敗後，伯根佐利將軍率部投降。

因此，在短短兩個月內，尼羅河集團軍推進了 500 英里，消滅了超過

9 個師的義大利部隊，俘虜 13 萬人，繳獲坦克 400 輛、大炮 1,290 門。昔蘭尼加已完全被我軍攻克。

儘管取得了這些勝利，但關於中東命運的軍事和外交問題依然極其嚴重且複雜，加之韋維爾將軍事務繁重，於是在 2 月 11 日的國防委員會會議上提議，派遣外交大臣和帝國總參謀長迪爾將軍前往開羅協助。

首相致韋維爾將軍

1941 年 2 月 12 日

1. 在近期的戰役中，你獲得了卓越的勝利，並以驚人的速度占領了昔蘭尼加，謹致以誠摯的祝賀。我已經依照你的意願獎勵了奧康納將軍和克雷將軍。

2. 國防委員會昨晚審議了整體局勢，包括：首先，美國供應方面進展極其順利；其次，日本對我們表現出愈加嚴重的威脅態度，近期顯然存在進攻我們的可能性；再次，敵人試圖進攻中國本土的可能性大大升高。在此情勢下，我們必須明確地中海的各項計畫。

3. 我們對在托布魯克已經成功建立保衛埃及側翼的成果感到滿意。我們曾向你提及，支援希臘和（或）土耳其應是未來的優先任務。不過，若你能在不影響歐洲需求的情況下輕易攻下班加西，那自然更好。如今你提前 3 週達成了這個目標，使我們非常欣慰。然而，這並未改變 —— 實際上是重申 —— 我們之前的指令，即你的主要任務仍是支援希臘和（或）土耳其。因此，沒必要認真部署兵力進攻的黎波里，但在該方向進行小規模佯攻是有益的牽制行動。故此，你應在班加西穩住陣腳，將所有可用部隊集結於埃及三角洲，以備調往歐洲。

4. 迄今為止，希臘和土耳其持續拒絕我們提供的技術部隊，因為它們認為這些部隊規模過小，無法有效解決它們的主要問題，反而過於顯眼，可能導致德國的干預。然而，德國的干預越發明顯，越發緊迫，目前已達到隨時可能展開的狀態。如果土耳其和南斯拉夫告知保加利亞：若保加利亞不與它們攜手抵抗德國的南進，它們將對其發動進攻，這將為德國的南進道路設下一道障礙，迫使德國投入更多兵力，遠超目前駐紮在羅馬尼亞的部隊數量。然而，我擔心它們不會採取這個行動，將錯失聯合抵抗的良機，重蹈低地國家的覆轍。

5. 我們必須首先考慮我們的盟友希臘，實際上它正在英勇奮戰。如果希臘被擊敗，或被迫與義大利單獨和談，並將空軍和海軍的戰略基地拱手讓給德國，而不顧我們的利益，那麼對土耳其的影響將無法想像。然而，如果希臘在英國的支持下能夠阻擋德國的進攻數個月，這將有利於促使土耳其介入。因此，我們似乎應該竭盡全力，以便向希臘人建議，將一向用於保衛埃及的那支戰鬥部隊調往希臘，並制定計畫在運送人力、物力方面盡量支援該部隊。

6. 我們尚未掌握希臘對這個關鍵提議的具體回應，也不清楚他們將如何抵禦德國軍隊通過保加利亞的進攻。合理推測，他們可能已經制定計畫，經由阿爾巴尼亞調兵，防守山口及沿或近保加利亞邊境的防線。他們必然無法在阿爾巴尼亞取得勝利而不顧右翼（幾乎等同於後方）的巨大威脅。如果他們確實擁有完善的計畫，我們應全力支持，與希臘共同對抗德國，進而可能將土耳其和南斯拉夫牽入戰爭。請立即著手制定計畫和時間表，並為航運做好各項準備。

7. 我們並未要求你延後攻占羅得島的計畫，我們認為這是當務之急。

8. 為了在巴爾幹地區有效應對德國，我們決定派遣外交大臣和迪爾將軍前往開羅，與您合作，以確保軍事和外交措施的最佳協調。他們將於 2 月 12 日啟程，預計在 2 月 14 日或 15 日抵達。在您於開羅審查並推進各項準備工作後，理應與他們一同前往雅典，若條件允許，再從雅典前往安卡拉。我們希望能在最短的時間內，以最適當的方式，至少向希臘提供 4 個師，其中包括一個裝甲師，並在希臘機場部署新增空軍，同時提供一切可用的軍需物資。

9. 關於應使用希臘的哪些港口，或者應努力防守或讓希臘人防守哪條戰線，我們在此無法給出意見。這只能在當地與希臘統帥部協商解決。

10. 如果無法與希臘人達成令人滿意的協定，亦或無法制定切實可行的軍事計畫，那麼我們就必須盡可能從即將沉沒的船上挽回些許利益。無論付出什麼代價，我們必須守住克里特島，並占領任何可作為空軍基地的希臘島嶼。同時，我們可以重新評估進軍的黎波里的計畫。然而，這無異於在賽馬失利後獲得一些安慰獎品。土耳其將會始終堅定地支持我們。

韋維爾將軍於 2 月 12 日回電，感謝我的祝賀。他早已在考慮如何援助希臘和土耳其。他希望能夠增加之前對可支援後備軍的推估，尤其是若澳洲政府同意增加兵力的話。當澳洲總理孟席斯先生途經開羅前往倫敦時，韋維爾已就此事與他討論，並獲得了他的同意。他表示歡迎外交大臣和迪爾將軍的來訪。他說：「我們必須全力挫敗德國在巴爾幹的計畫，但由於希臘和土耳其的猶豫不決，以及南斯拉夫的膽怯，我們的任務異常艱鉅。由於船隻和港口的限制，我們的軍隊只能分批到達。」

我起草了有關外交大臣職責的指令，並得到內閣的正式認可。

1941 年 2 月 12 日

1. 外交大臣在訪問地中海戰區期間，將全權代表英王陛下政府處理所有軍事及外交事務。他將在需要時透過首相向戰時內閣提交報告。

2. 他的核心目標是快速支援希臘。為達此目的，他將與中東戰區總司令、埃及政府以及希臘、南斯拉夫和土耳其政府合作，採取他認為必要的任何行動。當然，他將向外交部通報全面情況，外交部或首相將通知他國內計畫與意見的任何變更。

3. 帝國總參謀長將在軍事事務上為他提供建議，而外交大臣則須確保在意見不一致的情況下，將其意見提交給英王陛下政府。

4. 特別注意以下各點：

（1）在利比亞和班加西西部邊境駐軍的最低需求是多少？為使班加西成為重要的駐防地與空軍基地，應採取哪些措施？必須強調迅速放棄陸上交通線的重要性。

（2）鑑於我們希望將義大利從墨索里尼政權中解放出來，應在昔蘭尼加實施哪些制度和政策。

（3）提前實施「下顎」（羅得島）作戰計畫。如有需要，駐紮在開普敦的突擊隊應做好準備（以便在敵方前線登陸），但不可因此影響主要任務。

（4）在埃及三角洲籌組一支實力雄厚且裝備優良的軍隊，編制採用師或旅的形式，使其能夠盡快派遣至希臘。

（5）關於如何結束厄利垂亞的戰事及摧毀義大利在衣索比亞的陣地，將盡量徵用我們的人力與物力。前者迫在眉睫；後者雖屬重要，卻不應妨礙主要行動。或許應待其自然成熟。

（6）目前部署在肯亞的軍隊人數已經超過7萬，需嚴密檢查，尤其應將南非師調往埃及服役。與史末資將軍的聯繫宜透過首相進行。外交大臣亦可再次與史末資將軍會晤。

（7）外交大臣在與帝國總參謀長、韋維爾將軍及其他任何官員訪問雅典時，擁有與希臘政府就當前局勢作出最佳安排的全權。此外，他還需使英王陛下政府了解各項情況，或在可能的情況下尋求政府的支持。在緊急情況下，應根據本身判斷採取適當行動。

（8）他將直接與南斯拉夫及土耳其政府接洽，並將公文副本送至外交部。其目的在於讓這兩個國家同時參戰，或盡力而為。為此，他應在適當時機召見駐貝爾格勒的公使或駐土耳其的大使。他將牢記：一方面，參戰是我們的責任，我們在必要時應與希臘共患難；另一方面，在第二階段，土耳其的利益對我們而言同樣重要，不亞於希臘的利益。希臘和土耳其要求我們提供空軍和軍火援助，這個要求我們應該能夠滿足。

（9）外交大臣將專注於以下任務：在實現既定目標過程中，使中東地區的陸軍和空軍以最小的人力和物力投入獲得最大效能，並確保將該戰區內諸多關鍵部隊納入統一規劃，以便它們能夠立即發揮作用。

（10）他應透過首相向英王陛下政府提交各領域司令官的候選名單。在這個過程中，他當然會與深受英王陛下政府信任的韋維爾將軍進行磋商。駐希臘軍隊司令官的選擇尤為重要，期望在推薦時獲得各相關方的同意。

（11）空軍上將朗莫爾將根據本指示所述政策的總體精神，依循外交大臣的意圖和決策行事。然而，當出現分歧時，外交大臣亦須透過首相將空軍上將的意見傳達至戰時內閣。中東空軍的任務是對希臘和土耳其提供最大限度的空軍支援，這並不妨礙支援蘇丹和衣索比亞的戰鬥及保衛班加西的行動。

（12）外交大臣將與坎寧安海軍上將磋商，以商討為實現上述目標所需的海上行動，並可請求陛下政府提供額外支援，無論是運輸艦還是戰鬥艦，視需求而定。

（13）他將向英王陛下政府提交任何與伊拉克、巴基斯坦或阿拉伯相關且符合上述目標的政策。他可以直接與這些國家和印度政府聯繫，但不是以強制的方式。應讓印度事務部掌握全盤情況。

（14）他應對直布羅陀和馬爾他島的整體局勢進行匯報，若在返回途中經過塔科拉迪，亦需提供該地情況的報告。

（15）簡而言之，他應負責收集我們難以c獲取的線索，並持續提供解決方案，若事態過於緊急，無法及時請示國內，他可自行採取行動，無需顧慮。

我認為，史末資應了解艾登的任務，並希望他能親自前往開羅一趟。

首相致史末資將軍

1941 年 2 月 15 日

我們成功提前占領了昔蘭尼加的班加西，這極大地振奮了我們的士氣，並為埃及提供了一個穩固的側翼。同樣，奇斯馬約的占領也令人欣喜。現在，我們應努力援助希臘，敦促土耳其抵抗德國即將在愛琴海發起的進攻。儘管無法確保在歐洲大陸取得理想的結果，但如果我們全力以赴仍無成效，至少要力求保住一些島嶼。因此，我們派遣了外交大臣和帝國總參謀長前往開羅，並計劃從開羅訪問雅典和安卡拉，與相關方協商建立最堅固的防線。他們可能會在中東停留 3 週。請考慮你是否能與他們會面。請將你發給他們的信函副本透過聯合王國高級專員轉交給我。

在艾登先生出國期間，我負責處理外交部事務。這自然加重了我的工作。然而，自從擔任首相以來，我已經習慣於審閱每日收到的重要電報和特別報告，並且在與羅斯福總統及其他國家政府首腦的通訊中，親自起草多封最關鍵的對外函電。除特殊情況外，我將接見外國大使的事務委託給常務次長亞歷山大．卡多根爵士和政務次長巴特勒先生。此時，整個外交事務與軍事戰略已經密不可分，而我對這方面的問題無論如何總得過問，並盡可能進行籌劃。

首相致艾登先生（在開羅）

1941 年 2 月 20 日

1. 知道你已經安全到達，甚感欣慰。為了將第 50 師調至你處，我費盡心力，已向海運部申請了額外船隻，並獲海軍部大力協助。覆電讓我困惑不已。顯然，中東司令部對運輸船隊的組成情況並不清楚……希望你能對此進行說明。國內與中東都應了解運輸船隊及戰場詳情，此事至關重要。我認為在中東地區，我們支持的軍隊數量龐大且組織混亂，許多部隊技術訓練不足。英國第 6 師和澳洲第 7 師在短期內似乎無法完全成型。請查明，為使他們成為有效戰鬥部隊，我們需運送哪些裝備。從其他尚未訓練成熟的部隊中抽調部分作為臨時補充，這應是可行的。如果能在其他基礎單位中取得實際效果，編制並非不可更改。近期中東補給人數的統計顯示，12 月 31 日至 1 月 31 日期間約增加了 5 萬人。難道這些增援部隊中沒有可以形成作戰的部隊嗎？若實際作戰部隊數量與補給人數相比甚少，加上將如此少的部隊調往另一戰場的行動又如此遲緩，且無法改進，則必須承認，我們在非洲大陸作戰的能力已達極限，而整個中東地區相關的事務必須退居次要位置。

2. 我對我軍在克倫遭遇的挫折深感關注。衣索比亞的問題可暫時擱置，但我們希望徹底清除厄利垂亞的敵軍。在安排空軍和其他部隊時，請牢記這一點。

3. 若你們心中覺得，此次在希臘的冒險可能如同在挪威的失敗重演，那麼，你們大可不必認為此行動勢在必行。如果無法制定出周詳計畫，請立即說明。然而，你當然明白，若能成功，其意義將會多麼重大。

這封電報與艾登先生的來信幾乎同時發出，艾登的電報明確闡述了戰地相關人員的信念，並報告了他與迪爾在開羅與 3 位總司令會晤時達成的結論。

我們一致同意，應當儘早在能力範圍內最大程度地援助希臘。若希臘接受我們的援助，我們相信這將是阻止德軍推進、防止希臘被蹂躪的絕佳機會。然而，我們的人力和物資有限，尤其是空軍力量不足，因此若要有效支援希臘，就無法同時援助土耳其。

他指出，由於空軍力量的薄弱，我們尚無法確定能否守住一條足以保護薩洛尼卡的前線。隨後，他補充道：

韋維爾將軍提出了以下軍事部署：昔蘭尼加的防衛任務將由一個訓練和裝備較差的澳洲師、正在訓練中的印度摩托旅，以及第 7 裝甲師僅剩的一個裝甲旅承擔。你或許記得，該裝甲師的人員和裝備從未達到滿編。地中海戰區總司令報告了一些新的困難：由於班加西港口被毀，目前無法通過海路為駐防部隊運送補給，因此物資供應必須經由陸路從托布魯克運送。第6師正在籌組，將用於部署在羅得島。在厄利垂亞的戰鬥勝利結束之前，無法削減那裡的作戰部隊。克倫確實難以攻陷。另一方面，已同意削減在肯亞的軍隊，並已發出撤退南非師的準備命令，一旦船隻準備就緒，將調往埃及。我希望在歸國之前能與史末資討論這個問題以及其他事項。

因此，韋維爾將軍在近期及不久之後可以將以下部隊部署至希臘：首先是一個裝甲旅和現已擴充至3個步兵旅的紐西蘭師，這些部隊已整裝待命；隨後是波蘭旅、一個澳洲師，若有需要，還可以再調派一個裝甲旅和一個澳洲師以備使用。運輸這些部隊將不可避免地使後方勤務極度緊張，並需要作出許多臨時性的安排。

目前尚無法確定時間安排，因為這取決於與希臘的磋商結果以及船舶狀況。預計至少需要53艘船隻來調運上述部隊。然而，這些船隻只能透過緊急扣留駛往中東的運輸船隊來獲得。此外，蘇伊士運河的水雷威脅令我們更加擔憂。我們正採取有效措施以解決此問題，但在這些措施完全生效並將物資從國內運抵前，該運河可能面臨被封閉5到7天的風險。

根據我個人的結論——這一點也得到了迪爾將軍和所有總司令的一致認同——在不久的將來，我們的資源和人力應優先用於支援希臘，因為它正處於戰鬥並面臨威脅。至於之後能給予土耳其多大的支持，則取決於抵達中東的空軍增援部隊的數量以及非洲戰場的資源消耗狀況。

我目前的計畫是：告知希臘方面，我們已經準備好提供援助，並敦促他們在援助抵達後立即接受。如果他們願意接受這個援助，並願意冒因此可能提前捲入與德國敵對行動的風險，那麼我們就有機會在希臘建立一條防線的絕佳機會。若我們此時分散有限的資源，特別是空軍，我們將既無法有效支援希臘，也無法有效支援土耳其。

這封電報中，我特意強調了「催促」一詞，務必準確理解其含義。艾登先生並非指責希臘在接受英國援助原則上的態度，而是指出——若他們決定接受——在接受的時間方面。

我已發送如下的回電：

首相致艾登先生（在開羅）

1941 年 2 月 21 日

我一向認為，在前往安卡拉之前，應優先拜訪希臘，這一點至關重要。否則，你可能會在安卡拉先作出承諾，導致無法全力支持正在戰鬥的希臘。因此，我完全贊同你提出的行程安排。

我再次撥通了史末資將軍的電話：

1941 年 2 月 21 日

你擔心俄國的立場已經對土耳其造成負面影響，土耳其可能至多只能維持真正的中立；對此，我的看法相同。現今，我們派往開羅的使節需更關注希臘的整體局勢。我會及時通報情況。

當天，來自開羅的艾登先生發來了另一封電報。

談及對希臘戰局的整體展望，目前派遣軍隊至歐洲大陸對抗德軍無疑是一場冒險。成功並無絕對的保障。然而，當我們在倫敦商議此事時，我們已經準備好面對失敗的風險，認為與希臘人共度艱難比袖手旁觀更為可取。這是此地人們共同的信念。此外，儘管出征希臘是一次大膽的嘗試，但我們可能在德軍全面蹂躪希臘之前阻止其進攻。

我們必須意識到，風險極高。如不援助希臘，難以期待南斯拉夫有所行動，土耳其的未來也可能受牽連。因此，儘管我們無法保證不被迫孤注一擲，仍認為援助希臘是必要之舉。當然，也可能發生這樣的情況，當我們計劃明天前往拜訪希臘人時，他們竟不願接待我們。

關於司令官人選的問題，我們曾經進行過討論。迪爾、韋維爾和我一致認為，必須選擇一位既能贏得希臘人尊敬又能有效管理與他共事的希臘軍官的人物。我們挑選的對象必須是一位戰術經驗豐富的軍人。因此，我們決定任命威爾遜為司令官，由現任巴勒斯坦司令官的尼姆接替他擔任昔蘭尼加軍事長官一職……威爾遜在當地民眾和士兵中享有極高的聲望，任命他指揮派往希臘的軍隊，將向希臘人保證，我們正全力支持他們。

2月22日，艾登先生與韋維爾將軍、約翰·迪爾爵士及其他官員搭乘飛機前往雅典，準備與希臘國王和政府展開商討。當晚抵達後，艾登先生首次與希臘代表接觸，並受邀前往塔托伊的王宮拜訪。見面時，國王立刻詢問他是否願意單獨會見首相。艾登先生回應稱無需單獨會見，因為他希望以純軍事的角度進行討論。若我們向希臘提供援助，必須基於軍事理由，因此他不希望政治因素產生不當影響。然而，國王堅持邀請，他遂同意。在會晤中，首相科里西斯向他宣讀了一份宣告，陳述了希臘內閣在前幾日討論的結果。

鑑於這份宣告是我們行動的基石，我將全文刊載如下。

艾登先生致首相

1941年2月22日

以下文件是今日會談開始時希臘首相交予我的一份宣告摘要。

1. 我願毫不動搖地重申，希臘作為忠誠的盟友，決心以全力繼續戰鬥，直至最後勝利。我們的決心不僅針對義大利的戰爭，也同樣適用於德國的任何侵略。

2. 希臘在馬其頓僅部署了3個師，駐紮於保加利亞邊界。因此，產生了一個純粹的軍事問題：需要派遣多少增援部隊才能使希臘軍隊抵禦德國軍隊。希臘政府對羅馬尼亞境內的德軍和保加利亞軍隊的動員情況已有大致可靠的情報，但截至目前，他們僅知道未來一個月內可能從英國獲得的援助。此外，他們對土耳其和南斯拉夫的意圖尚不清楚。在此情形下，閣下前往中東將大有裨益，不僅能澄清局勢，還能扭轉局面，使其符合大不列顛和希臘的共同利益。

3. 我願重申，無論結果如何，無論希臘在馬其頓是否有擊退敵人的希望，它都會捍衛領土，即便孤軍作戰，也將堅持戰鬥。

希臘政府希望我們明白，他們的決策是在不確定我們能否提供任何幫助之前做出的。國王希望艾登先生在軍事會談開始前了解此事，因此這份文件成為他們會談的基礎。

軍事會議與參謀會議連夜召開，次日整天繼續進行。會後，艾登先生於 24 日發來一封極為重要的電報。

外交大臣致首相

1941 年 2 月 24 日

今日（23 日）已與希臘政府就各項問題達成協定。

1. 當討論進入尾聲時，我詢問希臘政府是否樂於接受英國軍隊依照我們所建議的人數和條件進駐希臘。此時，希臘首相正式表示，希臘政府懷著感激之情接受我方建議，並已批准雙方參謀人員所商定的所有細節安排。

2. 我們在今日下午抵達後，便與希臘國王一同會見了首相和帕普哥斯將軍。我根據我們的觀點闡述了國際局勢，並詳細談論了德國對巴爾幹國家的意圖。接著，我解釋了倫敦各部大臣和三軍參謀長得出的結論，這個結論得到了中東戰區各總司令的完全同意，認為我們應儘早給予希臘最大限度的支援。隨後，我們逐一列舉了我們能夠向希臘提供部隊的具體情況，說明這是我們在當前形勢下能提供的最大援助。至於未來的支援程度，將取決於整體戰局的發展及我們的人力、物力狀況。我只能說，我們提供的軍隊均裝備精良、訓練有素，因此我們相信他們將履行職責。

3. 希臘首相在重申希臘決心抵抗德國以保衛本身後，又提到希臘政府的擔憂，他們擔心英國的援助可能足以引發德國的攻擊。他表示，考慮到土耳其和南斯拉夫態度的搖擺不定，我們有必要評估希臘現有的軍力和英國能夠提供的支援是否足以有效抵擋德軍。因此，首相希望在希臘政府承擔義務之前，由軍事專家根據英國援助的實際情況來審視當前的局勢。我坦率地指出，首相所持的立場必然會導致何種結果。如果我們因害怕激怒德國而延遲行動，這樣的行動必然會為時已晚。

4. 隨後，迪爾將軍、中東戰區總司令和空軍司令官與帕普哥斯將軍進行了會談。他們認為，由於南斯拉夫的態度尚不明確，唯一可防守且能及時從阿爾巴尼亞撤軍的戰線，是瓦爾達爾河以西的奧林匹斯－佛里亞－埃德薩－凱馬克查蘭一線。如果我們能明確南斯拉夫的意圖，就可以在位於更北部的一條戰線進行防禦 —— 從內斯多斯河口到貝里斯，以保護薩洛尼卡。除非得到南斯拉夫的默許，否則要守住一條保護薩洛尼卡的戰線恐怕難以實現，因為希臘的左翼可能面臨德軍的攻擊。

隨後，他描述了雙方協定下的具體安排。

會議持續了大約 10 個小時，重點在於政治和軍事合作的議題……希臘代表在各項問題的討論中表現得坦率且公正，令我們深受感動。我深信，他們決心全力抵抗，因此，英王陛下政府只能選擇支持他們，無論最終結果如何。我們看到了危險，但我們必須接受這個風險。

他在另一份電報中提及：

我們堅信，我們的方針是正確的，因為情況緊迫，想必你不希望我們因逐一向國內請示而錯失良機。

危險性極高，但成功的可能性依然存在。我們正承擔著艱鉅的任務，這對我們的人力和物力需求極大，尤其是在戰鬥機的領域……

基於獲得迪爾與韋維爾同意的電報，內閣決定完全批准這些建議。

首相致艾登先生（在開羅）

1941 年 2 月 24 日

三軍參謀長對你從開羅和雅典發來的電報中所建議的正確行動表示支持，我已於今晚將所有問題提交給戰時內閣，孟席斯先生也在場。全體一致按照你的建議通過了決議，不過，當然，孟席斯先生必須電告本國。我們設想，你也已經與紐西蘭政府解決了關於他們軍隊的問題。無需擔心這兩方面會有任何困難。因此，既然一切都已明朗，我們一致向你下令：「全速前進。」

目前為止，我們所完成的不過是以下幾步：在埃及三角洲盡可能集結最大的戰略後備軍，制定計畫，並準備好將軍隊運送至希臘的船隻。若因希臘政策的變化或其他事件導致局勢改變，我們必須處於最有利的位置以便應對。令人欣慰的是，經過一段艱難的歷程，我們終於得以圓滿結束衣索比亞、索馬利亞和厄利垂亞的戰鬥，並將強大的軍隊併入在埃及的「機動部隊」。鑑於我們無法預測敵方的意圖以及盟友和中立國的反應，我們似乎面臨著多種重要選擇的可能性。前景仍不明朗。儘管尚未投入一個師，但我們在準備工作中未曾浪費一日。

非洲戰局與義軍潰敗

1940年，法國淪陷後，墨索里尼向大不列顛宣戰，此時義大利在北非和東非的帝國展現出宏偉的景象。義大利王國在十九世紀崛起的歐洲民族國家中是後來者。工業基礎薄弱，導致軍事力量自然不強，但由於人口激增，義大利在種種挑戰下參與了非洲爭奪戰。自西元1869年蘇伊士運河開通以來，義大利逐漸將目光轉向非洲擴張。16年後，義大利占領了馬薩瓦後，厄利垂亞正式成為義大利領土。義屬索馬利亞殖民地及其通向印度洋的出海口也逐步發展壯大。位於這兩塊早期殖民地之間的是古老的衣索比亞王國。隨著1890年代帝國主義擴張，克里斯皮先生向這片荒涼之地進軍，企圖藉此為義大利在歐洲事務中贏得大國地位。西元1896年，義大利在阿杜瓦遭遇慘敗，侵略衣索比亞的義軍全軍覆沒，這次失敗導致他的下臺，暫停了義大利在非洲的冒險。

這場悲劇性事件深刻銘刻在義大利人的心中。1911年，義大利政府突然派遣軍隊跨海前往的黎波里，展開征服行動，這個舉動震驚了當時的和平世界。法國和英國需要拉攏義大利以對抗日益嚴重的德國威脅，而土耳其在1912年於巴爾幹戰爭中遭遇失敗，使得義大利得以在北非沿岸建立一個脆弱的據點。義大利在第一次世界大戰中加入戰勝國陣營，這個事實確認了其對的黎波里和昔蘭尼加的所有權，這讓義大利重溫羅馬帝國的舊夢，不久後便將該地區更名為利比亞。塞努西教團的起義，仍然對義大利在阿拉伯沙漠中積極進行的占領和殖民活動構成持續的挑戰。

在墨索里尼透過反布爾什維克主義的法西斯浪潮奪取政權時，義大利的局勢便已定型。此後多年間，義大利便以一個殖民強國的姿態，系統性地在非洲擴張。北非廣袤的土地被置於格拉齊亞尼將軍的鐵腕軍事統治之下。起義被無情鎮壓，移民數量激增，荒地被開墾，炮臺和機場拔地而起，公路和鐵路在地中海沿岸四通八達。在這龐大的但無果的人力、物力投入背後，義大利全體國民暗藏著對阿杜瓦戰敗和恥辱復仇的渴望。我曾指出，墨索里尼如何以堅定的決心擊敗了英國在國際聯盟中表現出的猶豫不決和不徹底的抵抗，使「一個國家領導著 50 個國家」的權威失效。我們也曾見證這些衝突與衣索比亞的征服對第二次世界大戰爆發的影響。

1940 年 6 月，在法西斯黨人眼中，英帝國似乎正瀕臨崩潰，而法國幾乎已經失去活力之際，義大利在非洲的帝國正迅速擴張。利比亞、厄利垂亞、衣索比亞和索馬利亞等國家的區域已經組成一片廣闊的領土。這片土地在義大營業稅收的支持下，有近 25 萬義大利殖民者在 40 萬義大利和土著軍隊的保護下辛勤發展，開始繁榮。他們在紅海與地中海的各個港口都已設防。英國情報機構及時獲取了義大利防禦規模的消息，認為這些港口可以成為重要的海軍基地。如果英帝國崩潰（在墨索里尼看來這是不可避免的），那麼將埃及、英屬索馬利亞和英屬東非併入義大利的領地，便會形成一個以義大利為主的巨大帝國，這樣的帝國自凱薩大帝以來未曾見過。這裡有那位命途多舛的齊亞諾所稱的「五千年難逢的機會」。然而，這個引人入勝的幻想即將面臨破滅。

截至 1940 年 12 月，我們在東非對義大利人的立場始終是防禦性的。12 月 2 日，韋維爾將軍在開羅召開會議，並在會上制定了新的戰略。他尚未計劃用正規部隊深入衣索比亞，但決意驅逐 1940 年 7 月 4 日占領蘇丹境內卡薩拉和加拉巴特的義軍。在這些小規模攻勢結束後，韋維爾原打算將大部分部隊調往中東作戰，而由在英國軍官、武器和資金支持下的伊索比亞愛國運動承擔任務，令義大利人難以穩固其在衣索比亞的統治，最終實現國土光復。

1941 年 1 月分，在普拉特將軍的指揮下，肅清蘇丹的軍事行動展開。起初，戰鬥進展順利。普拉特麾下的第 5 英印師在 1 月得到第 4 英印師的增援，該師從西部沙漠調來，曾在前一年 12 月的西部沙漠戰役中立下戰功。這支部隊由 6 個空軍中隊支援。1 月 19 日，兩個義大利師在面臨攻擊威脅並遭到一次轟炸後，撤離了卡薩拉。此後不久，他們放棄加拉巴特，退出蘇丹。我們從卡薩拉繼續追擊，直至克倫那個極為堅固的山區陣地，沒有遭遇重大阻礙。在克倫，敵方兩個常備師團憑藉堅固的防禦設施頑強防守。2 月初的幾次進攻未獲成功，因此普拉特決定，為攻下陣地，必須不顧後勤延誤，這在充分準備的進攻中是難以避免的。

在此期間，衣索比亞境內的起義行動取得了顯著進展。在桑福德准將的領導下，一支規模不大的部隊，包括一個蘇丹營和若干精挑細選的英國軍官和軍士，成為起義的核心。其中一位英國軍官是後來建立卓越功勳的溫蓋特上校。隨著他們的成就不斷擴大，越來越多的愛國人士加入了援助行列。衣索比亞皇帝於 1 月 20 日重返他的王國，戈賈姆西部大部分地區的敵人也逐步被肅清。

在此期間，我對駐紮在肯亞的大批軍隊長時間無所作為感到不滿。史末資在 1940 年 11 月曾訪問肯亞，敦促我們採取攻勢，目標是義大利控制的港口奇斯馬約。

他向我發送了以下電報：

1940 年 11 月 5 日

在肯亞期間，我巡視了大多數前線，與坎寧安將軍及其參謀團隊共同研討作戰方案。在那裡，與其他地區相似，士氣高昂，整體局勢良好。然而，在沙漠和鄰近沙漠地區長期無所行動可能會帶來風險。目前，最理想的攻擊目標是奇斯馬約，因為它對我們重要的蒙巴薩基地構成了嚴重威脅。一旦攻下並穩固奇斯馬約，我們的大部分軍隊可以從荒涼的沙漠地帶向北推進，以便威脅阿迪斯阿貝巴。為了進攻奇斯馬約，坎寧安要求比原計畫更多的部隊，因此，一旦船隻準備妥當，我將從南非聯邦派遣一個額外的步兵旅。輕機槍的補給尤為緊迫，還需要準備更多的運水和運輸補給品的車輛。衣索比亞內部局勢嚴重不穩，如果我們從南北夾擊，義大利軍隊可能在夏季崩潰，這樣就可以釋放出相當數量的軍隊用於更北方那個更為重要的戰場。

這與我的看法完全一致。那個旅已經從開普敦運出。我了解一切都在籌備中，以便在雨季來臨之前於 1 月發起進軍。因此，當我看到以下電報時，我感到非常震驚：

韋維爾將軍致帝國總參謀長

1940 年 11 月 23 日

坎寧安已做出決定，今冬無法發起大膽的戰役。他提議於 12 月中旬在肯亞北部展開一系列小規模戰鬥，並請求調派兩個西非旅參與作戰。

南非高級專員向我們透露，史末資將軍原定於 1 月對奇斯馬約發起攻勢，但儘管第 3 南非聯邦旅已經部署，進攻顯然被推遲至 5 月，令史末資感到失望。在 1940 年 11 月 25 日的國防委員會會議上，我質疑為何攻打奇斯馬約的計畫被延後至 5 月。約翰・迪爾爵士表示，他收到韋維爾將軍的電報，稱他將很快召集包括坎寧安將軍在內的司令官會議，以商討未來 6 個月的計畫。

我們全體對迪爾的回應感到不滿，因此，國防委員會請三軍參謀長要求韋維爾將軍對此事進行詳細解釋，並再次向首相報告。

我將以下備忘錄遞交給陸軍大臣及帝國總參謀長：

1940 年 11 月 26 日

我明白，你們會針對現階段提出的 5 月前無法進攻奇斯馬約的理由遞交詳細報告，並將竭力不因這些理由讓步。但若決定5月前無法行動，則西非旅必須搭乘首批空載運輸艦前往西海岸，以替換目前駐防弗里敦的營隊。

請求將那一旅人保留而不准他們參戰，實在令人遺憾。

根據韋維爾於12月2日會議的決議，計劃對卡薩拉的義軍展開進攻，同時在衣索比亞竭盡全力地煽動起義。然而，對奇斯馬約的進攻仍需推遲到春季雨季結束後，即5月或6月。

我持續批評駐紮於肯亞的軍隊數量過多且毫無作為。

首相致韋維爾將軍

1941年1月26日

你在21日發來的電報讓我感到困惑。我原本以為你會在埃及三角洲集結一支強大的戰略後備軍，這與我們從此處發出的指示精神是一致的。實際上，並沒有必要再派遣一個南非師去增強那支在肯亞的部隊，該部隊由7萬人組成，涵蓋各兵種，目前在當地幾乎無所事事。我曾請求史末資將軍——他也已經同意——暫不固定這個新編師團的目的地，因為我認為在安排好運輸艦隻等事宜後，他可能願意將該師調往北方，加入尼羅河集團軍。你似乎不願接受一個南非師，而運送一個南非師的航程比從國內運送要近一半以上，在這種情況下，你如何期望我在航運方面面臨巨大困難時(實際上已經影響到了我們運送糧食和軍火的工作)，為你從國內向中東運送更多師團呢？我確實希望在數月之內將目前駐紮在肯亞的兩個南非師調往埃及三角洲，並按照約定將那個西非旅調往弗里敦。逐步將南非的兵力投入主要戰場，是史末資將軍大膽且合理的戰略，我們無論如何不能讓他失望。

在國內承受巨大壓力的韋維爾，最終決定在雨季到來之前採取行動。他向肯亞司令部進行了激勵，因此我們很快收到消息：駐紮在奈洛比的部隊預計將在 2 月 10 日至 16 日之間執行名為「帆布」的作戰計畫，意圖攻占奇斯馬約。這意味著東非戰場將迎來一次真正的行動。當我於 1941 年 2 月 2 日收到韋維爾將軍發來的電報時，心中感到無比欣慰。他在電報中提到：「我已批准在肯亞於 2 月中旬嘗試攻占奇斯馬約的計畫。敵人擁有堅固的陣地，而我們的補給也有限，但我相信這次行動很有成功的可能……總之，我已指示普拉特和坎寧安在接下來的兩個月內全力進攻義屬東非。」因此，我們取得了進展。事實證明，現場指揮官對困難的誇大其詞，以及我們在國內對加快行動的推動都是正確的。

坎寧安將軍計劃在 2 月分發起大規模進攻。義大利軍隊，由 6 個旅和 6 個本地徵募的大隊組成，防守著朱巴河，奇斯馬約位於河口。坎寧安將軍在 2 月 10 日部署了 4 個旅團在這支部隊面前。我軍於 14 日順利占領奇斯馬約，未遇抵抗。敵軍的主要防線位於奇斯馬約港北部、朱巴河對岸的傑利布。22 日，我軍從敵人兩翼和後方發動進攻，取得了重大勝利。敵軍全線崩潰，陣亡、被俘或逃入叢林的超過 3 萬人。敵方空軍被南非空軍重創，未能參戰。再向北推進 200 英里便是義屬索馬利亞的主要港口摩加迪休，現在通向該港的道路已暢通無阻。我方摩托化部隊於 25 日進入港口，發現了大量物資，包括 40 多萬加侖珍貴的汽油。機場上有 21 架被毀的飛機。坎寧安將軍正確判斷，下一步行動不會遭遇敵軍抵抗。儘管第 1 南非師除了 1 個旅外留駐原地待命以用於其他戰役，他仍有足夠的進攻部隊。距離是唯一的問題。運輸和補給是關鍵因素。坎寧安獲得韋維爾將軍的許可，以距離摩加迪休 740 英里的季季加為下一個攻擊目標。部隊僅休整 3 天，於 3 月 1 日繼續向前推進，進行順利，消除了些許微弱抵抗，且幾乎未遇敵軍空軍攔截，因為敵軍機場頻遭襲擊。他們於 3 月 17 日抵達季季加。此次戰役表現卓越。

首相致韋維爾將軍

1941 年 3 月 1 日

我誠摯祝賀你們在義屬索馬利亞的戰役中取得的卓越成就。坎寧安將軍指揮著一支士氣高昂、訓練精良、組織嚴密的軍隊，展開了一系列大膽、果斷且極為成功的行動，請代為轉達英王陛下政府對他的感激與讚賞。希望你能請他將這封賀電傳達給他的部隊。如果你覺得合適，可以公開這封電文。

毫無疑問，您將在 7 日與史末資將軍商討未來的戰役事宜。正如您所了解的，我一直期望南非各師向地中海沿岸出發。

韋維爾將軍致首相

1941 年 3 月 2 日

1. 非常感謝你的祝賀。我已將你的賀電傳達給坎寧安將軍。

2. 坎寧安正指揮輕裝部隊向費爾弗推進，該地位於摩加迪休和多羅以北約 200 英里，這將實現對義屬索馬利亞的全面占領。由於補給和運輸問題，他認為無法在 3 月 21 日之前進攻哈拉爾。他計劃於 3 月 7 日抵達開羅，屆時我們將就未來計畫和南非各師的行動進行磋商。

3. 我已命令亞丁方面對柏培拉展開偵察，以便在條件允許時收復該地。

此時，我們能夠從亞丁派遣援軍。駐紮在那裡的 4 個空軍中隊除了在紅海執行任務外，還從他們的中心基地起飛，襲擊敵人的空軍基地，以支援坎寧安和普拉特的戰役。3 月 16 日，我們的兩個營在柏培拉登陸。敵軍一個旅被擊潰，俘虜 200 人。英屬索馬利亞全境迅速收復，因此透過柏培拉港可以更方便地支援坎寧安將軍的進攻。他重新向哈拉爾進軍，守軍於 3 月 26 日投降。3 月 29 日，他進入迪雷達瓦。此地接近法屬索馬利亞的鐵路。如果維琪法國開放吉布提港，將極大地利於我們的補給。然而，事實並非如此。坎寧安將軍在迪雷達瓦集結兵力和物資，為最終進攻阿迪斯阿貝巴做準備。在整個3月分，他與第11非洲師和第1南非旅從摩加迪休出發，行軍850英里。自越過朱巴河以來，他的部隊擊斃、俘虜或擊潰敵軍超過5萬人，而本身傷亡不到500人。

由於取得了這些成功，各種爭議也隨之而來。戴高樂將軍和勒讓蒂約姆將軍主張對吉布提港進行嚴格封鎖，而韋維爾將軍則擔心這樣的政策可能會激勵吉布提守軍堅持抵抗。他建議，不如告知他們：允許運入足夠的補給品，比如兒童需要的牛奶，以免他們遭受困苦；允許港口的任何部隊根據自願原則加入自由法國軍隊，並將其他部隊撤至其他法國殖民地；準備就使用法屬索馬利亞鐵路為他的軍隊提供補給的問題進行談判。然而，我們在國內的看法卻有所不同。

首相致韋維爾將軍

1941年4月1日

1. 我們認為，你應盡量嚴格按照三軍參謀長於3月25日電報中所述政策行事，任何可能需要的調整都應事先與戴高樂將軍協商。特別是，與法屬索馬利亞的初始接觸應由自由法國當局負責，同時應毫不猶豫地充分利用封鎖這個手段。不必擔心會傷害魏剛和維琪的感情。在這方面，我們自有應對之策。

2. 我希望，在此問題及其他類似問題上，你能充分重視戴高樂將軍的意見。英王陛下政府已莊嚴承諾支持戴高樂將軍，並全力支持他領導自由法國運動。

總統曾對衣索比亞境內的義大利平民狀況表示關心。

前海軍人員致羅斯福總統

1941年4月4日

在這一刻，我們已經認真審視了斯福札伯爵關於義大利非戰鬥人員的提議。我懇請你理解我們的艱難處境。阿奧斯塔公爵確實打算放棄阿迪斯阿貝巴，帶領部隊轉移至山區，繼續作戰數週甚至數月，而我們則要全面負責數萬平民的健康與安全。在有組織的戰鬥尚未停止之前，這個任務對我們來說無法完成。我們甚至尚未奪取吉布提港，鐵路已被切斷，我們的所有運輸資源都用於支援遠征部隊。最終結果可能是悲慘的混亂，所有的重擔將落在我們肩上，如同過去南非戰爭時的集中營情形。只要公爵停止戰鬥，我們將立即盡力尋求解決方案，或許能取得圓滿的結果。義大利軍隊在衣索比亞的持續抵抗，將延緩我們對利比亞的增援，而對利比亞的增援現在是多麼迫切。義軍的繼續抵抗，不僅給予敵人巨大的軍事便利，還讓我們承擔無法承受的任務。

首相致韋維爾將軍

1941 年 5 月 30 日

最近對吉布提的占領是適合的。請權衡，為摧毀法軍的抵抗需要何種軍力，以及能否在不影響其他需求的情況下獲得這些軍隊。進攻的時機顯然取決於敘利亞局勢的發展，這可能導致與維琪政府的決裂，或者可能促使敘利亞的法軍與自由法國合作。無論情勢如何，占領吉布提的行動都是合適的。在此期間，應嚴格執行封鎖，同時可以在吉布提邊境進行你認為有益的兵力集結準備。這或許可以避免實際戰鬥，這是我們最大的期望。究竟何時開始行動，需與我們商議後方可決定。

在這個時期，衣索比亞的戰役已經取得進展。克倫的駐軍進行了頑強抵抗。由於無法從兩翼包圍此陣地，唯有選擇正面強攻。普拉特為了正面進攻，集中調配人力和物資，並布置他的兩個師，而唯一可用的公路完全暴露在敵人的視線之下。鐵路的終點距此地有 150 英里之遙，因此他的準備工作不僅耗時數週，也無法實施奇襲。此時，空軍的作用 —— 包括從亞丁出動的空軍 —— 是不可估量的。在戰役初期，義大利飛行員表現得頗為積極，但隨著南非戰鬥機中隊的「旋風」式戰鬥機到達，我們迅速占據了優勢。在克倫最後一戰的準備階段，義大利軍隊在陸、空兩方面頻頻遭到襲擊。不久，敵人不再干擾我軍的行動，而在戰鬥打響後，支援作戰的空軍在清除障礙和打擊敵軍士氣方面提供了巨大幫助。這場戰鬥並不輕鬆，我軍傷亡3,000人。最初3天——3月15日至17日——戰鬥暫時中止，以進行整編。3月20日，韋維爾將軍電告稱，戰鬥激烈。敵軍多次發起猛烈反攻，儘管他們損失慘重，僅有一次得手，但沒有立即崩潰的跡象。顯然，義軍決意死守這座要塞。他們的空軍活動頻繁，從倫敦的視角來看，這場戰鬥似乎勢均力敵，因此我們提及增援的問題，但增援已無必要。3月25日，猛烈攻擊再次開始，兩天後，義軍防線崩潰，克倫被攻占。追擊部隊如破竹之勢。阿斯馬拉於4月1日被攻克，馬薩瓦的駐軍於4月8日投降，俘虜人數達10,000人。

克倫戰役的勝利主要歸功於第4和第5英印師。我對他們的英勇給予恰當的稱讚。

首相致印度總督

1941年4月7日

印度軍隊在厄利垂亞的成就激勵了整個帝國。就我而言，他們在攀登並最終征服崎嶇的克倫山地時所展現的熱情與毅力，使我想起多年前「西北邊境」的戰鬥。我曾有幸在戰場上與來自印度斯坦各地的印度士兵並肩作戰，現代表英王陛下政府，請您將我們對他們及整個印度軍隊的英雄事蹟所感到的自豪與敬佩之情傳達給他們。

我立刻通知坎寧安和普拉特將軍及其勇猛的部隊：我和英王陛下政府熱烈祝賀「你們在這次難以忘懷的戰鬥中取得的及時而輝煌的偉大勝利」。

在其他戰鬥中，肅清敵軍的行動亦見成效。義大利參戰時，在紅海部署了9艘驅逐艦、8艘潛艇及多艘小型船隻。目前，這些艦隻均被皇家海軍和海軍航空隊摧毀。至4月11日，羅斯福總統已宣布，紅海和亞丁灣不再為「交戰水域」，因此對美國船隻重新開放。

厄利垂亞義軍的餘部向南撤退 230 英里，穿越山區，在阿姆巴阿拉吉設立陣地。普拉特將軍緊隨其後追擊。此時，第 4 印度師和大部分支援的空軍中隊轉調至埃及，這個情況將在下文提到。普拉特憑藉剩餘兵力與敵軍交戰。坎寧安將軍於 4 月 6 日抵達阿迪斯阿貝巴，機場上的義大利空軍殘餘飛機已被摧毀。他派遣南非旅經德西埃向北推進，截斷阿姆巴阿拉吉義軍後路。義大利軍隊的抵抗難以持久，因為他們的退路已被切斷，加之普拉特將軍從北方進攻，以及愛國者的襲擾和我方空軍的掃射轟炸。4 月初，溫蓋特的蘇丹營和地方部隊，連同向埃皇投誠的非正規部隊，將戈賈姆的敵軍 12,000 人趕至德布臘馬科斯。其中一半被俘，其餘逃往北部的岡達爾。衣索比亞皇帝於 5 月 5 日重返首都。

我們回顧墨索里尼在歐洲危機中的角色，以及他因進攻衣索比亞而將局勢推向戰爭，並回憶起他曾如何成功地抵抗國際聯盟 ——「1 個國家對抗 50 個國家」—— 我們可以看出，當時原本可以透過堅定和果斷的行動輕鬆化解這場糾紛。如今，經過無數的艱難和險境後，我們終於圓滿解決了這個問題。緬懷往事，我不禁滿懷激動向海爾．塞拉西致以祝賀。

首相致衣索比亞皇帝

1941 年 5 月 9 日

英國和大英帝國得知皇帝陛下在萬眾歡騰中重返阿迪斯阿貝巴，深感欣慰。陛下是首位被法西斯　納粹罪犯趕下寶座並逼出國土的合法君王，如今您又是首位在凱歌聲中重返故國的君主。我將及時向協助衣索比亞愛國者徹底消滅義大利軍事篡權的英國和大英帝國指揮官、軍官及士兵們傳達陛下對他們的謝意。英王陛下政府期望衣索比亞在推翻邪惡勢力後，能迎來持久的和平與進步。

阿奧斯塔公爵是義大利國王的堂兄弟。自 1937 年起，他擔任義屬東非總督及衣索比亞總督，並從 1939 年開始成為這些屬地內義大利軍隊的總司令。他是一位有俠義精神且受過良好教育的人，曾在英國留學，妻子是一位法國公主，他一向不受墨索里尼的青睞。「領袖」出於某些原因認為他過於仁慈且缺乏軍事指揮能力。他與其殘部於 5 月 17 日投降，1942 年以戰俘身分在奈洛比去世。

自 1 月戰爭爆發以來，敵軍 22 萬餘人的部隊中，已有超過一半被俘或被消滅。目前，仍有數千人固守在衣索比亞山區的要塞內。

摧毀東非義大利帝國及其軍隊的行動，與其他地區許多更為重大的事件同時展開，至此我們可以對東非戰役作一總結。我們曾擔心居住在阿迪斯阿貝巴的兩萬義大利平民可能會遭到衣索比亞人的屠殺，如今這個擔憂已不復存在。在更北的區域，4,500 名義大利軍隊及當地徵募的部隊被愛國者逼入德布臘塔博爾，最終於 7 月 2 日向英軍 1 個騎兵營和 1 個連隊投降。在衣索比亞西南部，敵軍被從阿迪斯阿貝巴出發的第 11 非洲師和從肯亞邊境北上的第 12 師清剿。他們經歷了一系列戰役，這些戰役因地形與天氣受到極大阻礙，至 7 月首週已肅清境內的 4 萬敵軍。夏季期間，由比利時軍官指揮的剛果土著軍隊橫跨 2,000 英里的非洲大陸，參與最後階段的戰役，俘獲敵軍 15,000 名。唯一未被攻克的據點是岡達爾。但雨季已至，需待其結束後進行最後攻擊。9 月底，圍困圈開始收緊，戰事於 11 月 27 日結束，我們俘獲義大利軍隊 11,500 名，當地部隊 12,000 名及 48 門野戰炮。

墨索里尼試圖透過武力征服來建立一個非洲帝國，並以古羅馬精神將義大利人的夢想移植於此，但最終以失敗告終。

援助希臘的重大決定

截至目前，除了在埃及持續的大規模準備工作以及先前提到的雅典會談與協定外，我們尚未對在希臘的冒險承擔任何義務。只需一道命令便可中止這些準備，而在埃及三角洲集結一支由 4 個師組成的戰略後備軍，無論如何都是一項有利的舉措。由於希臘人在多個方面違反了雅典協定的條款，因此我們若願意，可以要求解除對該協定的義務。雖有危險四伏，但直到 1941 年 3 月初，我依然感到相當從容，並且覺得進退自如，因為我們掌握著一支「機動部隊」。

此時已到關鍵時刻，需明確決定是否派遣尼羅河集團軍前往希臘。採取這個重大步驟不僅是為援助處於危機中的希臘，也是為了要建立由南斯拉夫、希臘和土耳其組成的巴爾幹陣線，用以抵禦德國的進攻，建立這個陣線將對蘇聯產生難以估量的影響。如果蘇聯領導人當時意識到即將到來的災難，定會認為這些問題至關重要。我們派遣部隊並不能單獨解決巴爾幹問題，有限的希望在於鼓動和組織聯合行動。如果南斯拉夫、希臘和土耳其在我們的指導下協調行動，希特勒將面臨兩種選擇：要麼暫時擱置巴爾幹各國，要麼在與我們的聯合部隊交戰後在該地區建立主要戰線。當時我們並不知曉他已決意對俄國進行大規模攻擊。若知情，我們對政策成功的信心會更大，並預見他將面臨兩頭受挫的風險，而且在巴爾幹採取初步軍事行動可能會損害其主要行動。這是當時的實際情形，儘管我們未能知曉。有些人或許認為我們的決策正確；至少，我們取得的成就超出所知。我們的目標是激勵並聯合南斯拉夫、希臘和土耳其。我們能盡的責任是援助希臘。為此目的，在埃及三角洲部署 4 個師是適當的。

1941 年 3 月 4 日，坎寧安海軍上將向我們強調，尼羅河集團軍和皇家空軍向希臘的調動將使地中海的海軍面臨顯著的風險。這項調動意味著未來兩個月內將持續進行兵員、物資和車輛的運輸。尤其是驅逐艦，將承擔極為繁重的任務，並且在接下來的時間裡，戰鬥機和高射炮的防禦能力將被削弱。如果德國從保加利亞發起空襲，我們的運輸船隊在海上和港口都可能遭遇損失。此外，我們也必須考慮義大利艦隊的海上行動。我們可以使用駐紮在克里特島蘇達灣的戰鬥艦對抗義大利艦隊，但這樣做會削弱驅逐艦對運輸船隊的護航能力，使通往昔蘭尼加的補給線幾乎失去保護。這一切將進一步加劇馬爾他島的緊張局勢。在開始大規模調動這些軍隊和運輸船隊時，我們還要高度警惕船隻在蘇伊士運河遭遇磁性水雷和感音水雷的威脅。坎寧安海軍上將表示，所有進攻計畫，包括對羅得島的海、空聯合進攻，都必須推遲。他所掌握的人力、物力將被耗盡，但他堅信我們的戰略是正確的，也應承受這些風險。推遲對羅得島的進攻計畫令我們非常失望。我們意識到該島的重要性。羅得島和斯卡潘托島是戰略要地，因其擁有靠近克里特島的重要機場。在接下來的幾年中，我們多次計劃進攻羅得島，卻始終無法將這個計畫與其他重大事件的進程相協調。

此時，我得知史末資將軍在艾登先生的盛情邀請下正動身前往開羅，於是我向他發出如下電報：

1941 年 2 月 28 日

你將與艾登和迪爾會晤，這讓我感到無比欣慰。我們已經做出了一項重大且具風險的決定：支援希臘並嘗試建立一條巴爾幹防線。希望在你們會議結束後，能聽到你對此事的看法。這個決策使得增援埃及和利比亞成為極為緊迫的任務，希望你與韋維爾和迪爾商議，儘早將「莨菪」(即第 1 南非師)調往地中海戰區，船隻方面的困難可以向我反映。我們在東非的快速進展有助於其他任務的執行。僅僅幾個星期前，他們還認為無法在 5 月前進軍奇斯馬約。如今，摩加迪休和整個地區都已經被我們掌控。

艾登先生關於他在安卡拉與土耳其人會談的報告令人感到不安。土耳其人和我們一樣，深感危險迫近，但他們如同希臘人，認為我們能夠提供的軍力對實際戰鬥幫助有限。

艾登先生致首相

1941 年 2 月 28 日

今晨，我與帝國參謀總長、總理、外交部長及查克麥克元帥在極為坦誠友好的氛圍中展開了對話。

我們的決定是儘早向希臘提供最大援助，這個決定受到了歡迎。他們重申，土耳其在遭受德國攻擊時，堅定不移地準備戰鬥，並表示，他們堅信德國對希臘的進攻意味著土耳其將是下一個目標。然而，由於土耳其的軍隊目前尚不具備進攻能力，因此他們認為，在土耳其彌補其不足並能夠充分發揮作用之前，不參與戰爭對共同事業更為有利。

土耳其人自信在遭受攻擊時能在短時間內抵禦德軍，但希望我們能立即提供援助……他們表示計劃與南斯拉夫政府採取一致行動，曾應我方要求與南斯拉夫政府聯繫，但至今只收到一份措辭含糊的回覆。他們擔心，如果土耳其參與對德戰爭，俄國將會對他們發動進攻。

會談的結果是，土耳其承諾在達到一定階段時必定參戰。若遭受攻擊，它會立即投入戰鬥。然而，如德國人給予其重整軍備的時間，它將充分利用此機會，並在對共同事業有利且能發揮實質作用的時刻參與作戰。

我回函道：

首相致艾登先生（在雅典）

1941 年 3 月 1 日

德國人的戰略顯然是先蹂躪保加利亞，再利用空襲威脅恫嚇土耳其，迫使希臘退出戰爭，然後轉向南斯拉夫，逼迫其屈服；至於是否進攻土耳其，則視敵方情況而定。

> 當前，你應集中於向南斯拉夫發出呼籲。南斯拉夫若突然向南推進，將給義大利帶來最大的困境，這可能對整個巴爾幹局勢產生決定性影響。倘若土耳其同時參戰，那麼敵人在數個月內將難以集結足夠的兵力，而在這段時間內，我方的空軍力量將得到加強。若有成功的可能（無論如何會有幾個月的成功），我願意承擔重大的風險；一切準備工作應以最快速度進行。然而，我希望你這樣處理與希臘相關的事務：如果經過對所有因素（包括可能進攻羅得島）的最終評估後，認為毫無希望，那麼你有權解除希臘的任何約束，也解除我們本身的任何約束。顯然，為作出最後決定，你和我們都有幾天的時間。在此期間，一切應按照原定計畫進行。

如今，我們應詳細闡述我們為警告南斯拉夫政府所採取的措施。薩洛尼卡的整體防禦能力，取決於南斯拉夫是否參戰，因此了解其意圖至關重要。3 月 2 日，英國駐貝爾格勒大使坎貝爾先生在雅典與艾登先生會晤。他表示，南斯拉夫對德國心存畏懼，內部因政治紛爭而不穩。然而，一種可能性存在：若他們知曉我們計劃支持希臘，或許願意接受援助。艾登先生和希臘人則擔心敵人察覺。5 日，外交大臣送別坎貝爾先生，他攜帶一封致攝政的密信返回貝爾格勒。艾登在信中提到，南斯拉夫的命運已被德國掌控，希臘與土耳其計劃在遭受攻擊時參戰。在此情形下，南斯拉夫應加入我們的陣營。艾登請求坎貝爾向攝政口頭傳達：英國已決定盡快以強大的陸、空軍援助希臘，因此，若南斯拉夫派遣一位參謀人員至雅典，我們將邀請其參與會談。薩洛尼卡是否能防守，取決於南斯拉夫的立場。若向德國屈服，後果顯而易見。我們建議加入我方陣營，這樣將有一支英國軍隊與其並肩作戰。我們將在希臘投入最大力量，並有望堅守防線。

3 月 1 日，德國陸軍進入保加利亞領土。保加利亞軍隊已經動員，在希臘邊境設置防禦陣地。德軍持續全面南下，並獲得保加利亞各方的支援。翌日，艾登先生與迪爾將軍從安卡拉返抵雅典，隨即展開軍事會談。對於會談結果，艾登先生發來一封電報，指出局勢極為嚴峻。

艾登先生和帝國總參謀長致首相

1941 年 3 月 5 日

1. 我們到達此處後，察覺到局勢已經出現令人憂慮的變化，且氣氛與上次造訪時截然不同。

2. 在上次會談中，帕普哥斯將軍曾堅定認為，將駐紮在馬其頓的所有軍隊撤至阿利阿克蒙一線是唯一合理的軍事戰略。我們預期撤退至阿利阿克蒙線的行動已經展開。然而，我們發現實際上並未開始任何行動。帕普哥斯辯解稱，雙方曾同意，上次會談中通過的決議應以收到南斯拉夫的回覆為依據。

3. 此時，帕普哥斯提議用 4 個師防守接近馬其頓邊境的防線，然而他認為這條防線無法持久，他進一步建議僅維持阿爾巴尼亞戰線。這似乎是在承認無望，實際上他也承認了這一點。

4. 他提議，待英國軍隊抵達後，應分批派往馬其頓邊界的戰線，儘管看似英軍無法及時到達。我們當然拒絕了這個提議，因為這完全違背了我們同意派遣軍隊的條件。我們已電請中東總司令前來雅典參與會談。他於 3 月 3 日抵達，會談實際上一直在進行。由於帕普哥斯態度強硬，我們不得不請求希臘國王協助，國王在隨後的艱難會談中始終保持冷靜，堅定且願意協助。

5. 最後，他們同意派遣 3 個希臘師……

6. 因此，我們有以下 3 種選項：

（1）同意帕普哥斯多次提到的計畫，即嘗試將我方軍隊分散部署至馬其頓邊界。

（2）接受 3 個希臘師，用於阿利阿克蒙線，這 3 個師的兵力約等於 16 到 23 個營，而非我們在上次訪問時根據當時的情況所預期的 35 個營，並在這支軍隊的後方集結我們的軍隊。

（3）徹底撤回我們提供軍事援助的提案。

7. 我們達成共識，第一項措施足以引發軍事上的不穩定，而第三項措施似乎同樣具有極大的危險性……

8. 因此，在短暫的遲疑後，我們同意了第二種方案，但附帶一個條件：授權威爾遜將軍負責阿利阿克蒙全線的指揮和組織，當他能夠承擔這項任務時立即負責。這個條件得到了對方的認可。

9. 根據我們軍事顧問的分析，該戰線形勢險峻，敵軍的進攻路線有限，因此在此戰線阻擋並抗擊德軍的前進並非無望。在最不利的情況下，仍可透過適合防衛作戰的山地邊戰邊退。

10. 我們確信無疑，在極為艱難的情況下，我們做出了正確的選擇。這幾天的焦慮無法用語言表達，但決策既已作出，希臘的整體氛圍顯然有所改善。嚴峻的現實依舊是，我們的軍隊，包括我自治領的部隊，將參與一場比我們一週前預估更為危險的戰鬥。毫無疑問，是否通知各自治領政府將由你來決定……

此時，在倫敦，我們的觀點發生了顯著的變化。參謀長委員會注意到一系列不利於我們巴爾干政策的因素逐漸顯現，尤其是派遣軍隊前往希臘的計畫面臨困難。他們首先強調了局勢的關鍵變化：希臘總司令情緒低落；希臘未履行 12 天前承諾的義務——如果南斯拉夫不參戰，他們將把軍隊撤至我們必須堅守的防線；原本應有 35 個希臘營協助我們防守此線，如今僅有 23 個營，而且這些營是新籌組的，缺乏戰鬥經驗，也沒有足夠的炮兵。此外，我們曾期望希臘能從阿爾巴尼亞前線調回幾個師。但「帕普哥斯將軍現在卻聲稱，這不可能，因為他們已經筋疲力盡，敵人在兵力上已占據優勢。」

提到我們面臨的挑戰時，三軍參謀長指出，他們一直希望在進軍希臘之前或同時攻克羅得島，但現在必須等到進軍完成後才能實現。這意味著，我們不僅無法集中空軍來抵禦德軍的推進，而且為了保護通往希臘的交通線，還必須對羅得島進行「相當規模」的空戰。此外，蘇伊士運河已被水雷完全封鎖，預計在3月11日之前難以清除。裝載摩托運輸工具的船隻一半在運河北部，而所有運載人員的船隻則位於運河南部，時間越來越緊迫。參謀長委員會推估，到3月15日，德國可以在阿利阿克蒙河一線集結兩個師，到22日可以再集結3個師，其中1個是裝甲師。假設希臘軍隊只能在短時間內阻止他們前進，那麼，我們最多只能用1個裝甲旅和1個紐西蘭旅來對抗第一批入侵的兩個德國師。

他們總結道：「這個行動的風險性顯著提升。」然而，他們認為，目前尚未能對現場人員提出的軍事意見提出異議，現場人員認為局勢絕非沒有希望。

週日晚間，我獨自在契克斯仔細思索了參謀長委員會的報告以及當天早晨戰時內閣討論會的走向。隨後，我向艾登先生發送了一封電報，他此時已經離開雅典前往開羅。在這封電報中，我的語氣顯然有所不同。然而，我對最終決定負有全部責任，因為我深知，如果我對參謀長委員會的意見毫無疑慮，我是可以終止對希臘的整個援助計畫的。畢竟，取消一項計畫總比執行一項計畫來得容易。

首相致艾登先生（在開羅）

1941年3月6日

局勢確實在不斷惡化。參謀長委員會已經發表了評論，強調了事態的嚴峻性，相關評論附在後面。帕普哥斯未能遵守2月22日與你達成的協定，他的軍隊在阿爾巴尼亞與敵人脫離接觸顯然面臨困難；此外，參謀長委員會列舉的其他不利因素（例如推遲進攻羅得島以及蘇伊士運河被封鎖）——這些情況使內閣難以相信我們目前還有能力扭轉希臘的命運。如果土耳其和（或）南斯拉夫參戰，情況自然會有所不同，但這似乎極不可能。我們曾竭力推動巴爾幹國家聯合對抗德國。我們能及時派往希臘戰場的軍隊非常有限，在這樣的形勢下，我們必須謹慎行事，避免勸說希臘放棄其明智的判斷，而單獨進行無望的抵抗。將紐西蘭和澳洲部隊投入你提到更具風險的行動中，勢必在帝國內部引發嚴重問題。我們必須將你和參謀長委員會的評估告知各自治領政府。預期他們不會同意參戰。我們看不出成功的理由，除非我們非常重視迪爾和韋維爾的意見。

我們絕不可讓希臘人感到有義務拒絕德國的最後通牒。若他們自行決定參戰，我們應在一定程度上與他們同舟共濟。然而，德國的迅速推進，可能使任何龐大的英帝國部隊都無法及時與德軍對抗。

只要土耳其堅守中立立場，失去希臘和巴爾幹國家並非我們的主要災難。我們可以攻占羅得島，並考慮實施「流入」作戰計畫，即進攻西西里島，或是攻擊的黎波里的計畫。我們曾收到多方建議，認為我們被迫退出希臘，比起巴爾幹國家屈從於德國，更加損害我們在西班牙和維琪的聲譽；僅憑我們有限的軍隊，始終沒有希望能夠阻止它們的屈服。

若無與我們當前境況有顯著差異的新情況出現，明日的內閣會議或將通過一項決議。我發此電報，目的在使你對決議內容提前做好心理準備。

這封電報附帶參謀長委員會對嚴峻局勢的評論，其概要已被納入電報之中。

麥可·帕勒里特爵士在雅典讀到我所提及的電報後，深感痛心。他致電已抵達開羅的外交大臣，說道：

1941 年 3 月 6 日

1. 我剛剛閱讀了首相發給你的電報。無需特別強調，撤銷由帝國總參謀長與希臘總司令達成並且正在由威爾遜將軍親自執行的協定，將會產生何種影響。希臘總司令和帝國總參謀長已向希臘國王保證有把握成功，現在我們怎能對國王的承諾置之不理呢？我認為這難以想像。希臘人和全球將譏諷我們失信。

2.「絕不能讓希臘人感到有責任拒絕最後通牒」，事實上並不存在這種情況。他們已經決定在必要時單獨對抗德國。問題在於我們是選擇支援他們，還是將他們拋棄。

當天，他再次致電給艾登先生，表示：

今日，希臘國王向空軍武官表達了對你的訪問的深切感激之情，並決心履行抵禦德國進攻的既定計畫。他堅信成功指日可待，並對帕普哥斯將軍及其政府的共同信念表示滿意。他特別強調迅速行動的極端重要性，尤其是盡快派遣足夠的空軍，以挫敗德國慣常的空襲威脅。德國在空中遭遇的首次失敗，比任何其他事實更能打破德國不可戰勝的神話，並增強全國上下及他本人對成功的信心。自你離開後，我尚未親自拜會過他。

緊接著，他在另一封電報中提到：

今日清晨，威爾遜將軍與帕普哥斯將軍進行了令人極為滿意的對話。帕普哥斯態度的顯著改善令他感到非常欣慰。他意識到對方樂於協助，並迫切希望透過各種可能的方式進行合作。

首相致艾登先生（在開羅）

1941 年 3 月 6 日

在接獲你的回覆電報之前，戰時內閣將暫緩作出任何決定。

艾登先生致首相

1941 年 3 月 6 日

1. 今日下午，我與帝國總參謀長以及 3 位總司令進行了磋商，再次審視此問題。並一致確認，我們在雅典的決策是正確的，儘管這無疑使我們承擔了重大的責任，面臨嚴峻的風險，特別是考慮到海軍和空軍在人員和物資上的限制。帕勒里特發往開羅的電報，表達了希臘方面對此問題的觀點。

2. 這封電報僅僅是為了向你說明，在等待內閣指示的期間，我們對這個問題的看法如何。

隨即，他再次致電表示：

艾登先生致首相

1941 年 3 月 6 日

今晚，我們與史末資將軍及總司令們進行了更深入的探討，明晨將發送更詳細的評估電報。

首相致艾登先生（在開羅）

1941 年 3 月 7 日

1. 今日，我將把你深思熟慮的回電提交內閣。在此期間，你應全速進行各項準備及軍隊調遣的工作。

2. 令我感觸頗深的是，你與軍事顧問們 —— 迪爾、韋維爾，還有威爾遜 —— 在對當地狀況及技術條件有透澈了解，並參考參謀長委員會的備忘錄後，全面衡量利弊，依然堅守立場。

3. 關鍵在於兩點。首先，我們絕不能承擔這樣的責任：說服希臘人違背自己的理智判斷，投入一場無望的戰鬥，進而導致他們的國家可能迅速毀滅。然而，如果在了解我們在各個預定日期所能提供的部隊數量有限後，他們仍願意背水一戰，那麼，正如我曾說過的，我們顯然應與他們共患難。千萬不要讓人說出這樣的話（根據你的表示，這種可能性不存在）：我們的援助微不足道，卻經由強迫性勸說將他們拖入戰爭。我從你的立場以及雅典發來的電報中看出，你肯定了解這一點。

4. 第二，承擔這個重要任務的主要部隊是紐西蘭師，至 3 月後，還有澳洲軍隊。我們必須坦誠地告知紐西蘭和澳洲政府，我們參與這個冒險行動的原因，既不是因為某位英國大臣在雅典承擔了責任，也不是因為帝國總參謀長簽署了協定，而是由於迪爾、韋維爾和其他總司令們堅信有一個值得一試的良機。我認為，你對我們質詢電報的正面答覆已包含了這一點。

5. 在繁忙之中，請務必記住，截至目前，除了以崇高的責任為由外，你尚未向我們提供令人信服的事實或理由，以證明此舉對這兩個自治領而言是適當的。精確的軍事評估至關重要。

6. 你知道，我們的心是如何與您和您的傑出軍官們緊密相連。

3月7日，我們在倫敦收到了艾登先生先前約定就此事提交的詳盡報告。

艾登先生致首相

1941年3月7日

以下是特使們的觀點：

1. 我們已經與總司令們及史末資再次詳細審視了全局。我們一致意識到這個決定的重要性，但仍無法找到任何改變我們先前判斷的理由。

2. 根本不存在迫使希臘違背其理智判斷的情形。當我們首次在塔托伊王宮會面時，希臘首相在會議伊始便遞交給我一份書面宣告，表明希臘決心抵禦義大利或德國的進攻，即使獨自作戰也在所不惜。希臘政府始終保持這個立場，只是對戰爭結果的信心時而高漲，時而低落。希臘人明白，只要義大利和德國對其邊境構成威脅，就沒有通向光榮和平的途徑。希臘人只能不計較成敗地繼續奮鬥，否則將面臨與羅馬尼亞相同的命運。

3. 我們已經對希臘履行了責任。皇家空軍的8個中隊、地面防禦部隊和高射炮兵數月前已在該地展開行動。

4. 眾所周知，在利比亞取得勝利後，我們擁有足夠的軍隊可供調遣。若不採取進一步行動，不在陸地上進行軍事干預以阻止希臘的崩潰，將是極大的不幸。未來南斯拉夫必然會失去；而且，若德軍和義軍在希臘站穩腳跟而我們未能抵禦，甚至土耳其是否能保持堅定，我們也沒有絲毫把握。若我們在希臘被羞辱地逐出，這無疑會讓我們顏面盡失，但即便在希臘作戰失利，也比坐視希臘自生自滅對我們的損害要小得多……

5. 在當前局勢下，我們一致決定依循先前所建議的方針，對希臘提供援助。

6. 因此，我們迫切希望在派遣自治領軍隊的計畫上不出現問題。同時，為了在戰事中取得一定的成功，必須設法彌補我軍的嚴重差距，尤其是在空軍方面的不足。我們到達此地後曾多次強調，空軍力量的薄弱是我們在這個戰場上主要的憂慮。德國正在內線作戰，他們從西西里島、的黎波里、巴爾幹和佐澤卡尼索斯群島增強了攻擊力量。相比之下，我們的增援沒有相對增加，而「戰斧」式戰鬥機的削減更是對我們造成了嚴重的打擊。此地的皇家空軍每天都在阿爾巴尼亞與義大利空軍交戰，並在其他地區與不斷增加的德國空軍作戰。

在此戰場，空中交鋒將異常激烈。朗莫爾請求給予他所有可能的支援。若他能維持其空中實力，則此次冒險行動的大部分風險和挑戰將消減。

在三軍參謀長在場的情況下，我向戰時內閣會議提交了此問題，以便進行最終決策。內閣成員對事情的前因後果十分清楚。即便我們無法派遣超出已分配和正運輸中的飛機，成員們毫無異議。我個人認為，現場人員均是經驗豐富的。顯然，他們的行動未受到國內政治壓力的影響。史末資以其豐富的智慧，從不同角度提供了新穎的見解，並達成共識。沒有人認為我們強加於希臘的意志。我們沒有強迫說服任何人。事實上，我們擁有最高權威的專家，能夠自由行事，並充分了解現場情況。我的同事們歷經多次成功的冒險，現在他們能夠獨立得出相同的結論。孟席斯先生承擔了特殊的責任，但表現出極大的勇氣。大家熱情高漲，主張儘早行動。內閣會議時間不長，但做出了最終決議。

首相致艾登先生（在開羅）

1941年3月7日

今晨，內閣審議了根據你從雅典和開羅發來的電報及我的電報制定的行動計畫。三軍參謀長認為，鑑於戰地總司令們、帝國總參謀長及相關部隊司令官們所表達的堅定意見，此行動應立即繼續。內閣決定授權你繼續執行該計畫，並由內閣承擔全部責任。我們將以此通知澳洲和紐西蘭政府。

兩天過後，我再次以個人名義發送了以下電報：

首相致艾登先生（在開羅）

1941年3月9日

1. 我完全贊同你在關於巴爾幹問題的電報中所提及的處理方式。南斯拉夫似乎仍有加入我們的可能性，這比完全無望的情況更為可期。

2. 在你駐留現場期間，應坦誠地與埃及總理、法魯克及其他相關人員協商我們對安全的要求。羅馬尼亞公使館竟成了德國間諜的聚集地，敵人的特務在蘇伊士運河區內活動猖獗，這是無法容忍的。我請你設法制止這種情況：那些被我們解救的人竟以如此不友好的方式對待我們。

3. 希望您能轉告史末資，若他此刻離此地不遠，能否前來一趟，並像以往一樣在戰時內閣中任職一個月，我將非常欣慰。

4. 切勿忽略指示中有關中東軍隊精簡使用的部分。我寄希望於你能解決這個問題，務必確保人人都能發揮作用。可以花費幾天時間專注於此項任務。

此刻，紐西蘭對我們請求派遣一個師的要求，欣然允諾。

首相致紐西蘭總理

1941 年 3 月 12 日

您的來電深深打動了我們。無論戰爭結果如何，這都將在紐西蘭的歷史上熠熠生輝，並受到全球自由人類的後代所景仰。

我們將始終如一地努力實現您在電文結尾所提出的需求和構想。

首相致艾登先生（在開羅）

1941 年 3 月 14 日

1. 我已經得出結論，認為你應該留在中東，直到這個危機的初期階段成熟。我在指示中，已經指出如何在政治和軍事上協調所有相關方的行動。南斯拉夫的態度仍然有希望，隨時可能出現適合你前往會談的局面。隨著事態的發展，土耳其需要有人給予鼓勵和指導。除了你，沒有人能夠全面掌握在你堅持下我們已採取的這個重大政策。戰時內閣需要在當地有一位代表，而我確實希望你留在那裡。

2. 今晨我與西科爾斯基會晤，請求他派遣波蘭旅。他慷慨允諾，但強調這支旅是波蘭民族僅存的象徵之一，希望不要輕易捨棄或讓其任憑命運擺布。我承諾給予其完善裝備，確保該旅不面臨比我們英國軍隊更大的危險。他說道：「你們有數百萬大軍，而我們只有這少數部隊。」我希望你能理解我們對這些勇敢的異邦人士的要求，並希望韋維爾將軍始終銘記這一點。

3. 我深刻地意識到，我們尚未動用任何 1 個英國師團。我正設法安排第 50 師隨第 8 號運輸船隊在 4 月 22 日啟程。派遣單獨的運輸船隊僅能節省一週時間，並且我們無法提供額外的護航艦艇。

4. 韋維爾尚未告知我們「格倫」級運輸艦是否已經穿過蘇伊士運河，但我認為此事極為緊迫。你已知悉的情報顯示，德國因預料英國將占領羅得島，正在準備撤離該島人員。你不應輕易同意無限期推遲對羅得島的進攻。我們需儘早攻占該島，然後，無論結果如何，我們都需調離英國第6師。我們絕不能被指責為僅讓他國軍隊冒險。你應全力推動並期望在月底前攻克羅得島。

5. 帕普哥斯為何沒有將3到4個師從阿爾巴尼亞調回以增強其右翼前線？你是否能告知原因？聽說義大利軍隊最近遭遇了挫折，而德國軍隊的進攻尚未展開，因此他仍有時間從阿爾巴尼亞撤軍。在我看來，希臘軍隊目前的戰略部署極其危險。帕普哥斯一定有充分的理由，如果你了解，請務必告知。

6. 當然，如果南斯拉夫選擇加入我方陣營作戰，那麼希臘將兵力投入阿爾巴尼亞的決策將被證明是正確的。然而，南斯拉夫的態度仍不明確。我猜測你和迪爾已深入分析過南斯拉夫可能在阿爾巴尼亞對義軍發起攻勢的情況。在那裡，他們有機會取得最大勝利，並獲得維持獨立所需的關鍵裝備，而這些裝備在其他地方難以迅速獲得。

7. 務必防止德軍輕易占領利姆諾斯島並將其用作空軍基地。

8. 似乎應在克倫取得決定性勝利後再從那裡撤回空軍中隊。

9. 你提到朗莫爾不滿的那封電報，沒有考慮到運輸中途的飛機。

在詳盡描述空軍增援情況後，我補充道：

朗莫爾建議你透過拉各斯返國，波特爾也持相同看法。因此，我期望你和迪爾留在現場，主要原因在於此。否則，除去我在開頭提及的重要原因，你們兩人在關鍵的7天內，既不能在倫敦有所貢獻，也無法在現場有所作為。此地一切順利，我們已經在月夜中成功擊落德機。願上帝保佑你們。

我主張將我們的計畫電傳給總統，以終結這段令人不安的篇章。

前海軍人員致羅斯福總統

1941 年 3 月 10 日

我現在必須告知你我們關於希臘的決策。雖然從班加西推進到的黎波里是一個相當誘人的戰略選擇，並且我們仍可能動用相當規模的部隊來執行這個計畫，但我們認為與希臘人並肩對抗是我們不可推卸的責任。他們已向我們明確表態，即便孤軍作戰，他們也決心抵禦德國侵略。我們的韋維爾和迪爾將軍曾陪同艾登先生訪問開羅。經過與我們坦誠的商討後，兩位將軍確信這是一個值得一戰的良機。因此，我們正將尼羅河集團軍的大部分兵力派往希臘，並盡可能加強空軍的支持。史末資將南非軍隊調遣至埃及三角洲。總統先生，你可以想像我們面臨的風險有多大。

此時此刻，南斯拉夫的舉動至關重要。尚無國家在軍事上遇到如此有利的機會。如果他們在阿爾巴尼亞對義大利軍隊的後方發動襲擊，數週內可能發生的重大事件將難以預測。整個局勢或將發生變化，而土耳其的反應也必然會對我方有利。大家認為，俄國至少可以向土耳其重申其承諾：在高加索不對其施壓，也不在黑海與其對抗，儘管俄國的這個立場主要源於恐懼。你派駐土耳其、俄國，尤其是南斯拉夫的外交使團產生的正面影響在這關鍵時刻具有極大的價值，而且確實有可能扭轉局勢，這一點無需我多言。

在這方面，多諾萬於巴爾幹和中東的長期旅途中表現卓越，對此我應向你表示感謝。他一貫展現出令人振奮且溫暖的熱情。

大西洋戰役初期

西部海口地區

1941 年

在接踵而至的重大事件中，有一事尤為令我們憂慮不安。戰鬥可能勝利或失敗，冒險或許成功或落空，領土可能獲得或喪失，但真正支配我們全部力量、使我們能夠進行戰爭甚至生存的關鍵問題，乃是我們對遠洋航線的控制，以及確保我們的船隻能夠自由進出港口。在前一卷中，我曾提到德國占領從北角到庇裡牛斯山脈的歐洲海岸線所帶來的威脅。敵方潛艇在速度、續航力和活動半徑方面不斷提升，它們能夠從這條漫長海岸線的任何港口或海灣出擊，摧毀我們海上運輸的糧食與商品。其數量也在持續增加。1941 年第一季度，新潛艇的月產量為 10 艘，隨後提升至每月 18 艘。這些潛艇包括所謂的 500 噸型和 740 噸型，前者的航程達 11,000 英里，後者則達 15,000 英里。

此時，除了德國潛艇帶來的浩劫之外，遠端飛機對海洋的空襲也成為新的威脅。在這些飛機中，最令人畏懼的是被稱為「兀鷹」的福克烏爾夫 200 型飛機，所幸在初期數量有限。這些飛機可以從布雷斯特或波爾多起飛，在不列顛島上空盤旋後前往挪威加油，次日再返回。由於護航艦的短缺，我們被迫組織由 4、50 艘船隻組成大型船隊，而敵方的遠端飛機則可以從高空監視船隊的出發或返航。這些飛機能夠投下毀滅性炸彈攻擊船隊或單艘船隻，也可能將位置告知待命的潛艇以便進行攔截。早在 1940 年 12 月，我們便已開始準備最後的手段：在梅西河口和克萊德河口至愛爾蘭西北 600 英尺深的水域設置水下爆炸網。

此刻，我們已經下達命令擴編並重新部署空軍海防總隊，優先提供駕駛員及飛機。我們的計畫是到 1941 年 6 月，將海防總隊的飛機數量增加至 15 個中隊，其中包括我們預計在 4 月底接收的 57 架美國「卡塔利娜」式水上飛機。南愛爾蘭拒絕給予任何便利，進一步對我們的計畫造成不利影響。我們在北愛爾蘭、蘇格蘭及赫布里底群島加速興建新的飛機場。

上述不利因素繼續存在，甚至更加惡化。憑藉英國在科學和技術領域的成就，以及兩萬名忠誠的工作人員攜帶多種新奇裝置，辛勤地將研究成果應用於上千艘小艇上，我們才得以稍微鬆動磁性水雷的束縛，防止敵人進一步的壓迫。我們在不列顛東海岸的海上運輸始終受到德國輕型轟炸機或戰鬥機的威脅，因此海運量被大幅限制和削減。倫敦港曾在第一次世界大戰中被視為對我們生存至關重要，但現在的吞吐量僅為當時的四分之一。英吉利海峽成為實際作戰的水域。敵人對梅西河、克萊德河和布里斯托的空襲，嚴重破壞了這些僅存的主要商港。愛爾蘭海峽和布里斯托海峽則遭受封鎖或嚴重障礙。任何權威專家，若在一年前面對現在的情形，都會立即宣稱我們處於絕望境地。這是一場生死存亡的戰爭。

我們的保護措施規模龐大，細節要求極為嚴謹，包括護航、變更航線、使用消磁電纜、掃雷以及避免地中海航線等。大多數船隻的航行時間和距離已被延長。同時，由於轟炸與燈火管制，船隻在港口停泊也需延遲一些時間。以上種種原因，導致我們船舶的有效運輸能力大幅下降，這種狀況比實際損失還要嚴重。起初，海軍部的首要考慮自然是確保船隻安全入港，並以沉船數量愈少作為衡量成功的標準。然而，現在已經不能以此做為衡量的依據。我們一致意識到，國家的生存和戰爭行動，都依賴於安全抵達的進口物資數量。我在 1941 年 2 月中旬向第一海務大臣發出的備忘錄中提到：「我了解到，1 月分載貨進口的船隻僅為去年同期的一半。」

壓力不斷增加，而我們失去的船舶數量遠超新建船隻。美國的巨大資源只能緩慢見效。我們不能再期待像 1940 年春季挪威、丹麥、荷蘭與比利時被敵人占領後那樣，意外獲得大量船隻。此外，受損船隻數量遠超我們的修復能力，港口日益擁擠，令我們難以應付。至 3 月初，受損船隻總計達 260 萬噸，其中 93 萬噸正在邊修邊裝，近 170 萬噸完全無法使用，急需修理。如果我能避開這些嚴峻問題，投入軍事方面雖不順利但充滿活力的冒險，那將是莫大的解脫。我多麼希望用一次大規模攻勢代替這些由圖表、曲線和統計數字揭示的難以捉摸、難以估量的危險啊！

1941 年 1 月，我們已經設立了進口管理委員會，由軍需大臣擔任主席，涵蓋主要的進口部門。同時，成立了一個平行的生產管理委員會，由勞工大臣主持。前者的核心任務是應對進口局勢，優化船舶與運輸的組織，並處理港口勞工與組織的各種複雜問題。這兩個權力中心常常共同商議。我與它們緊密合作，以確保行動的一致性。

首相致海運大臣

1941 年 1 月 4 日

進口管理委員會的職責是全面分析進口的整體態勢，委員會的設立部分是基於這個需求。我將與進口管理委員會保持緊密溝通，力求做出必要的決策。我希望透過更有效地利用我們的船舶、周轉時間、港口和勞動力潛力，實際可用的噸位將超出當前推估的 3,300 萬噸。海運部、運輸部和勞工部應積極與進口管理委員會合作，而進口委員會也需有效協調這些部門的工作。此外，將要求海軍部加大對船舶維修的投入，即使這會在一定程度上影響新商船的建造。我們期待美援的到來，並希望隨著白晝時間的增加及我們重要護航艦隻的投入使用，運輸船隊的安全性將會提升。

首相致進口管理委員會

1941 年 1 月 23 日

1. 你們無需受限於海運部所提供的船舶損失推估，也不必將其作為未來計算的依據。根據海運部的估算，每年船舶損失約為 525 萬噸，其計算基於法國崩潰後的資料，包含了我軍從挪威和法國撤退時遭受的異常損失。另一種更為合理的計算方式是按月平均得出 1940 年全年損失為 425 萬噸。或者可以採用另一種方法，將開戰以來的損失扣除撤退時的特殊損失，得出的年損失在 375 萬噸至 400 萬噸之間。

2. 為了謹慎起見，可以假設這種損失率會持續。然而，這並不意味著在我們實施改進措施和增加驅逐艦之後，損失數字不會下降。我對此進行了考慮，認為最可靠的方法是將開戰以來的損失按月平均計算。

1941 年所發生的事件，徹底印證了我的判斷無誤。

今年年初，我委託樞密院長約翰．安德森爵士執行一項特別任務，即制定和實施將全國經濟資源納入戰時體系的計畫。

首相致樞密院長

1941 年 1 月 28 日

進口管理委員會和生產管理委員會應分別負責各自領域內的具體事務，然而在經濟政策的重大問題上，主要責任應由你主持的委員會承擔，尤其重要。這個安排符合大眾輿論對各方面情況的認知。因此，你應果斷地著手全局的協調工作。你應邀請像凱因斯這樣的經濟學家直接向你提供建議。你可以請求任何所需的助手或工作人員，當然，統計處的資源應被充分利用。林德曼教授及其團隊將按照你的要求提供協助，並擔任你我之間的聯繫員。期待你卓越而有力地引領這個委員會。委員會至少每週召開一次會議，若有可能，次數應該更多。

請與愛德華・布里奇斯爵士就上述問題進行磋商，並告知你的補充意見。

安德森傾注全力，將其成熟的見解與行政才幹投入到此項工作中。他在國內擔任文官及在孟加拉擔任總督的豐富經歷，使其對政府部門和公務制度了然於心。不久，他便獲得了內閣同僚的信任，使得由樞密院長主持的委員會成為協調各部計劃以符合整體戰時經濟政策的重要工具。隨後，該委員會在執行戰時經濟政策及其他方面，能夠代表戰時內閣行使廣泛的許可權和裁決權。他對經濟政策和國內戰線問題的有效掌控，使我得以專注於軍事事務。

首相致軍需大臣安德魯・鄧肯爵士

1941 年 2 月 22 日

首相希冀你將所附備忘錄及示意圖提交給進口管理委員會審議。這些文件在首相的直接指導下由林德曼教授撰寫。它們揭示了一種極為嚴重且尚未能解釋的趨勢，如不予以糾正，勢必威脅不列顛的生存，並使其軍事行動陷入癱瘓。

首相對以下現象感到困惑：儘管船舶沉沒的數量有所減少（實際上問題仍然嚴重），且總噸位的下降幅度不大（暫且不論航線問題），進口物資卻顯著減少。

他欣喜地發現，過去兩週的情況顯著改善，希望這或許是進口管理委員會初步成效的展現。

首相計劃於星期二下午 5 時會見進口管理委員會成員，目的在了解他們是否能夠提出更多措施以預防一種潛在致命的威脅。

早在 1940 年 8 月 4 日，我便建議海軍部將西部海口地區指揮中心由普利茅斯遷至克萊德河。然而，此提議最初遭遇抵制，直至 1941 年 2 月，隨著局勢壓力的加劇，海軍部才最終同意。我們一致決定將指揮中心北遷，並選擇梅西河代替克萊德河。2月17日，諾布林海軍上將在利物浦擔任西部海口地區總司令，空軍海防總隊司令鮑希爾空軍上將與他緊密合作。新成立的聯合司令部迅速投入運作，並自4月15日起，在海軍部的作戰指揮下，兩司令部合力形成了一支精銳的力量。

新年伊始，猛烈的風暴幾乎持續不斷地侵襲，使我們陳舊的船隻遭受嚴重損壞。這些艦隻儘管已經使用多年，船體不夠堅固，我們仍然必須用於遠洋航線。不久，希特勒於1941年1月30日在柏林發表演說，他以毀滅相威脅，並自信滿滿地指出，他們正透過海、空聯合部隊從四面八方包圍我們，他希望藉此使我們糧盡彈絕，屈膝投降。他宣稱：「到春季，我們將在海洋中展開潛艇戰，而且他們將會意識到，我們並沒有沉睡（全場歡呼）。空軍也將發揮作用，全部武裝部隊將迫使他們作出這樣或那樣的決定。」

首相致進口管理委員會

1941年2月25日

據報導，海軍部打撈處在維持船舶數量上，與新船建造同樣作出了重大貢獻；在1940年最後5個月中，已打撈的船舶總噸數達到37萬噸，而新建船舶為34萬噸；同時，打撈處正在打撈的船隻數量迅速增加，從8月的10艘增至目前的約30艘。

我們向他們在這方面的卓越成就表示祝賀。我堅信，若能設法幫助他們擴展裝置並尋找合適的軍官，進口管理委員會必定會在這些措施中提供支持。

目前，由於維修能力的不足，我們尚無法充分發揮這些成果的效用。我堅信，您所領導的委員會正著手策劃提升維修能力，並且正在利用海外的設施修復那些在維修之前仍可航行一次的船隻。

當時，敵軍不僅發動潛艇戰，還派遣火力強大的巡洋艦進行突襲，造成我方損失嚴重。1940 年 11 月，「希爾」號在襲擊一支運輸船隊時，擊沉了我方著名的「迦佛斯灣」號。1941 年 1 月，「希爾」號在南大西洋航行，駛向印度洋。在短短 3 個月內，它摧毀了我方 10 艘船，總計 6 萬噸，隨後成功返航，於 1941 年 4 月 1 日抵達德國。我們未能像一年前圍剿「斯佩伯爵」號那樣，派出強大的艦隊追蹤它。1940 年 12 月初潛入大西洋的巡洋艦「希佩爾」號正藏匿於布雷斯特。1941 年 1 月底，戰鬥巡洋艦「沙恩霍斯特」號和「格奈森諾」號修復了挪威戰役中的損傷，接到命令前往北大西洋，而「希佩爾」號則在獅子山航線進行襲擾。兩艘戰鬥巡洋艦在海軍上將盧金斯的指揮下，首次試圖出航時幾乎被英國本土艦隊擊毀。持續不散的大霧救了它們。它們於 2 月 3 日順利通過丹麥海峽，未被發現。同時，「希佩爾」號已從布雷斯特南下。

1941 年 2 月 8 日，德國的兩艘戰鬥巡洋艦在哈利法克斯航線巡航，發現一支接近的英國運輸船隊。德艦迅速分開，從不同角度準備攻擊。突然，他們意外地察覺到運輸船隊由戰鬥艦「拉米伊」號護航。盧金斯上將立即撤退。他所接到的基本指令中，要求避免與實力相當的敵艦交戰，他解釋為這意味著任何配備 15 英寸口徑炮的英國戰艦。他的謹慎得到了回報。2 月 22 日，他擊沉了 5 艘落單的船隻，這些船屬於一支出航的運輸船隊。擔心我方反擊，盧金斯駛向更南的海域，並於 3 月 8 日遇到一支來自弗里敦的運輸船隊。然而，他再次發現其中有戰鬥艦「馬來亞」號，只得召集潛艇進行襲擊。潛艇成功擊沉 5 艘運輸船。露面後，他重返西大西洋，並在此取得最大成果。3 月 15 日，他攔截一支出航運輸船隊中掉隊的 6 艘空油船，將其全部擊沉或俘獲。次日，他又擊沉 10 艘船，大多屬於同一運輸船隊。短短兩天內，他摧毀或俘獲了超過 8 萬噸的船舶。

然而，正在護送一支從哈利法克斯港出發的運輸船隊的「羅德尼」號卻駛入了港口。盧金斯海軍上將不僅承擔了足夠的風險，並且即將大顯身手。3 月 22 日清晨，他駛入了布雷斯特港。在為期兩個月的巡航中，「沙恩霍斯特」號和「格奈森諾」號共擊沉或俘獲了 22 艘船，總噸位達 11 萬 5 千噸。此時，「希佩爾」號在亞速爾群島附近遭遇了一支從獅子山返航的運輸船隊。在持續 1 小時的猛烈攻擊中，19 艘船中有 7 艘被其擊沉。它並沒有救援倖存的船員，而是兩天後駛回了布雷斯特港。這是我們在潛艇戰中損失之外的又一重大損失。此外，這些強大敵艦的出現，迫使我們幾乎將所有可用的主力艦用於護航。有一段時間，本土艦隊總司令手下只有 1 艘戰鬥艦。

此時，「俾斯麥」號尚未正式服役。推測德國海軍部正等待該艦及其姐妹艦「提爾皮茨」號完工。希特勒若要最大限度地發揮這兩艘巨型戰鬥艦的效用，莫過於讓它們隨時在波羅的海待命，同時不斷散布即將出擊的謠言。如此一來，我們不得不在斯卡帕灣或其附近集結幾乎所有新艦，而他則能從容選擇出擊的最佳時機，無需時刻保持高度戒備。由於船隻需要定期檢修，我們的力量難以維持海軍優勢所需的適當餘力。任何嚴重的意外事件都會使我們喪失這個力量。

我晝夜不停地思索這個令人震驚的問題。在此時，我將勝利的唯一希望寄託於我們進行無限期持久戰的能力，以期獲得壓倒性的空中優勢，並期盼其他大國或許加入我們的行列。然而，這種對我們生命線的致命威脅令我不安。早在 3 月，龐德海軍上將已向戰時內閣報告了船舶沉沒的嚴重情況。我也已經查看了相關資料，因此，當我在下議院的首相辦公室與龐德會晤後，我對他說：「我們必須將此事的重要性提升到最高優先順序，超越所有其他事項。我將其稱為『大西洋戰役』。」這個名稱類似於 9 個月前的「不列顛戰役」，是為了引起所有相關人員和部門對潛艇戰的關注。

為了確保我能密切關注這個問題，並及時發布指令以消除困難和障礙，推動各相關部門的工作，我成立了大西洋作戰委員會。該委員會每週召開一次會議，所有相關的大臣和高級官員均會出席，其中包括軍事人員和文官官員。會議通常持續不少於兩個半小時。會議對整體局勢進行詳細檢查，對每個問題進行深入討論；沒有因猶豫不決而暫時擱置的問題。委員會開會的頻率反映了 1941 年大西洋戰役的節奏。從 3 月 19 日至 5 月 8 日期間，委員會每週召開會議，從未中斷。隨後的一段時間裡，每兩週召開一次會議，最後階段則會議頻率減少。最終的一次會是在 10 月 22 日舉行。

我們負責指揮作戰的機構涵蓋了廣泛的領域，擁有數以千計的精銳且忠誠的工作人員，他們密切合作，煥然一新地觀察局勢，從多個角度以銳利的視角關注著戰事的進展。正如在前一章中所述，3 月 6 日是一個形勢嚴峻的日子，當時是否派遣軍隊前往希臘仍未確定。然而，在做出這個決定之前，我已經撰寫了一份名為「大西洋戰役」的指令。在 1941 年 6 月 25 日，我在下議院的祕密會議上宣讀了這份指令，但為了完整地敘述這段歷史，有必要將這份文件刊載於此。

大西洋戰役

國防大臣指令

1941 年 3 月 6 日

根據德國的各種宣告，我們不得不承認大西洋戰役已經打響。

在接下來的 4 個月內，我們必須努力阻止敵人試圖切斷我們的糧食供應和與美國的連繫。為此，應立即採取以下步驟：

1. 我們必須隨時隨地對德國潛艇和「福克烏爾夫」轟炸機採取進攻措施。在海上搜索德國潛艇，並對正在船廠或船塢中的潛艇實施轟炸。對用來襲擊我方船隻的「福克烏爾夫」及其他轟炸機進行空中打擊，或在機場上將其摧毀。

2. 應首先專注於以下任務：在船艦上安裝飛機彈射裝置或採用其他手段發射戰鬥機，以抵抗敵方轟炸機對我方艦船的攻擊。應在一週內提交執行方案。

3. 應積極推進以下工作：所有已獲批准或正在籌備中的措施，目的在將空軍海防總隊的主力集中於西北海口地區，以及由戰鬥機和轟炸機協助控制東海岸的措施。隨著晝長夜短和新航線的採用，德國潛艇的威脅在不久的將來有望減輕。特別重要的是，有效應付「福克烏爾夫」式轟炸機和潛在的「容克 88」式轟炸機。

4. 由於對護航驅逐艦的巨大需求，應在這場新戰役的緊張階段結束前，立即評估現役美國驅逐艦是否需要入塢進行第二階段改裝。

5. 海軍部需與海運部合作，重新評估將時速為 12 ～ 13 海里的船隻從運輸船隊中剔除的問題，並重新審視是否允許這類船隻進行一段時間的試航。

6. 海軍部必須優先申請所有短程防空炮，以及適合在危險海域航行的商船上安裝其他武器。英國防空部隊和相關工廠已被指示提供 200 門「博弗斯」高射炮或其他同等型號的高射炮。然而，除此之外，還需不斷地供應高射炮，並配備炮手或主要炮手，以便海軍部在需要時接收。應制定為期 3 個月的計畫。

7. 我們需隨時準備應付敵人可能對我們高度依賴的港口（梅西河、克萊德河及布里斯托海峽）的集中轟炸。因此，這些港口應具備最強的防禦能力。相關情況應在一週內提交報告。

8. 各相關部門應齊心協力，加快處理當前聚集在港口的大量受損船舶。到 6 月底前，這批船舶因修復而減少的淨噸數應不少於 40 萬噸。為實現這個目標，無論是在商船和海軍艦艇的建造方面，不妨暫時採取滿足當務之急的措施。凡是在 1941 年 9 月之前無法完工的新建商船，應當停工，並將工人轉移到修理工作中。海軍部已承諾盡快從軍艦建造或軍艦修理的長期計畫中調配5,000工人，此外還應從長期的商船建造任務中再調配5,000人。

9. 縱然面臨相當的風險，仍需採取多種簡化和加速修理及安裝消磁電纜的方法，以改善英國港口船舶周轉緩慢的問題。若在船舶進出港過程中節省15天，相當於增加500萬噸進口物資，或125萬噸的進口船舶。海軍部已指示各港口軍官全力協助此過程，包括修理工作。今後需隨時發布命令，要求港口軍官報告工作情況及建議。可能需要召開港口官員會議，以便提出所有困難並交換意見。

10. 勞工大臣曾在與勞資雙方的會議中，就港口勞工的交流問題達成共識。這將有效提升整體勞動力。然而，至少應盡快重新分配4萬人投入船舶修理、造船和船塢工作。在港口和造船廠內，應開展有力的宣傳活動，以提高所有工作人員對其工作重要性的認知。與此同時，不宜在當地利用報紙或無線電廣播，因為這可能會激勵敵人採取進一步行動。

11. 運輸部必須確保解決碼頭的堆積和擁塞問題，所有卸貨的貨物都應及時運走。為了實現這個目標，運輸大臣可以請求進口管理委員會主席提供所需的進一步協助。他也需要每週向進口管理委員會報告港口狀況改善的進展。為了改善港口擁堵，我們特別依賴從其他港口調撥起重機等裝置。他還應該彙報在較小港口增加新設施的進展，以及是否可以進一步利用駁船以提升裝卸速度。

12. 已經成立了一個常設委員會，由海軍部運輸處、海運部和運輸部的代表組成，他們將每日開會，向進口管理委員會主席報告所遇到的障礙或困難。進口管理委員會應協調所有這些措施，並每週向我提交報告，以便我可以請求內閣授權採取任何進一步措施。

13. 除在國內實施的戰略外，必須竭盡全力確保我方船隻在海外港口的周轉時間能縮短。應向各相關方發出特別指令，並要求他們報告執行指令時所採取的措施及遇到的困難。

此時，德國潛艇開始採用一種名為「狼群」的新戰術，即數艘潛艇從不同方向協同襲擊。襲擊多在夜間展開，潛艇全速於海面航行，只有接近時才會被察覺。在這種情況下，只有驅逐艦能迅速追趕上它們。

這種戰術在未來一、兩年內成為戰鬥的核心，這使我們面臨兩個問題。首先，如何保護我們的運輸船隊免遭這種高速夜襲。潛艇探測器在此類襲擊中幾乎失去了效用。解決方案不僅在於增加快速護航艦艇的數量，更重要的是發展有效的雷達。此外，必須立即找到解決辦法，否則我們的損失將很快達到無法承受的程度。過去，我們成功地抵禦了德國潛艇在戰爭初期的小規模攻擊，這導致了一種不切實際的安全感。如今，風暴來臨之際，我們卻缺乏符合需求的科學裝置。我們努力研究這個問題。由於英國科學家的不懈努力，加上海軍和空軍人員的通力合作，研究工作取得了顯著進展。效果逐漸顯現，但在此刻暫時仍令人憂慮，並繼續遭受重大損失。

第二是要利用潛艇浮出水面後容易遭受空襲的弱點。只有在我們確信能夠掌控戰局並有信心引誘敵人攻擊時，才能在長期戰爭中取得勝利。為此，我們需要擁有足以摧毀敵方潛艇的空中武器，並有時間訓練海軍和空軍使用這些武器。在這兩個問題最終得到解決後，德國潛艇再次被迫潛入水下進行攻擊，因此可以使用那些經過時間考驗的舊方法來對付它們。這方面的顯著緩和是在兩年後才實現的。

新的「狼群」戰術由海軍上將鄧尼茨倡導。他是德國潛艇艦隊的總司令，曾在第一次世界大戰中擔任潛艇艇長。在這個時期，凶狠的普里恩與其他德國頂尖潛艇艦隊指揮官積極應用這個戰術。然而，報應很快降臨到他們頭上。3 月 8 日，普里恩的第 47 號潛艇連同他和所有艇員被驅逐艦「狼獾」號擊沉。9 天後，第 99 號和第 100 號潛艇在聯合襲擊一支運輸船隊時被擊沉。這兩艘潛艇均由傑出的海軍軍官指揮，失去這 3 位能手顯著影響了戰爭的發展程度與方向。後來的德國潛艇司令官在凶狠和剽悍方面，不及他們。3 月分，在西部海口地區有 5 艘潛艇被擊沉。因此，儘管我們遭受了慘重的損失 —— 因潛艇損失船舶 24 萬 3 千噸，因空襲損失船舶 11 萬 3 千噸 —— 但大西洋戰役的第一回合可以說是個平局。

此時，大西洋的另一邊即將迎來一件極為重要的事件。在這段時間，我與霍普金斯頻繁保持聯繫。在感謝他關於「一批 25 萬支來福槍和彈藥已安全運到」的訊息後，我於 2 月 28 日再次向他發去電報：

然而，我越發憂慮西北海口區域船隻損失率的上升以及駛往英國船隻噸位的下降。自從上次與您見面後，情況已經日趨惡化。請告知何時能夠通過租借法案。此地的緊張局勢日益嚴重。

不久，來自美國的佳音傳來。國會已經通過了租借法案，並於 3 月 11 日由總統迅速批准。霍普金斯最先向我通報了這個情況。這消息立即帶來了安慰和激勵。物資即將運抵。我們只需撐過這個時刻即可。

首相致霍普金斯先生

1941 年 3 月 9 日

承蒙告知消息，感謝上帝。局勢緊張嚴峻。誠摯地向你致以問候。

前海軍人員致羅斯福總統

1941 年 3 月 9 日

在我們面臨困境時，你們提供了如此緊急的援助，整個英帝國向你和美國人民致以祝福。

在 2 月 9 日的廣播演講中，我曾提到：「若能提供工具，我們將有能力完成任務。」這只是暫時的表述。我們面臨諸多短缺，但我們定會竭盡所能。

此刻，我們必須如同財政大臣編制財政預算一般，制定 1941 年美國潛艇進口的預算。到 3 月底，所有相關方法與研究已經告一段落，因此我能夠就海、陸、空三軍的規模與性質，以及所需進口物資的數量與性質，向戰時內閣提出最終建議。

進口計畫

首相備忘錄

1941 年 3 月 26 日

1. 我們應當假設，1941 年的進口量至少為 3, 100 萬噸。在此基礎上，糧食的進口量應不少於 1, 500 萬噸，而貿易部的進口量則應為 100 萬噸。因此，留給軍需部的進口量為 1, 500 萬噸，而他們根據 3, 500 萬噸的進口計畫計算出的數字則為 1, 900 萬噸。因此，軍需部的進口量應減少 400 萬噸，並據此制定修正計畫。顯然，黑色金屬、木材和紙漿是主要削減對象。如今我們可以隨時從美國購買鋼材，因此不必認為保留現有全部鋼鐵工業是必要的。我們應力求以最集中的方式，透過最便捷的航線進行物資進口，這個原則也應適用於糧食進口。

2. 若我們的進口總額降至 3, 100 萬噸以下，短缺部分應暫時從糧食部和軍需部的進口額中相應削減，削減比例為糧食 1 噸、軍需品 2 噸。若進口總額超過 3, 100 萬噸，超出部分亦應按照相同比例分配。至秋季時，在今年收成揭曉後，將重新審視整體狀況。

3. 我已收到陸軍部對我關於陸軍規模備忘錄的回信，他們對這份備忘錄進行了長達 3 週的審議。我的備忘錄中所討論的範圍不超過 1942 年，並應根據形勢的變化進行重新評估。我提出的「約 200 萬」這個數字，可以被解釋為陸軍部所期望的「219 萬 5 千人」，他們已經據此進行安排。陸軍部建議用 12 個裝甲師和 9 個陸軍坦克旅取代我原計畫的 15 個裝甲師，這個提議可以獲得批准，並同意將帝國陸軍的總數在 1942 年 3 月達到 59 又 1/3 個「標準師」的目標。這個調整，將造成從現在到 1942 年底，可以在人力徵用上節省47萬5千人。這種節省，加上透過削減步兵和炮兵來增強裝甲部隊的做法，應該可以大大減輕軍需部在供應營房、服裝和彈藥方面的壓力。

4. 今年1月間，我們曾向羅斯福總統提交了珀維斯計畫，闡明英國陸軍的總體規模。現可依據軍需部的需求對該計畫進行更為明確的界定。在重新界定時，如有可能，應將裝甲部隊比例的變化納入調整中。但至關重要的是，我們所必須要而且能從美國獲得的物資絕不可削減；尤其是那額外的10個師的裝備，務必保留。

5. 海軍計畫在另一份備忘錄中有提及，不過可以在此明確說明與進口相關的原則。

現存的「英王喬治五世」級戰鬥艦3艘，務必全速完成。其中，「先鋒」號的建造尤為關鍵，因為它是唯一能在1945年之前——即1943年——完工的主力艦。此外，還需要建造1艘新的淺水炮艦。目前無法開工任何其他重型軍艦的建造，且在未來6個月內也無法為海軍的其他用途提供裝甲板；同時，不得新建裝甲板工廠。到9月1日之前，應根據（1）大西洋戰役，（2）美國與戰爭的關係，再次評估這個領域的局勢。

海軍部對裝甲板的需求，不得超出1941年度設定的16,500噸限額，也不得超出1942年度設定的25,000噸限額。在不突破這些限制的情況下，軍需部即可實施擴充坦克生產的計畫。

6. 在1941年以進口1,500萬噸為基礎，糧食部與農業部需協力制定一項為期18個月的計畫。在必要時，可以使用我們的牲畜作為未來6個月的肉類儲備。然而，應透過大規模進口盡可能為英國在戰時提供多樣化食品。由於計畫長達18個月，可以避免政策的突然改變，並能將儲備作為調節因素，同時需巧妙管理分配的資源。

7. 在上述限制條件下，應確保英國空軍充分利用當前的人力和物力優先權以及獲得的物資，繼續實現最大的擴展。

當上述明確指示獲得戰時內閣批准後，所有相關部門均無異議地遵循執行。

自租借法案通過後，我們與美國的關係越發緊密。在我們的施壓下，他們對維琪法國的態度變得更加強硬。德國戰鬥巡洋艦近期的襲擊行為已經顯露出此類強大軍艦的威脅性，而「俾斯麥」號也即將加入其行列。我們同樣擔憂德國人可能企圖掌控法國海軍，並讓快速戰鬥艦「敦克爾克」號為其所用。

我撥通了總統的電話：

前海軍人員致羅斯福總統

1941 年 4 月 2 日

1. 我們獲悉一則絕對可信的消息：維琪政府已獲得停戰委員會的「批准」，計劃將戰鬥艦「敦克爾克」號在「斯特拉斯堡」全隊的護航下從奧蘭運至土倫，以便進行「解除武裝」。

2. 顯然，調動的目的必然是為了維修，因此我們理應假設，這是按照德國的指令進行的。

3. 我毋需強調此舉為我們帶來的極大風險。德國海上的襲擊艦艇已經構成了相當大的威脅。如今他們的攻擊艦隊中又增添了這樣的軍艦，確實為我們帶來了新的難題。若達爾朗海軍上將言出必行，我們可以期待他將採取最後手段，命令所有能出海的艦隻離開法國本土港口。然而，若「敦克爾克」號已在船塢中無法航行且需維修，這將給予德國人時間去奪取並占有這艘軍艦。

4. 我憂心忡忡，這恐怕會不幸地印證我們對達爾朗的最壞懷疑。

5. 你曾透過派駐維琪的大使告知法國政府，若將駐紮於法國本土港口的法國軍艦逐步轉移至北非的大西洋沿岸港口，將極大促進關於法國非占領區糧食供應的談判。然而，達爾朗不僅未遵從你的請求，反而故意違背。

6. 我迫切地期望你能立刻向貝當元帥說明，若達爾朗執意採取此行動，他將使國家斷絕補給，最終失去美國的支持。我們在這種情況下，自然無法在法國糧食供應問題上提供幫助。或許還有一絲希望：貝當元帥可能會制止他的行動，否則此事對我們而言極其重要，以至於我們可能不惜任何危險後果也要設法攔截並擊沉這艘軍艦。我期待得知你已明白這是一個必要步驟。

7. 至關重要的是，絕不能讓法國人及其主子察覺我們或許會採取第 6 點所提到的那個激進手段。

儘管事態緊急，我仍計劃在了解總統的意見和期望之前不採取任何行動。

首相致第一海務大臣

1941 年 4 月 3 日

1. 在收到羅斯福總統明確表示不反對的回電之前，不得攻擊「敦克爾克」號戰鬥艦。如果他的回覆中未提及此事，則視為默認。

2. 在收到回覆後，如有可能，第一海務大臣應與掌璽大臣商議，並作出決定，無需我參與。

3. 我個人極為支持發起這次攻擊。遺憾的是，我們無法保證成功。對一艘被驅逐艦嚴密護衛的戰艦進行攻擊，成功的機率或許只有十分之一。

4. 我認為，維琪政府不太可能做出強烈反應。他們心知肚明，自己迎合德國侵略者的行徑早已被人識破。他們可以透過反覆廣播輕鬆地向法國民眾解釋，這艘戰鬥艦是在無計可施的情況下移交給德國的，因為如果德軍進攻，這艘軍艦無法像法國艦隊中其他能航行的艦隻一樣從土倫船塢駛離。

次日，我們從總統的回電中得知，至少還可以多等幾天再作決定，因為「敦克爾克」號在未來 10 天內不會離開奧蘭。4 月 6 日，他告知我們，美國駐維琪的參贊馬修斯先生已請求貝當元帥立即安排會談。貝當元帥同意了，但當馬修斯向貝當說明他要討論「敦克爾克」號的問題時，元帥顯然不清楚情況，便召見達爾朗。達爾朗來到後表示，這種消息顯然是從英國方面得來的，並指責英國人企圖使他們的艦隊成為地中海的唯一艦隊。他承認正計劃將這艘戰鬥艦調往土倫，因為無法在奧蘭進行維修，並表示他肯定不打算將其留在奧蘭。貝當和他過去曾以個人名譽擔保法國艦隻不會落入德國人之手，現在他再次作出這種保證。「敦克爾克」號不會立即被調離奧蘭，並且在 10 日或更長的時間內也無法準備就緒。美國駐維琪的大使館人員相信這是事實，並認為即使將這艘戰鬥艦開到土倫，也無法在 8 月底之前投入使用。達爾朗當時發表了一系列反英言論；貝當元帥承諾將給馬修斯先生一份正式回覆。總統說，貝當理解書面文字的能力顯然優於他對記憶的依賴，因此，他可能會在經過更仔細的研究後，提出我們所要求的保證。

我向羅斯福總統表達了感激之情以及難以消散的關切。

前海軍人員致羅斯福總統

1941 年 4 月 6 日

1. 你對「敦克爾克」號問題的積極干預讓我由衷感激。誠然，土倫在短期內無法修復這艘戰艦，但我們何必將此事時刻掛心？達爾朗以其個人名譽擔保，確保該艦不會落入德軍之手，而這種名譽正是建立在不名譽的基礎上。1 艘正在船塢或大修中的艦艇，在德軍占領土倫之前，幾乎沒有可能逃脫。德國軍官和特務一直在場，我們可以回想當初我們輕鬆奪取樸茨茅斯和普利茅斯的法國船隻的情形。我們應堅持既定政策：反對將任何法國艦隻從非洲港口調往受德軍控制或可能受其控制的法國港口，並鼓勵相反方向的調動。如果達爾朗能將「敦克爾克」號調往土倫，他難道不能要求調動停泊在卡薩布蘭卡的「讓・巴爾」號或停泊在達喀爾的「黎塞留」

號？因此，請繼續堅定不移地施加最大壓力。顯然，這是最有效的方法，因為我們確實知道該艦將在4月早晨啟航，並且一切準備工作已經就緒。貝當所知遠不及狡猾的達爾朗。如果你的壓力能阻止達爾朗的行動，並已產生效果，那比我們承擔各種風險、採取激烈措施要好得多。

2. 關鍵在於迅速公開這則消息是否能夠阻止達爾朗的計畫。如果我在星期三於下議院進行類似宣告，你是否反對：「一直存在這樣一種風險：達爾朗可能將『敦克爾克』號從奧蘭轉移至土倫以用於戰爭。這個舉動將對全球海軍力量的平衡產生影響，不僅威脅到我們的利益，也波及美國的利益。美國政府已經向貝當元帥提出抗議，這應當能夠向維琪政府表明：此舉與法國的利益背道而馳。英王陛下政府當然必須將其視為希特勒唆使下的威脅行為，視為達爾朗海軍上將陰謀的一部分，以便他在德國人的信任下個人掌控法國。在這種情形下，英王陛下政府保留在該艦航行中或在土倫港修理時採取任何適當行動的自由。如果出現這種狀況，英王陛下政府將深感遺憾，因為，他們除了希望法國擺脫德國控制並保持法蘭西帝國的完整之外，別無對法政策。」對此宣告你有何看法，是否能夠在幕後解決此事，務請告知。

4月9日，我在下議院進行了這次發言，而「敦克爾克」號事件最終因維琪政府屈從於總統的壓力而得以化解。兩天後，總統給了我一份法國正式回函的副本。

1941年4月11日

4月4日，美國代辦遞交一份備忘錄給貝當元帥，提醒他注意以下資訊：據稱，法國政府「經威斯巴登停戰委員會授權」，正準備將「敦克爾克」號從奧蘭轉移至土倫；而此舉恰與美國政府希望法國海軍進行的相反方向調動相悖。備忘錄中指出，「若進行此類調動，美國政府將無法繼續執行希望推行的政策：對法國非占領區提供必不可少的援助，更遑論其他可望的合作辦法。」

在元帥的領導下，政府坦誠地承認，他們確實計劃在近期內將「敦克爾克」號轉移至土倫。然而，此決定是在完全自主且無外部壓力的情況下做出的，且純粹基於技術考量。

美國政府完全清楚，「敦克爾克」號在 1940 年 7 月遭到猛烈攻擊，導致嚴重損毀，許多法國人在這次襲擊中失去了生命。

該艦現已具備航行能力；然而，其最終維修必須在乾船塢中進行，而這種設施僅土倫能夠提供，因為無論在北非還是在法國非占領區都沒有與土倫相媲美的船塢。這就是考慮將「敦克爾克」號轉移的唯一理由，且這個轉移始終是不可替代的。然而，鑑於美國政府似乎賦予這個轉移某種政治內涵，法國因此同意推遲該艦的準備工作，直至就此問題達成一致。法國政府希望以此向美國政府表明：其誠意在於盡其所能地遵循其承諾的政策，以保障法屬非洲和法國非占領區的物資供應。

然而，由於延遲修復其最珍貴的軍艦之一，法國政府在自尊和本身利益方面遭受了重大損失，進而削弱了其捍衛法蘭西帝國和保護法國海上運輸的能力。

因此，法國政府希望美國政府在倫敦進行調解，以確保英國政府承諾，在「敦克爾克」號停靠北非期間，不會扣押往返於法屬殖民地、法屬非洲與法國非占領區之間的合法商船。事實顯而易見，對於一個面臨饑荒威脅的國家而言，如果曾被保證保護的商船繼續遭到追逐和襲擊，就不能要求該國放棄使用一切防衛措施。

自然，我們並未提供此類保證。羅斯福總統此次強而有力的介入，使得我們與維琪法國之間的敵對程度較之前有所緩解。

大西洋戰役延續

美國的干涉

1941 年

如今，潛艇戰術歷經了顯著的變革。3 月間，我們成功擊敗了 3 名德國海上「王牌」，而且我們的防禦手段也有所加強，這些因素共同影響了潛艇戰的戰略。敵軍意識到西部海口地區的戰況過於緊張，便將潛艇轉移到更偏遠的海域。由於南愛爾蘭拒絕讓我們使用港口，我們只有少數小型艦隊的護航艦能夠駛入那些港灣，且無法獲得空中支援。從英國海軍基地出發的護航艦，僅能在通往哈利法克斯航線四分之一的航程中為運輸船隊提供有效保護。4 月初，一隊「狼群」在西經 28 度襲擊了一支運輸船隊，當時護航艦尚未抵達。在一場持久的戰鬥中，22 艘船中有 10 艘被擊沉，同時 1 艘德國潛艇也被摧毀。我們必須設法擴大控制範圍，否則我們的生存將岌岌可危。

截至目前為止，來自大西洋彼岸的援助主要以物資供應為主。然而，在當前愈加緊張的局勢下，總統依據其作為三軍統帥的權力，開始提供武裝援助。他決心不讓德國的潛艇和攻擊艦隊逼近美國海岸，並確保送往不列顛的軍火至少能通過運輸途中的一半路程。早在 1940 年 7 月，他便派遣了一個海陸軍使團前往英國進行「探索性會談」。美國海軍觀察員戈姆利海軍上將很快滿意地發現，不列顛已經下定決心抵禦任何迫在眉睫的威脅。他與英國海軍部的共同任務是，確定如何最好地集中美國的力量用於以下方面：第一，提供「除了參戰以外的一切援助」；第二，在美國捲入戰爭時，與英國武裝部隊協同作戰。

最初，便有兩個主要英語國家提出了關於大西洋聯盟防禦的宏大計畫。1941 年 1 月，華盛頓祕密召集了參謀人員的會議，討論範圍涵蓋整個戰爭態勢，並制定了聯合的全球戰略。美國軍事領導層同意，一旦戰爭波及美洲和太平洋，大西洋和歐洲將被視為關鍵戰場。必須優先擊敗希特勒，美國在大西洋戰役中的援助正是基於這個理念進行規劃。為了滿足大西洋聯合遠洋運輸船隊的需求，各項準備工作已經開始啟動。1941 年 3 月，美國軍官訪問大不列顛，選擇運輸船隊和空軍的基地，隨之展開了基地建設工程。在此期間，美國在西大西洋的英國領土內迅速推進基地發展工作（該工作始於 1940 年）。北大西洋運輸船隊最關鍵的基地是紐芬蘭的阿根夏。美國的武裝力量藉助該基地與聯合王國的港口，能夠在大西洋戰役中發揮最大作用，或至少在規劃這些措施時，預期能夠達到最大效果。

在加拿大與大不列顛之間，紐芬蘭、格陵蘭和冰島占據著顯要的位置。這些島嶼位於哈利法克斯港與蘇格蘭之間那條最短的弧形航線上，離航線不遠。利用這些「踏腳石」作為基地的軍事力量，可以分段控制整條航線。格陵蘭資源匱乏，但其他兩個島嶼可迅速得到有效利用。有人曾說：「占據冰島者，便如同握住一把手槍，直接指向英國、美國和加拿大。」基於這個戰略考量，當丹麥在 1940 年陷入危機時，我們在冰島人民的同意下占領了該島。我們於 1941 年 4 月在冰島建立基地，為護航艦隊和飛機提供支持。冰島因此成為一個獨立的指揮區，從那裡我們將海上護航艦的活動範圍擴展到西經 35 度。然而，西面仍然存在一個不祥的缺口，無法立即填補。5 月，一支從哈利法克斯港出發的運輸船隊在西經 41 度遭遇猛烈攻擊，並在反潛護航艦趕到之前損失了 9 艘船舶。

當時，皇家加拿大海軍的實力正在增強，他們的新型護航快艇開始從造船廠批次下水。在這緊要關頭，加拿大準備在這場關乎生死的戰鬥中發揮重要作用。為避免從哈利法克斯港出發的運輸船隊造成損失，清楚地表明必須實施從加拿大到不列顛的全程護航。因此，英國海軍部於 5 月 23 日請求加拿大和紐芬蘭政府同意，使用紐芬蘭的聖約翰斯作為聯合護航艦隊的前哨基地。他們迅速同意，到 5 月底，全程護航終於得以實現。從那時起，皇家加拿大海軍承擔起護航責任，以本身的人力、物力保護遠洋航線西段的運輸船隊。我們能夠從大不列顛和冰島保護艦隻的剩餘航程。然而，可用的艦艇數量仍然非常有限，難以完成全面的護航任務。這時，我們的損失急遽增加。在截至 5 月的 3 個月中，僅被德國潛艇擊沉的船隻就有 142 艘，總計 818,000 噸。其中 99 艘，約 600,000 噸是英國的。德國人為了取得這些戰果，在北大西洋持續保持約 12 艘潛艇，並在弗里敦附近海域猛烈攻擊，企圖摧毀我們的防務。在該海域，僅 5 月一個月內，6 艘潛艇便擊沉了 32 艘船隻。

在美國，總統逐步向我們靠攏，他強而有力的干預很快發揮了決定性影響。我們認定在冰島發展基地是必要的，他同月在格陵蘭設立了專供美軍使用的航空基地。德國人在格陵蘭東海岸面對冰島的地方設立氣象站，因此總統的行動極為及時。此外，依據其他決策，我們可以將地中海或其他海域激戰中受損的商船和軍艦送往美國船廠修理，這使得我們國內緊張的人力和物力得到了急需的緩解。總統在 4 月 4 日的電報中確認了這一點，並提到他已撥款修建 58 處下水場和新建 200 艘船舶。

前海軍人員致羅斯福總統

1941 年 4 月 4 日

1. 我方才收到了美國大使轉交關於船舶狀況的電報，令我感激不盡。

2. 在近幾週內，我們已在英國西北海口地區加強護航，重創了德國潛艇。如今，它們已轉向更西的海域，並於今晨（4 月 3 日）在西經 29 度擊沉我方 4 艘船舶，此事發生在我護航艦趕往現場的前一天。擊退德國潛艇，僅是驅逐艦和護航艦的任務，然而，我們已被拖得筋疲力盡，難以兼顧。如果我們能夠獲得你們提供 10 艘快艇並配備人員，我們將把這些生力軍部署在冰島。從冰島出發，它們巡航的有效半徑可為我運輸船隊提供更有效的保護，並與我駐英國的護航艦控制範圍相連接。在西北海口地區的另一個關鍵因素是遙控飛機。這類飛機正在陸續運來。儘管我們的損失日益嚴重，但我希望，1 個月或 6 週後，這種威脅將會減少，屆時我們將擁有大量「旋風」式戰鬥機，它們可從商船上起飛，在危險水域巡邏或護航。

一週後，傳來了一個重大的消息。總統於 4 月 11 日致電告知我，美國政府計劃將自戰爭初期劃定的所謂安全地帶和巡邏區域擴展至包括西經 26 度以西的整個北大西洋水域。為達此目的，總統建議動用從格陵蘭、紐芬蘭、新斯科細亞、美國、百慕大群島及西印度群島（未來可能擴展至巴西）出發的飛機和海軍艦艇。他強烈建議我們以最高等級祕密的方式告知運輸船隊的行蹤，「以便我們的巡邏艦艇能夠搜索侵略國在安全地帶新線以西活動的任何艦艇或飛機」。就美國方面而言，只要在巡邏區域內發現疑似侵略國的艦艇或飛機，將立即公布其位置。總統最後表示：「我不一定會就此發表特別宣告。我可能會下達必要的海軍行動命令，讓時間證明這個新巡邏區域的存在。」

我將這封電報轉送至海軍部，心中感到無比輕鬆。

前海軍人員致羅斯福總統

1941 年 4 月 16 日

我原本計劃更詳盡地回信給你，討論關於大西洋的重要來電。海軍部已接獲消息，感到非常安心且滿意，並草擬了一份技術意見書。他們知道戈姆利海軍上將大約兩天後會到來，因此希望在發出這份意見書之前，先與他商討是否更為妥當。我不清楚戈姆利是否知情。此事確實非常緊迫且重要。目前大約有 15 艘潛艇在西經 30 度活動。毫無疑問，從格陵蘭派遣美國水上飛機是最有效的應急對策。

兩天後，4 月 18 日，美國政府宣布了總統在 4 月 11 日的電報中提到的東西半球分界線。隨後，這條沿著西經 26 度設定的界線成為美國實際的海上疆界。這條分界線將英國在美洲或鄰近美洲的領土，包括格陵蘭和亞速爾群島，納入美國的範圍，並且不久後進一步東擴，將冰島也納入其中。根據這項宣告，美國軍艦將在西半球的海域巡邏，並隨時報告該區域內敵方的任何活動。然而，美國仍是非交戰國，因此在這個階段尚不能為我們的運輸船隊提供直接保護。英國仍須獨自承擔全線保護運輸船隊的責任。

此時，英、美海軍高層對亞速爾群島的局勢表示憂慮。我們高度懷疑敵方正策劃奪取這些島嶼，將其作為潛艇和飛機的據點。這些島嶼位於北大西洋的中心位置，一旦被敵人占據，將對南部航線的船隻構成極大威脅，類似於冰島在北部的情況。英國政府絕不會容忍這種情況發生。葡萄牙政府深知這對其國家的威脅，已發出緊急呼籲。為回應這個呼籲，我們已經計劃並準備組織一支遠征軍，以阻止德國的相關行動。同時，我們也制定了預案：若希特勒進攻西班牙，我們將占領大加納利群島和維德角群島。當希特勒明顯將目光轉向蘇聯時，派遣遠征軍的緊迫性便隨之消減。

前海軍人員致羅斯福總統

1941 年 4 月 24 日

1. 現就您 4 月 11 日來電作出詳盡回覆。遲覆之因在於戈姆利海軍上將抵英日期未定。第一海務大臣與戈姆利進行了長時間的討論，並就結果向我提出了以下意見。

2. 在大西洋戰役中，除了敵機在我們沿海地區構成的威脅外，我們還面臨兩個主要挑戰，即德國潛艇和襲擊艦艇的問題。

3. 關於德國潛艇，當它們在西北海口地區西經 22 度一帶活動時，我們曾成功地對這些威脅進行壓制。如今，它們轉移至西經 30 度一帶，這或許是因為我們的成就，也可能是其他原因。

4. 然而，得益於美國向我們提供驅逐艦，並將冰島作為護航艦艇的加油站，我們已經能夠逐步增強護航艦隊。

5. 可以預見，敵方將會派遣潛艇進一步深入西部海域，況且由於大多數潛艇以洛里昂或波爾多為基地，他們無需航行更遠的距離就能實現這個目標。

6. 因此，西經 35 度以西、格陵蘭以南的區域，極有可能成為新的危險海域，並且是一個對我們來說難以應對的海域。因此，倘若從格陵蘭起飛的空中偵察能夠覆蓋這個海域，將會具有極大的價值。因為，一旦我們偵測到潛艇的具體位置，就可以透過訊號調整運輸船隊的航線，進而避開潛在的威脅。

7. 另一片令我們頗感棘手的海域，是從弗里敦穿越維德角群島至亞速爾群島一帶。由於在此航線上航行的船隻續航能力有限，我們無法讓運輸船隊在更西面的航線上行駛。實際上，它們只能透過減少貨物載量並多攜帶燃料的方式，才能在這條航線上航行。我們正竭力為這些運輸船隊提供適當的護航艦艇，但數量甚少。因此，若能由 1 艘美國航空母艦進行的空中偵察，將運輸船隊前方一段距離的海域囊括其中，這將極大地幫助我們。

8. 向美國海軍當局通報運輸船隊的動向，並無困難。

9. 在襲擊艦艇方面，紐芬蘭附近的海域最為危險，因為該地區有大量未受護航的船隻航行。這正是「沙恩霍斯特」號和「格奈森諾」號的獵物。如果能從紐芬蘭或新斯科細亞增加任何遠端空中偵察，將大有裨益。

10. 我們期望在新斯科細亞或紐芬蘭部署 1 艘強而有力的主力艦，以利用我們獲得任何關於襲擊艦艇活動的情報。

11. 在我們的貿易航線上，西經 26 度以西的某些海域，敵人可能在那裡活躍出沒。在南大西洋和北大西洋附近的貿易航線周圍，也存在敵方補給艦隻，敵方艦艇在那裡加油。迄今為止，我們尚未能在這些海域進行搜查，因為我們沒有專門執行此項任務的艦隻。若我們預見到即將對某個特定海域進行偵察，我們應該努力在其附近部署艦艇，以應對任何被發現的敵方襲擊艦艇。僅在這些區域進行空中偵察已足以令敵人頭痛，更何況還有你們的艦隻傳遞情報。

12. 據悉，英國與美國的軍艦已達成共識，確定了祕密通訊的方法。

13. 還有一個令我和海軍參謀部愈加焦慮的問題。德國正對西班牙和葡萄牙施加越來越大的壓力，這兩國可能隨時無法再抵抗，進而使直布羅陀的碇泊無法使用。德國人不需調動大量軍隊穿越西班牙即可達成此目的，只需占領足以干擾該碇泊的炮臺，數千名炮兵和技術人員便足夠。他們已對丹吉爾進行了一些慣常的初步滲透，因此直布羅陀海峽的兩岸可能迅速落入敵方炮兵專家的掌控。

14. 當然，如果西班牙屈服或遭受攻擊，我們將動員已待命多時的兩支遠征軍：一支從不列顛出發，首先占領亞速爾群島的一個島嶼，接著轉移至另一個島嶼；另一支則前往維德角群島，採取類似行動。然而，從接到消息到執行這些行動需時 8 日，而且無人能保證德國人不會預先制定攻勢計畫。由於海軍的其他任務，我們無法派遣足夠的力量進行持續監視。如果你能夠儘早派遣一支美國分艦隊，在此區域進行友好巡航，將提供極大幫助。這可能迫使納粹的襲擊艦艇撤退，使我們能夠頻繁進入該海域，同時也能向我們提供寶貴的情報。

15. 我曾與福雷斯特爾先生進行深入交談，並將於明晚與他及哈里曼共同探討梅西河地區的情勢，這對西北海口區域至關重要。

在這段時間裡，基於與戈姆利海軍上將的會談結果，我們與美國達成一致，制定了美國在大西洋對我們援助的詳細計畫。

前海軍人員致羅斯福總統

1941 年 4 月 24 日

1. 獲悉「防禦西半球的海軍計畫第 2 號」後，我感到非常欣慰。該計畫幾乎完全涵蓋了我在電報中提到的要點，而這封電報與美國官方電報是同時發出的。你們迅速的行動令人感動。我們剛剛收到報告稱，1 艘海面襲擊艦正在百慕達東南約 300 英里的海域活動。我們將盡一切努力將運輸船隊和其他情況通知美國艦隊總司令。戈姆利海軍上將與英國海軍部保持緊密聯繫，正在安排參謀人員的必要事宜。

2. 英國往返好望角的船隻選擇航線時，會根據某些海域中可能存在的德國潛艇活動進行調整。當前使用的是西經 26 度以西的航線，並且將盡可能繼續使用這條航線。

3. 我們對美國海軍在英國西北海口地區為基地建設所採取的積極措施表示歡迎……您所採取的行動非常有助於確保大西洋戰役的勝利。

4. 我們自然應嚴格保密。然而，我相信你會理解，若能以某種方式透露相關消息或發表宣告，可能在關鍵時刻有效地影響土耳其和西班牙的立場。

總統的政策帶來了深遠的影響。在皇家加拿大海軍和美國海軍接手我們的重擔之後，我們繼續努力奮鬥。美國逐漸走向戰爭，而「俾斯麥」號在 1941 年 5 月底進入大西洋，加速了這個全球趨勢的發展。這段插曲將在適當時機討論。5 月 27 日，在「俾斯麥」號被擊沉的同一天，總統在廣播中宣布：「戰火正逼近西半球的邊緣……大西洋戰役現在已從北極的寒冷冰域延伸到南極的冰封大陸。」他繼續說道：「如果我們坐等敵人進入我們的前院，那將是自取滅亡……因此我們已經將巡邏範圍擴大到南大西洋和北大西洋。」總統在結束演講時宣布，「國家處於無限期的緊急狀態」。

證據清楚地顯示，德國人對美國擴展其活動領域感到極為不安，雷德爾海軍上將和鄧尼茨海軍上將曾請求希特勒，給予德國潛艇更多的行動自由，以便在美國沿岸展開行動，並攻擊編入運輸船隊或夜間無燈航行的美國艦艇。然而，希特勒堅決拒絕。他始終擔心與美國開戰的後果，並堅持要求德國武裝部隊避免挑釁行為。

由於作戰覆蓋範圍的擴大，敵方的力量部署也進行了相應的調整。截至 1941 年 6 月，海上活動的潛艇數量達到 35 艘，不包括用於訓練的潛艇。然而，這些新下水的潛艇在人員配置上，缺乏訓練有素的乘員，尤其是經驗豐富的艇長。新潛艇上的艇員普遍缺乏實戰經驗，許多是年輕人，他們在毅力和技巧方面逐漸退步。戰鬥已經擴展到更為遙遠的海域，切斷了潛艇和飛機的協同作戰。大量的德國飛機並未配備海上作戰的裝備或訓練。儘管如此，在 3 月至 5 月這 3 個月中，被飛機炸沉的船隻仍有 179 艘，總計 54 萬噸，主要在沿海地區。這個總數中，有 4 萬噸是在 5 月初敵人對利物浦船塢的兩次猛烈空襲中被毀的。值得慶幸的是，德國人沒有繼續攻擊這個已遭重創的地區。同時，磁性水雷的威脅在我們沿岸地區持續存在，其效果時有起伏，但我們的防禦措施仍能有效遏制它。到 1941 年，因觸雷而沉沒的船隻數量顯著減少。

到 6 月，在加拿大和美國的協助下，我們在本國領海和大西洋的防禦措施取得了穩步進展，此項工作在我們的作戰活動中再次成為優先事項。我們正全力改進護航艦隻的組織，並開發新武器和裝置以協助其執行任務。當前最迫切的需求是更多、更快速、燃料耐久性更強的護航艦隻，以及更多遠端飛機，尤其是效能優良的雷達。僅靠岸基飛機是不夠的，每支運輸船隊都需要配備可以從船上起飛的飛機，以便在白天偵察任何在攻擊範圍內的潛艇，迫使其下潛，進而阻止其發動攻擊或發出召集其他潛艇的訊號。即使如此，海上空軍力量在這個階段的主要功能仍是偵察。飛機能夠發現潛艇並迫使其下潛，但尚不具備摧毀潛艇的能力，且在夜間效用大幅降低。在潛艇戰中，空軍的致命打擊能力尚未得到充分發揮。

然而，對於「福克烏爾夫」型敵機，空中武器能迅速發揮作用。我們利用商船和配備海軍人員的改裝艦上裝置的飛機彈射器發射戰鬥機，不久便壓制了這種飛機的攻擊。戰鬥機駕駛員如同鷹隼般被拋向獵物。

由於「福克烏爾夫」式轟炸機在空中遭遇了強勁對手，已經不再如昔日般支持潛艇行動，並逐漸由獵人變成了獵物。

在這幾個月的不幸期間，敵人的行動所帶來的損失，揭示了這場生死搏鬥的激烈局勢：

總噸數 (1941 年) ——

1 月……320,000

2 月……402,000

3 月……537,000

4 月……654,000

5 月……500,000

6 月……431,000

4 月分的資料，自然涵蓋了在希臘附近作戰時的特殊損失。

我仔細觀察船隻的損壞情況。

首相致新聞大臣

1941 年 4 月 14 日

從即日起，停止發布每週船舶沉沒的資料，這意味著下週二將不再公布。如果媒體詢問為何本週資料未發布，可回應稱今後將按月而非按週公布。若有人評論我們因害怕而停止每週公布，並指責我們「試圖隱瞞最新的船舶損失」，可以直接回應：「是的，我們就是要隱瞞。」無論敵友都會有自己的解讀，但最終真相將由事實揭示。在近期，我們需準備應對比此類評論更為尷尬的局面。

我將親自在下議院回應所有相關的質詢。

首相致函給愛德華·布里奇斯爵士、伊斯梅將軍和大西洋委員會其他有關成員

1941 年 4 月 28 日

1. 我們無意將配備飛機彈射器的船隻作為普通貨船使用；無論何時，這類船隻的數量都不可能達到先前提及的 200 艘。

2. 目前，共有 5 艘配備飛機彈射裝置的巡邏船艦，正在執行與「飛馬」號類似的任務。首批 10 艘攜帶飛機彈射機的商船應及早加入這些行動，並在這 15 艘船艦的基礎上建立常規巡邏機制，以控制「福克烏爾夫」轟炸機活躍的海域，或在這些海域中為我們的運輸船隊護航。

3. 在這些船隻中，有些體積較大、速度更快、價值更高，超出了巡邏任務所需的商船，因此應儘早由海運部調撥其他較小船隻替換。已經配備飛機彈射器的較大船隻，既已被其他船隻替代，可在弗里敦至不列顛的航線上往返。由於它們每次航行都有機會經過兩個危險海域，因此由彈射器發射的「旋風」式戰鬥機便有充分的作戰機會。

4. 若在西北海口地區部署的這 15 艘艦艇被證實有效且有必要增派，應立即提出建議。同時，應將目前執行巡邏任務的「勇士」戰鬥機歸還戰鬥機司令部，因其對夜間作戰需求極為迫切。

我們迅速在加拿大和冰島擴展我們的基地，並根據新形勢調整護航戰略。我們為較舊的驅逐艦增加了燃料載量，進而擴大了它們的作戰範圍。新成立的利物浦聯合司令部全力投入這場爭鬥。隨著更多護航艦投入使用且人員累積了經驗，諾布林海軍上將將它們編組為由分隊司令指揮的永久性分隊。這種編組培養了必要的合作精神，士兵們習慣於團結一致，並清

楚地理解司令官的指揮方式。這些護航艦分隊的效率逐漸提升。它們的力量增強，而潛艇的力量則逐漸衰退。

1941 年 6 月，總統提出了一項關鍵提案。他決定在冰島建立一個基地。經雙方同意，英國駐軍將由美軍接替。美軍於 7 月 7 日抵達冰島，從此該島被納入西半球的防禦體系。此後，美國軍艦護航的運輸船隊頻繁駛向雷克雅未克，因此儘管美國尚未參戰，卻允許外國船隻在其護航下受到保護。

在這段緊張的數月內，那兩艘德國戰鬥巡洋艦始終停泊於布雷斯特，沒有任何動靜。看似它們隨時可能再次駛入大西洋，對我方艦隊造成巨大損害。它們未能出航，應歸功於皇家空軍。空軍對停泊在港口的這兩艘敵艦進行多次轟炸，效果顯著，使得它們整年未敢出港。不久後，敵方轉念將其駛回本國，但即便如此，這個行動一直拖延到 1942 年才實現。希特勒的侵俄計畫不久便為我們的空中任務帶來了急需的喘息之機。為了準備這個新的冒險行動，德國空軍必須重新調整部署，因此，自 5 月以後對我方船舶的空襲規模便減少了。

在大西洋戰役中，我們對影響戰局的各種已知因素進行了深入分析，並獲得了一些成果，行文至此，我們值得先談談其中的幾項成就。有一個極為有利的條件是：在整個決策過程中，我們始終保持團結一致，而且，作為首相，我得到了同僚們賦予的充分授權，這是我在如此廣泛的行政範圍內進行統一指揮時所不可或缺的。我以國防大臣身分主持的作戰機構能夠準確地執行所有的決策。

1941 年 6 月底，我依據海軍部的資料向下議院報告：在北大西洋，英國船舶因敵機轟炸而遭受的損失數字顯著下降：

2 月……86,000 噸

3 月……69,000 噸

4 月……59,000 噸

5 月……21,000 噸

截至 6 月……18,000 噸

在我 3 月 6 日發布的指令中，原計畫是將因需要維修而無法航行的 170 萬噸船舶，於 7 月 1 日前修復 40 萬噸。後來，我們的目標更加宏大，設定的指標是到同一截止日期修復 75 萬噸。事實上，我們修復了 70 萬噸。這個成就是在梅西河和克萊德河在 5 月初持續遭受敵人空襲的情況下取得的。有一批長期被視為無法救援而放棄的沉沒船舶，現在透過我們卓越的打撈部門撈起後被列入維修清單中，這批額外增加的船舶可視為另一項收穫。透過多種方法的應用，船舶的周轉時間也大幅縮短，在這一方面每天節省的時間相當於一年中實際輸入物資的 25 萬噸。

在這些任務中，依然存在著諸多複雜的情況。我們時常無法妥善安排，使船隻能在最理想的港口卸貨。1 艘船載有多種貨物，卸裝貨物時可能需要造訪多個港口，因而在沿海航行時增加了遭受轟炸或觸雷損毀的風險。此外，港口本身，尤其是東海岸的港口，也面臨可能導致暫時癱瘓的襲擊威脅。我們的最大主要港口倫敦，因派遣大型艦艇至東海岸會遭遇飛機、快速魚雷艇和水雷的攻擊風險，幾乎無法繼續使用。因此，東海岸的港口無法承擔所有任務，大部分負擔轉而由利物浦、克萊德河和布里斯托海峽這些西部港口承接。然而，歷經種種努力後，倫敦港、亨伯河以及東海岸更北部的港口，在這些艱難時期依舊能夠對沿海船隻及部分遠洋船隻開放。

在這場爭鬥的巔峰時刻，我做出了我戰時任期中最具影響力和最幸運的一個任命。1930 年，當我不在職時，我第一次也是唯一一次接受了一個董事職位。這個職位是在因奇卡普勛爵管理的一個公司分支機構中，這些分支機構延伸到伊比利半島及東方航線。在 8 年的時間裡，我定期參加每月的董事會議，並盡心盡力履行自己的職責。在這些會議中，我逐漸注意到一位傑出的人物。他所管理的公司有 30 ～ 40 家，而我參與的公司只是其中的一個小單位。我很快意識到弗雷德里克·萊瑟斯是這個聯合企業的核心和控制力量。他對各方面的情況瞭如指掌，並且備受信任。我年復一年地從我的小小位置上密切觀察他。我對自己說：「如果再次發生戰爭，這裡有一個人，他將像 1917、1918 年在我領導下服務於軍火部的那些卓越商業領袖們一樣發揮重要作用。」

1939 年戰爭爆發時，萊瑟斯主動申請到海運部效力。當時我在海軍部任職，彼此間接觸不多，因為他的工作性質較為專業，且直屬於其他部門。然而，到了 1941 年，大西洋戰役正緊張進行，迫切需要將我們的航運管理與透過鐵路和公路從受襲港口運送補給的事務結合起來，我便越發想起他。5 月 8 日，我前去拜訪他。經過深入討論後，我決定將海運部與運輸部重組為一個統一的機構，並邀請萊瑟斯擔任負責人。為賦予他必要的許可權，我設立了軍事運輸大臣的職位。每當我向下議院提議授予某人以大臣級別的職位，尤其是那些多年未在下議院中被提及的人選時，我總是感到猶豫。未能入閣的資深議員可能會讓新人感到尷尬，而新進者也常為必須準備和發表的演說而過於憂慮。因此，我向國王申請，為這位新任大臣授予爵位。

從此刻直到戰爭結束，萊瑟斯勛爵一直負責軍事運輸部的整體事務，他的聲望在接下來的 4 年中不斷提升。在國內，他贏得了三軍參謀長和各部的信任，並與美國的重要官員建立了密切而和諧的關係。其中，他與曾在美國海運部任職、後擔任駐倫敦大使的劉易士·道格拉斯先生相處得尤為融洽。在作戰事務中，萊瑟斯給予我極大的幫助。我交給他的艱難任務，極少有未能完成的。有幾次，在調動額外的一個師或將其從英國艦隻轉移到美國艦隻上，或是在解決其他緊急問題上，所有相關人員和部門都無計可施，我便親自向他求助，困難便如同魔術般立刻消解。

至6月25日，我已能在下議院的祕密會議中報告有關清理港口堆積物資的一些令人滿意的進展。

我絕不允許任何藉口為我們港口的擁堵狀況辯解，因為儘管我們面臨各種困難，實際上我們只是在處理並預計處理戰前運輸量的一半。然而，我們正在付出巨大努力。國會特別委員會曾建議在內地建造分類倉庫，以便迅速轉運堆積在易受空襲的碼頭旁的貨物。目前有6座這樣的倉庫正在建設，以供西海岸各港口使用。到9月分，第一座倉庫將部分投入使用。為了充分利用南威爾士的各港口，我們正在為新港至塞文河隧道的鐵路鋪設雙軌；部分雙軌線已投入使用。某些交通運輸的瓶頸位於英國西部的內地鐵路交叉點，因為其負荷已超過設計預期。我們將疏通這些瓶頸。關於在適當的錨地進行船邊卸貨的方法，已取得顯著進展，這不僅是一種緩解措施，也可以在遭遇嚴重襲擊時作為替代方案。

我們正在大規模增加起重裝置，一方面是為新建緊急港口配備，另一方面是確保現有港口設施在遭遇空襲時具有更大的靈活性。僅在5月，從英國工廠和美國運來的活動式起重機就有130架，而過去4個月的月均供應量為50架。

鑑於這些情況，我認為應請求下議院批准（命令已事先發出）停止每週公佈我方船舶噸位損失的數字，因為這對敵方極為有利，而媒體和國會不過是誇大其重要性而已。如上所述，我已在4月發出包含此意的指示。當時我說：「我相信一定會有人叫嚷，除了德國人，還有英國某些善意的愛國者。讓他們叫嚷吧。我們必須考慮到我們的海軍和商船船員，考慮到我們同胞的生命和國家的生存，他們正面臨致命的危險。」

顯然，下議院在聽取了這些解釋後感到極大安心，因此給予了我全力支持。我說：

倘若我們能在今秋成功抵禦敵軍的真正入侵，則可憑藉英國當前承擔的責任安然度過 1941 年。我們期望在 1942 年取得明確的空中優勢，不僅能對德國進行猛烈的空襲，還能在一定程度上改變德國人控制歐洲大西洋沿岸港口為我國所帶來的戰略劣勢。若能阻止敵人利用其占據的大西洋沿岸港口和機場，或至少顯著削弱其效用，那麼在 1942 年武器充足的情況下，我們所面臨的挑戰將不至於比當前所忍受和經歷的更為嚴峻。

因此，我於結尾處表示：

我只想補充一句：我們必須牢記，敵人也面臨著本身的困難；其中一些困難是顯而易見的，另一些則可能是他們比我們更為了解的；此外，歷史上所有宏偉的戰爭，都是在無視力量懸殊或勢均力敵的情況下，以堅定的決心和頑強的鬥志贏得勝利的。

南斯拉夫局勢變局勢變化

此前討論過，1934 年 10 月，南斯拉夫國王亞歷山大在馬賽被刺殺，這代表著南斯拉夫進入分裂的開端；此後，其在歐洲的獨立地位逐漸下降。法西斯義大利對其採取敵對的政治立場，加上希特勒德國在東南歐的經濟滲透，加速了這個進程。內部的穩定性已經喪失，塞爾維亞人和克羅埃西亞人之間的敵對情緒消耗了這個南歐斯拉夫國家的力量。

在溫文爾雅的保羅親王攝政期間，南斯拉夫王國的聲望日漸衰退。克羅埃西亞農民黨領袖麥契克博士堅決推行不與貝爾格勒政府合作的政策。克羅埃西亞的極端分子在義大利和匈牙利的庇護下，從海外基地策劃克羅埃西亞脫離南斯拉夫。貝爾格勒政府不再與巴爾幹小協約國合作，以便奉行與軸心國達成諒解的「現實」政策。該政策的支持者是於 1937 年 3 月 25 日簽署義大利、南斯拉夫協定的斯托亞丁諾維奇先生。慕尼黑事件一年後，似乎證明了他的立場是合理的。斯托亞丁諾維奇在國內的地位因克羅埃西亞農民和擔心與德、義建立密切關係的塞爾維亞反對黨結成聯盟而受到削弱，最終在選舉中失敗，並於 1939 年 2 月被迫辭職。

新任首相茨維特科維奇與外交大臣馬科維奇意圖緩解不斷壯大的軸心國勢力。1939 年 8 月，他與克羅埃西亞人達成協定，麥契克因此加入了貝爾格勒政府。同月，德、蘇協定簽署的消息傳來。儘管意識形態不同，塞爾維亞人因斯拉夫人的本性一向傾向俄國。蘇聯在慕尼黑會議期間的立場曾讓他們希望東歐能保持團結。如今，這份決定命運的協定似乎將巴爾幹各國置於軸心國的掌控之中。1940 年 6 月，法國的淪陷讓南歐的斯拉夫人失去了傳統的盟友和保護者。俄國人顯露出對羅馬尼亞的野心並占領比薩拉比亞和布科維納。1940 年 8 月，德、義兩國在維也納會議上將外西凡尼亞劃歸匈牙利。對南斯拉夫的包圍正在收緊。1940 年 11 月，馬科維奇首次祕密前往貝希特斯加登。他成功脫身，未正式簽署讓國家對軸心國承擔義務的協定，但於 12 月 12 日與軸心國的小夥伴匈牙利簽訂了友好條約。

這種印象越發普遍，因而引發了我們的關注。在此氛圍下，保羅親王竭力保持中立立場。他尤其憂慮的是，南斯拉夫或其鄰國的任何舉動可能促使德國向巴爾幹半島推進。

首相致外交大臣

1941 年 1 月 14 日

內閣今日需審議自貝爾格勒傳來的有關保羅親王的電報。我對此的看法未因電報而改變。應由希臘人決定是否願意韋維爾造訪雅典，也由他們評估德國人的反應。

此外，若德國人有意南下，他們根本不需要任何藉口。顯然，他們正在實施一個經過周密策劃的計畫，我們無法假設任何微不足道的行動會對其程序產生加速或延遲的影響。我們掌握關於德國人動向的證據似乎無可置疑。面對這些證據，保羅親王的態度猶如一個不幸之人與老虎同處一籠，只求不去激怒它，卻不知老虎的進食時間已近。

1941 年 1 月底，在這些愈加令人不安的日子裡，美國政府派遣羅斯福總統的好友多諾萬上校前往貝爾格勒，以了解東南歐的民情。此時人人自危，部長和主要政界人士皆不敢吐露心聲。保羅親王拒絕了艾登先生的訪問請求。整個南斯拉夫政府唯有一人例外，他是西莫維奇，是武裝部隊軍官團中民族主義者的代表，一位空軍將領。他的空軍司令部設在與貝爾格勒隔河相望的澤蒙，自 1940 年 12 月起，這裡已成為反對德軍入侵巴爾幹及抵制南斯拉夫政府延誤之舉的祕密中心。

1941年2月14日，茨維特科維奇和馬科維奇被召至貝希特斯加登。他們共同聆聽了希特勒關於德國勝利前景的演講，特別強調了柏林和莫斯科之間的緊密關係。希特勒提議，如果南斯拉夫加入三國同盟條約，那麼在對希臘的軍事行動中，將避免經過南斯拉夫推進，僅使用其公路和鐵路運輸軍需品。兩位大臣帶著沉重的心情返回貝爾格勒。加入軸心國可能會激怒塞爾維亞人，而與德國作戰可能在克羅埃西亞引發效忠問題。巴爾幹半島上唯一可能的盟友希臘，正與20多萬義大利軍隊激戰，並正面臨德軍即將進攻的威脅。英國的支持看似不可靠，且最多只是象徵性的。為了促使南斯拉夫政府作出令他滿意的決定，希特勒已經開始對南斯拉夫進行戰略包圍。3月1日，保加利亞加入了三國同盟條約，當晚，德國的摩托化部隊抵達塞爾維亞邊境。那時，南斯拉夫為了避免挑釁，依然沒有動員其軍隊。抉擇的時刻已經到來。

1941年3月4日，保羅親王從貝爾格勒出發，祕密訪問貝希特斯加登。在巨大的壓力下，他口頭上承諾南斯拉夫將效仿保加利亞的決定。回國後，他在一次王室會議上以及與軍政首腦的單獨談話中，發現存在反對意見。辯論激烈，但德國的最後通牒卻是無可置疑的。西莫維奇將軍被召至白宮 —— 保羅親王位於俯瞰貝爾格勒的山上住所，他堅決反對屈服。塞爾維亞無法接受這樣的決策，這將危及王朝，然而，保羅親王已經使他的國家在實際上承擔了沉重的義務。

在倫敦，我竭盡全力鼓勵南斯拉夫對抗德國。3月22日，我向南斯拉夫首相茨維特科維奇博士發去了電報。

1941年3月22日

閣下：希特勒和墨索里尼終將面臨徹底的失敗，這是一個無可爭議的事實。英、美兩國的民主政體已明確宣示其堅定的決心，任何明智且具有遠見的人都無法對此產生懷疑。德國以其冷酷無情的手段施行統治，其人口僅為6, 500萬，其中大多數忙於壓制奧地利人、捷克斯洛伐克人、波蘭人及其他被其壓迫和掠奪的古老民族。英帝國和美國的人民，僅在其本土和英屬自治領就接近兩億。我們掌握著無可匹敵的海上力量，並在美國的支援下，空中優勢亦將不久後成為現實。英帝國和美國擁有更為豐富的財富和技術資源，其鋼鐵產量更是超過世界其他國家的總和。它們堅決制止那些惡名昭著的獨裁者，其中之一已被重創難以恢復，對自由事業的蹂躪以及逆轉世界進步的行徑。我們明白，所有真摯的塞爾維亞人、克羅埃西亞人和斯洛維尼亞人的心靈都在為其國家的自由、完整與獨立而奮鬥，且與英語世界的人民一樣懷抱對未來的希望。如果此時南斯拉夫甘願步羅馬尼亞的後塵，或犯下保加利亞的罪行，成為危害希臘的同謀者，那麼必將遭遇無可挽回的毀滅。它只能推遲而無法逃離戰爭的苦難。到那時，你們英勇的軍隊將陷入四面楚歌，在絕望而無援的境地中孤軍奮戰。反之，若南斯拉夫軍隊能及時抓住機遇，他們將擁有戰爭史上難得的大好機會。倘若南斯拉夫與土耳其和希臘並肩作戰，並獲得英帝國所能提供的一切援助，那麼便可消弭德意志帶來的災難，並如上次大戰一般，確保最終的勝利。我相信閣下能夠洞察全球大勢。

然而，在3月20日晚的一次內閣會議中，南斯拉夫政府決定加入三國同盟條約，但此舉導致3位大臣辭職。茨維特科維奇和馬科維奇於3月24日祕密離開貝爾格勒，從郊區的一處火車站搭乘前往維也納的列車。次日，他們在維也納與希特勒簽署了協定，簽字儀式已透過貝爾格勒電臺播出。大禍臨頭的傳聞迅速在貝爾格勒的咖啡館和私人交談中蔓延。

此刻，我向我們駐貝爾格勒的公使坎貝爾先生下達了指令。

1941年3月26日

切忌與保羅親王或各位大臣產生任何分歧。繼續堅持、詢問、爭取。請求會面。不要讓他們說出「不」字。緊緊纏住他們，指出德國人已經認定這個國家難逃覆亡。若要責難他們或體面脫身，已無時間。與此同時，若發現政府已經無可救藥，勿忽視我們可能需要採取的替代方案。我讚賞你之前的努力。請竭盡所能繼續奮鬥。

幾個月來，西莫維奇身邊的少數軍官一直在密切商討一旦政府向德國屈服便採取直接行動的可能性。他們精心策劃了一項革命行動方案。起義的領袖為南斯拉夫空軍司令博拉·米爾科維奇將軍，他的支持者中有數百名愛國者，其中包括陸軍軍官克尼茲維奇少校和他的兄弟。這位教授兄弟透過他在塞爾維亞民主黨中的地位，與各方建立了政治連繫。知曉該計畫的僅限於少數可信賴的軍官，軍銜幾乎都在上校以下。連繫網從貝爾格勒擴展到全國主要駐防地，例如札格瑞布、史高比耶和塞拉耶佛等地。革命者在貝爾格勒控制的部隊包括：除了團長以外的王室近衛軍兩個團；貝爾格勒駐防部隊的一個營；王宮執勤的一連憲兵；首都高射炮師的部分人員；以西莫維奇為司令的駐澤蒙的空軍司令部；一些士官學校；以及若干炮兵和工兵部隊。

1941 年 3 月 26 日，貝爾格勒盛傳南斯拉夫首相等人從維也納歸來並簽署協定的消息，促使革命者決定採取行動。他們發出訊號，計劃在 3 月 27 日黎明前占領貝爾格勒的重要地點和王室府邸，包括年輕的國王彼得二世。在果敢軍官的指揮下，軍隊封鎖了位於首都郊區的王宮，而對這一切毫不知情或心知肚明的保羅親王正在前往札格瑞布的火車上。很少有革命比這次進行得更為順利，沒有流血事件。部分高級軍官被捕。茨維特科維奇被警察帶到西莫維奇的司令部後被迫辭職。在首都的戰略地點部署了機關槍和大炮。保羅親王抵達札格瑞布後得知，西莫維奇已代表年輕的彼得二世國王接管政府，並解散了攝政會議。札格瑞布的陸軍司令官要求親王立即返回首都。他抵達貝爾格勒後，立刻被送到西莫維奇將軍的辦公室。隨後，他與另外兩位攝政一同在退位書上簽字。他獲得許可，在數小時內整理一切，然後當晚便與家屬一起前往希臘。

這個計畫由一部分祕密聯合的塞爾維亞民族主義軍官制定和執行，他們的情緒與真正的輿論情感相符。他們的行動激發了民眾的熱情。貝爾格勒的街頭立即被塞爾維亞人占據，反覆高呼「寧要戰爭，不要協定；寧願死亡，不做奴隸」。廣場上，人們在跳舞；英、法兩國的國旗隨處可見；手無寸鐵的群眾懷著同仇敵愾的情緒高唱塞爾維亞國歌。年輕的國王曾經沿著雨水管從樓上爬下逃脫攝政的監護；3 月 28 日，他在貝爾格勒大教堂中於熱烈的歡呼聲中宣誓。德國公使公然受到侮辱，群眾向他的汽車吐唾沫。軍隊的成就在全國激起了一片蓬勃的朝氣。這個一向難有作為、長期受壓迫的民族，在暴君和征服者勢力最盛之時，勇敢地反抗。

希特勒感受到切膚之痛，憤怒讓他暫時失去理智，促使他採取極端冒險的行動。一個月後，當情緒稍微平復時，他與馮德舒倫堡談話，說：「南斯拉夫的政變如晴天霹靂。3 月 27 日早晨收到消息時，我以為是個玩笑。」然而當時，他在憤怒中召見德國最高統帥部的將領。戈林、凱特爾和約德爾前來，里賓特洛甫隨後抵達。會議紀錄在紐倫堡文件中留存。希特勒描述了政變後南斯拉夫的局勢，並指出在未來對希臘的軍事行動（「馬利他」行動計畫）中，南斯拉夫是一個不確定因素，對俄國的「巴巴羅薩」計畫更顯不可靠。他認為，在「巴巴羅薩」行動前，南斯拉夫就暴露本性，實為幸事。

元首決意在南斯拉夫新政府可能宣誓效忠之前，做好一切準備，以便軍事上摧毀南斯拉夫，使其不再作為一個國家。無需外交探詢，也無需遞交最後通牒。對於南斯拉夫政府所提的保證要「注意」，但這些保證在未來無論如何都不可信賴。只要適當的手段和軍隊準備就緒，便立即展開攻勢。

將要求義大利、匈牙利，以及在某些方面要求保加利亞，在對南斯拉夫的攻擊中給予實際的軍事支持。羅馬尼亞的主要任務是防禦俄國。此事已通知匈牙利和保加利亞的大使。今日將致電墨索里尼。

從政治視角而言，尤其關鍵的是：對南斯拉夫的打擊必須迅速而無情，透過閃電戰在軍事層面予以摧毀。如此便能有效震懾土耳其，並在未來對希臘的進攻中帶來有利影響。可以預見，進攻時克羅埃西亞人可能會倒向我們。我們將確保他們獲得適當的政治地位(未來可自治)。對南斯拉夫的戰爭將受到義大利、匈牙利和保加利亞的歡迎，因為這將允許這些國家獲得領土：義大利獲取亞得里亞海沿岸，匈牙利獲得巴納特地區，保加利亞得到馬其頓。依據這個計畫，我們應加快一切準備，動用足夠的力量以在最短時間內使南斯拉夫崩潰……空軍的首要任務是儘早以波狀攻擊形式摧毀南斯拉夫空軍的地面設施和首都貝爾格勒。

當日，希特勒頒布了「第 25 號指令」：

我的計畫是，透過在阜姆和索菲亞地區發動強力突破，向貝爾格勒及更南方推進，以進入南斯拉夫，目的在對南斯拉夫軍隊造成決定性的打擊，將其南部與其他區域隔離，並將此地作為德、義軍隊進一步攻打希臘的基地。

我下令實施以下具體措施：

1. 當軍力已經充分集結且天氣條件適當時，應立即發動晝夜不停的空襲，摧毀南斯拉夫所有地面設施及貝爾格勒。

2. 如有可能，務必同時(但絕不可提早)啟動「馬利他」作戰計畫，初步的有限目標為占領薩洛尼卡港和迪奧斯山區。

此時，他發出電報致墨索里尼：

領袖，情勢的發展使我不得不用電報這個最快捷的通訊方式，向您陳述我對局勢的評估及可能引發的結果。

1. 自始至終，我便視南斯拉夫為希臘爭端中的潛在威脅。從單純的軍事角度來看，只要南斯拉夫的態度不夠明朗，並且在廣闊的前線對我軍前進部隊的左翼構成威脅，德國就不應介入色雷斯的衝突。

2. 基於這個原因，我曾竭盡所能，真誠地努力將南斯拉夫納入我們的互利集體。不幸的是，這些嘗試未能成功，或許因為行動過晚而未見成效。今日收到的報告確認南斯拉夫的外交政策已出現緊急轉變。

3. 我不認為這個局勢是重大災難，然而確實是一個困難的局面。因此，從我們的角度來看，若不想最終危及整體局勢，必須避免任何失誤。

4. 現在，我誠摯地懇請您，領袖，在接下來的幾天內不要在阿爾巴尼亞採取任何進一步的軍事行動。

希特勒與我們同樣敏銳地察覺到，南斯拉夫有機會對義軍發動致命攻擊。

在我看來，你應動員所有可用的部隊，掌握並掩護連接南斯拉夫與阿爾巴尼亞的關鍵山口。這些舉措不應被視作長期計畫，而是為了至少兩到三週內避免危機的臨時措施。

領袖，我同樣認為，您應運用一切可行措施，以最快速度增強在義南前線的軍力。

……領袖，倘若在施行這些戰略後依舊未聞動靜，我堅信，我們兩人將見證堪比挪威戰役的輝煌勝利。這是我如磐石般堅定的信念。

那天晚上，德國將軍們徹夜起草作戰指令。凱特爾在他的證詞中驗證了我們的觀點：德國面臨的最大威脅是「義大利軍隊從背後發動進攻」。約德爾證實：「我在總理官邸工作了一整夜，這也顯示了事件的突如其來。3 月 28 日凌晨 4 點，我將一份備忘錄交給我們與義大利總參謀部的聯繫官林特倫將軍。」凱特爾的紀錄如下：「對南斯拉夫的進攻決定使所有既定的軍事部署和安排徹底被打亂。必須重新調整『馬利他』作戰計畫。新的部隊必須從北方經由匈牙利調遣。一切都需要臨時安排。」

自慕尼黑協定起，匈牙利經由德國在犧牲捷克斯洛伐克和羅馬尼亞的外交勝利中，擴展了其 1920 年後的邊界，同時在國際上努力保持中立。匈牙利的外交戰略是極力避免成為軸心國的戰時盟友，以免承擔明確的義務。匈牙利在維也納會議上附和了三國同盟條約，但與羅馬尼亞一樣，沒有承擔具體責任。希特勒和墨索里尼都不希望巴爾幹國家之間爆發爭端，他們希望同時控制這些國家。為此，他們迫使匈牙利和羅馬尼亞接受了解決外西凡尼亞問題的方案。墨索里尼進攻希臘（這個行動未得到希特勒的支持），使得英國有機會介入東南歐。因此，希特勒向南斯拉夫施壓，要求其效仿匈牙利和羅馬尼亞，加入軸心國。當南斯拉夫的首相和外交部長為此前往維也納時，似乎所有問題都已解決。然而，3 月 27 日貝爾格勒的戲劇性政變事件，使得巴爾幹國家團結依附於軸心國的希望徹底破滅。

匈牙利立刻感受到直接的衝擊。儘管德軍大部分攻勢對準了頑強的南斯拉夫，明顯是經過羅馬尼亞展開，但所有的交通線路皆穿越匈牙利領土。德國政府對貝爾格勒事件的初步反應幾乎是立刻派遣飛機，將匈牙利駐柏林公使送回布達佩斯，攜帶緊急文件遞交給匈牙利攝政霍爾蒂海軍上將。

南斯拉夫即將被消滅，因為它最近公然放棄了與軸心國達成諒解的政策。德國的大部分武裝力量必須經由匈牙利，但主力攻勢不會在匈牙利邊境展開。屆時匈牙利軍隊應當參與，作為對匈牙利合作的回報，它可以收回所有曾被迫割讓給南斯拉夫的領土。事態緊急，希望立即給予正面答覆。

匈牙利因與南斯拉夫締結的友好條約而受到限制，該條約於 1940 年 12 月簽署。然而，公開拒絕德國的要求將使德軍在即將展開的軍事行動中占領匈牙利。在特里亞農條約中，匈牙利將南部邊境的領土割讓給南斯拉夫，如今收復這些領土成為一種誘惑。匈牙利總理泰來基伯爵一直努力為國家爭取一定程度的自主。他從未相信德國會贏得戰爭。當三國同盟條約簽署時，他懷疑義大利作為軸心國盟友之一能否保持獨立。希特勒的最後通牒要求他撕毀他親自簽署的匈、南協定。然而，匈牙利總參謀部卻奪去了主動權，總參謀長韋特將軍擁有德國血統，他背著匈牙利政府與德國最高統帥部私下達成協定。軍隊過境的詳細安排便是在此基礎上達成的。

泰來基迅速譴責韋特的叛國行為。1941 年 4 月 2 日晚，他接到了匈牙利駐倫敦公使的電報，電報中提到英國外交部已經正式告知，如果匈牙利參與德國對南斯拉夫的任何軍事行動，英國將對其宣戰。因此，匈牙利面臨兩個選擇：要麼無謂地抵抗德國軍隊的過境，要麼公開站在反對同盟國的立場上並背叛南斯拉夫。在這種進退維谷的情形下，泰來基伯爵為了維護個人榮譽，選擇了僅有的唯一道路。9 點剛過，他離開匈牙利外交部，返回桑多爾宮的官邸。在官邸，他接到一個電話。據信電話內容是德國軍隊已經越過匈牙利邊境。不久之後，他舉槍自殺。他的自殺是為了讓自己和他的人民為他們在德國攻打南斯拉夫行動中所犯的罪行贖罪。這使他在歷史上洗清了罪名，但未能阻止德國軍隊的前進及其帶來的後果。

貝爾格勒的革命消息無疑令我們感到極大欣慰。我們曾竭盡全力在巴爾幹地區建立一個同盟國陣線，以阻止這些國家逐一落入希特勒的控制，此次事件至少證明了我們努力的部分成果。我收到最早的電報是在我首次以保守黨領袖身分對黨中央委員會發表演講的半小時前。在演講結束時，我說道：

現在，我向全國宣布一個重大的消息。今日清晨，南斯拉夫民族迎來了新的曙光。貝爾格勒發生了革命；據報導，昨日剛剛簽字出賣國家榮譽與自由的首相和大臣已被逮捕。這個勇敢而尚武的民族，目睹他們的國家被軟弱無能的統治者和陰險的軸心國家出賣，因此激起了滿腔怒火，這場愛國運動正是在這種憤怒中爆發的。

因此，我們可以期待 —— 當然，我只是基於所收到的消息來表達 ——

南斯拉夫將建立一個能夠捍衛國家自由與完整的政府。這樣的政府將在其英勇奮鬥中獲得來自英帝國的一切可能支持與援助，而且，我毫不懷疑，它當然也會以自己的方式從美國得到同樣的支持。英帝國與其盟國將與南斯拉夫人民攜手同行，我們將繼續並肩作戰，直至取得最後的勝利。

艾登先生在返回國內的途中已到達馬爾他島。然而，當我收到貝爾格勒革命的消息後，我認為他應該調整計畫，與迪爾和韋維爾將軍留在當地。

首相致艾登先生

1941 年 3 月 27 日

鑑於塞爾維亞的武裝政變，你們兩人當然最好留在開羅，以便就事態的演變進行磋商。此刻的確是拉攏土耳其並在巴爾幹建立聯合戰線的契機。你能否在賽普勒斯或雅典召集所有相關人員開會？在了解形勢後，你是否應該前往貝爾格勒？與此同時，我們也在繼續盡力而為。

我撥通土耳其總統的電話：

總統閣下

1941 年 3 月 27 日

貝爾格勒及南斯拉夫全國發生的戲劇性事件，可能為阻止德國侵入巴爾幹半島提供絕佳機會。確實，當前正是建立一個令德國不敢進攻的聯合戰線的時刻。我已經電告羅斯福總統，建議將物資供應的範圍擴大至所有東歐抵抗德國侵略的國家。我正請求艾登先生與迪爾將軍商討關於共同安全的所有可能措施。

我持續撰寫致艾登的電報，他目前已抵達雅典。

1941 年 3 月 28 日

1. 我們必須認真思考我們在巴爾幹地區的需求以及對土耳其的期望，然後才能根據形勢的變化朝著這個目標努力。

2. 在這個戰場上，南斯拉夫、希臘、土耳其和我們集結了總共 70 個師的軍隊，而德國的部隊數量尚未超過 30 個師。因此，擁有 70 個師的聯盟可以對擁有 30 個師的敵人宣告：「若你們攻擊我們當中的任何一個國家，即是向我們全體宣戰。」如此一來，德軍要麼選擇在交通不便的山區，在兵力懸殊的條件下發起進攻，要麼就必須從本土調遣大量援軍。然而，即便如此，也無法化解他們面臨的難題。首先，將增援部隊運抵戰場需耗費數個月；其次，戰場本身及其交通線若未經過長時間的改善，便無法承載大規模的部隊運輸。由此，巴爾幹的三國若聯合發出照會，便可能維持和平局勢，或至少延緩德軍的進攻，使其錯過適合的季節。在此期間，英國的增援部隊和來自英、美的物資供應將大大增強盟軍的抵抗力。因此，只要這三個盟國能夠團結一致，便有可能順利阻止德國南侵。土耳其的要求正是基於這一點。

3. 土耳其應抓住這個避免戰爭的良機。否則，若這三個國家繼續各自為政，德國人可能會選擇暫時擱置希臘和南斯拉夫，迅速將所有攻擊力量集中在色雷斯，以對付土耳其。來自各方的電報已經透露出這種可能性。如此，土耳其因無所作為，將面臨被集中兵力攻擊的極大風險。毫無疑問，集結於色雷斯的大批土耳其軍隊將很快在混亂中被迫撤回察塔爾查防線和博斯普魯斯海峽，而南斯拉夫或希臘則無義務或機會透過反擊或延長戰線來化解這種壓力。

4. 掌權者應發布的適當命令包括：

（1）如前所述，外交上宣布聯合一致並要求不受干涉，

（2）同時，將大部分土耳其軍隊撤至察塔爾查和亞洲海岸，僅在色雷斯部署強大的掩護和後衛部隊。

這樣的堅定聯合政策，結合戰略性撤退，可以防止德國在色雷斯取得決定性勝利，無需土耳其採取攻勢，除非德國軍隊撤退，否則他們將在從察塔爾查防線經魯勃爾—納斯脫戰區到塞爾維亞北部前線的漫長戰線上陷入僵持。即便如此，短期內也難以實現。然而，對於視速戰速決為重的敵人來說，這種局面對其極為危險和不利！如果可能，這確實符合土耳其的真正利益，因此我們無論面對如何冷淡的回應，都應努力讓他們意識到這一點。土耳其最大的危險在於在色雷斯單獨集結大軍。

5. 前述的各個要點如何與英國的利益相一致呢？若德國無視各方反對而進攻巴爾幹，我們必須充分利用現有兵力來採取行動。反之，若其宣稱絕不願將戰火擴散至巴爾幹，並忽視希臘、南斯拉夫和土耳其，我們便可將軍隊調往中地中海區域，包括的黎波里、西西里島及義大利靴形半島的趾部，發起強大的夏、秋攻勢。我們應以右手持堅固盾牌保衛中東利益，同時在中地中海區域以左手進行中等規模的猛烈行動。

6. 倘若巴爾幹半島形成聯合戰線，德國可能會考慮轉而對俄國採取行動；考慮到我們已收到多份關於德國在波蘭集結軍隊並在瑞典與芬蘭策劃陰謀的報告，德國對俄國採取行動，難道不可能嗎？

7. 請您思考這些意見是否具有實用性。

我亦曾撥打電話給澳洲聯邦代理總理法丁先生。

1941 年 3 月 30 日

一個月前，當我們決定向希臘派遣部隊時，這似乎是由一位位高權重者指揮的一場徒然無功的軍事冒險。然而，週四在貝爾格勒發生的事態表明，我們在整個巴爾幹局勢中採取的這些行動及其他措施，已經產生了深遠的影響。德國的計畫被打亂，而我們或許能重新期望與土耳其籌組一個包含來自 4 個相關國家約 70 個師的巴爾幹戰線。當然，結果尚未確定。但即便現在，這次「光輝」行動（進軍希臘的遠征）的真正意義已顯露無遺，它不僅僅是一個孤立的軍事行動，而是一個大規模計畫的驅動力。不論結果如何，自從我們做出這個決定以來發生的每一件事，都證明了我們的行動完全正確。推遲行動也使我們得以在希臘前線充分集中兵力，避免分散作戰。結果尚未可知，但戰利品已經增加，而風險則有所減少。我與孟席斯保持著最密切的聯繫。希望能就此問題與你進行商談。

現已決定，艾登將留在雅典與土耳其人保持聯繫，而迪爾將軍則前往貝爾格勒。顯而易見的是，除非所有相關國家迅速形成聯合陣線，否則南斯拉夫的形勢將無比艱難。然而，南斯拉夫面前依然存在一個之前提到的絕佳機會：對阿爾巴尼亞境內混亂不堪的義大利軍隊後方發動致命攻擊。若能及時行動，他們或許能夠在軍事上實現重大突破。儘管他們國家的北部遭受蹂躪，他們仍有機會獲取大量軍火與裝備，進而增強實力，以便在山區開展游擊戰，這已成為他們當前唯一的希望。這一擊將對整個巴爾幹局勢產生深遠影響。在倫敦與我朝夕相處的人都看到了這一點。

此時，迪爾將軍已抵達貝爾格勒，我向他發出了如下電報：

1941 年 4 月 1 日

各種具體情況顯示，德國正迅速重新部署部隊，目標是進攻南斯拉夫。拖延對德作戰時間，將導致失去對義大利作戰的機會。南斯拉夫必須不惜一切代價，儘早集結足夠的兵力來進攻義大利。唯有如此，他們才能及時取得具有深遠影響的初步勝利和大量裝備。

長久以來累積的錯誤不可能在短時間內得到糾正。在衝動的激昂情緒逐漸平息後，貝爾格勒的每一個人都意識到，災難和死亡正在逼近，而他們無力改變自己的命運。最高統帥部認為有必要向斯洛維尼亞和克羅埃西亞派遣駐軍，以維持一種虛假的內部團結。如今，他們終於能夠動員軍隊。然而，戰略計畫卻完全缺乏。迪爾在貝爾格勒只見到混亂與癱瘓。「儘管我盡了最大努力，」他在 4 月 1 日向艾登先生報告說，「我無法說服首相同意你近期的訪問。他坦率地表示，南斯拉夫主要由於擔心對內部局勢產生影響，因此決心不採取任何可能被視為向德國挑戰的行動。」此時，德國能夠集結的所有兵力正以摧枯拉朽之勢向他們襲來。

4 月 4 日，迪爾將軍提交了關於他貝爾格勒之行的詳細報告，顯示南斯拉夫的大臣們對即將來臨的危機是多麼地漠不關心。若有人觀察他們的情緒和外表，必定會以為他們還有數月的時間來決定對德和戰的問題。實際上，他們距離德軍的全面進攻僅有 72 小時。迪爾寫道：

貝爾格勒之行的最終結果在多方面令人失望，西莫維奇將軍始終不願簽署任何協定。然而，南斯拉夫領袖們的反抗精神令我感動：若南斯拉夫遭到攻擊或德國侵襲薩洛尼卡，他們將奮起抵抗。今天的參謀人員會談在交流意見上將獲益匪淺，我也期望這能在雙方應對意外事件的計畫上達成一致。這些計畫雖不具約束力，但南斯拉夫準備在必要時實施，這令人頗具信心。

實際上，西莫維奇雖是精明能幹的領導者，但絕非獨裁者。他承擔著使內閣團結一致的艱鉅任務，因此不敢向他們建議與我們達成任何形式的協定。此外，未經內閣通知並獲得其同意，他也不敢實施這類協定。然而，他和那位勇敢但缺乏戰略的陸軍大臣伊利茨似乎都下定了戰鬥的決心……

南斯拉夫的軍隊尚未充分準備作戰，因此西莫維奇希望爭取時間來完成部隊的動員與集結。由於內部政治因素，他無法主動開戰，必須等待德軍先發制人。他預期德軍會從保加利亞進攻南斯拉夫南部，暫時忽略希臘……南斯拉夫人將在阿爾巴尼亞進行集結，但即便如此，除非德國襲擊他們或威脅其重要利益，南斯拉夫軍隊不會主動發動進攻。

在此，我鄭重提出如下倡議：

首相致西莫維奇將軍

1941 年 4 月 4 日

根據多方情報來源，德國正在迅速集結大量地面部隊和空軍，向貴國推進。來自我駐法情報人員的報告顯示，德國正大規模調動空軍。根據我非洲陸軍情報部門的資料，德軍已經從的黎波里撤回轟炸機。我無法理解你們所謂爭取時間的說法。獲得勝利和安全的唯一有效戰略是在阿爾巴尼亞取得先發制人的決定性勝利，並收集大量落入你們手中的裝備。一旦你們總參謀部報告的那 4 個正在蒂羅爾地區登車的德國山地師抵達阿爾巴尼亞，你們將面臨與士氣低落的義軍後衛截然不同的抵抗。這是我首次有幸致電閣下，我衷心祝願貴國政府的成就，並祝福這個命運繫於你領導下英勇國家的安全與獨立。

此刻，我們應當記錄克里姆林宮的寡頭政治中，唯一允許其戰略中夾雜感情因素的例子。

貝爾格勒的民族運動是一場自發的起義，與人數稀少且非法的、受蘇聯支持的南斯拉夫共產黨活動毫無關聯。經過一週的觀望，史達林決定採取行動。他的官員正在與南斯拉夫駐莫斯科的公使加弗里羅維奇先生及革命後從貝爾格勒派出的代表團進行談判。談判毫無進展。4 月 5 日至 6 日的夜晚，這些南斯拉夫人被緊急召喚至克里姆林宮。史達林親自接見他們，並交給他們一份準備好的條約草案，等待簽署。簽字過程迅速完成。俄國同意尊重「南斯拉夫的獨立、主權和領土完整」，並承諾在其遭受攻擊時採取「基於友好關係的」善意態度。這可以視作一種友好的姿態。加弗里羅維奇留下與史達林單獨討論軍需品供應問題，直至次日清晨。當他們的談話結束時，德軍已經開始發動進攻。

4 月 6 日清晨，德國轟炸機出現在貝爾格勒的上空。它們從被占領的羅馬尼亞機場輪番出動，對南斯拉夫首都進行了長達 3 天的系統轟炸。飛機掠過屋頂，毫無遮攔地摧毀了這座城市，執行所謂的「懲罰」計畫。到 4 月 8 日平靜終於恢復時，超過 17,000 名市民在街頭或瓦礫中喪生。硝煙瀰漫、火光四射的噩夢過後，動物園中被炸毀的籠子釋放出驚恐的動物。

一隻受傷的鸛鳥在濃煙籠罩的大旅館前跛行。一隻滿臉茫然的熊，緩慢且笨拙地穿過這片地獄般的區域，朝著多瑙河前行。牠並不是唯一一隻茫然無措的熊。

「懲罰」作戰計畫已經擬定完畢。

日本特使來訪紀錄

新年伊始，遠東傳來了一則令人憂慮的消息。日本海軍在中南半島南部沿海的活動愈加頻繁。據稱，日本軍艦已經現身於西貢港和泰國灣。1941 年 1 月 31 日，日本政府為調停維琪法國與泰國之間的衝突，簽署了停戰協定。謠言紛起，聲稱此次東南亞邊界爭端的解決或將成為日本參戰的序曲。與此同時，德國也對日本施加更大壓力，要求日本攻打新加坡以打擊英國。里賓特洛甫在紐倫堡審判時說道：「我曾試圖鼓動日本進攻新加坡，因為無法與英國和談，而且我也不清楚應該採取何種軍事行動才能實現這個目標。總之，元首指示我，透過外交手段盡力削弱英國，以實現和談的目的。我們相信，最好的辦法是讓日本進攻英國在東亞的據點。」

大約在這段時間，我駐遠東的總司令不斷發來電報，敦促對香港進行增援。我對此持不同意見。

首相致伊斯梅將軍

1941 年 1 月 7 日

這項建議完全錯誤。如果日本對我們宣戰，守住或增援香港是毫無希望的。增加我們注定會遭受的損失極不明智。不僅不應增加駐軍，還應將兵力縮減到象徵性規模。任何在那裡的糾紛必須在戰後的和會上解決。我們應避免在難以防守的據點上消耗實力。若日本要對英帝國宣戰，必定已經籌謀很久，因此無論香港駐有 2 營或 6 營，都不會影響日本的決定。我寧願我們在那裡的駐軍更少，但抽調任何部隊必然引起注意，造成危險。

但日後我未曾堅持此主張，而是派遣了兩支加拿大營作為支援部隊。

在 1941 年 2 月的第二週，我注意到倫敦的日本大使館及日僑社群中顯現出一種不安的氣氛。他們顯然相當激動，毫無顧忌地相互討論。在這些天裡，我們密切觀察四周，蒐集情報。我收到各種報告，確實給人一種印象：他們已經收到來自本國政府的通知，要求他們立即收拾行裝。通常沉默寡言的人群中出現這樣的騷動，使我感覺到日本可能很快會突然對我採取戰爭行動。因此，我決定將我的擔憂告知總統。

前海軍人員致羅斯福總統

1941 年 2 月 15 日

種種跡象似乎表明，日本可能在未來的數週或數月內對我們發動戰爭，或策動某種事件迫使我們與其交戰。個人而言，我不認為這只是日本為了掩蓋其對泰國和中南半島侵略的心理戰。然而，我認為有必要讓您知曉，一旦日本海軍襲擊我們，我們將面臨海軍能力無法應對的局勢。我個人不認為日本會派遣大規模遠征軍圍攻新加坡，但日本必定會占領他們覬覦已久的印尼群島以及附近的戰略要地和油田，進而為日後對新加坡的大規模進攻創造有利條件。他們也可能襲擊澳洲和紐西蘭的港口和海岸，使得這些已經將所有訓練有素的軍隊派往中東的自治領感到極度不安。然而，我最擔心的攻擊，是可能包括戰鬥巡洋艦在內的襲擊艦艇在太平洋和印度洋的貿易航線與交通線上進行的襲擊。我們可以不惜其他方面的災難，派遣幾艘強大的軍艦到這些廣闊的海域，但所有貿易將不得不依靠船隊進行，那樣一來，貿易活動將變得極為稀疏。這不僅會對英國整個戰時經濟增添極大的限制和混亂，還會使我們原本計劃從澳洲和印度調動力量以加強中東部隊的增援工作陷入停頓。對澳洲或紐西蘭任何大規模攻擊的威脅，當然會迫使我們從東地中海撤回我們的艦隊，可能給該區域帶來軍事災難，而土耳其也勢必採取妥協措施，為了德國的貿易與石油供應重新開放黑海。因此，總統先生，您可以看出，日本只需派遣戰鬥巡洋艦和 12 艘配備 8 英寸火炮的巡洋艦到東方海域，便能大大削弱我們的作戰能力。此外，如果日本對南太平洋的兩個澳、紐民主國家發出嚴重的侵略威脅，那麼我們的力量將受到更大的削弱。

有人認為，以日本目前的態度來看，它可能毫不猶豫地挑釁或嘗試同時對抗大不列顛和美國。依我個人的觀點，它未必能占據上風，但誰也不敢妄下定論。任何能讓日本畏懼同時與兩國開戰的舉措，都能消除這個風險。然而，若日本將目標對準英國，而我們又孤立無援，那麼後果的嚴重性將難以言表。

在倫敦的日本人騷動，起初驟然爆發，隨即迅速平息。他們又恢復了沉默和東方人的拘謹。

前海軍人員致羅斯福總統

1941 年 2 月 20 日

我已經獲悉日本的一則令人振奮的消息。顯然，松岡洋右即將對柏林、羅馬和莫斯科進行訪問。這很可能是為了掩蓋暫時不對大不列顛採取行動的一種外交戰略。如果日本延遲了原先似乎迫在眉睫的攻擊，多半是由於對美國的忌憚。我們應盡力利用這種恐懼心理，但我完全理解在我們期望的租借法案通過之前你所面臨的困難。我此前在「私人密電」中關於日本進攻大不列顛對英國海軍影響的評估，在任何情況下都適用。

1941 年 2 月 24 日，日本大使重光葵先生來拜訪我。會談紀錄當時已留存。

我詳細描述了自 1902 年英、日同盟以來，兩國之間的長期友好關係，以及我個人對日本的感情。同時，我們所有人都強烈希望能不破壞兩國關係。日本不能指望我們贊同其在中國的活動。然而，我們保持了公正的中立態度，這與我們過去協助日本對抗俄國時的態度截然不同。我們沒有任何攻擊日本的意圖，唯一的願望是看到它的繁榮與和平。我還提到，如果日本在與中國作戰的同時，與大不列顛和美國開戰，那將是非常遺憾的。

大使表示，日本並無對我們或美國進行攻擊的意圖，並且不願意捲入與這兩個國家的戰爭。他們沒有襲擊新加坡或澳洲的計畫。他還反覆強調，他們不打算在印尼群島取得立足點或發起侵略。他指出，日本唯一感到不滿的是我們對中國的態度，這種態度激勵了中國，給日本帶來了額外的困難……我認為有必要提醒他，日本曾與軸心國簽署了三國同盟條約，這件事一直令我心存疑慮。很難相信，這個對德國有利而對日本不利的條約中沒有包含一些祕密條款。此外，無論如何，日本簽約的行動已經讓我們擔心，在某種意外情況下，它將如何解釋這個條約。大使表示，他們當時已經作出了解釋，他們的目標是縮小衝突等等。我告訴他，簽署軸心國條約是日本的一個重大錯誤。沒有什麼比這更損害日、英關係，也沒有什麼比這更促使大不列顛和美國的關係更加緊密。

隨後，我再次表達了友好的保證。他始終以非常友好和解的態度對待，而我們自然清楚他在這些問題上的立場。

3 月 4 日 —— 在重光葵先生應該已經向東京報告了會談的細節之後 —— 我在一份備忘錄中記錄了他的第二次來訪。

今日，日本大使到訪，以優美的辭藻表達日本不願捲入戰爭、不願與大不列顛決裂的強烈意願。他將三國同盟條約描述為維護和平的協定，稱這是由於日本希望縮小衝突。我明確地向他提出一個問題：該條約是否賦予日本對任何特定局勢進行解釋的充分權利，並詢問該條約是否規定日本有參戰的義務。他對此沒有表示異議，實際上已是默認。我真誠地接受了他的一切保證，並請他向日本外相轉達我的謝意。我認為，除非它確信我們將戰敗，否則不可能攻擊我們。我很懷疑，如果美國與我們結盟，它是否會加入軸心國一方作戰。這樣做確實很愚蠢。如果美國不與我們結盟，它參戰還算較有道理。

基於截然不同的原因，這也是德國的觀點。德國和日本都急於瓜分英國帝國，但它們以不同的路徑接近這個目標。德國最高統帥部認為，日本應該在馬來亞和印尼群島採取軍事行動，而無需顧慮太平洋上的美國基地及其側翼的主力艦隊。在 1941 年 2 月和 3 月間，他們不斷催促日本政府立即進攻馬來亞和新加坡，而無需擔心美國。希特勒在許多問題上保持克制，這才避免了激怒美國參戰。我們確實看到，他容忍了多少美國的行動，而任何一個行動都足以引發戰爭。希特勒和里賓特洛甫最希望的是日本進攻他們稱之為「英格蘭」的國家 —— 這個名字一直在他們腦海中徘徊 —— 同時盡量避免捲入與美國的衝突中。他們向東京保證，如果日本大舉進攻馬來亞與印尼群島，美國將不敢採取行動。日本海陸軍將領對此論斷毫不相信，或者說毫無興趣。在他們看來，除非事先襲擊美國的基地，或者在外交上與美國達成解決方案，否則無法在東南亞展開軍事行動。

此時，在日本複雜的政治背景下，似乎有 3 項關鍵決策正在醞釀。第一，派遣外相松岡洋右親赴歐洲，實地調查德國在歐洲的控制力，尤其是德國何時會對英國展開進攻。英國的軍力是否因為海上防禦而被牽制，以致無力在日本進攻英國東方屬地時派出增援。儘管松岡曾在美國求學，但他對美國持有強烈的反感。他對納粹運動及德國在戰爭中的力量極為欽佩，被希特勒深深吸引。或許他意識到自己在日本也扮演著類似的角色。第二，日本政府決定讓海陸軍部自由策劃對美國珍珠港基地、菲律賓、印尼群島及馬來亞的軍事行動。第二，派遣「自由主義」政治家野村海軍上將前往華盛頓，以探尋與美國在太平洋達成全面解決方案的可能。這不僅能作為一種掩飾，也可能帶來和平的解決。因此，日本內閣中原本對立的意見逐漸趨於一致。

松岡在 3 月 12 日接到命令後出發。他於 25 日途經莫斯科，與史達林和莫洛托夫進行了兩小時的會談，並向德國大使馮德舒倫堡表示，他將親自向里賓特洛甫詳述會談內容。

美國國務院公開的繳獲文件徹底揭示了松岡的任務以及德國方面的全部心態和意圖。1941 年 3 月 27 日，這位日本特使在柏林以盟友的身分，受到了里賓特洛甫的熱情接待。這位德國外交部長極力誇耀他的國家實力。他表示：

德國對英作戰已經進入最後階段。去年冬季，元首便已完成一切必要準備，因此德國今日足以在任何地方迎戰英國。元首掌握的軍事力量可能是史上最強大的。德國擁有 240 個戰鬥師，其中 186 個是頂尖的突擊師，24 個是裝甲師。德國空軍已大幅發展，並採用新型飛機，因此在這個領域中不僅可與英、美匹敵，甚至超越於它們。

戰爭爆發之際，德國海軍的戰鬥艦數量相對有限。然而，新建的戰鬥艦已經陸續竣工，最後 1 艘即將投入服役。與第一次世界大戰不同，這次德國海軍自戰爭初始便積極迎戰敵方。松岡或許從最近幾週的報告中了解到，德國的大型戰鬥艦在切斷英國與美國之間的補給線方面取得了顯著成效。

到目前為止，所部署的潛艇數量依然有限。每次行動中，最多只有 8 至 9 艘潛艇用於對抗敵方。然而，即便數量如此之少，在空軍的協同下，1 月和 2 月期間，每月便能擊沉敵方船舶達 75 萬噸，且德國隨時可以對此提供確鑿的證據。此外，這個數字尚未包括英國因流動水雷和磁性水雷遭受的巨大額外損失。到 4 月初，潛艇數量將增加至 8 至 10 倍，屆時將有 60 至 80 艘潛艇持續用於對敵作戰。元首採取的戰術是：初期只使用少量潛艇，同時利用其餘潛艇訓練一支更大規模的潛艇艦隊所需的人員，以便隨後給予敵人毀滅性打擊。因此可以預見，未來德國潛艇擊沉的船舶噸數將大大超過目前的數字。在這種情況下，單憑潛艇便可視為絕對致命的武器。

在歐洲大陸，除了駐紮在希臘的少數英軍外，德國實際上沒有顯著的敵對力量。德國有能力擊潰英國在歐洲的任何登陸或防守企圖。因此，它無法容忍英國在希臘的存在。儘管希臘問題相對次要，但透過向希臘進軍 —— 這可能是必要的 —— 可以獲得東地中海區域的主要據點，為未來的軍事行動做準備。

在非洲，義大利最近幾個月的表現不盡如人意，因其軍隊缺乏現代坦克戰術的經驗，同時在反坦克防禦上準備不足，導致英國裝甲師輕鬆攻占了一些不太重要的義軍據點。目前，英軍的進一步推進之路已被完全阻斷。元首已經派遣最為能幹的德國軍官之一—隆美爾將軍，率領一支準備充足的德軍前往的黎波里。我們曾寄希望於韋維爾將軍發動進攻，但遺憾的是未能實現。英軍曾在一個前哨據點與德軍發生幾次小規模戰鬥，隨後便放棄了進一步進攻的計畫。如果他們偶然嘗試再次進攻的黎波里（塔尼亞），將面臨全軍覆沒的風險。在這裡，敵我態勢將會有逆轉的一天，英軍將在北非消失，甚至撤退時的速度將超過他們的進軍速度。

在地中海區域，德國空軍在過去兩個月裡取得了顯著成效，頑強航行的英國船舶遭受了重大損失。蘇伊士運河曾一度長期被封鎖，並將繼續保持封鎖狀態。英國在地中海的堅持已經不再是輕鬆的任務。

因此，若我們對歐洲的軍事局勢進行總結，可以得出如下結論：軸心國在軍事領域已經徹底掌控了歐洲大陸。在德國的領導下，存在一支龐大的軍隊，幾乎未曾動用，可在元首認為有必要的任何時間和地點加以部署。

里賓特洛甫先論及軍事形勢，隨後轉向政治局勢，並表示：

他可以私下告知松岡，當前與俄國的關係雖合適，但並非特別友好。當莫洛托夫造訪時，我們曾建議俄國加入三國同盟條約，然而俄國提出了難以接受的條件。這些條件包括：德國放棄其在芬蘭的利益，允許俄國在達達尼爾海峽建立基地，以及蘇聯對巴爾幹國家，特別是保加利亞，施加強大影響。元首拒絕了這些條件，因為他認為德國不能永遠支持俄國的這種政策。德國為了本身的經濟利益，最需要巴爾幹半島，因此不願意讓它被俄國控制。由於這個原因，德國向羅馬尼亞提供了保證。特別是由於這個舉措，俄國人感到相當不滿。德國還不得不與保加利亞建立更密切的關係，以獲得有利的立足點，從那裡將英國人趕出希臘。德國被迫採取這個方針，否則無法進行這場戰役。這也是俄國極為不滿的地方。

在這些情況下，表面上與俄國的關係是正常和適當的，然而，俄國人曾經在相當時期內，一有機會便對德國表現出不友好的態度。最近幾天對土耳其發表的宣告便是其中一個例子。德國清楚地察覺到，自從斯塔福德·克里普斯爵士擔任駐莫斯科大使以來，俄國和英國一直在暗中甚至相當公開地建立聯繫。德國正密切關注這些動向。

接著，里賓特洛甫說道：

他個人認識史達林，認為史達林不會冒險；然而，這種看法並不確定。德國在東歐的軍隊已經整裝待發。如果俄國有一天採取被視為對德國構成威脅的立場，元首將摧毀俄國。德國堅信，與俄國的戰爭將以德國武力的絕對勝利和俄國軍隊及國家的徹底毀滅告終。元首深信，如果對蘇聯採取行動，俄國這個大國將在數月內不復存在。無論如何，元首不僅僅依賴與俄國簽訂的條約，他首先依靠的是他的國防軍。

蘇聯無視一切反對的聲音，繼續在國際上推行共產主義宣傳，這一點我們不能忽略。它不僅試圖在德國，還在法國、荷蘭和比利時的占領區開展誤導性的宣傳。這種宣傳對德國而言，並不足以構成威脅。然而，它在其他國家之中可能引發的嚴重後果，松岡心知肚明。德國外交部長以波羅的海國家為例，這些國家被俄國占領一年後，所有知識分子已被消滅，恐怖景象隨處可見。德國保持警惕，絕不容忍俄國的任何侵害。

此外還有一個事實：德國為了對英國進行終極之戰，必須保護其後方。因而，德國對來自俄國的任何威脅，若有一日被視為嚴峻，則絕不會容忍。德國急於征服英國，不願任何事態妨礙此項計畫。

這是德國外交部長在此類場合所用的正式措辭，因此松岡絕對不能抱怨他當時不知情。接著，里賓特洛甫又重申：

軸心國的勝利已成定局。無論如何，它已無敗北的可能。英國承認失敗，現在只是時間問題。究竟何時，他當然無法預言。可能很快。這取決於今後3、4個月的事態發展，但英國在今年內投降卻是極有可能的。

最終，他提及了美國。

毫無疑問，若非羅斯福持續為邱吉爾注入新希望，英國早已放棄戰鬥。羅斯福的真實意圖難以捉摸。美國對英國的軍火支援要取得實質性效果，還需要相當長的時間。而即便到那時，美國提供的飛機品質仍值得存疑。一個遠離戰火的國家無法生產出最頂尖的飛機。德國飛行員將迄今為止遇到的敵機稱為「廢物」。

他指出，三國同盟條約的主要目標在於震懾美國，以阻止其參戰。新秩序的主要對手是英國，它既是日本的敵人，也是軸心國的敵人。

里賓特洛甫繼續說道，元首經過深思熟慮後認為，若日本決定迅速積極地參與對英作戰，將是有利的。比如，以迅雷不及掩耳之勢襲擊新加坡，將成為迅速摧毀英國的關鍵因素。若在當前對英作戰中，日本能對新加坡給予決定性打擊，羅斯福將面臨極為艱難的局面。若他對日本宣戰，他必須預見到，菲律賓問題的解決將對日本有利。在讓美國的聲望遭受如此重創前，他可能需要長時間深思熟慮。另一方面，日本透過征服新加坡，將在東亞地區獲得絕對優勢。這才是真正的「快刀斬亂麻」。

午餐過後，希特勒與松岡會面。元首以他的漂亮言辭詳細描述德國在軍事上的勝利。自戰爭爆發以來，已有波蘭的60個師、挪威的6個師、荷蘭的18個師、比利時的22個師和法國的138個師，以及英國的12、3個師被逐出歐洲大陸。反抗軸心國的決心已經是無法實現的了。希特勒隨後談及英國船舶噸位的損失。真正的潛艇戰才剛剛開始。在本月及未來的幾個月中，英國船舶損失的程度將遠超過目前的損失率。在空中，儘管英國人屢屢宣稱取得成就，德國目前已經擁有絕對的優勢。德國空軍在未來幾個月中的空襲實際上將大大加強。德國實施封鎖的效果，已使英國糧食的配給比德國還要嚴格。同時，戰爭將繼續，準備對英國進行最後的打擊。

松岡傾聽著希特勒的滔滔不絕。他對德國元首的坦誠相待表示感謝。他表示，他大體上認同希特勒的觀點。在日本，如同其他國家一樣，某些知識分子認為只有強而有力的領導者才能駕馭局勢。如果日本感到不果斷行動就會錯失千載難逢的機會，它必定會採取果斷措施。他曾對日本皇室的兩位親王解釋過，準備工作不可能做到完美無缺，必須承擔風險。日本遲早要發動進攻。日本那些猶豫不決的政治家總是拖延決策，並且多少受到親英或親美態度的影響。就他個人而言，他希望盡快採取行動。可惜他並不掌控日本，但他會說服那些能左右局勢的人接受他的觀點。他終將成功，但在當前情況下，他無法代表日本帝國保證它將採取行動。他回國後將密切關注這些問題。他無法承擔具體責任，但他個人會盡最大努力。這些是非常重要的態度。

接著，他描述了途經莫斯科時與史達林會談的場景。最初，他只計劃對莫洛托夫進行禮節性拜訪，但俄國政府建議他與史達林和莫洛托夫會面。包括必要的翻譯時間，他與莫洛托夫交談了大約 10 分鐘，與史達林交談了 25 分鐘。他告訴史達林，日本人傳統上在精神層面是共產主義者，即使他個人並不信奉政治和經濟上的共產主義。這種日本的精神共產主義理想已被西方的自由主義、個人主義和利己主義所取代。意識形態的鬥爭在日本異常激烈，但那些為恢復舊理想而奮鬥的人堅信，最終他們必將勝利。盎格魯 - 撒克遜人是竭力阻撓「新秩序」建立的代表。他告訴史達林，隨著英帝國的崩潰，日、俄之間的分歧將被消除。盎格魯 - 撒克遜人是日本、德國和蘇俄的共同敵人。史達林思索後表示，蘇俄從未與大不列顛和諧相處，也永遠不會與之和諧相處。

1941 年 3 月 28 日和 29 日的柏林會談在保持其外交形式的情況下繼續進行：首先，德國試圖說服日本進攻大英帝國；其次，他們承認與俄國的關係不穩定；最後，他們坦率地表示，希特勒熱切希望避免與美國發生衝突。

關於德國是否仍計劃在不列顛登陸，以及當前德、蘇關係的狀態這兩項關鍵問題上，松岡未能得到明確的答覆。他曾詢問：當他回國途經莫斯科時，是應簡單提及政治問題，還是進行更深層次的討論，里賓特洛甫透過翻譯答道：「最好將你的訪問視為禮節性行為。」

儘管我對柏林祕密談判的具體內容一無所知，但我深感其重要性。在此期間，日本駐英大使應松岡之邀前往歐洲大陸與其會晤。我認為，應請他將一些相反的意見傳達給他的上司。如果重光先生對英、美抱有敵意並致力於與我們開戰，那麼他必定是個擅長欺騙的人。他以謙恭的態度接受了替我傳遞信件的任務。最終，他未能成行，於是我透過電報將信件發給我駐莫斯科的大使，以便在松岡先生經由西伯利亞鐵路回國時轉交給他。

邱吉爾先生致松岡洋右先生

1941 年 4 月 2 日

我斗膽提出幾項我認為應引起日本帝國政府及其國民關注的議題。

1. 德國既無制海權，也無法在白晝掌控英國的上空，它能在 1941 年的春季、夏季或秋季進攻或征服大不列顛嗎？德國會進行這樣的嘗試嗎？等到這些問題有了明確答案之後再行動，難道不符合日本的利益？

2. 當大不列顛和美國將其全部工業轉為戰時生產時，德國對英國船舶的攻擊能否猛烈到足以阻止美援抵達英國海岸？

3. 日本加入三國同盟條約，究竟是提升還是降低了美國參戰的可能性？

4. 若美國選擇支持大不列顛參戰，而日本則與軸心國聯盟，這兩個英語國家的海軍優勢，難道還不足以讓它們先行解決歐洲的軸心國，繼而集中其聯合力量對抗日本嗎？

5. 義大利對於德國而言，是力量的象徵還是負擔的重擔？義大利艦隊的實力是否與其聲譽相符？它的名聲是否依然如往昔般響亮？

6. 在 1941 年底之前，英國空軍的實力是否能超越德國？到 1942 年底，是否會顯著超越？

7. 隨著時間的流逝，那些被德國軍隊和祕密警察鎮壓的國家，對德國人的感情是變得更為親近，還是越發疏遠？

8. 1941 年，美國的鋼產量預計達到 7, 500 萬噸，而大不列顛約為 1, 250 萬噸，總計將近 9, 000 萬噸，這是否屬實？若德國如同上次大戰般戰敗，日本的 700 萬噸鋼產量，是否足以支撐其單獨作戰？

9. 日本能夠從這些問題的解答中推演出結論，以避免一場重大的災難，並顯著改善其與西方兩大海軍強國的關係。

在書寫這封信的過程中，我的心情十分愉悅，而我也無所謂這封信是否符合規範。

此時，松岡前往羅馬，與墨索里尼和教皇會晤。返回柏林後，他於 4 月 4 日拜訪了希特勒。德國存檔下來關於他當時對希特勒所言的紀錄，如今在我們手中。他提到，墨索里尼曾談及希臘、南斯拉夫和北非的戰況，以及義大利在這些戰役中的角色。他最終談到蘇俄和美國。「領袖」表示，一個人必須對其敵人的重要性有清晰的認知。首要敵人是美國，而蘇俄位居其後。「領袖」用這樣的觀點使他明白：對於首要敵人美國，必須謹慎防範，但不應冒犯。另一方面，應為一切意外做好充分準備。松岡對此見解表示贊同。

松岡在返回日本前，經由西伯利亞鐵路的旅程中，曾在莫斯科停留了一個星期。他與史達林和莫洛托夫進行了幾次長時間的會晤。關於這些會談的唯一紀錄，來自德國大使馮德舒倫堡，當然，他所獲取的消息，僅限於蘇聯和日本願意讓他知曉的部分。顯然，無論是事實還是誇大的德國實力陳述，都未能打動這位日本特使。德國領導人對於與美國衝突所表現出的謹慎態度，在松岡心中投下了一絲陰影。同時，他也從里賓特洛甫的言辭中感受到德、蘇之間日益加深的裂痕。至於他向新的東道主透露了多少相關資訊，我們難以斷定。然而，可以確信的是：松岡處於一個觀察形勢的有利位置，並在收到我透過電報發給斯塔福德．克里普斯爵士的那封包含多個問題的信後，似乎對莫洛托夫比對里賓特洛甫更為親近。在這個列強命運岌岌可危的時刻，德國要求日本採取不可逆的步驟對英國宣戰，進而可能對整個英語世界宣戰。而蘇聯僅要求日本保持觀望。顯然，松岡並不相信英國已經失敗。他無法確定德、俄之間將會發生什麼。他無意讓他的國家採取果斷行動，或者說，他也沒有權力這樣做。他很願意簽署一項中立條約，這至少可以爭取時間，讓那些不可預測的事件自行顯露，因為它們很快就會發生。

4 月 13 日，松岡在莫斯科拜訪馮德舒倫堡並向他告別時，以略顯不合時宜的謹慎語氣提到，日、蘇中立條約已在最後時刻達成，並且「很可能在今日下午當地時間 2 時簽署」。雙方在庫頁島問題上均做出了讓步。他向德國大使保證，這項新條約不會影響三國同盟條約。他還提到，英、美記者曾報導他的莫斯科之行完全失敗，但現在他們不得不承認日本的政策已經取得重大成功，這勢必對英國和美國產生影響。

關於松岡離蘇返日時，史達林在車站營造的團結友好氛圍，馮德舒倫堡曾有紀錄。因鳴放禮炮和儀式，火車延誤一小時，這顯然超出了日本人和德國人的預料。史達林與莫洛托夫出現，他們以極為友好的態度向松岡及其他日本人致意，並祝福他們旅途愉快。接著，史達林在眾人面前尋找德國大使。「一找到我，」馮德舒倫堡說，「他就走上前來，摟住我的肩膀。『我們一定要繼續保持友好的關係。現在你需要盡一切努力實現這個目標。』」隨後，史達林轉向德國陸軍武官，確認是本人後對他說：「無論何時，我們始終是你們的朋友。」馮德舒倫堡補充道：「史達林顯然有意與克雷布斯上校和我打招呼，藉此吸引在場眾人的注意。」

這種擁抱純屬虛情假意。史達林從他收到的報告中，必然已經了解德國軍隊在俄國邊境的大規模集結；此時，英國的情報人員也開始注意到這一點。這僅僅發生在希特勒對俄國發動可怕攻擊的 10 週前。如果不是因為希臘和南斯拉夫戰爭的拖延，那只是 5 週前的事。

松岡在 4 月底結束了他的歐洲之旅後返回東京。首相近衛文公爵親自到機場迎接。近衛告知松岡，當天日本曾考慮與美國在太平洋地區達成諒解的可能性，這與松岡的看法相悖。儘管心存疑慮，松岡總體上仍然相信德國最終會獲勝。在三國同盟條約和與俄國簽訂中立條約的狀態下，他認為沒有必要與美國妥協，因為他堅信美國不會同時在大西洋對德與太平洋對日開戰。因此，這位外相發現政府高層的態度與他截然不同。儘管他強烈反對，日本仍決定繼續在華盛頓進行談判，並計劃對此隱瞞德國。5 月 4 日，松岡將美國送交日本關於由美國調停日、中糾紛以全面解決太平洋問題的照會文字告知德國大使。該提議的主要障礙是美國要求日本首先從中國撤兵。

松岡在莫斯科接到我的信，他在返回日本途中於西伯利亞列車上撰寫了一封內容空泛的回信，並在抵達東京後寄出。

松岡先生致溫斯頓·邱吉爾先生

1941 年 4 月 22 日

尊敬的首相：

我剛從旅途中歸來。我急於告知您，我已收到斯塔福德·克里普斯爵士於本月 12 日晚在莫斯科交給我的文件。據他所言，這是寄給我信件內容的抄本，原信日期為 1941 年 4 月 2 日，發自倫敦，該信現已寄往東京。

在我方大使準備啟程赴歐洲與我會面時，貴國政府曾盡全力提供各種便利，我對此深表感謝。得知他無法成行，我感到遺憾。請閣下相信，日本的外交政策是在經過全面審視所有事實並謹慎權衡局勢中的各個因素後制定的。我們始終堅持的奮鬥目標是實現所謂「八紘一宇」的理想境界，這個偉大的民族目標和願望展現了日本對普遍和平的理解。在這種普遍和平中，任何民族都不會被征服、壓迫或剝削。此外，我想無需告訴閣下，一旦政策制定，就會堅定而審慎地執行，同時關注局勢變化的每一個細節。

閣下的忠實僕人松岡洋右

松岡及其在日本政府內的同僚，很快就需要面對進行「公正審查」的局勢。6 月 28 日，希特勒進攻蘇聯一週後，日本內閣和皇室官員召開了一次會議。松岡意識到自己的地位已經無可挽回地受到削弱。他已經「失去顏面」，因為事前並不知曉希特勒計劃進攻蘇聯。他主張加入德方，但大多數人堅決反對。政府決定採取折中政策，決定擴充軍備；並援用三國同盟條約第五款，規定條約對蘇聯無效。同時，祕密通知德國，日本將對抗「亞洲的布爾什維克主義」，並以與蘇聯簽訂的中立條約為由不參與德、蘇戰爭。另一方面，一致決定繼續向南洋擴展，並完成對中南半島南部的占領。這些決策是松岡不贊成的。為了遊說支持加入德方作戰，他將其演講印成小冊子以廣泛傳播。日本政府禁止發行。7 月 16 日，他因此辭職。

日本政府雖不打算追隨德國的政策，但這並不意味著溫和派在日本政府政策中占據主導。增強日本武裝部隊的工作正加緊進行，並且將要在中南半島南部設立基地。這是進攻英國和荷蘭在東南亞殖民地的前奏。根據目前已經得到的證據來看，日本政策的主持人認定，美國或英國是不至於對計畫中的南進政策採取任何有力的對抗措施的。

因此，隨著這場全球性的戲劇腳本繼續展開，我們可以觀察到，這 3 個老謀深算的帝國如何在現階段鑄成既不利於自身圖謀、又危及其安全的錯誤。希特勒對俄國的決戰最終形成為其毀滅的關鍵因素。史達林要麼未曾意識到、要麼低估了即將降臨的打擊，導致俄國承受巨大苦難。日本的確錯失了實現其理想的絕佳機會 —— 即便假設它曾有過這樣的機會。

托布魯克遭到攻擊

在巴爾幹地區建立戰線的各種努力，皆以確保北非沙漠側翼的穩固為基礎。此側翼本應設於托布魯克，然而，韋維爾的迅速推進及班加西的攻克已使我們掌控了整個昔蘭尼加。這個地區的戰略要地即為阿蓋拉角。在倫敦和開羅的決策者一致同意，必須不惜一切代價堅守阿蓋拉，此任務的重要性超越其他所有軍事行動。義大利軍在昔蘭尼加全線崩潰，而敵軍若欲集結新部隊則需長途跋涉，這一切使韋維爾確信，他可以用少量兵力守住這個關鍵的西翼，並以訓練不足的部隊替換他那支久經沙場的軍隊。沙漠側翼是影響全局的關鍵，任何一方都不願因希臘或巴爾幹的事件而使其有所損失或受到威脅。

英國第 7 裝甲師曾於 2 月底撤至埃及進行修整和重新裝備。這支著名的部隊曾取得過輝煌的戰績。其坦克經過長途跋涉，大多數已經無法使用。由於戰鬥和疾病損傷，兵員已減少，但仍保有一支核心力量，其成員經驗豐富，擅長沙漠作戰。這樣的人員在其他地方難以找到。如果不保留這支無與倫比部隊的核心力量，並從英國派遣訓練有素、充滿活力的官兵來增強其實力，不將我們所能找到最優良的新坦克或零件運送給他們，這將是一種遺憾。唯有如此，第 7 裝甲師才能繼續存在並恢復實力。

僅僅數週之後，在這段時間內做出的一些重大決策，讓我意識到第 7 裝甲師不再是保護我沙漠重要側翼的力量。其防務已由 1 個裝甲旅和第 2 裝甲師的支援部隊接替。第 6 澳洲師也被第 9 澳洲師替換。所有這些新部隊都未曾經過充分訓練，更糟糕的是，為了滿足即將開往希臘幾個師的編制標準，從這些部隊中抽調了大量裝備和運輸工具。因此，這些部隊原已匱乏的運輸工具更為稀少，其部署和機動性均受到影響。由於前進中遭遇補給困難，一個澳洲旅已經撤至托布魯克，那裡還有一個新編成並仍在訓練中的摩托化印度騎兵旅。

此時，我方情報人員的報告引起了三軍參謀長的關注。2月27日，他們致電韋維爾，警告稱：「鑑於德國裝甲部隊和空軍已經抵達的黎波里塔尼亞，現應開始考慮埃及和昔蘭尼加的防務問題。請簡要回覆你的看法。」對此電報，經過深思熟慮後，回覆以下內容：

1941年3月2日

1. 近期的消息顯示，最近抵達黎波里塔尼亞的增援力量包括兩個義大利步兵師、兩個義大利摩托化炮兵團，以及推估最多為1個裝甲旅的德軍裝甲部隊。目前尚未發現其他汽車運輸隊登陸的跡象，因此敵軍顯然仍然缺乏運輸工具。然而，最近的空中偵察顯示，從的黎波里到錫爾特的公路上，機動車輛的數量顯著增加。

2. 的黎波里距阿蓋拉471英里，距班加西646英里。兩地之間僅有一條公路相連，並且在距離的黎波里超過410英里的路段缺乏水源。這些因素，加上運輸工具的短缺，限制了敵人當前的威脅。敵人最多能在3週內沿這條海岸公路維持1個步兵師和1個裝甲旅，並且，如果他們能調動額外的裝甲旅，也可能經過洪和馬拉達穿越沙漠襲擊我們的側翼。

3. 敵人或許會透過進攻性巡邏在阿蓋拉試探我們的兵力，若察覺我們力量薄弱，便可能推進至阿傑達比亞，以便進一步推進他們的前哨登陸點。我不認為他們會用這種兵力嘗試奪回班加西。

4. 敵軍或許最終會動用兩支德國師來發起大規模進攻。以此部隊，加上一到兩個步兵師，是的黎波里地區能夠提供的最大兵力。航運風險、陸路障礙以及酷熱的臨近，都將使敵軍難以在夏末前發起此類攻勢。在海上對敵運輸船隊的攻擊，以及在空中對的黎波里的有效干擾，可能會拖延這個時間……

5. 義大利空軍對昔蘭尼加的威脅現階段幾乎可以忽略不計。反觀德軍在中地中海地區卻已穩固立足……德國傘兵部隊可能會在我們的交通線上降落，與裝甲部隊協同作戰。根據敵人近期可能發起的攻勢規模，我推測他們暫時不會使用傘兵，但在未來大規模攻勢中，這種合作可能會被採用。

就在此時，一位新人物嶄露頭角，在德國軍事史上留下了濃墨重彩的一筆。這位德國軍人名叫埃爾溫．隆美爾，出生於 1891 年 11 月，地點是巴登 - 符騰堡省的海登海姆。他的童年體質虛弱，9 歲之前都在家學習，直到進入父親擔任校長的當地公立學校。1910 年，他加入符騰堡團成為見習軍官。在但澤軍官學校受訓期間，教官們評價他為身材雖小但十分健壯，智力表現平平。在第一次世界大戰中，他在阿爾貢地區、羅馬尼亞和義大利參戰，兩次負傷並獲得最高級的鐵十字勛章和戰功勛章。兩次大戰之間，他擔任團級軍官，並在參謀部任職。第二次世界大戰爆發時，他在波蘭戰役中擔任元首行營的司令官，隨後成為第 15 軍第 7 裝甲師的司令，該師被稱為「鬼怪」，是德軍突破馬斯河的尖兵。1940 年 5 月 21 日，英軍在阿拉斯反攻時，他幾乎被俘。之後，他率領部隊經由拉巴西向利爾推進。若此次突擊稍有更多戰果，或未受德國最高統帥部限制，便可能切斷包括蒙哥馬利將軍指揮的第 3 師在內的大部分英軍。他指揮的師作為先鋒越過索姆河，沿塞納河直指魯昂，席捲法軍左翼，並在聖梵勒利附近俘獲大量英、法軍隊。他的師最先抵達英吉利海峽，並在我方最後一批部隊撤退後進入瑟堡，隆美爾在此接受了港口和 3 萬名法國俘虜的投降。

由於這些傑出的戰績和功勳，他在 1941 年初被任命為德國駐利比亞軍隊的指揮官。2 月 12 日，他率領部隊抵達的黎波里，與曾經作戰並取得顯赫戰績的盟國並肩作戰。當時，義大利軍隊的目標僅是守住的黎波里塔尼亞，而隆美爾則負責指揮在義大利軍隊領導下不斷壯大的德國分遣隊。

他立即推動採取攻勢行動。4月初，義大利軍隊總司令試圖勸說他，在未得到他同意前，德國非洲軍團不得前進。對此，隆美爾抗議稱：「作為一名德國指揮官，他必需根據形勢需要發布命令。」他宣稱，由於供應問題而提出任何保留都是「毫無道理的」。他要求並獲得了行動的完全自由權。

隆美爾在非洲戰役中展現了他在機動部隊運用上的卓越能力，特別擅長在一場戰役後迅速重組以爭取新的勝利。他是一位傑出的軍事賭徒，能夠有效解決補給問題，並無視各種障礙。起初，德國最高統帥部給予他充分的自主權，但隨後對其成就感到震驚，故意加以限制。他作戰時熱情高漲，勇往直前，給我們帶來了嚴重的損失。然而，我在1942年1月下議院對他的讚譽是他應得的（這番話確實引發了大眾的指責），當時我提到他時說：「我們遇到了一個非常勇敢且擅長作戰的對手，如果撇開戰爭帶來的破壞不談，他是一位偉大的將領。」他也值得我們的尊敬，因為儘管他是一名忠誠的德國軍人，但後來憎恨希特勒及其行為，並參與了1944年為拯救德國而試圖推翻這個狂徒與暴君的密謀。為此，他付出了生命。在現代民主政治下進行的殘酷戰爭中，俠義行為沒有立足之地。大規模的無情屠殺和民眾意願壓倒了一切公平的觀點。儘管我對隆美爾的敬意被視為不合時宜，但我不後悔，也無意收回。

在倫敦，我們將韋維爾於3月2日發來的電報作為行動的依據。阿蓋拉隘路是整個戰略的關鍵所在。如果敵軍攻破阿傑達比亞，班加西和托布魯克以西的所有據點將面臨極大風險。敵人可選擇沿海的良好道路直接通向並越過班加西，或利用小徑穿過梅基利與托布魯克，進而切斷200英里長、100英里寬的沙漠突出部分。我們曾在2月利用後一條路線，成功截斷並俘獲經班加西撤退的數千義大利軍隊。如果隆美爾也選擇這條沙漠路線來迷惑我們，這並不令人意外。不過，只要我們牢牢控制住阿蓋拉的入口，敵人就無法通過這種方式來欺騙我們。雖然地形有利，但防禦工事並不完善，部分原因是托布魯克的運輸任務過於繁重，而班加西的港口被評估為尚不可用。

這一戰的成敗不僅取決於對地形的熟悉程度，還需看對沙漠作戰條件的了解。我們此前的推進速度極快，勝利來得輕鬆且徹底，以至於在這個時期沒有牢牢掌握這些戰略要領。然而，如果我們在裝甲和設備品質上占據優勢，並且空軍力量相當，即使失去那個門戶，也仍然能夠讓更為精銳和活躍的軍隊在沙漠混戰中獲勝。我們的安排卻未能達到這些條件。我們在空軍方面處於劣勢，裝甲部隊明顯不足（理由將在以後說明），而托布魯克以西的軍隊在訓練與裝備上也不夠完善。

1941 年 3 月 17 日，韋維爾將軍和迪爾將軍親赴昔蘭尼加進行實地考察。他們乘車經過安特拉特抵達阿蓋拉，迪爾立刻意識到防禦阿蓋拉與班加西間廣袤沙漠的挑戰。在 3 月 18 日，他從開羅發給國內帝國副總參謀長的電報中指出，顯著的事實是：阿蓋拉與班加西以東鹽田之間的沙漠地帶空曠，十分適合裝甲車輛的行動；因此，在其他條件相同的情況下，強大的裝甲部隊將占據優勢。步兵在此地將無用武之地。自然，在如此廣闊的沙漠中，補給問題依舊存在，並且對防守方更為有利。他提到，韋維爾已經開始著手解決防守方面的難題。

據稱，這位帝國總參謀長曾在途中遇見莫斯黑德將軍手下的澳洲參謀人員，他在交談中曾表達這樣的看法：軍隊似乎將很快即會遭遇慘烈衝突；同時還提到「並非僅限於此地」。後者與他對我們所言不符。

3 月期間，越發多的跡象顯示，德國軍隊正從的黎波里向阿蓋拉進軍。韋維爾於 3 月 20 日的報告中提到，敵軍似乎在籌備一次有限度的攻勢，昔蘭尼加邊境的局勢令他略感不安。如果我們的前哨部隊被迫撤離現有陣地，那麼班加西以南將缺乏有效的防禦據點，因為該地區地勢平坦開闊。然而，由於敵軍面臨後勤挑戰，他們只能進行有限度的攻勢。

我向他發送了如下的電報：

首相致韋維爾將軍

1941 年 3 月 26 日

我們自然關注德軍迅速挺進阿蓋拉的動向。他們的慣常戰略是：只要沒有遭遇抵抗，就會繼續推進。我想你正期待這隻烏龜伸出長長的脖子，然後將其斬斷。我認為有必要讓他們儘早感受到我軍的戰鬥力。第 7 裝甲師的情況如何？目前位置在哪裡？務必告知你的評估。我非常支持你向史末資將軍提出從第 1 一南非師中調出 1 個旅的請求。必須全力加速第 2 南非師的部署。英國第 50 師已於 22 日啟程……

韋維爾隨即回覆電報如下：

1941 年 3 月 27 日

1. 在阿蓋拉尚未發現大量德軍的跡象；可能主要是義軍駐紮，德軍僅作了些許增援。

2. 我必須承認，在攻克班加西之後，為了向希臘提供最大限度的支援，我們在昔蘭尼加冒了相當大的風險。當時我判斷，可以暫時不理會的黎波里塔尼亞的義軍，而德軍考慮到義大利海軍的無力，也不太可能冒險派遣大量裝甲部隊到非洲。因此，我決定只在昔蘭尼加保留少量裝甲部隊和 1 個僅部分訓練的澳洲師。

3. 自從我們對希臘承擔責任後，德軍向的黎波里的增援行動跡象越發明顯，這個增援與馬爾他島的空襲同步進行，意圖阻止我們自馬爾他島轟炸的黎波里。我此前對這種轟炸寄予厚望。而德國空軍對班加西的空襲，使得我方補給船隻無法使用該港口，這進一步加劇了我們的困境。

4. 結果，目前我在昔蘭尼加的兵力相當薄弱，且無法獲得急需的裝甲部隊增援。第 2 裝甲師的 1 個旅駐紮在昔蘭尼加，另 1 個則在希臘。第 7 裝甲師正在返回開羅，由於缺乏備用坦克，只能依賴修理，這需要耗費大量時間。接下來的1個月或兩個月局勢令人憂慮，但敵人也面臨著非常艱難的問題。我相信敵軍的數量被嚴重誇大。然而，現在我不敢輕易大膽動用我那少量的裝甲部隊。

目前正在採取措施加強昔蘭尼加……我個人面臨的主要挑戰在於運輸。

他還補充了一些話，使我們意識到他關心的問題是多方面的：

我剛從克倫前線返回。印度師攻占該地是個非凡的成就，儘管他們傷亡慘重，卻士氣高昂。普拉特將迅速向阿斯馬拉推進，我已命令坎寧安從哈拉爾繼續向阿迪斯阿貝巴前進，哈拉爾是在昨日投降的。

3月31日，隆美爾開始對阿蓋拉發動進攻。尼姆將軍接到的命令是，在敵人逼近時，實施拖延戰術，然後撤退至班加西附近，同時盡可能長時間地保護該港。他還接到指示，如果有必要，在破壞港口後撤離。因此，我們在阿蓋拉的裝甲師——實際上只有1個裝甲旅及其支援部隊——在接下來的兩天內逐步撤退。在空軍方面，敵人確實占據了強勢地位。義大利空軍依然無足輕重，但德國空軍卻擁有約100架戰鬥機、100架轟炸機和俯衝轟炸機。韋維爾將軍於4月2日報告稱，昔蘭尼加的前哨部隊遭到德國1個殖民地裝甲師的攻擊。「昨日，幾處前哨據點受到攻擊和破壞。目前的損失雖然不算嚴重，但裝甲旅的車輛狀況令尼姆非常擔憂，損壞的車輛似乎不少。至少在3、4週內我無法調動裝甲部隊，因此我提醒他，即使需要撤退大部分軍隊，甚至可能從班加西撤退，也務必保留3個旅。」

根據韋維爾將軍先前的評估，我仍然認為敵人的潛在力量是有限的。

首相致韋維爾將軍

1941 年 4 月 2 日

顯然，必須切斷德軍向昔蘭尼加的推進路徑。英軍若遭遇任何挫折，將對我們的聲譽產生深遠影響。為了戰略目的而放棄陣地是可以接受的，但從班加西撤退實在令人不安。我不理解，敵軍如何能在這條漫長且缺水的海岸公路上跋涉後，仍然構成一支強大的兵力，我也不認為他們在進攻昔蘭尼加後會保持強大的兵力。如果你能消滅這股進攻的敵軍，你便能在很長一段時間內高枕無憂。當然，如果敵人繼續推進，他們將逐步削弱你的勝利果實。你身邊是否有像奧康納或克雷那樣的人來處理這種邊境問題？

4 月 2 日，敵軍 50 輛坦克將我們的第 2 裝甲師支援部隊逐出阿傑達比亞，迫使其撤退至東北 35 英里的安特拉特。該師接到命令撤至班加西附近。我們的裝甲部隊在德軍猛烈襲擊下陷入混亂，損失慘重。電訊最後傳來消息，「已下令摧毀班加西的港口」。韋維爾將軍在 3 日飛抵前線，歸來後報告稱，裝甲旅的大部分在面對強大的德國裝甲部隊攻擊下已然崩潰。這使得班加西以東及東北的第 9 澳洲師左翼失去掩護。「他們的撤退或許是必要的。」他說，鑑於敵人在利比亞的強大兵力，第 7 澳洲師無法前往希臘，必須調往西部沙漠。英國第 6 師仍未裝備齊全，必須留作後備。「這將推遲對羅得島的進攻。」於是，一擊之下，幾乎在一日之間，我們一切的基礎 —— 沙漠側翼崩潰，並且極大削弱了那支原本就已經力量薄弱且派往希臘的部隊。攻占羅得島是我方空軍在愛琴海作戰計畫的重要部分，現在也無法實現了。

撤離班加西的指令已經發布。支援部隊被派往北部，掩護自 4 月初開始撤退的第 9 澳洲師。同時，第 3 裝甲旅將前往梅基利，以防敵人阻撓撤退，此外，還從托布魯克調派了印度摩托化騎兵旅的兩個團增援。

這個意外的局勢變化令我無法安然自處。我當天便致電仍在雅典的艾登先生。

首相致艾登先生

1941 年 4 月 3 日

1. 已從班加西撤出，局勢嚴峻，因為德軍一旦控制那裡的機場，便可能阻礙我們使用托布魯克港。尋找在戰略和戰術上切斷敵軍的方法。請告知，命令中規定撤退到哪個據點。第 9 澳洲師是如何撤退的，撤退的距離是多少？請回憶一下，韋維爾在他 3 月 2 日的電報中曾提出許多有力的論據，表示堅信他的西翼是安全的。

2. 比起失去土地，更為重要的是樹立這樣的觀念：我們不能與德軍交鋒，他們一旦出現在戰場上便足以令我們後退數 10 英里。這可能在整個巴爾幹和土耳其引發極其不利的影響。務必返回開羅查清所有情況。我們遲早要與德國敵人交戰。應盡力制定調動部隊的周密計畫，但無論如何要進行作戰。能否從海上襲擊他們的後方，進而切斷沿海公路？即使因此放棄對羅得島的進攻，也在所不惜。

來自開羅艾登先生的電報：

1941 年 4 月 5 日

迪爾與我今夜順利到達開羅，已與韋維爾及特德進行了詳盡的商討。朗莫爾位於蘇丹，未能出席。

我們一致同意的結論是：德、義軍隊在昔蘭尼加的行動是德國在進攻巴爾幹之前計劃的一項主要牽制戰略。這個判斷並不能減少其間接威脅埃及的嚴重性，因為敵人顯然會充分利用任何已獲得的機會。不幸的是，德軍首次行動便超出預期地取得了成功，並正在乘勝追擊……

韋維爾前往前線的目的是讓奧康納接任指揮官一職。然而，這位軍官當時身體尚未完全康復，他向總司令建議，在戰爭進行中途，最好不要正式取代尼姆的指揮職務，而是利用自己的當地知識從旁協助。韋維爾同意了。然而，這項決定並未順利實施，或者說實施的時間並不長。4 月 6 日晚間，我方大批軍隊從班加西撤退。第 9 澳洲師正沿海岸公路向東撤退。為避免交通阻塞，尼姆將軍與奧康納將軍乘車走小路，沒有隨行護衛。在黑暗中，他們突然遭遇一隊德國巡邏兵，後者從車窗將手槍指向他們；此時，他們別無選擇，只能投降。尼姆曾獲維多利亞十字勛章，奧康納則是我們最具經驗和成就的沙漠地區指揮官之一；失去這兩位英勇的陸軍中將，我們深感悲痛。

4 月 6 日下午，韋維爾、艾登、迪爾、朗莫爾和坎寧安在開羅召開會議，商討防禦地點的問題。韋維爾決定在可能的情況下堅守托布魯克，並於 8 日清晨依照他一貫的迅捷作風，與澳洲的萊維拉克將軍飛往該地；他讓萊維拉克暫時擔任指揮官。艾登和迪爾則啟程返回英國，而戰時內閣正期待著他們帶回從雅典和開羅蒐集的情報。

根據韋維爾的報告，第9澳洲師的撤離似乎順利進行，但被迫將2,400名義大利俘虜留在巴爾卡。然而，他同日發電報稱，西部沙漠的局勢已顯著惡化。敵軍正從沙漠路線進軍梅基利。第 2 裝甲師因機械故障和空襲損失了一些車輛。第 3 裝甲旅幾乎喪失戰鬥能力。

此刻，我向韋維爾將軍發送了如下電報：

1941 年 4 月 7 日

托布魯克設有義大利軍隊構築的永久性防禦工事，你必定能夠堅守，至少要堅持到敵人派遣強大炮兵到來之時。敵軍在數週內實現這一點，看似難以置信。敵軍若欲攻下托布魯克並進軍埃及，必將面臨巨大風險，因為我們可以從海上增援並威脅其交通線。因此，托布魯克似乎是一個應堅持固守而無撤退之念的地點。希將你的看法告知。

4 月 8 日，韋維爾飛抵托布魯克，並下令堅守此要塞。黃昏之際，他啟程返回開羅。途中飛機引擎故障，迫使他們在黑暗中降落。飛機墜毀後，他們走出機艙，站在茫茫沙漠中，迷失了方向。這位總司令決定焚毀他的機密文件。經過長時間等待，他們終於看到一輛車的燈光。幸運的是，這是一隊英國巡邏兵，接近時氣勢洶洶。在開羅的人因韋維爾失蹤而在這 6 小時內憂心忡忡，此擔憂並非毫無根據。

總司令返回開羅後即刻發出回電。在詳細描述部隊現狀後，他表示：「儘管敵軍在初步交鋒中已顯疲態，但我認為我們的喘息時間不會太久，我依然非常擔憂。托布魯克並非易守之地，其後方漫長的交通線幾乎無保護且交通混亂。」

鑑於電報最後一句未明確表述有關托布魯克據守與否的事宜，我在與三軍參謀長祕密磋商後，起草了如下電報：

首相及參謀長委員會致韋維爾將軍

1941 年 4 月 10 日

我們正在等待你對當前局勢的全面評估。在這段時間裡，你也應該了解我們對這個問題的看法。在我們看來，未經長期抵抗就放棄托布魯克要塞是不可思議的。我們擁有一條安全的海上交通線。敵方防線延綿不絕，若無充分時間布置，必定脆弱。只要我們堅守托布魯克，即使守軍僅有少量可襲擾敵軍補給線的裝甲車輛，那麼敵軍若想越過托布魯克，唯有發動突襲。如果你放棄托布魯克，撤退 260 英里至馬特魯港，難道不會面臨同樣的問題嗎？我們堅信，你應在托布魯克堅決戰鬥到底。

然而，在會議結束前，我們已經了解到韋維爾已作出堅守托布魯克的最終決定。他表示：「我建議保衛托布魯克；在巴納迪亞—薩盧姆地區駐紮一支部隊，並盡量提升其機動性，以保護交通線，並在敵人進攻托布魯克時襲擊其側翼或後方；同時在馬特魯港地區按計畫進行防禦。兵力的分布需要在爭取時間和避免被敵人各個擊破之間進行複雜的權衡。我的力量有限，特別是在機動部隊、裝甲部隊、反坦克炮及高射炮方面。這將是一場與時間的競賽。」

因此，我們未能發出那封電報，而是改為發送以下的電報：

首相致韋維爾將軍

1941 年 4 月 10 日

我們衷心支持你堅守托布魯克的決策，並將全力提供援助。

沿著海岸公路撤退至托布魯克的過程相當順利。然而，在內陸地區，只有第 2 裝甲師司令部於 4 月 7 日抵達梅基利，已經完全與其所屬部隊失去聯繫。4 月 6 日，該司令部和兩個印度摩托化團發現自己被包圍，並在擊退敵軍進攻後，拒絕了兩次招降的最後通牒，其中一次由隆美爾簽署。許多士兵奮力突圍，俘虜了德軍 100 名，但大多數被迫回到營地並在那投降。失蹤的第 3 裝甲旅僅剩 12 輛坦克，傳聞因缺乏燃料而向德爾納出發，4 月 6 日夜間，該旅在德爾納附近遭遇伏擊並被全殲。在這些戰鬥中，德國空軍始終保持絕對的空中優勢，這對敵軍的勝利造成了顯著的助力。4 月 8 日夜，澳洲部隊抵達托布魯克，同時獲得了經由海路從埃及運來的第 7 澳洲師 1 個旅的增援。敵軍的先頭部隊，包括德國第 5 輕裝甲師的一部分，以及 1 個義大利裝甲師和 1 個義大利步兵師，於 4 月 12 日攻占巴納迪亞，但未嘗試突破埃及邊境的防線。

敵軍利用重型裝甲車和摩托化步兵快速推進至托布魯克周邊，並向巴納迪亞和薩盧姆進軍。其他部隊則對托布魯克的防禦工事發起襲擊。我方守軍由第 9 澳洲師、第 7 澳洲師的一個旅團及少量裝甲部隊組成，他們曾經成功擊退兩次進攻，並摧毀敵方若干坦克。鑑於形勢變化，韋維爾由於原先安排的指揮將領被俘，他被迫重新組織指揮系統如下：托布魯克要塞由莫斯黑德將軍指揮；西部沙漠由貝雷斯福德 - 皮爾斯將軍負責；埃及部隊由馬歇爾 - 康沃爾將軍領導；巴勒斯坦由戈德溫 - 奧斯汀將軍指揮。

總司令表示：「若有時間實施上述計畫，我們將重回去年秋季的局勢，只是增加了托布魯克這個負擔。然而，我們在地面上將面臨更大壓力，並且若空軍未能有效行動，恐怕難以避免遭遇如去年義軍對我方發起的攻勢。我認為，至少在未來幾個月內，托布魯克的包圍圈無望解除……埃及可能採取的立場，顯然將成為極為令人擔憂的問題。未來幾個月將十分艱難，更不用提希臘可能出現的問題。」

前海軍人員致羅斯福總統

1941 年 4 月 13 日

我們理應全力以赴地保衛尼羅河流域。從情理上講，無法得出其他結論。此區域已有 50 萬人駐紮或在運輸途中，軍需品儲備充足。為捍衛此地，我們不惜一切代價。托布魯克必須堅守，不僅作為防禦據點，更是阻止敵軍大規模進攻埃及的重要側翼橋頭堡。我們的海、空軍務必切斷或干擾敵人在地中海的交通線。戰鬥必須打到結果明朗，且需時不短。敵人在長達 800 餘英里的陸路交通線上面臨重重困難，若要大舉進攻，需數月準備。即便托布魯克守軍需從我們掌控海域撤退，我們仍有其他已建立的作戰陣地。我個人認為，當前局勢不僅可控，還有希望。迪爾和艾登剛剛返回，他們對此看法表示贊同。

此刻，托布魯克傳來捷報，敵軍首次遭遇明顯挫敗，展現出其膽大而頑強的特質。

韋維爾將軍致陸軍部

1941 年 4 月 14 日

利比亞。根據 4 月 14 日早晨在托布魯克被捕的 2、300 名德國戰俘所述，他們在我軍炮火下狼狽不堪，且缺乏食物和水源。部隊在進攻受挫時甚至哭泣，顯示士氣非常低落。

他們可能因為過於自負而流淚！

首相致韋維爾將軍

1941 年 4 月 14 日

請將戰時內閣最誠摯的祝賀傳達給所有參與這次極為成功戰鬥的人。打得漂亮，托布魯克！應視托布魯克為一個進攻基地，不要將其視為「負擔」，我們認為這一點極為重要。你能否調派一些缺乏運輸工具的精銳部隊來支援外圍防禦？這樣，即使無法輪替出兩個澳洲旅團，至少可以輪替出一個，作為要塞的主要後備力量和潛在的攻擊力量。

在此刻，埃及邊境及托布魯克地區似乎已經呈現暫時穩定的狀況，因此在全面評估局勢後，我向參謀長委員會下達了以下命令：

首相兼國防大臣的指令

關於地中海戰爭

1941 年 4 月 14 日

1. 若德國人能夠持續透過的黎波里港和沿海公路為其在昔蘭尼加和埃及的進攻部隊提供補給，他們將能夠憑藉強大的裝甲部隊向我們發起攻擊，進而導致極其嚴重的後果。相反，若他們從義大利和西西里島通往的黎波里的交通線被切斷，而的黎波里與阿蓋拉之間的沿海公路交通線又頻繁遭到干擾，那麼他們將無可避免地面臨重大失敗。

2. 現在，由坎寧安海軍上將指揮的英國地中海艦隊的首要任務，是充分運用海上艦艇，並在可能的情況下由飛機和潛艇協助，以阻止義大利與非洲間的所有海上交通。為達成這個關鍵目標，必要時必須承受戰鬥艦、巡洋艦和驅逐艦的重大損失。對的黎波里港口，須採取輪番轟擊及（或）封鎖與布雷的戰略，使其無法使用，但需注意布雷不可妨礙封鎖或炮轟。我方巡洋艦、驅逐艦及潛艇應在海軍航空隊與皇家空軍的協助下，襲擊往來非洲的敵方運輸船隊。每當有敵方運輸船隊漏網，應視為海軍的一次重大失敗。皇家海軍的威望將取決於能否阻止這條航線上的運輸。

3. 為了實現上述目標，必須將坎寧安海軍上將的艦隊增強至必要的規模。「納爾遜」號和「羅德尼」號配備了厚重的裝甲甲板，因此特別適合抵禦德國俯衝轟炸機的攻擊。對於這種轟炸機，我們不必過於懼怕。應隨時從西地中海調動其他巡洋艦、布雷艦和驅逐艦前來支援。關於使用「百人隊長」號作為封港船的方案應立即進行研究，但為了有效封鎖的黎波里港，即使動用 1 艘現役戰鬥艦也不應猶豫。

4. 坎寧安海軍上將的艦隊在獲得增援後，他應能組成兩支炮轟小隊，以便輪番轟擊的黎波里港，尤其是在知曉港內停泊有船舶或運輸船隊之時。

5. 為有效管理地中海的海上交通，馬爾他島上適合部署一支強大的海軍，而該島的空軍則需為駐紮的海軍提供保護。空軍應依據馬爾他機場的容量，使用最新和最優良的戰鬥機來保持其最高戰鬥力。在飛機的運用上，優先考慮用於保護馬爾他島海軍的戰鬥機，而非攻擊的黎波里的轟炸機。

6. 應充分利用各個發展階段的火箭推進武器，尤其是採用改進的海軍發射方法的快速空雷，以保衛馬爾他港口。

7. 緊隨的黎波里港之後的重要設施，是那條連接的黎波里和阿蓋拉的 400 英里長的沿海公路。登陸的部隊應從「格倫」式戰艦轉乘特製登陸艇，對這條公路進行持續的騷擾性攻擊。應不遺餘力地動用集結在埃及的突擊隊和其他部隊，以實現這個目標，並研究從海上登陸以奪取特定據點的行動，選擇對我方最有利的據點以便迅速採取行動。在此過程中，我們也必須準備承受一定的損失。然而，這種騷擾戰可以由小型部隊實施，如果可能的話，稍後再將他們撤回。即便是少量輕型或中型坦克若能運上岸，也可以沿著公路進行掃蕩，迅速摧毀價值遠超其本身的汽車隊。應嘗試所有切實可行的方法不斷騷擾這段公路，不惜一切必要的損失。

8. 上述各節所提事項皆為當務之急，因敵方空軍將日益增強，尤其若其在希臘和南斯拉夫的攻勢如預期順利，則更須迅速實施。因此，坎寧安海軍上將不應等待增援的戰鬥艦到來才採取行動，也不宜為進攻羅得島而留住「格倫」級軍艦。

9. 我們曾決定動用一切可能的力量來保衛托布魯克。然而，不應將據守托布魯克視為單純的防禦行動，而應把它視作襲擊敵人交通線至關重要的橋頭堡或出擊基地。應根據需要為托布魯克提供步兵和裝甲戰車的增援，以便對敵人的側翼與後方進行積極而持續的襲擊。如果能將部分外圍防線交由無運輸工具的部隊防守，就有可能籌組一支既能作為要塞後備部隊又能打擊敵人機動部隊的力量。如果敵人在誘導下發動類似圍攻托布魯克的行動，並因此被迫運輸重炮部隊及其補給，這將是對我們極為有利的機會。

10. 韋維爾將軍尤其需要恢復我軍在戰鬥力上的優勢，消滅敵軍的小股突擊部隊，避免被其打擾和追擊。遇到敵軍巡邏隊時，應主動襲擊，並大膽使用我方巡邏隊。乘坐裝甲車或摩托車的小隊英國士兵，有時甚至步兵，應毫不猶豫地使用炸彈和炮火攻擊單個坦克，保衛不列顛的計畫中包含了這個戰略。關鍵在於，即便是小規模接觸，也要與敵人交鋒，以便消耗其彈藥，而敵軍的彈藥供應必定極其困難。

11. 利用皇家空軍襲擊敵方交通線或戰車集結地，其重要性顯而易見，無需多言。

此事紙上談兵相對容易，實踐起來卻困難重重。

我已向總統全面通報所有情況。

前海軍人員致羅斯福總統

1941 年 4 月 16 日

我難以預判希臘即將發生的事件，我們向來不曾低估德國在歐洲大陸作為軍事力量的強大影響。

我對利比亞—埃及的局勢並不感到過於憂慮。根據我們的評估，德國人在該區域可能有一個殖民地裝甲師，或者至多還有一個普通裝甲師，總計約 600 到 650 輛坦克，其中不少已經被摧毀或受損。除了德國裝甲師中的幾個營，昔蘭尼加並無德軍步兵。燃料、食品、飲水和彈藥的供應問題顯然相當嚴重，我們從戰俘的談話中得知這些勇敢的部隊正處於補給緊張的狀態。當敵人發起進攻時，我們的裝甲部隊大部分車輛正在維修中，現在我們當然要努力讓它們投入戰鬥，並且正從中東各地增援埃及。我們在中東的兵力大約有 50 萬人。我認為托布魯克是一個重要的橋頭堡或出擊港口。我們並不認為我們的空軍已經被敵人壓制，因為我們的空中力量正在不斷增強。我們的地中海艦隊得到了大力支援，將全力以赴切斷敵軍海上和沿岸的交通。除了德軍外，當然還有義大利軍隊，我們相信德國正從西西里島派出或計劃派出第 3 個裝甲師。

德軍於 4 月 14 日至 15 日的夜晚對托布魯克發起進攻，但被我軍成功擊退。我認為這是一件重要事件，因為在這場小規模而激烈的戰鬥中，敵軍被俘、陣亡及損失的坦克和飛機數量，遠遠超過了我們的損失。此次戰鬥使敵軍首次嘗到失敗的滋味，而繼續作戰對他們也無多大益處。在這段時間內，我們在中地中海切斷敵軍供應補給方面取得了顯著成效。今日（16 日）凌晨，從馬爾他島出發的 4 艘驅逐艦發現了一支由 5 艘德國和義大利大型船隻組成的運輸船隊，船上裝滿軍火和機動車輛，並有 3 艘義大利驅逐艦護航。整個運輸船隊及其護航艦均被擊沉。在這場戰鬥中，我們損失了 1 艘驅逐艦。關於我們的實力，我們目前持續保密。

然而，正當我們在希臘的冒險行動全面展開之際，我們的沙漠側翼遭遇了失敗，成為了最大的災難之一。我對導致這個災難的原因感到困惑不已，因此一旦戰事稍作停歇，我便覺得有必要要求韋維爾將軍對事件的經過做出一些解釋。直到 4 月 24 日，我才向他提出了這個精神上的負擔。

我們仍在等待來自阿蓋拉和梅基利的戰況。這幾場戰鬥導致我們損失了第 3 裝甲旅和 1 個摩托化騎兵旅的精銳。顯然，我們遭受了一次重大的失敗。因此，為了理解你的困難以及我們自己的困境，我們需要你對事件的經過和原因進行概述。究竟是因為我們的部隊在數量、戰略和戰術上不如敵人，還是因為據稱過早破壞了油庫的失誤？根據倖存者的報告，應該能夠為我們提供一份關於這場關鍵戰鬥的完整報告。如果你不報告情況，我將無法繼續協助你……

韋維爾於25日回電。他指出，由於幾乎所有相關的高級軍官都已失聯，因此無法得知他們的行動和動機，他必須謹慎行事，以避免不公正地責怪他們。正如他一貫的風格，他承擔了責任。同日，他又發來總結此次戰鬥的電報。他在電報中提到，第2裝甲師司令部和第3三裝甲旅需要相當時間才能適應沙漠環境和作戰。他曾希望，在敵軍大規模進攻前，至少會有一個月的時間在邊境進行小規模戰鬥，以便他們適應當地環境。然而，攻擊開始時他們尚未準備就緒，而且比他的參謀人員根據時間與空間計算出的可能日期提早了兩個星期，但敵軍的實力基本符合他的推估。他曾預料敵人會有限度地推進至阿傑達比亞。繳獲的文件和戰俘的供述證實敵人的意圖確實如此。我們現在知道，敵人的初步成功出乎意料，後來他們之所以能夠繼續追擊，完全是因為第3裝甲旅過早且不幸地被擊潰。我們有充分證據證明，從阿傑達比亞推進的敵軍部隊是臨時匆忙籌組的，包括由德、義兩國部隊組成的8支小縱隊，其中有幾支與後方供應脫節，不得不依靠飛機運送物資。

我方第3裝甲旅是一支臨時籌組的單位，包含1個裝備不佳的巡邏坦克團、1個輕型坦克團以及1個使用繳獲的義大利中型坦克的團。根據昔蘭尼加戰役結束時我方裝甲部隊的狀態來看，如果計劃向希臘派遣任何裝甲力量，這個旅可能是最精銳的部隊。若其具備充足的力量並有足夠時間穩定下來作為戰鬥部隊，它原本可以應付預期的進攻。

直到德軍進攻即將展開，我才了解到我們主要依賴的巡邏坦克團機械裝備狀況不佳。這些坦克當中有部分在抵達前線之前就已經損壞，而其餘許多在初期戰鬥中因機械問題而被淘汰。第2裝甲師另一個預備派往希臘的巡邏坦克團似乎也面臨相同的問題。我們的輕型坦克對裝備全炮的德國坦克毫無還手之力。用繳獲義大利坦克裝備的團，還沒有足夠時間熟練掌握此類坦克。

給予裝甲師的命令是，在遭受敵方優勢兵力攻擊時，需逐步後撤，以保存力量，待敵人在補給困難造成實力削弱後，為我方反攻創造契機。這是我下達的命令。

結果表明，這是一項錯誤的戰略。立即反攻，至少能夠重創敵軍並大幅推遲其行動。或許可以徹底阻止敵軍。當時的情形是，第 3 裝甲旅在撤退時由於機械故障和供應鏈中斷，幾乎未作戰便全線潰散；而毫無作戰經驗的第 2 裝甲師司令部似乎已經無法掌控局勢。部分原因還在於訊號人員缺乏經驗……

在戰爭爆發的首日，我前往前線巡視，意識到需要一位具備沙漠作戰經驗的指揮官，遂電召奧康納來協助尼姆。這兩位將軍在撤退時，被敵軍縱隊的巡邏兵俘獲於德爾納。

以上便是這個悲劇性事件的概要，主要責任在我。顯然，在撤退過程中，第 2 裝甲師司令部和第 3 裝甲旅的指揮上存在錯誤，但我希望在主要相關人員能夠提供關於作戰行動的詳細報告和原因時，再進行評判。他們面臨的困難相當巨大。

即使在撤退與混亂之際，我軍仍舊士氣高昂，且存在大量沉著冷靜、堅定迎敵的個案。

我在回電中表示：

首相致韋維爾將軍

1941 年 4 月 28 日

感謝你對西部邊境衝突的詳細總結。我們似乎運氣不太好。希望未來能扭轉局勢。祝你一切順利。

托布魯克遭到攻擊

希臘戰事全面爆發

接近 1941 年 3 月底時，義大利艦隊大規模行動的跡象已經顯露，目標可能是愛琴海。坎寧安海軍上將決定暫時讓運輸船隊避開，並於 3 月 27 日傍晚搭乘「沃斯派特」號，率領「英勇」號、「巴勒姆」號、航空母艦「可畏」號及 9 艘驅逐艦離開亞歷山大港。駐紮在克里特島的海軍中將普里德姆 - 威佩爾指揮的輕艦隊，包括 4 艘巡洋艦和 4 艘驅逐艦，奉命次日在島南與總司令會合。28 日黎明，「可畏」號的飛機報告有 4 艘敵軍巡洋艦和 6 艘驅逐艦向東南航行。上午 7 點 45 分，旗艦「獵戶座」號也發現了這些敵艦。義大利艦隊中有 3 艘裝備 8 英寸炮的巡洋艦，而英國巡洋艦裝備 6 英寸炮。經過半小時的激戰後，敵艦撤退，英國巡洋艦緊追不捨。兩小時後，「獵戶座」號發現敵方戰鬥艦「維多利奧 · 威尼托」號，該艦從 16 英里外開火。這次雙方角色互換，「獵戶座」號和其巡洋艦向英國主力艦隊方向撤退，英國艦隊以全速迎來，相距約 70 英里。「可畏」號的攻擊機隊飛至現場，襲擊義大利戰鬥艦，迫使其向西北撤退。

此時，我方的偵察機在艦隊推進的北方約百英里外，偵測到敵軍另一支艦隊，包括 5 艘巡洋艦和 5 艘驅逐艦。而「維多利奧 · 維尼托」號戰鬥艦因反覆遭受從「可畏」號及希臘、克里特島沿岸基地起飛的飛機攻擊，明顯受損，速度不超過 15 海里。黃昏時，為進行第 3 次攻擊而從「可畏」號航母起飛的飛機，觀察到敵艦全力以高射炮護衛這艘受創的戰鬥艦。我們的飛機未嘗試穿越火網，但擊中重型巡洋艦「波拉」號，該艦退出戰鬥，拋錨停泊。夜幕降臨，坎寧安海軍上將決定派遣驅逐艦出擊，冒險與主力艦隊夜戰，目標是摧毀受損的戰鬥艦和巡洋艦，阻止它們進入義國海岸基地飛機的保護範圍。在黑暗中航行時，他出其不意地對兩艘義大利巡洋艦發起攻擊，這兩艘為援助「波拉」號的「阜姆」號和「扎拉」號，均裝備 8 英寸口徑大炮。在近距離內，「阜姆」號迅速被「沃斯派特」號和「英勇」號艦上 15 英寸口徑炮火壓制並擊沉。「扎拉」號遭我 3 艘戰列艦圍攻，不久便在烈焰中焚毀。

接著，坎寧安海軍上將為防止誤將友艦視為敵艦，下令艦隊撤退，僅留驅逐艦在現場處理受創的巡洋艦及其護航的兩艘驅逐艦。它們也發現了受創的「波拉」號並將其擊沉。在這場幸運的夜戰中，機緣巧合，英國艦隊沒有遭受任何損失。到了早晨，我們的飛機沒有找到「維多利奧．威尼托」號，因此我們的艦隊駛回亞歷山大港。在此緊要關頭，由於在馬塔潘角附近海域取得及時、令人振奮的勝利，沒有人再能挑戰英國在東地中海的制海權。

依照登船的順序而言，前往希臘的部隊包括英國第一裝甲師、紐西蘭旅及第 6 澳洲師。這些部隊均以中東其他部隊的武器裝備完善。隨後前往希臘的是波蘭旅與第 7 澳洲師。自 3 月 5 日起，部隊開始調動。計畫目的在據守從阿利阿克蒙河口經佛里幾亞及埃德薩直至南斯拉夫邊境的阿利阿克蒙防線。我軍將與部署在此前線的希臘軍隊會合，其中包括以下部隊：第 12 與第 20 希臘師（每個師含 6 個營及 3、4 個炮兵連），第 19 師（摩托化），該師兵力不足且訓練不夠充分，還有從色雷斯調來的約 6 個營。這支名義上由 7 個師組成的軍隊，將由威爾遜將軍指揮。

這些希臘部隊遠少於帕普哥斯將軍原先承諾的 5 個精銳希臘師。當時，大部分希臘軍隊，約 15 個師，正在阿爾巴尼亞，與未能攻下培拉特和發羅拉的義大利軍隊對峙。他們擊退了義軍在 3 月 9 日發起的攻勢。其餘希臘軍隊，包括 3 個師與邊防軍，則駐紮在馬其頓，帕普哥斯將軍不願撤回。因此，德軍一進攻，僅用 4 天便將其擊潰。隨後派出的希臘第 19

(摩托化) 師也被殲滅或打散。

駐紮在希臘的空軍在 3 月時僅有 7 個中隊 (共 80 架作戰飛機)，行動因缺乏降落場地和訊號聯繫不暢而受到顯著影響。儘管 4 月間有少量增援飛機抵達，皇家空軍在數量上依然遠遜於敵軍。其中兩個中隊在阿爾巴尼亞前線作戰，其餘 5 個中隊則在來自埃及的兩支「韋林頓」夜戰轟炸機中隊的支援下負責其他作戰任務。他們面對的是擁有超過 800 架作戰飛機的德國空軍。

負責進攻南斯拉夫南部和希臘的德軍第 12 集團軍由 15 個師組成，其中包含 4 個裝甲師。其中 5 個師，包括 3 個裝甲師，負責向南推進雅典。阿利阿克蒙陣地的左翼是其薄弱環節。若德軍通過南斯拉夫南部推進，該左翼將被包圍。我們與南斯拉夫參謀部的聯繫有限，希臘人和我們都不清楚他們的防禦計畫和準備情況。然而，我們曾希望南斯拉夫人在敵軍必須穿越的困難地區至少能阻擋敵人一段時間。事實證明，這種希望沒有依據。帕普哥斯將軍認為從阿爾巴尼亞撤兵以抗擊此類包抄是不切實際的。他認為這不僅會嚴重影響士氣，而且希臘軍隊極度缺乏運輸工具，交通狀況也很差，因此在敵軍逼近時進行大規模撤退是不可能的。當他後來改變主意時，顯然為時已晚。在這種情況下，我的第 1 裝甲旅於 3 月 27 日向前線出發，幾天後，紐西蘭師也隨之出發。

1941 年 4 月 6 日凌晨，德軍對希臘和南斯拉夫發起攻勢，並猛烈轟炸比雷埃夫斯港。此時，我方的運輸船隊正在港口卸貨。停泊在港口碼頭的英國船「弗雷澤氏族」號上裝載了 200 噸烈性炸藥，該船爆炸，幾乎徹底摧毀了整個港口。此事故迫使我們轉移至其他港口和較小港口裝卸軍需物資。這次襲擊導致我們和希臘損失了 11 艘船舶，總計 4 萬 3 千噸。

自此，盟軍在日益增多的空襲威脅下，繼續透過海路維持軍隊的補給，而對敵方空襲卻無有效應對戰略。海上問題的關鍵在於控制敵軍位於羅得島的空軍基地，但卻無法調集足夠的兵力來完成這個任務。在這段時間裡，船隻的重大損失是不可避免的。幸運的是，最近在馬塔潘角的海戰中，正如坎寧安海軍上將在他的報告中指出的那樣，給了義大利艦隊一個教訓，使其在年內不敢輕舉妄動。在此期間，若義大利艦隊積極參戰，我方海軍將根本無法在希臘執行任務。

在猛烈轟炸貝爾格勒之際，集結於邊境的德軍多路發起對南斯拉夫的進攻。南斯拉夫的參謀部並未計劃對義軍後衛進行致命打擊。他們認為絕不能放棄克羅埃西亞與斯洛維尼亞，因此必須設法守住整個邊界。駐紮在北部的南斯拉夫 4 個軍團迅速且無法抵擋地撤退，因為他們遇到了德軍裝甲部隊和向札格瑞布推進的德、義聯軍。跨越多瑙河的匈牙利軍策應這支德軍裝甲部隊。南斯拉夫的主力被迫倉促南撤，德軍因此於 4 月 13 日進入貝爾格勒。與此同時，利斯特將軍在保加利亞集結的德國第 12 集團軍已向塞爾維亞和馬其頓進軍。他們於 4 月 10 日進入莫納斯提爾和約阿尼納，切斷了南斯拉夫軍與希臘軍的聯繫，並擊潰了南部的南斯拉夫部隊。

我駐貝爾格勒的公使坎貝爾先生，在南斯拉夫的抵抗戰役瓦解之際，與守軍一起撤離首都。此時他請求指示，因此我向他發送了如下電報：

首相致英國派駐南斯拉夫公使

1941 年 4 月 13 日

1. 任何時候，派遣英國海軍艦艇或英國與美國的商船及運輸船越過發羅拉向亞得里亞海北部行駛，皆屬不可能。原因在於空軍的缺乏，上次戰役中，空軍的表現幾乎等於不存在。艦隻在眼前被擊沉，而空軍毫無助益。我們撥給南斯拉夫戰場的所有飛機，皆由空軍中將多比亞克交予南斯拉夫參謀部使用。目前無更多飛機可供調撥。你應記得，南斯拉夫未給予我們幫助他們的機會，並拒絕訂立共同計畫，但抱怨無濟於事，你需自行判斷，應向他們透露多少這樣的壞消息。

2. 我們無法理解，為何國王或政府會選擇離開他們那幅員遼闊、地形多山且擁有眾多武裝戰士的國土。德國坦克固然能在公路或小路上行駛，但要征服塞爾維亞軍隊，就必須投入步兵。如此一來，才有機會殲滅他們。年輕的國王和大臣們當然應該在此方面有所作為。然而，若在任何時刻，國王和少數隨從被迫離境且難以找到飛機，英國可以派遣潛艇前往科托爾或附近地區進行接應。

3. 除了在山區進行有效防禦外，塞爾維亞軍隊從陸路獲得軍需品的唯一途徑，就是透過莫納斯提爾與駐紮在阿爾巴尼亞的希臘軍隊建立聯繫。如此，他們便能參與希臘的防衛戰，並分享共同的補給。若這些措施均告失敗，則應盡力將戰鬥人員撤至鄰近島嶼或埃及。

4. 你應該繼續竭盡全力地激勵南斯拉夫政府及其軍隊的士氣，提醒他們，上次戰爭中，塞爾維亞的局勢是如何轉危為安的。

然而，游擊戰在南斯拉夫的開展是後來的事。4 月 17 日，南斯拉夫已然投降。

這場突如其來的崩潰使得希臘人的主要希望化為烏有。這是「各個擊破」的又一個例子。我們曾大力推動聯合行動，但未能成功，這絕非我們的責任。此時，我們都感到前途極其凶險。

當德軍入侵希臘之際，英國第 1 裝甲師已經抵達瓦爾達爾河，紐西蘭師則駐守於阿利阿克蒙河區域。他們的左翼由希臘第 12 師和第 20 師護衛。第 6 澳洲師的主力亦正向前推進。至 4 月 8 日，南斯拉夫軍隊在南部的抵抗顯然正在崩潰，阿利阿克蒙防線的左翼面臨威脅。為應對此情勢，派出一支澳洲旅團迅速前往封堵敵軍自莫納斯提爾推進的路線，隨後第 1 裝甲旅也趕去與該旅團會合。敵人的推進因公路受損及皇家空軍的幾次有效轟炸而被延遲，但至 4 月 10 日，敵軍開始對我側翼發起攻擊。在惡劣天氣中激戰兩日，終於遏制住敵軍的攻勢。

向西方向，只有一個希臘騎兵師與駐紮在阿爾巴尼亞的部隊保持聯繫，因此威爾遜將軍決定將承受重壓的左翼撤至科扎尼和格拉文納。該行動於 4 月 13 日完成，但在此期間，第 12 和第 20 希臘師已經開始崩潰，失去有效戰鬥力。從此，我方部隊只能孤軍奮戰。到 4 月 14 日，紐西蘭師也被撤回，以保衛奧林匹斯山以北的戰略要地。該師的 1 個旅正在掩護通往拉里薩的道路。儘管敵軍多次猛烈進攻，但未能成功。然而，威爾遜的左翼仍受到威脅，因而決定退至德摩比勒。他就此與帕普哥斯協商。帕普哥斯同意，並在此期間建議英軍撤離希臘。

首相致威爾遜將軍（在雅典）

1941 年 4 月 13 日

我欣慰地得知希臘第 20 師與騎兵師將填補希臘西部軍隊與貴軍之間的缺口。若德軍通過此缺口向南推進，顯然將對你們的阿利阿克蒙陣地形成包圍，並更有可能圍困駐紮在阿爾巴尼亞的所有希臘部隊。我無法理解，希臘西部軍隊為何不果斷撤回希臘。根據帝國總參謀長的說法，這些建議曾多次提出，但未見成效。在這個難忘的時刻，我祝願你一切順利。

我也很高興地得知，國王目前不會離開希臘。他有機會在歷史上留下重要的印記。然而，如果他或任何一支希臘軍隊被迫撤出希臘，我們將在賽普勒斯為他們提供一切便利，並盡力將他們送往那裡。考慮到克里特島可以透過海路獲得補給，一支精銳的希臘軍隊駐紮在該島將是極為有利的。

隨後幾天是關鍵時刻。韋維爾在 4 月 16 日來電稱，威爾遜將軍與帕普哥斯將軍會面，後者表示希臘軍隊面臨巨大壓力，且因空襲導致後勤困難。他同意撤退至德摩比勒陣地，撤退已經開始。帕普哥斯再次建議我們撤出英國軍隊，以避免對希臘造成更大破壞。威爾遜認為應在占領新陣地後開始行動，並立即安排撤退。韋維爾指示威爾遜，只要希臘軍隊能繼續抵抗，就應與他們並肩作戰，但允許在必要時繼續撤退。我們已經命令所有前往希臘的船隻立即返航，所有船隻停止裝載人員和物資，正在裝載或已經裝載的船隻應立即卸貨。他設想，在我們的軍隊實際撤離上船前，應收到希臘政府的正式請求。他認為克里特島可以堅守。

面對這個嚴峻卻並非始料未及的消息，我立即發出了回覆電報。

首相致韋維爾將軍

1941 年 4 月 17 日

1. 你未向我們彙報有關帝國軍隊在希臘前線的狀況。

2. 我們不能因為違背希臘軍總司令的意願而留在希臘，造成其國家受到戰爭的摧殘。在帕普哥斯提出請求後，威爾遜或帕勒里特應爭取希臘政府的同意。一旦取得希臘政府的認可，應立即開始撤退，但需確保不影響與希臘軍隊合作撤至德摩比勒陣地的行動。當然，你應盡力設法救出物資。

3. 務必全力守住克里特島，重新部署部隊時應做好準備。希臘的精銳部隊以及國王和政府應在克里特島穩固立足。我們將盡力支持並維持克里特島的防禦。

17 日，威爾遜將軍從提佛驅車前往塔托伊王宮，會晤國王、帕普哥斯將軍以及我們的大使。眾人一致認為，撤退至德摩比勒一線是唯一可行的方案。威爾遜將軍堅信他能夠暫時堅守這道防線。討論的核心是撤退的方式和順序。希臘政府至少在接下來的一週內不會離開希臘。

我之前已提及希臘首相科里西斯先生。他是在梅塔克薩斯去世後被選為繼任者。除了個人生活無懈可擊且擁有明確堅定的信念外，他並無其他公職身分。他似乎無法拯救國家於危機，或勝任自己的職責。與匈牙利的泰來基伯爵相似，他選擇了以死謝罪。在 4 月 18 日，他自殺了。後人緬懷他時，理應向他致敬。

在此動盪局勢中，應盡力合理安排各項任務的優先次序。空軍中將朗莫爾請求指導如何排程他那過度緊張的空軍。因此，我給三軍參謀長發出一項指示，他們一致表示贊同，並將其原文電傳給中東的各位司令。

參謀長委員會致各位總司令

1941 年 4 月 8 日

以下是首相及國防大臣的命令。

1. 在我們的各項工作中，沒有一項是可以完全忽視的，因此要想在這些工作中明確地劃分輕重緩急，是不可能的。然而，接下來的各要點可以作為指導。從希臘撤出紐西蘭、澳洲和英國軍隊是整個帝國關注的重大事件。

2. 托布魯克的軍需品足夠維持兩個月，因此可以在希臘撤軍緊張時期的開始或結束之後，安排船隻進出托布魯克。

3. 你們應將撤退掩護和支援利比亞戰役這兩件事明確區分。然而，若二者發生衝突 —— 儘管可能避免 —— 則應優先確保在利比亞的勝利。

4. 現階段無需對伊拉克之事感到憂慮。那裡的進展似乎依然順利。

5. 克里特島起初僅作為存放從希臘撤出的各類物資之地。該島整體防禦的詳細計畫應稍後制定。在此期間，島上所有部隊應採取分散策略以因應空襲，若發現傘兵或空降敵軍入侵，應以刺刀迎擊。

6. 綜上所述，在利比亞取得勝利應為首要任務，而從希臘撤軍則次之。托布魯克的航運安排應以是否有助於勝利為前提，並根據便利條件靈活調整。伊拉克問題可暫時擱置，而克里特島的防務可以延後再處理。

撤退至德摩比勒的行動極為艱難，因敵軍已經被封阻於坦波谷、奧林匹斯山口以及其他要地，我方部隊全須穿過拉里薩狹窄的瓶頸。威爾遜預見到西翼將面臨最嚴峻的威脅，因此在卡拉巴卡部署了一支旅團以期能夠應對。然而，危機卻出現在東面，即坦波谷與奧林匹斯山口。紐西蘭第 5

旅在山口堅守3日，這段時間至關重要。坦波谷的局勢更加危急，因為此乃德軍通往拉里薩的最短路徑。起初僅由紐西蘭第21營防守，後增援一支澳洲旅團。此地同樣堅守了3日，為我方全軍通過擁擠的拉里薩爭取了必要的時間。

在4月13日之前，天氣惡劣，敵人無法充分發揮其10倍於我們的空中優勢。然而，4月15日黎明，敵方空軍對拉里薩附近的機場發動猛烈襲擊，摧毀了我方許多剩餘的飛機。其他飛機則被調回雅典，因為途中沒有降落地點。16日和17日天氣陰沉，但隨後轉晴，德國空軍大規模出動，不斷襲擊我方向德摩比勒出發的部隊。儘管如此，他們並非沒有遭遇抵抗，在雅典附近的一次空襲中，敵機被擊落22架，而我方「旋風」式戰鬥機損失5架。

這幾場頑強且巧妙的防禦戰，在各個方面都遏制了德軍的猛烈進攻，使他們遭受了重大的損失。直到4月20日，占領德摩比勒陣地的任務才得以完成。這個陣地的正面非常堅固，但我軍需要防守沿海公路，防備敵人從優卑亞島入侵，最重要的是要阻止敵軍向德爾法推進，因此任務極為緊迫。然而，德軍的進展緩慢，因此該陣地從未遭受嚴重考驗。同一天，阿爾巴尼亞前線的希臘部隊投降了。

然而，我始終未曾放棄在德摩比勒陣地上堅守的終極希望。在那場古代著名戰役之後，數個世紀早已流逝。如今，難道不能再度創造一次不朽的戰績？

首相致外交大臣

1941年4月20日

我越發確信，若現場的指揮官們判斷可以堅守德摩比勒陣地2到3週，並設法讓希臘軍繼續作戰，或保持足夠的希臘兵力，那麼，只要自治領同意，我們必然會支持他們繼續堅守。我不認為，如果敵軍遭受重大損失，我軍的撤退會因此更加困難。相反，只要敵方空軍被牽制在希臘，利比亞的形勢就會趨於穩定，我們便能向托布魯克運送更多坦克。如果我們能確保這一點，並穩固托布魯克陣地，那麼甚至可能有信心從埃及提供增援。我不願看到我軍撤出希臘，如果只是英軍，並且僅依據軍事理由做出決定，那麼只要威爾遜認為可以繼續作戰，我便會敦促他堅持到底。無論如何，在我們承諾撤軍之前，應在明日內閣會議後正式將此問題提交各自治領考量。當然，我不清楚我軍抵達新的關鍵陣地時的具體情況。

4 月 21 日，韋維爾將軍向希臘國王詢問希臘軍隊的狀況，以及是否能立即為德摩比勒左翼提供有效援助。國王表示，在敵人發起進攻之前，已無時間派遣任何有組織的希臘部隊支援英軍左翼。韋維爾將軍回應稱，既然如此，他有責任立即採取行動，使部分英國軍隊能夠安全撤離。國王完全同意，並似乎早有此意。他在對話中表示，對英軍陷入如此境地深感遺憾。韋維爾將軍隨後叮囑國王，務必嚴格保密，並採取一切措施確保撤離成功 —— 例如維持雅典的秩序；推遲國王與政府遷往克里特島的時間；確保在埃皮達魯斯的希臘軍隊堅守不動，並阻止敵人從西面沿科林斯灣北岸推進。國王承諾盡力協助。然而，這一切都是徒勞。4 月 24 日，希臘在德國強大攻勢下最終投降。

如今，我們再次面臨一場類似於 1940 年經歷過的海上撤退。通常情況下，從希臘有組織地撤離超過 5 萬人，幾乎是不可能的。然而，在普里德姆 - 威佩爾海軍中將（在船上）與貝利 - 格羅曼海軍少將（在岸上）的協同指揮下，我皇家海軍圓滿完成了這個任務。在敦克爾克戰役中，我們大體上擁有制空權。然而，在希臘，德國人完全而絕對地掌握了空中優勢，使他們得以對港口和撤退中的軍隊進行幾乎不間斷的攻擊。軍隊顯然只能在夜間登船，而在白天則必須在海灘附近避免被敵機發現。這是納姆索斯事件的重演，但規模擴大了 10 倍。

坎寧安海軍上將幾乎將他的輕型艦隊全面投入此項任務，其中包括 6 艘巡洋艦和 19 艘驅逐艦。4 月 24 日夜晚，這些艦艇連同 11 艘運輸艦與襲擊艦以及眾多小型艦艇，在希臘南部的小港和海灘展開營救行動。

這項任務連續進行了 5 個晚上。4 月 26 日，敵軍透過傘兵突襲，成功奪取了跨越科林斯運河的重要橋梁，德軍因此大舉進入伯羅奔尼撒半島，使我方疲憊不堪的部隊在向南部海灘行進的過程中不斷遭遇攻擊。4 月 24 日和 25 日晚間，撤出 17,000 人，損失了兩艘運輸艦。26 日晚間，又從 5 個登船點撤出約 19,500 人。在納夫普利翁灣發生了慘劇。運輸艦「斯拉馬特」號為了最大化登船人數（這是勇敢但不當的舉動），停留時間過長。破曉後不久，在離岸時被俯衝轟炸機擊沉。艦上有 700 名士兵，大部分被驅逐艦「金剛石」號和「25」號救起，但這兩艘驅逐艦在數小時後也在空襲中被擊沉。3 艘船上的生還者僅有 50 人。

4 月 28 日和 29 日，兩艘巡洋艦與 6 艘驅逐艦竭力營救卡拉馬塔附近海灘上的 8,000 名士兵以及 1,400 名南斯拉夫避難者。1 艘奉命先行安排登船的驅逐艦發現敵軍已占領該鎮，且多處起火，因此被迫放棄大部分營救。儘管反攻後將德軍逐出該鎮，4 艘驅逐艦僅能透過小艇從東面的海灘救出約 450 人。同夜，「阿賈克斯」號與 3 艘驅逐艦從摩尼姆斐希亞救出 4,300 人。

這些事件表明主要的撤離行動即將結束。在接下來的兩天裡，零星的小股士兵被從各個島嶼或海面上的小艇中救出，而在接下來的幾個月裡，希臘人冒著生命危險協助 1,400 名官兵分批獨自返回埃及。

總共成功營救了 50,662 人，其中包含皇家空軍人員以及數以千計的賽普勒斯人、巴勒斯坦人、希臘人和南斯拉夫人。這個數字約占當初派往希臘部隊人數的 80%。這些成就完全歸功於皇家與盟國商船隊船員的勇敢和高超技藝，他們在敵人極其殘酷的阻撓行動下毫不畏懼。從 4 月 21

日至撤退結束，我們在敵方空襲中損失了 26 艘船舶，其中 21 艘為希臘船隻，包括 5 艘醫療救護船，其餘為英國和荷蘭船隻。皇家空軍與駐克里特島的海軍航空隊合作，力圖緩解撤退的困難，但因敵機占據絕對優勢，效果有限。儘管如此，從 1940 年 11 月起派駐希臘的少量空軍中隊表現卓越，擊毀敵機 231 架並投下 500 噸炸彈。本身損失飛機 209 架，其中 72 架在空戰中損失，儘管損失慘重，但其戰績仍值得讚揚。

此時，希臘的海軍雖小但非常精銳，聽命於英國指揮。1 艘巡洋艦、6 艘現代驅逐艦和 4 艘潛艇逃至亞歷山大港，並於 4 月 25 日抵達。之後，希臘海軍在地中海的戰鬥中屢次立下戰功。

若這段悲劇性故事的敘述使人認為英帝國及英國軍隊未能從希臘盟軍獲得有效的軍事支援，請記住，希臘人在 4 月間面對實力懸殊的情況下進行了 3 個星期的戰鬥，而這正是他們在與義大利長達 5 個月的艱苦戰役中最嚴峻的時期，他們幾乎已經耗盡全國的兵力。10 月時，他們突然遭到兵力至少是己方兩倍的敵軍進攻，起初成功擊退侵略者，隨後在反攻中追擊敵軍 40 英里，將其逐回阿爾巴尼亞。他們整個冬季在山區與數量和裝備均優於己方的敵軍交戰。駐紮在西北部的希臘軍隊缺乏運輸工具和公路，無法快速調動，以應對德軍從側翼和後方發動的強大攻勢。他們的力量幾乎在這場保衛祖國的漫長而英勇的戰鬥中消耗殆盡。

我們之間從未抱怨彼此。希臘人真誠地向我們的部隊表達友誼，並提供協助，他們的這種高尚態度始終如一。雅典市民及其他撤退地的居民，似乎對可能拯救他們的人的安全比對自己的命運更為關注。希臘人的尚武精神依舊光芒四射。

行文至此，我已將我們在希臘冒險中的關鍵事實詳盡敘述。事後，人們容易在精神與道德上選擇必須採取的適當立場。這篇記述是根據事件的實際情況和所採取行動的真實過程寫成的。未來，當情況完全明朗時，判斷自然會形成；而最終，在我們生命的終點，歷史將作出冷靜、公正且深刻的評判。

毫無疑問，希特勒與墨索里尼對希臘的暴行，以及我們為反抗壓迫並從中拯救一切可救之物所付出的努力，深深地打動了美國人民，特別是那位引領美國人民的偉大領袖。在此期間，我與總統進行了一次感人的電報交流。他提到……他對東地中海區域的看法是：

你在希臘的工作不僅展現了勇氣，還帶來了顯著的益處。德軍被迫進行大規模集結，其人力和物力耗損巨大，因此你們在領土損失上得到了額外的補償。

你已經提前將能夠節省的所有兵員和裝備運往希臘，因此你可以進行一場完全必要的持久戰，而這種戰略也適用於包括北非和近東在內的東地中海其他地區。此外，如果需要從其他地方撤退，那將成為當前戰爭階段中縮短英國戰線、延長軸心國戰線並迫使敵人耗費大量人力與裝備之計畫的一部分。我滿意地感到，這裡和英國的大眾輿論越來越意識到：即使你在東地中海區域需要再撤出一些地方，但你絕不會允許任何大規模的崩潰或投降，最終，海軍對印度洋和大西洋的控制，將使你們贏得戰爭。

我的回電可能被視為與這封寬宏大度的來信應得的回覆不相符。我感到自己受限於當前事件，同時也深知美國情緒的高漲，因此我選擇將內容聚焦於未來的討論。

前海軍人員致羅斯福總統

1941 年 5 月 4 日

你友好的來電讓我堅信，無論多麼嚴重的暫時挫折，都無法動搖你支持我們直至最終勝利的決心……

我們不可過於自信地認為失去埃及和中東不會產生嚴重後果。這將顯著增加大西洋和太平洋的風險，並一定會延長戰爭，進而導致一切災難和軍事風險。無論如何，我們將戰鬥到底，但請記住，西班牙、維琪、土耳其和日本的態度可能最終取決於這個戰場上的結果。我不同意認為失去埃及和中東只是為順利進行海上持久戰做準備的觀點。如果歐洲全境和亞洲及非洲的大部分因征服或脅迫而成為軸心國體系的一部分，那麼由英倫三島、美國、加拿大和大洋洲對抗這個龐大集團的戰爭將是艱難、漫長且前景黯淡的。因此，如果你現在或近期不能採取更積極的立場，各方面的力量對比可能會極為不利。總統先生，我相信，你不會誤解我坦率表達的心聲。在土耳其、近東以及西班牙，悲觀情緒日益增長，而在我看來，唯一能夠扭轉這種趨勢的決定性力量就是美國立即作為交戰國加入我們。如果這是可能的，我確信我們能夠維持地中海地區的局勢，直到你們的軍火力量掌控全域。

我們決意為埃及以及其重要據點托布魯克和克里特島戰鬥到最後一刻，不惜流盡最後一滴血。我們為此承受了巨大的風險。就我個人而言，儘管在增援坦克和飛機方面面臨實際困難，但我仍相信我們會取勝。然而，我懇請您，總統先生，千萬不要低估中東崩潰可能帶來的嚴重後果。在這場戰爭中，每一個前哨據點都至關重要，我們還能再失去多少這樣的據點呢？

關於維琪事務，我們期待你能率先採用軟硬兼施的戰略，盡可能從中獲取利益。唯有你能阻止德國人進入摩洛哥。一旦他們在此立足，就無需從陸路進攻；不久，他們便會派遣空運部隊前往達喀爾。

我正迫不及待地期待著你即將發表的廣播演講。這或許是最關鍵的轉捩點。

請允許我表達深深的謝意，感謝您在船舶和油船事務上的巨大支持，以及您為我們和共同事業所提供的慷慨無私、見義勇為的協助。

在前一晚的廣播演講中，我不僅試圖傳達英語世界人民的普遍情感，以及闡明那些主宰我們命運的關鍵事實。

當我們審視歐洲和非洲的當前局勢以及亞洲潛在的發展時，難免心生憂慮和緊張；然而，我們絕不能因此喪失判斷力，陷入悲觀或恐慌。在以冷靜的態度面對眼前挑戰時，若能回顧我們已經克服的艱難險阻，便會自然而然地生出新的信心。當前的事態，論其嚴重性，無一能與去年經歷的危機相提並論。未來可能在東方出現的問題，也無一能與西方正在發生的問題相匹敵。

上次我向各位演講時，曾引用過羅斯福總統親筆寫給我的朗費羅詩句。此刻，我又想起另一段詩文，儘管不如前者著名，但在今晚用以描述我們的命運，顯得特別恰當。我相信，在所有講英語和自由旗幟飄揚的地方，人們的心聲必定如此。

「當那疲憊無力的浪花徒然拍擊岸邊，
彷彿是寸步難進的時候，
遠遠地，透過小河小灣的流灌，
已悄然融合為一片汪洋。
當晨光初照人間，
那光芒豈止透過東窗；
太陽在前方徐徐升起，何其遲緩！
然而，若向西眺望，土地已然輝煌無比。」

的黎波里與老虎計畫

我在非洲沙漠側翼的潰敗所引發的後果，之前已經討論過。這場失利也意味著攻占羅得島的可能性被抹去，而該島是我們與希臘之間的交通要道。這個情況嚴重影響了我們在希臘發動的軍事行動，儘管該行動原本就難以成功。在敘述沙漠事件的過程中，我們也應提及同時發生在海面上的一些事件。任何人都能看出，向希臘派遣軍隊使得我東地中海艦隊承受了巨大的壓力，而這僅僅是混亂時期中分配給他們的任務之一。早在 4 月 10 日，坎寧安海軍上將便意識到，隆美爾氣焰囂張的裝甲部隊突然挺進，對其處境極為不利。他警告我們說：

> 若德國在下個月成功越過地中海，將部隊運至北非，他們至少能控制至馬特魯港的區域；一旦達成此目標，亞歷山大港在戰鬥機護航的轟炸機空襲下，能否繼續作為艦隊基地，便成疑問。除非摧毀的黎波里港，否則德國人很可能會實現這個目標。我認為，炮擊摧毀的黎波里港並不實際。這不僅涉及作戰艦隊的風險，還需考慮這種方法的實際效果是否值得。我認為，解決之道在於持續的空襲……因此，我認為必須立刻派遠端轟炸機赴埃及執行此任務，且不得受阻。這項任務可能需要一段時間，其結果將決定我們是否能保持東地中海的控制。我願再次強調時間因素，具有重大意義。

天哪，想要在短短幾週內在埃及建立一支能有效摧毀的黎波里的遠端轟炸機隊，實在是難以實現。海面炮擊不僅更為經濟且有效，也是我們能力範圍內唯一切實可行的戰略。我相信，即便艦隊在希臘戰役中已經承擔了艱鉅的任務，用這種方式仍能對埃及的防衛作出重大貢獻。

海軍部與坎寧安海軍上將就是否應襲擊的黎波里展開了激烈爭論；在此過程中，第一海務大臣深知總統提供的美援，因此向地中海艦隊總司令建議了一種替代空襲的艱難方案——讓艦隊不顧一切進入最危險的海域炮轟的黎波里。這在我海軍史上是極為罕見的。

海軍部致電地中海艦隊總司令

1941 年 4 月 15 日

為實現中東局勢的穩定，顯然需要採取果敢的行動。經深入分析後，我們意識到，僅對的黎波里進行空襲恐怕不足以阻止通過該港口向利比亞運送的增援力量。

因此，必須對的黎波里實施一些能夠嚴重破壞敵人交通的戰略，使其在較長時間內無法恢復。我們認為，在港口及其航道布滿水雷可能會有顯著效果，但我們不能僅依賴這個措施。因此，必須儘早採取其他方法。

有兩種可選方案：(1) 對該港實施炮擊；(2) 嘗試進行封鎖。

海軍部各位長官與您意見一致，認為炮擊的效果或許不可靠，甚至暫時急遽降低敵人增援率也不太可能。因此，我們已經決定，必須嘗試封鎖與炮擊相結合的方法，炮擊任務應由封鎖船在接近港口時於直射距離內執行。

經過對可用艦種的仔細評估後，決定讓「巴勒姆」號和 1 艘「C」級巡洋艦承擔這項任務。

使用「巴勒姆」號來執行這項任務，毫無疑問會令你感到遺憾。然而，我們認為，與其在炮擊中讓幾艘艦隻受損而導致令人失望的結果，不如徹底犧牲 1 艘戰艦以換取一些真正有意義的戰果。

此命令目的在讓勇敢的坎寧安明確白廳觀察到的事態嚴重性，並確認在此緊急時刻，必須不顧一切地冒險。坎寧安海軍上將對建議他犧牲如「巴勒姆」號這類一級戰鬥艦的計畫表示堅決反對。

地中海艦隊總司令致海軍部

1941 年 4 月 15 日

海軍部的長官們和英王陛下政府已決定在的黎波里行動中犧牲 1 艘戰鬥艦。我深知他們在作此決定前必定經過了審慎的考慮。然而，我認為，只有在以下條件滿足的情況下，這樣的犧牲才是值得的：首先，成功的可能性必須相當高；其次，成功後的結果必須有效。我認為這兩個條件都不具備。至於成功的可能性，我認為要將這艘大型戰艦駛至理想位置，成功的機率甚至不到十分之一。

即便我們取得成功，也將失去 1 艘一級戰艦，而這損失無疑會極大地提振義大利海軍的士氣。此外，敵人僅憑此行動便能推測出我們對昔蘭尼加局勢的嚴峻判斷。

若此次行動未能成功或僅取得部分成果，將進一步加劇這些不利影響。此外，我們將不得不再次從大西洋戰役中調遣另一艘戰艦以填補空缺。

從這些行動中，我們至多只能獲得使這個港口無法正常運作的結果，然而卸貨依然可行，並且還存在其他可替代的法屬港口。

在這些思慮中，我尚未將那兩艘軍艦上近千名官兵的必然犧牲納入考量，他們被草率地派往此任務，對任務目的毫無所知，並且，我也無法看到及時撤回他們的希望。

我寧願調遣全部作戰艦隊冒險出擊，也不願在缺乏掩護的情況下使用「巴勒姆」號去追求微乎其微的成功。

基於上述理由，我認為有必要對海軍部各位長官的決定提出質疑，並懇請重新審視這些論點。

當我們收到艦隊即將炮擊的黎波里的消息時，心中不免感到一絲寬慰。海軍部立刻表示贊同，並且在遠離前線的倫敦承擔了他的責任。4 月 21 日黎明，坎寧安率領戰鬥艦「沃斯派特」號、「巴勒姆」號、「英勇」號和巡洋艦「格羅斯特」號以及驅逐艦出現在的黎波里附近海域，對港口進行了長達 40 分鐘的炮轟。這次行動出人意料，是一次徹底的奇襲。海岸炮臺在 20 分鐘內沒有反擊，空軍也未作出任何抵抗。港內船隻及碼頭和港口設施遭受重創。一座油庫與周圍建築燃起熊熊大火。英國艦隊安全撤離，沒有 1 艘船受到攻擊。

坎寧安海軍上將報告稱：「今日（星期一）凌晨 5 點，我艦隊在距離 11,000 碼到 14,000 碼之間對的黎波里港進行了長達 42 分鐘的炮擊。出乎意料的是，我們成功實現了奇襲，這或許是因為德軍空軍已被調往其他戰區執行任務……我對這個炮擊戰略的看法，將在後續電報中詳述。」

緊隨其後，這位總司令發出了第二封電報，熱情洋溢地表達了他的感受。

地中海艦隊總司令致海軍部

1941 年 4 月 23 日

我們意識到，我們當前肩負的職責似乎已經超出我們能夠有效履行的範圍。

我願明確表達，我仍然堅決反對地中海艦隊炮擊的黎波里的計畫。上次我們僥倖逃脫，僅因德國空軍在其他地區事務上分身乏術。我們完成了奇襲，但整個地中海艦隊耗時 5 天才達成這個目標，而一支從埃及起飛的重型轟炸機隊或許只需數小時。在這次行動中，我艦隊承擔的風險相當高，並且在我看來不值得，而為此暫停了所有當前極其緊迫的任務……

我無法理解「納爾遜」號和「羅德尼」號如何能從大西洋調離以加入地中海艦隊。

我注意到空軍部似乎企圖將本身的責任推卸給海軍，而且空軍並未履行其應與海軍協同作戰的職責來支援我們。

在我看來，此事件彰顯了雙方高級海軍將領的貢獻，並足以向未來研究海軍歷史的人們展示，在這個危急時刻，我們在執行任務時所承受的極端壓力。海軍部在我誠摯同意下，可能確實讓他們的總司令承擔了不必要的風險；而未遭受損失的事實也不足以完全證明他們無可指摘。然而，只有我們在國內的人可以評估全球事件的輕重緩急，而最終責任應由我們承擔。儘管我仍然堅信第一海務大臣的行動是果斷而正確的，但我認為他應向地中海艦隊總司令作出最詳盡的解釋，並向他介紹自亞歷山大港可觀察到的更廣泛戰爭局勢。

首相致地中海艦隊總司令

1941 年 4 月 24 日

1. 地中海艦隊的核心任務是阻斷義大利與非洲之間的所有交通連繫，這是一項不可妥協的原則。

2. 我深感遺憾的是，你建議了飛機襲擊的戰略，這影響了你對的黎波里的炮擊。我們本該早就意識到這一點，但如今也不必懊悔，尤其是我們已經取得實際成果，且艦隻和人員均未受損。我個人對這次毫無損失並不感到意外。敵人在非洲的主要基地炮臺，即便在德國人掌控下，仍然在 20 分鐘後才進行還擊，這個事實清楚地表明，敵人無法始終保持處處警戒。我認為，在這種情況下，封鎖計畫必然能夠實施。

3. 關於我們的空中支援問題：你需要徹底了解情況，因為在情況不明的情況下無法做出結論。空軍參謀長告訴我，要投擲與你的艦隊在 42 分鐘內向的黎波里發射的炮彈同樣重量的炸彈，即 530 噸炸彈，（1）如果從馬爾他島派遣一個「韋林頓」式轟炸機中隊，可能需要 10 個半星期；（2）如果從埃及派遣 1 個「斯特林」式轟炸機中隊則需要 30 個星期。

……

5. 各戰區間的兵力關鍵部署由我主持的國防委員會負責，與空軍部無關，該部只是執行我們的決議。從 1940 年 11 月起，我嘗試各種方法，透過多種途徑，將飛機運往中東。我們冒著巨大風險，付出重大犧牲，尤其是一支戰鬥機中隊在飛往馬爾他時，三分之二的飛機被擊落海中，而「狂暴」號不得不暫停在大西洋的任務，3 次往返塔科拉迪。我在此期間盡力以各種方法支援你，並讚揚你的成就。因此，我真誠希望你相信我們在中樞努力在諸多困難中做出明智而勇敢的決定。

……

7. 你可能不理解我為何建議將「納爾遜」號和「羅德尼」號從大西洋調往地中海艦隊。我認為這兩艘戰艦特別適合的原因是它們裝有裝甲板，而我擔心敵方俯衝轟炸機的威脅。是否能調動它們，取決於大西洋局勢。鑑於你身為高級將領，我需要與你分享一個消息。我與羅斯福總統保持密切聯繫已有時日。他現已經開始負責西經 26 度以西的大部分巡邏任務。從 4 月 24 日午夜起，擁有大量水上飛機的整個美國大西洋艦隊已經開始執行該計畫的第一階段。美國軍艦將在我方護航隊的航線上巡邏，跟蹤所有被發現的襲擊艦和潛艇，並每隔 4 小時以明碼向全球廣播它們的位置，必要時可增加廣播次數。此事不宜突然公布，而應在發展過程中逐漸被察覺。因此，我祕密向你透露。這為海軍部減輕了巨大負擔，提供了極大便利。當然，它也可能引發更具決定性的事件。因此，當前你無需過分擔心大西洋，可以全力用於切斷敵人與非洲之間的交通，無論是通過的黎波里還是昔蘭尼加的通道，都必須切斷。這是與埃及戰役相關的重要任務。

8. 我之所以不厭其煩地向你詳細報告情況，是因為我對你的成就感到欽佩，也因為你需要處理的事情繁多，更因為我同情你不得不讓艦隊冒險，以及因為你的職責極為重要。

我的終極目標依然是在西部沙漠中取得勝利，要在隆美爾的力量變得過於強大之前，在那些凶猛的新裝甲師全部到達之前，摧毀他的部隊。不論如何，我們必須從這場潰敗中挽救我們在埃及的立場。因此，我必須詳細描述一個插曲；在這件事情上，我比平時承擔了更多的直接責任。韋維爾在沙漠側翼的這場敗仗幾乎使他的裝甲車輛全部損失殆盡。4 月 20 日（星期日），我在迪奇萊度週末時，正坐在床上工作，收到韋維爾將軍發給帝國總參謀長的一封電報，該電報揭示了他極其艱難的處境。他表示，

雖然昔蘭尼加的狀況有所改善，但展望未來，我仍對在接下來的一段時間內的發展感到不安，原因在於我在坦克力量上相對薄弱，尤其是在巡邏坦克方面。如你所知，此次沙漠戰役的成敗相當程度上取決於裝甲部隊的實力……敵人在昔蘭尼加的戰線上可能至少擁有 150 輛坦克，其中一半是中型坦克。目前，這些坦克大多駐紮在巴納迪亞—薩盧姆地區，並且，如果敵人能夠解決供應問題，可能正在準備推進。我擁有一支力量薄弱的裝甲部隊，其在托布魯克是由巡邏坦克、步兵坦克和輕型坦克混合組成的，而在馬特魯地區則是 1 個巡邏坦克中隊……到本月底，預計可用於協助馬特魯地區防務的裝甲部隊最多是 1 個巡邏坦克團和 1 個步兵坦克團，每團都缺少 1 個中隊。到 5 月分，我可能從工廠獲得 30～40 輛巡邏坦克，用以組成一支新的弱勢部隊。此外，還可能獲得少量步兵坦克，這些坦克將需要用於亞歷山大港的近郊防禦，以防禦敵人突然襲擊。我不指望從希臘收回任何坦克，而且在一段時間內也不太可能有更多的坦克運來。

他還進一步說明：

最新消息。我剛剛收到一項令人不安的情報。我原本預計本月初在的黎波里登陸的另一個德國殖民地師將在本月底出現在戰場上。現在有些部隊已經被辨識出來了。我剛剛得到報告稱，最近的跡象顯示，這並不是 1 個殖民地師，而是 1 個裝甲師。若果真如此，局勢確實嚴峻，因為 1 個裝甲師擁有 400 輛坦克，其中有 138 輛是中型坦克。如果敵人能夠解決供應問題，這將對我們造成很大困擾。容我對這一則不利消息進行分析研究後，再續電奉聞。

同日，韋維爾將軍在另一封電報中詳盡描述了他的坦克狀況。他提到，

到 5 月底，我們會發現，僅能為埃及提供兩團巡邏坦克，且沒有足夠的後備坦克來替換被摧毀的坦克。然而，目前在埃及有足以組成 6 個坦克團且訓練有素的優秀人員。我認為，除了步兵坦克外，供應巡邏坦克至關重要，因為在沙漠作戰中，步兵坦克的速度和活動範圍都顯得不足。帝國總參謀長，務必大力支持。

在閱讀了這些令人震驚的電報之後，我決定無視海軍部的反對，直接派遣一支運輸船隊，裝載韋維爾將軍所需的所有坦克，穿越地中海直赴亞歷山大港。我有一支運輸船隊，滿載增援裝甲車輛，準備啟航繞道好望角。我決定讓這支船隊中的快速艦隻在直布羅陀分開，走捷徑，以節省大約 40 天的時間。當時，伊斯梅將軍住在附近，正午時來看我。因此，我以個人名義寫了一份備忘錄，交給伊斯梅將軍轉交三軍參謀長。我請求他立即攜帶此備忘錄前往倫敦，並強調我對此步驟的高度重視。備忘錄內容如下：

首相致函伊斯梅將軍，轉交參謀長委員會

1941 年 4 月 20 日

1. 請查閱韋維爾將軍最新發來的電報。中東戰事的結果如何，我們是否會失去蘇伊士運河，我們在埃及的眾多部隊是否會全軍覆沒或陷入混亂，美國透過紅海與我們合作的所有希望是否會破滅 —— 這一切或許都取決於幾百輛裝甲車。如果可能，必須不惜一切代價將這些裝甲車運送過去。

2. 我將在明日（21 日，星期日）中午主持一場會議，參會者包括三軍參謀長以及海、陸、空軍各大臣，並立即蒐集情報及採取必要行動。

3. 實現這個重要目標的唯一途徑是讓第 7 號運輸船隊中的車輛運輸快速艦隻通過地中海前往亞歷山大港。韋維爾將軍在電報中明確表示，他

需要的是坦克，而非人力。我們必須冒著失去這些車輛或其中部分的風險。即便只有一半能夠成功運送，也能改變局勢。5 艘車輛運輸艦共裝載了 250 輛坦克，除 14 輛外，皆為步兵坦克。應盡力在此次運輸中增加巡邏坦克的數量。據了解，如果船隻能多停留約 24 小時，便能多裝載 20 輛坦克，這意味著由車輛運輸艦組成的運輸船隊將於 4 月 23 日清晨啟航。

4. 運送人員的船隻原本計劃繞航好望角，然而須依據帝國總參謀長的指令臨時調整航線。

5. 我已指示海運部，在提到的起航日期前，盡力尋得兩艘速率相同的車輛運輸艦，不考慮其他需求。如能找到，應從國內最優秀的裝甲師中額外調撥 100 輛巡邏坦克。這些坦克應考慮適合熱帶作戰，但「適於沙漠作戰的」特殊裝置顯然無法配備。

6. 海軍部和空軍部應在今日審議並制定計畫，確保這支至關重要的運輸船隊能夠穿越地中海。當然，我們必須冒險，不可能保證絕對的成功。然而，屆時馬爾他島應已獲得增援。由蒙巴頓指揮的驅逐艦和其他海軍增援部隊應已抵達該島（或與運輸船隊同時啟航）。敵方的俯衝轟炸機有許多其他目標，且它們也不清楚運輸船隊的載貨內容。

7. 時間的爭取至關重要，此事不可拖延片刻。請擬定一份可能的日程表並提交。若按每小時 16 海里的速度計算，自 4 月 23 日啟航，航程大約只需 8 天，就算 10 天之內完成。因此，我們可以在 5 月的第一個星期內對韋維爾將軍進行有效支援。保密性至關重要，除高級人員外，不得透露運輸船隊中某些艦隻在直布羅陀分途的計畫。應讓船隊中的每個人都相信他們的任務是繞航好望角。

當伊斯梅抵達倫敦時，三軍參謀長正在開會，討論我的備忘錄，直至深夜。他們起初對這些建議表示反對。車輛運輸艦安全穿越地中海的可能性甚微，因為在進入海峽前一日及駛過馬爾他島後的早晨，它們必將遭到敵軍俯衝轟炸機的襲擊，而這些區域又超出我方戰鬥機從海岸基地起飛的航程。會上有人指出，國內的坦克力量已薄弱至危險程度，若海外損失大量坦克，海外部隊必定要求補充，結果將進一步分散本土坦克力量。

然而，當國防委員會次日召開會議時，龐德海軍上將支持了我的主張，並同意船隊通過地中海，這讓我感到非常高興。空軍參謀長波特爾空軍中將表示，他將盡力安排1個「勇士」戰鬥機中隊從馬爾他島提供額外掩護。隨後，我提議委員會考慮再增加100輛巡邏坦克，由這支船隊運送。我寧願為此延遲兩天出發。迪爾將軍則以本土防禦缺乏坦克為由，反對增加這些坦克。1940年7月，他曾同意我們將僅有少數坦克的一半裝船經好望角運往中東，這不過是10個月前的事，想到這點，我不禁覺得他的理由不夠充分。正如讀者所知，我並不認為1941年4月敵人入侵的威脅有多嚴重，因為我們已經做好了充分準備。現在，我們知道當時的判斷是正確的。於是會議決定執行我稱之為「老虎」的計畫；運輸船隊中應加入第6隻船，以便裝載67輛第6型號的巡邏坦克。然而，儘管多方努力，這隻船未能及時裝載完畢，與運輸船隊同時出發。

我立刻將這個好消息告知韋維爾。

首相致韋維爾將軍

1941年4月22日

1. 在最近幾日，我一直為您努力爭取運送增援物資；我們正將307輛最精良的坦克裝船，將經過地中海運往您處，預計您將在5月10日左右收到這批坦克。我相信，聽到這個消息時您一定會感到非常高興。在這批坦克中，有99輛是第4型號和第6型號的巡邏坦克，以及第6型號巡邏坦克的所需零件，此外還有180輛步兵坦克。

2. 你在4月18日的電報中提到，你擁有足夠數量且受過坦克訓練的人員，可以籌組6個團。因此，我們將透過最近的航線僅為你運送車輛。人員則依照先前的協定，繞航好望角，但可能會有臨時變化。

3. 你將透過慣常的聯繫管道獲得：

（1）正運送中的坦克及配件的詳細說明書，這些配件適用於你之前收到的坦克；

（2）有關適應沙漠作戰需安裝的各種配件的說明書。

希望你立即做好一切準備，以確保工作穩步推進，並使在克雷指揮下的著名第 7 裝甲師 —— 該師的崩潰出乎我們意料 —— 重新取得勝利。

4. 在接到詳細通知後，你應提交計畫，儘早部署這些車輛投入戰鬥。如果這批車輛成功克服航程中的挑戰（當然，這並無法保證），後續的行動就由你負責了。到 6 月底，昔蘭尼加不應再有德軍駐留。

5. 在為這些車輛的戰鬥部署做準備時，應散布消息稱它們正在繞航好望角運輸，由於保密性至關重要，這裡知情者寥寥無幾。因此，在收到這批坦克後，你將有出其不意的機會。祝你一切順利。

在這一切發生之際，我們對托布魯克的局勢深感憂慮。韋維爾於 24 日報告稱，空軍戰鬥機的狀況極為嚴峻。派往希臘的「旋風」式戰鬥機已全數損失，而由於敵人最近對托布魯克的空襲，駐紮於此的大部分「旋風」式戰鬥機也被擊毀或擊傷。空軍中將朗莫爾認為，在托布魯克市區內部署一個戰鬥機中隊只會導致重大損失。因此，在戰鬥機隊的增援到來之前，敵人在托布魯克勢必享有絕對的空中優勢。然而，這天早晨，駐軍擊退了一次進攻，重創敵軍，並俘獲 150 名士兵。

此刻，人們的內心充滿了困惑與不安，甚至有些悲觀失望。對此情緒，我不得不進行嚴厲批評。

首相致帝國總參謀長

1941 年 4 月 22 日

我們切不可遺忘，被圍困的軍隊通常比圍攻者強大 3 到 4 倍。他們尋求舒適，這點無可厚非。但他們必須謹慎，切勿被較小的部隊困住，進而削弱襲擊敵軍交通線的能力。我們期待擁有百門大炮和充足補給的 25,000 士兵，能夠抵禦長途跋涉 700 英里的 4,500 個敵軍，並堅守這個設防堅固的地區；即便敵軍是德軍，也應能抵擋，更何況圍攻托布魯克的部分軍隊並非德軍。我引用的資料來源於陸軍部。我們絕不能在與敵人對比時妄自菲薄。

不久，韋維爾將軍傳達了隆美爾增援即將到來的消息，這引發了更大的不安。德國第 15 裝甲師（在橫渡地中海時遭受了一些損失）可能已在 4 月 21 日之前完成登陸。幾支部隊已經在托布魯克對面或卡普措堡區域被我軍辨識。據戰俘透露，該師仍然缺乏運輸補給的車輛。根據我們對抵達的黎波里的船隻的監測，要完全裝備這個師，似乎還需要 21 船物資，每船平均載有 5、6,000 噸。在東部地區深入時，該師的補給問題需依靠班加西和昔蘭尼加的其他小港口解決。有跡象顯示，敵軍頻繁利用班加西港，他們的補給運輸至少需要 15 天。基於此假設，第 15 裝甲師、第 5 輕摩托師、阿里埃特師及特蘭托師將在 6 月中旬後開始行動，而非原估的 7 月以後，比先前的推估提前了兩週。

韋維爾還表示，他不得不承認，德軍的行動常常超出意料；他不敢斷言敵人的能力不會超出他的預期。比如，昨夜他們就從薩盧姆地區發起進攻，而按照我們對其補給情況的評估，這幾乎是不可能的。

我們未能將班加西發展為一個有效的基地，但自從被德軍占領後，它的重要性顯著提升，這對我們國內的人而言，確實令人不滿。

在接下來的兩個星期裡，我的注意力和不安的心情全都聚焦在「老虎」計畫的進展上。我深知第一海務大臣承擔的風險，也明白海軍部對此憂心忡忡。這支運輸船隊由 5 艘時速 15 海里的船隻組成，5 月 6 日由薩默維爾海軍上將指揮的 H 艦隊護送穿越直布羅陀，艦隊包括「聲威」號、「馬來亞」號、「皇家方舟」號和「謝菲爾德」號。與運輸船隊同行的還有為地中海艦隊增援的艦隻，包括「伊莉莎白女王」號及巡洋艦「水上水神」號和「斐濟」號。5 月 8 日，敵機多次空襲，但均被擊退，我方沒有損失，並擊落 7 架敵機。然而，當夜，運輸船隊中的兩艘船在接近突尼西亞海峽時觸雷。其中 1 艘，「帝國頌歌」號，爆炸起火並沉沒；另 1 艘，「紐西蘭之星」號，仍能繼續隨隊航行。抵達斯可基海峽入口後，薩默維爾海軍上將與運輸船隊分離，返回直布羅陀，並派遣 6 艘驅逐艦與巡洋艦「格羅斯特」號增援護航。9 日下午，坎寧安海軍上將抓住機會將一支運輸船隊送達馬爾他島，隨後在馬爾他島南部 50 英里處與「老虎」運輸船隊會合。此後，所有艦隻駛向亞歷山大港，在沒有進一步損失的情況下安全抵達。在此行動中，他們還於 5 月 7 日和 10 日兩次利用輕型艦隊夜間炮擊班加西。

這支承載我希望的重要運輸船隊已成功穿越突尼西亞海峽，現在由加強後的地中海艦隊全面護航，這令我感到無比欣慰。儘管結果未定，我的思緒已轉向克里特島。我們確切得知，德國正準備以空降部隊大規模進攻該島。我認為，一旦德國占領並利用該島的機場，他們將獲得幾乎無盡的增援。因此，我要求三軍參謀長考慮，是否可以讓「老虎」運輸船隊中的 1 艘船在航行途中轉向克里特島，以便卸下幾輛步兵坦克。我經驗豐富的同事們同意坦克對保衛克里特島的特殊價值，但認為這樣的航線改變會危及船上其他寶貴物資，因而不宜實施。因此，我於 5 月 9 日建議，如果「認為讓『拉蒙特氏族』號駛入蘇達灣過於危險，該船應在抵達亞歷山大港卸貨後立即運送 12 輛坦克，或由其他船隻裝運」。命令據此發出。韋維爾於 5 月 10 日回電稱，他「已設法向克里特島運送 6 輛步兵坦克和 15 輛輕型坦克」，而且「如果一切順利，數日內可抵達」。

當然，我熱切期望「老虎」計畫再創輝煌。我當時可能未能察覺這項計畫對相關各方造成的巨大壓力，儘管主要責任顯然在我。我認為，我對經地中海路線的風險評估最終被證明是正確的。然而，我的海軍界朋友們則認為我們是因運氣好和天氣佳才成功。海軍部自然不願因這次成功而頻繁進行這種危險行動，我因此面臨了在我看來相當嚴峻的阻力。若非韋維爾將軍不僅未請求支持，反而持反對意見，我定會將爭議提交內閣裁決。韋維爾的態度讓我無從依靠。因此，有 50 輛巡邏坦克和 50 輛步兵坦克由後續運輸船隊繞好望角運送，該船隊直到 7 月 15 日才抵達蘇伊士。

此刻，諸多事件已然發生，然而，並非全都令人失望。

伊拉克政局的背叛行動

1930 年簽署的英、伊條約中規定：在和平時期，英國不僅享有其他權利，還可以在巴斯拉附近和哈巴尼亞設立空軍基地，並隨時運送軍隊與軍需。條約還指出：在戰時，英國將獲得運送武裝部隊的各種便利，包括使用鐵路、河流、港口和機場。戰爭爆發後，伊拉克與德國斷絕了外交關係，但未宣戰；而當義大利參戰時，伊拉克政府甚至沒有斷絕外交關係。因此，義大利駐巴格達公使館成為軸心國進行宣傳和反英活動的中心。他們在此類活動中得到耶路撒冷伊斯蘭教法典解說官的協助，這些人在戰爭前不久從巴勒斯坦逃出，後來在巴格達獲得庇護。

隨著法國的崩潰以及軸心國停戰委員會成員抵達敘利亞，英國的聲望迅速下滑，這種局勢令我們極為憂慮。然而，由於我們在其他地區投入兵力，軍事干預是不可能的，只能在能力範圍內妥善應對。1941 年 3 月，局勢進一步惡化。與德國勾結的拉希德．阿里成為總理，並與 3 名著名的伊拉克軍官策劃陰謀，這些人被稱為「黃金方陣」。3 月底，親英的攝政王阿卜杜爾—伊拉都督逃離了巴格達。

當前，保障波斯灣關鍵港口巴斯拉的安全，較以往任何時刻都顯得尤為重要。為此，我向印度事務大臣提交了如下備忘錄：

首相致印度事務大臣

1941 年 4 月 8 日

你曾提到，或許有可能從邊防部隊中再調派一個師至中東。伊拉克局勢已經惡化。我們必須確保巴斯拉，因為美國方面希望在那裡建立一個大型飛機裝配基地，以便將物資直接運送至該港。鑑於戰爭必然向東發展，這項計畫顯得尤為重要。

我將向三軍參謀長們闡述你研究上述問題的可能性。奧金萊克將軍也計劃再提供一支部隊。

艾默里先生當日將此意電告印度總督，林利思戈勛爵和總司令奧金萊克將軍隨即表示，能夠向巴斯拉派遣一個步兵旅和一個炮兵團，其中大部分人員已登上前往馬來亞的船隻。其餘部隊也將盡快抵達。4 月 18 日，在前一天空運至舒艾巴的 1 營英國士兵的掩護下，該旅團在巴斯拉登陸，未遇到抵抗。我們再次請求印度政府，將已指定前往馬來亞的兩個旅迅速運至巴斯拉。

首相致函伊斯梅將軍，並抄送參謀長委員會及相關單位。

1941 年 4 月 20 日

應迅速向巴斯拉派遣軍隊，至少要急速運送先前承諾的那 3 個旅。

首相致外交大臣

1941 年 4 月 20 日

應向基納漢·康沃利斯爵士表明，我們派遣軍隊至伊拉克的首要目標，是在巴斯拉進行保護並建立一個大型的裝備基地。同時，應讓他明白，除非是哈巴尼亞發生的事件，目前內地的其他事情都屬次要。我們根據條約的權利進行此次登陸，以避免流血衝突，但若有必要，為確保登陸的順利進行，應當動用最大程度的武力。因此，我們在巴斯拉的立場不僅基於條約，也依據戰爭帶來的新局勢。我們不能就派兵至巴格達或通過伊拉克增兵至巴勒斯坦等問題作出任何承諾。伊拉克現任政府是透過武裝政變上臺，伊拉克作為一個國家，已在實質上侵犯了我們根據條約享有的權益。對於這樣的政府和國家，我們不承認其有要求保證的權利。基納漢·康沃利斯爵士不應擅自作出解釋，以免限制本身行動。

大使據此通知拉希德·阿里，另有數艘運兵船將在4月30日抵達巴斯拉。拉希德·阿里回應稱，在已抵達巴斯拉的部隊離開港口之前，他不允許進行任何新的登陸。奧金萊克將軍接到的指示是繼續進行部隊登陸。拉希德·阿里一直寄望於德國飛機，甚至德國空運部隊的支援，此時他不得不採取行動。

他的初次敵對行為是針對我們在伊拉克沙漠中的哈巴尼亞空軍訓練基地發動的。4月29日，230名英國婦孺剛從巴格達空運到哈巴尼亞。駐紮在營地的英軍僅有約2,200人，而平民人數卻多達9,000人。因此，這所航空學校成為至關重要的據點。指揮官斯馬特空軍少將採取了果斷而迅速的防禦措施，以應付日益加劇的危機。航空學校原本只有一些老舊的飛機和用於訓練的機型，但已經從埃及調來了少量的「鬥士」戰鬥機，臨時將82架各種類型的飛機編成4個中隊。從印度空運來的1營英國士兵也於4月29日抵達。外圍防禦工事長達7英里，僅有一些稀疏的鐵絲網，顯然是不足的。4月30日，伊拉克部隊從巴格達出發，出現在距離飛機場和兵營不到1英里的高地上。不久，又有援軍從巴格達趕到，人數增至9,000，並攜帶了50門大炮。接下來的兩天耗費在無果的談判中，直至5月2日黎明戰鬥開打。

一旦新的危機局勢出現，韋維爾將軍立刻表現出不願承擔更多責任的態度。他表示，他將進行準備，並努力營造一種印象，即我方正在巴勒斯坦集結大量部隊，準備採取行動，這可能對伊拉克政府產生一定影響。在他看來，他可調動的軍力有限，且時間緊迫。此部隊至少需要一週才能啟程。調動這支部隊將使我方在巴勒斯坦的兵力變得脆弱，局勢危險，且當地已有煽動叛亂的跡象。他說道：「我一再提醒你，在當前局勢下，不能從巴勒斯坦調派部隊支援我們派往伊拉克的軍隊，並經常建議你，應避免與伊拉克發生爭端……我在各地的部隊已經極為緊張，我絕不能再將其中一部分貿然投入無效果的行動中去。」

在敘利亞，我們的兵力同樣面臨緊張局面。中東戰區的各位總司令曾表示，在澳洲軍隊重新裝備完成之前，若不在伊拉克執行任務，最多只能向敘利亞調派一個機械化騎兵旅、一個炮兵團和一個步兵營。指望這支軍隊對抗德國可能派遣至敘利亞的部隊是不現實的，且只有在維琪法國積極抵抗時我們才能派兵。如果決定進軍敘利亞，顯然最好先派遣英國軍隊，而非自由法國部隊，因為後者的介入將引發極大爭議。

1941 年 5 月 4 日，我們將有關伊拉克的決策透過電報通知了韋維爾將軍：

在伊拉克的軍事行動已成必然之勢。我們需要在巴斯拉設立基地並掌控該港口，以便在需要時確保波斯石油的安全。

由於德國空軍在愛琴海上空占據優勢，經由伊拉克至土耳其的交通線其重要性愈加突出……即便我們未向巴斯拉派兵，伊拉克在軸心國的操控下仍會出現哈巴尼亞目前的局勢，最終我們仍需在伊拉克抵抗下強行於巴斯拉登陸，這樣一來，將失去在無抵抗情況下建立橋頭堡的機會……由土耳其出面調停，自然可以接受。我們不能妥協。確保埃及的安全依然是首要任務。然而，我們應竭盡全力挽救哈巴尼亞，並掌控通往地中海的輸油管道。

奧金萊克將軍表示，如果能夠妥善安排船隻，他願意在 6 月 10 日前再運送 5 個步兵旅及其附屬部隊以提供援助。我們對他的果敢決策深感欣慰。韋維爾將軍雖然遵從命令，但內心不無怨言。他在 5 月 5 日的電報中表示：「你的來電並未充分考慮實際情況。你必須面對現實。」他對自己正在集結的軍隊是否有足夠力量解救哈巴尼亞，以及哈巴尼亞能否堅持到這支軍隊可能於 5 月 12 日抵達感到懷疑。他稱：「我覺得有責任以最嚴厲的措辭提醒你，我認為伊拉克戰事的拖延將對巴勒斯坦和埃及的防務構成嚴重威脅。由此帶來的政治迴響難以估量，並可能導致我在近兩年來竭力避免的結果，即基地內部發生嚴重動亂。因此，我再次強烈請求你儘早透過談判解決問題。」

對此觀點，我持反對意見。

首相致函伊斯梅將軍，轉交參謀長委員會

1941 年 5 月 6 日

應迅速審閱韋維爾將軍和奧金萊克將軍的電報，並在午餐前於下議院向我提交報告。

需留意下列事項：

1. 電話中提到的部隊看似相當強大，何以他們仍然認為無法應對伊拉克軍隊？你們怎麼看？騎兵師因為理所當然的理由一直駐紮在巴勒斯坦，這段時間內，居然連一支機動縱隊的基礎部隊都沒有籌組！

2. 我駐紮在哈巴尼亞的部隊為何會在 5 月 12 日之前撤退？根據目前收到的報告，他們的損失並不嚴重。昨夜，他們的步兵成功發動了進攻，且據報告稱，只要我們的空軍出現，敵方的炮擊便停止。空軍應盡全力增援和鼓舞哈巴尼亞。是否可從埃及空運部分步兵作為援軍？應指示戰地指揮官務必堅決守住陣地。

3. 韋維爾將軍建議透過談判解決問題，這個戰略如何可行？我們推測，伊拉克人可能在德國的慫恿下，要求我們從巴斯拉撤退，或命令我方部隊分散成小隊撤出伊拉克前往巴勒斯坦。駐巴斯拉的高級海軍官員認為，若我軍在此地崩潰或投降，將導致無法收拾的局面。印度政府也持相同看法。韋維爾將軍的立場讓我深感不安。他似乎在東部和西部的側翼都被敵人震懾住了。儘管他手下有大量部隊和即將抵達的大規模運輸船隊，他似乎無法調動哪怕是幾營或幾連的人馬。他給我的印象是已筋疲力盡。

4. 對於印度總司令提出的增援巴斯拉計畫，似乎應以極為贊同的態度來審視。

在參謀長委員會的支持下，我於中午召開的國防委員會上，提出了所有問題以供大家討論解決。大家的決心非常堅定。他們決定發布以下命令：

參謀長聯席會議致函韋維爾將軍及相關人士

1941 年 5 月 6 日

國防委員會已經審議了你昨日的來電。除非伊拉克作出讓步並確保軸心國今後不會對其有所圖謀，否則我們無法接受透過談判解決。當前的實際情況是，拉希德·阿里早已與軸心國勾結，他不過是在等待軸心國能夠提供援助時再採取行動。我軍抵達巴斯拉，已迫使他在軸心國尚未準備妥當時就採取行動。因此，只要我們不失去時機，就能透過果敢的行動獲得扭轉局勢的良機。

因此，三軍參謀長已向國防委員會報告，他們準備負責提前部署你在電報中提到的部隊。國防委員會指示，應通知空軍少將斯馬特：他將獲得支援，在此期間，他的職責是保衛哈巴尼亞到最後一刻。在確保埃及安全的情況下，應盡可能以最大限度的空軍力量支援我軍在伊拉克的戰鬥。

此時，駐紮在哈巴尼亞航空學校的數個空軍中隊，聯合從波斯灣舒艾巴起飛的「韋林頓」轟炸機，對駐紮在高地的伊拉克部隊展開襲擊。敵軍以炮火還擊我軍營地，並派出飛機參與作戰，向我軍陣地投擲炸彈並進行掃射。當日，我軍死傷超過 40 人，22 架飛機被擊毀或受損。儘管炮火密集，起飛困難，我方飛行員仍不懈攻擊。敵軍步兵的攻勢未見擴大，其炮火逐漸被壓制。事實上，敵方炮手在空襲威脅下，甚至僅見我方飛機掠過，便棄炮而逃。我們充分利用這個弱點，從次日起便能調動部分空軍對付伊拉克空軍及其基地。5 月 3 日和 4 日夜間，地面巡邏隊採取攻勢，從哈巴尼亞出擊襲擾敵軍防線。到5月5日，敵軍經皇家空軍4日連續空襲，難以支撐，遂於夜間從高地撤退。我軍追擊，順利戰鬥中俘獲400名戰俘、12門大炮、60挺機槍、10輛裝甲車。從法魯賈增援的敵軍縱隊在途中被發現，我方派出40架飛機將其全殲。至5月7日，哈巴尼亞之圍已然解除。我方守軍從埃及獲得戰鬥機支援；英國婦孺已撤至巴斯拉；伊拉克空軍，約60架飛機，實際上被消滅。這些捷報姍姍來遲，陸續傳達。

首相致斯馬特空軍少將

1941年5月7日

你的堅韌和卓越的行動已經基本恢復了局勢的常態。我們所有人都在關注你所進行的壯麗戰鬥。我們將盡可能地給予你支持。希望你繼續努力。

首相致韋維爾將軍

1941年5月7日

顯然，哈巴尼亞的局勢已有顯著改善；此時若對伊拉克採取果斷行動，或許能在德軍抵達前挫敗伊拉克的叛變。德軍固然可以直接乘重型轟炸機飛抵，但這類飛機只能攜帶有限的臨時物資，難以支持長期作戰。我們應給予沉重打擊，使其士氣在德軍到達前便已受挫。我認為，若魯特巴和哈巴尼亞已被肅清，我的部隊便可占領巴格達，或在勝利之際爭取更多成就。至於煽動部落及政府政策問題，將另行電告。

將軍韋維爾已經直接回電給三軍參謀長：

1941年5月8日

在我看來，未來幾個月內，伊拉克的政治局勢若不利於我，你們應當認清我們在該地採取軍事行動的局限性。來自印度的軍隊能夠保障巴斯拉的安全，但在我看來，若未獲得當地人民和部落的充分合作，向北推進將會困難重重。從巴勒斯坦派出的軍隊可以解救哈巴尼亞，並守住通往巴格達的道路，以防止伊拉克再次進攻哈巴尼亞，但在遭遇抵抗的情況下，無法進入或守住巴格達……因此，為避免在一個並非至關重要的區域捲入重大軍事衝突，我仍然建議透過一切可行的手段尋求政治解決方案。

儘管我了解韋維爾將軍的謹慎行事與忠誠品格，我仍然持續對他施加壓力。

首相致韋維爾將軍

1941 年 5 月 9 日

1. 國防委員會已經審議了你 5 月 8 日發來關於伊拉克的電報。我們獲悉，拉希德·阿里及其追隨者正面臨絕望的困境。儘管如此，你仍需與他們持續奮戰。在巴勒斯坦準備的那支機動縱隊應按你建議的日期出發，如有可能，盡量提前行動。不論是在魯特巴還是哈巴尼亞，都要積極與敵軍周旋。該縱隊與哈巴尼亞的部隊會合後，你應該利用當時的形勢，毫不遲疑地攻入巴格達，即便只用一支小部隊，也要採取德軍慣用的冒險行動以求得利。

2. 除非拉希德·阿里立刻接受參謀長委員會電報中所列條件，否則無法與他進行談判。這樣的談判只會白白拖延時間，讓德國空軍得以到來。我們認為，從你在西部沙漠中抽調部分地面部隊，對你在該地區的局勢不會立即產生影響。空軍應盡量兼顧兩方。除非你在西部沙漠已遭遇敵軍進攻或即將發動攻勢，特德空軍中將才能拒絕派遣必要的空軍以支援我們在伊拉克的軍事行動。

我竭力向韋維爾將軍保證，我們無意擴大軍事行動的範圍，僅僅是為了應付當前的需求。

3. 無須擔憂伊拉克的長遠未來。當前的使命是在巴格達建立一個友好的政府，並以堅定的決心擊敗拉希德·阿里的軍隊。目前，我們並無意在巴斯拉展開大規模的溯河進軍，也未計劃占領基爾庫克或摩蘇爾。我們不打算改變伊拉克的獨立地位，並已根據你對此問題的建議發出詳細指示。

然而，關鍵在於迅速行動，確保機動部隊快速推進，以在巴格達和巴勒斯坦之間建立有效連繫。此事刻不容緩，因為德軍可能即將抵達。我們希望這支部隊能在 5 月 10 日出發，12 日到達哈巴尼亞，前提是哈巴尼亞能夠守住。事實上，他們不僅守住了哈巴尼亞，還取得了更大的進展。我們相信你已經按此時間表行事，並會鼓勵他們加快速度。

韋維爾勇敢地回應了歷次向他提出的要求。他在5月13日報告稱：「在『老虎』計畫的坦克尚未抵達之前，我已指示將現有的所有坦克編入戈特的部隊，並在薩魯姆地區對敵軍發動進攻……如果西部沙漠的行動順利，我將努力增援巴勒斯坦，以便對伊拉克採取行動……我們必須盡快解決伊拉克的緊迫問題……我正在竭力加強克里特島的防禦，以應對敵人即將發起的攻勢。今天下午，我與卡特魯討論了敘利亞的問題。」

此時，「老虎」已順利到達亞歷山大港。我非常期望在克里特島、西部沙漠以及敘利亞，都能獲得令人滿意的成果。然而，這些相互關聯的冒險行動，卻各自有著不同的命運。

首相致奧金萊克將軍

1941 年 5 月 14 日

1. 你即將前往巴斯拉會見韋維爾，這讓我感到非常欣慰。他將向你介紹「老虎」和「灼熱」作戰計畫（保衛克里特島）的詳情。如果能在利比亞取得勝利，將會改變德國人和伊拉克人對伊拉克的所有看法。

2. 你在巴斯拉付出的巨大努力令我們深為感激。印度部隊在那裡的集結越多越好。然而，我們認為，目前不宜貿然向北進攻巴格達，除非道路狀況良好且僅限小規模部隊推進，更不用說進軍基爾庫克或摩蘇爾。在我們了解「老虎」和「灼熱」的進展之前，我們無法考慮這個問題。因此，目前我們只能設法在巴格達建立一個友好的政府，並在巴斯拉盡力建立最強大的橋頭堡。現在，我們控制敘利亞的可能性更小，但可以允許自由法國人在那裡自由行動。在利比亞擊敗德軍是決定全局的關鍵，在實現這個目標之前，我們無法有更遠大的計畫。到那時，一切將變得更加容易。

在此期間，我們在克里特島經歷了一些更加嚴酷但並非更危險的事件。在講述這些經歷之前，最好讓我先完成伊拉克的故事。

從巴勒斯坦調遣至伊拉克的「哈巴尼亞部隊」是一支摩托化旅團。5 月 18 日，該旅團的先頭部隊抵達哈巴尼亞，準備繼續對駐守在法魯賈並控制幼發拉底河大橋的敵軍展開攻勢。此時，伊拉克人已經不再是唯一的對手。5 月 13 日，首批德國飛機已經進駐摩蘇爾機場。我方空軍的主要任務之一是襲擊這些德國飛機，阻止其透過鐵路從敘利亞獲取補給。5 月 19 日，「哈巴尼亞部隊」的先鋒部隊與哈巴尼亞原駐守部隊的地面部隊對法魯賈發起了攻勢。由於洪水氾濫無法從西側直接逼近，遂派遣小股部隊渡過法魯賈上游的一座浮橋，切斷敵軍退路；同時，另一支空運部隊著陸，以封鎖通往巴格達的道路。我們原本期望該行動與空襲相結合能迫使敵軍投降或潰逃，但最終仍需地面進攻。我軍在河西岸的一小支隊伍原本負責用步槍防止敵軍破壞關鍵橋梁；現奉命突擊，結果大獲成功，未有傷亡。敵軍投降，俘虜 300 人。3 天後，敵軍的一次反攻也被我軍成功擊退。

我們花費了數天時間為進軍巴格達做準備。在此期間，我方空軍對伊拉克北部機場的德國空軍展開行動，最終挫敗了他們的計畫。隨後，一支義大利戰鬥機中隊加入，但未能取得成果。負責協調軸心國空軍與伊拉克軍隊合作的德國指揮官是陸軍元帥布隆貝格的兒子，他在巴格達降落時被盟友誤判射中頭部。他的繼任者費爾米將軍雖然在降落時較為幸運，但也無計可施。他接到希特勒的強硬指令是在 5 月 23 日完成任務，而此時軸心國有效干預的機會已消逝。

希特勒關於中東問題的第 30 號命令

戰地大本營

1941 年 5 月 23 日

在中東地區，阿拉伯人自由運動是我們對抗英國的天然盟友。就此而言，在伊拉克煽動叛亂尤為關鍵。應將這種叛亂擴展至伊拉克以外，以在中東增強與英國敵對的勢力，切斷英國的交通線，並將其軍隊與船隻牽制於此，進而削弱其在其他戰區的力量。基於這些原因，我已決定透過支援伊拉克來推動中東戰事的發展。未來結合對蘇伊士運河的攻勢，能否最終摧毀英國在地中海與波斯灣之間的地位，以及採取何種方式才能實現，這些問題尚未確定。

1941 年 5 月 27 日晚，我軍開始向巴格達推進，但由於洪水氾濫以及許多灌溉溝渠上的橋梁被摧毀，進展緩慢。然而，我的先遣部隊已於 5 月 30 日抵達巴格達近郊。儘管我軍兵力有限，且城內駐有伊拉克的一個師，他們的到來卻令拉希德．阿里及其同僚驚慌失措。於是，拉希德．阿里等人與其他罪魁，如德國和義大利的公使以及耶路撒冷的前伊斯蘭教法典解說官，一同逃往波斯。次日，5 月 31 日，停戰協定簽署，伊拉克攝政復位，新政府宣誓就職。我們很快以陸、空部隊占領境內所有重要地點。

因而，德國試圖在伊拉克策動叛亂並以極小代價掌控這個遼闊地區的計畫最終未能如願。4 月 18 日，印度部隊的一個旅在巴斯拉的登陸是關鍵的時機。這迫使拉希德．阿里在尚未完全準備時便發動了行動。即使如此，我們有限的部隊也曾經與時間賽跑。航空學校勇敢地保衛哈巴尼亞，是我們成功的主要原因。當然，德國人擁有一支隨時可以部署的空運部隊；這支部隊本來可能讓德國人控制敘利亞、伊拉克、波斯及其寶貴的油田。希特勒的手原本可以遠遠伸向印度，並向日本示意。然而，如同跟我們即將看到的，他選擇將最精銳的空軍用於其他方面。軍事專家常常教導我們，優勢兵力應用於決定性的戰場。這個說法確實有其道理。然而，在戰爭中，這個原則與其他所有原則一樣，會受到事實與局勢的制約，否則戰略就過於簡單了。它將變為一部軍事手冊而非一種藝術；它所依據的將只是一些規範限制，而非透過審視多變局勢而作出的智慧且恰當的判斷。希特勒的確錯失了以較小代價在中東獲得巨大勝利的機會。我們在不列顛，雖然處境艱難，卻得以藉助有限的軍隊避免遭受深遠或難以彌補的損失。

我們必須牢記，中東的極度緊張局勢使韋維爾同時承受各方壓力，而伊拉克的背叛只是其中的一個小案例。其他問題包括：德國即將對克里特島發起的攻勢，我們在西部沙漠對隆美爾的進攻計畫，衣索比亞和厄利垂亞的戰事，以及在敘利亞預防德軍入侵的緊迫需求等。同樣，從倫敦的角度看，整個地中海的局勢也僅僅是我們面臨的全球性問題中的一個次要部分；在這些全球性問題中，德國的入侵威脅、潛艇戰和日本的態度是主要因素。只有戰時內閣發揮力量，緊密團結，政治與軍事首腦互相尊重並意見一致，以及作戰指揮體系運作順暢，我們才能克服這些艱難險阻，儘管過程中不可避免地會受到一些嚴重創傷。

讀者應注意到，英國戰時內閣與駐紮在開羅的總司令之間的關係逐漸緊張，儘管總司令在艱難的任務中繼續英勇奮戰。由我領導的國內指揮部門直接在白廳推翻了現場負責人的決策。我們從他手中接過事務，親自下令支援哈巴尼亞，並拒絕與拉希德·阿里進行任何談判或接受由土耳其調停的提議。結果迅速且成功地實現。儘管韋維爾本人是感到最開心和慰藉的人，但這個插曲不可避免地在他和我們心中留下了一道陰影。同時，奧金萊克將軍按照我們的要求，並在印度總督的誠摯同意下，迅速派遣一個印度師前往巴斯拉，並毫不猶豫地承諾提供印度援軍，他的積極態度讓我們感到他是一個充滿活力、尚未完全展現個人才能的人。這些印象的結果將在事態進一步發展時顯現。

克里特島危機前夕

論證和局勢的發展已充分揭示出克里特島在地中海事務中的戰略重要性。若英國海軍能夠以蘇達灣作為基地或加油點，將能為馬爾他提供極有力的保護。若我們在克里特島的防空設施能夠獲得加強，海軍的優勢將得以充分發揮，並可以抵禦任何海上入侵。然而，距離僅百里的是義大利的羅得島要塞，那裡機場寬廣，設施堅固。自年初以來，羅得島一直是我們想要奪取和占領的目標，我們已經從英國調遣海軍基地機動保衛隊至中東，以便根據需要進駐羅得島或蘇達灣。海軍基地機動保衛隊是一支精銳部隊，經過嚴格訓練並裝備精良，總人數超過 5,300 人。此外，由萊科克上校指揮的約 2,000 人突擊隊也已經繞過好望角抵達中東；這支突擊隊連同將在埃及籌組的英國第 6 師，可構成奪取羅得島的攻勢部隊。形勢發展的壓力迫使我們推遲了這個行動；在此期間，若德國將飛機部署至羅得島，克里特島將面臨極大危險。派往中東的海軍基地機動保衛隊仍在亞歷山大港待命，以應對緊急情況，並未參與攻取和駐守羅得島，也未參與建立蘇達灣的防禦設施或增強其守備力量。

在克里特島，當地的基礎設施進展不甚順利。讀者們可能已經注意到，我多次發布關於在蘇達灣設防的命令，甚至稱之為「第二個斯卡帕灣」。我們占領該島將近半年，但至今只在該港部署了一支稍強的高射炮隊，這還是以犧牲其他更緊迫的需求為代價實現的。中東指揮部也無法在本地或其他地區找到足夠的勞動力來擴建機場。當希臘仍在盟軍手中之時，大規模駐軍於克里特島或在其機場部署強大空軍的計畫無從談起。但現在，必須做好準備，以容納即將抵達的增援部隊或在必要時接納派遣的部隊。然而，既沒有制定具體計畫，也沒有推動相關進展。6 個月內，指揮官更換了 6 次。中東指揮部本應更仔細地研究保障克里特島防禦海、空襲擊的條件。事先無人考慮在島南的斯法基亞或廷巴基設立港口，即使無法實現，至少應該準備一些登陸設施；也無人考慮修建一條通往蘇達灣和機場的公路，以便從埃及支援克里特島西部。問題研究不夠深入，命令執行不力，這些責任應由開羅和白廳共同承擔。

直到在昔蘭尼加、克里特島和沙漠地區遭遇失敗後，我才真正意識到韋維爾將軍的指揮部肩負著多麼巨大的責任，卻獲得了多麼有限的支持。韋維爾盡了全力；然而，他的作戰團隊實力過於薄弱，因此難以處理同時進行的 4、5 場戰役以及堆積如山的事務。

在德國征服希臘後，克里特島成為了希臘國王及政府的最後避難所，同時也是各軍種部隊的重要收容中心。我們確知德國正對這個島嶼虎視眈眈。對我們而言，它是埃及和馬爾他島的重要前哨。即便我們正處於失敗與困境的混亂之中，在國內和戰地的負責人之間，對於守衛克里特島的問題上，意見並無分歧。韋維爾在 4 月 16 日電告中表示：「我認為應堅守克里特島。」次日，他又來電稱：「我們正準備從希臘撤退，堅守克里特島。」

我們早已知曉，戈林一直致力於籌組與發展一支能夠進行大規模登陸的強大空降部隊。這正契合德國那些熱忱、忠誠的納粹青年的願望。德國傘兵師是一支精銳部隊，我們在研究如何防禦德軍入侵本土時曾考慮過其可能的影響。然而，德國的所有這些計畫至少需要暫時取得白天的制空權。德國在不列顛上空沒有獲得這樣的制空權。克里特島的情況卻截然不同。敵人在巴爾幹和愛琴海地區享有充分且顯然持久的空中優勢，他們目前正以此為主要武器。

在這場戰爭中，我們的情報機關從未獲得過如此可靠且詳盡的情報。

敵軍占領雅典後，德國參謀人員欣喜若狂，失去了往日的保密謹慎，而我們駐紮在希臘的諜報人員則表現得異常積極和大膽。在 1941 年 4 月的最後一週，我們從可信的管道獲得了關於德國下一步行動的重要情報。德國第 11 空軍軍團的調動、相關人員的興奮情緒，以及德國人在希臘港口瘋狂蒐集小型艦艇的活動，均未逃過有心人的觀察。這一切跡象表明，德國準備從海上和空中進攻克里特島。在以往的戰役中，我從未如此費心研究和權衡證據，或是弄清這樣的問題：總司令們對敵人即將發動的襲擊規模是否已有深刻的了解，並將消息傳達給前線的將軍們。

4 月 28 日，倫敦的英國聯合情報委員會對敵人進攻克里特島計畫的規模和性質進行了評估，他們認為敵人透過空運和海運同時攻擊該島的行動迫在眉睫。他們推估，敵人在巴爾幹地區可能集結了 315 架遠端轟炸機、60 架雙引擎戰鬥機、240 架俯衝轟炸機及 270 架單引擎戰鬥機，以應對各種任務；敵人可能在首次攻擊時空降 3、4,000 名傘兵或空降部隊，並可能每天從希臘進行 2 到 3 次突襲，從羅得島進行 3 到 4 次突襲，都有戰鬥機護航。在空運和海運部隊抵達之前，將進行猛烈轟炸和海上襲擊，並且軍隊和船隻充足。

我們立刻將上述情況用電報通知開羅司令部，當天我也親自致電韋維爾將軍，進一步強調了這一點。

首相致韋維爾將軍

1941 年 4 月 28 日

根據我們掌握的情報，德國可能準備派遣空降部隊和轟炸機大規模進攻克里特島。請告知你在該島駐軍的狀況及相關計畫。這是消滅傘兵部隊的絕佳機會。務必堅守該島。

韋維爾將軍起初未採納我們對克里特島作為敵軍目標的判斷，認為德國人或許故意散布謠言以掩蓋真實意圖。儘管如此，他仍以一貫的充沛精力和敏捷反應展開部署，並親自飛赴該島。他的回電反映了當時的狀況。

韋維爾將軍致首相及參謀長委員會

1941 年 4 月 29 日

1. 4 月 18 日，克里特島收到可能遭受德國空降部隊襲擊的警告。目前，除了長期駐紮的 3 個步兵營、兩個重型高射炮中隊、3 個輕型高射炮中隊和海防炮隊外，島上至少還有從希臘撤退的 3 萬名士兵。正在組織這些士兵防禦島上的重要地點，如蘇達灣、干尼亞、雷西姆農和伊拉克利翁。據報告稱，士氣良好。武器以步槍為主，另有少量輕機槍。此外，還籌組了幾支希臘新兵部隊，用以保衛機場和看守戰俘。

2. 海軍基地機動保衛隊將在 5 月的頭兩週內到達克里特島。

3. 我計劃明日赴克里特島視察，歸來後立即報告。

4. 進攻克里特島的計畫可能是為了掩飾對敘利亞或賽普勒斯的行動，而實際計畫甚至在最後一刻才向德軍透露。這與德國一貫的戰略相符。

我曾向帝國總參謀長建議任命弗賴伯格將軍為克里特島駐軍司令，他向韋維爾提議，韋維爾即刻同意。我與伯納德．弗賴伯格相識多年。第一次世界大戰期間，他作為紐西蘭的青年志願兵，歷經艱辛輾轉來到英國，帶著一封介紹信於 1914 年 9 月的一天到海軍部拜訪我，並請求委派職務。當時，我正在籌組皇家海軍師，不久便進行了必要的推薦。幾天後，他被任命為「胡德」營的一名海軍中尉。此處無法詳述他屢次建立的輝煌戰功；憑藉這些戰功，他在前線作戰的 4 年中被提升為旅長，並於 1918 年德軍夏季攻勢的緊急關頭被任命為據守巴耶爾正面缺口部隊的司令官，部隊人數幾近 1 個軍。維多利亞十字勛章和帶有兩條金線的殊勛勛章足以證明他的卓越功績。

弗賴伯格與卡爾東．德．威亞爾是我稱為「不怕炮火的軍人」的典範，兩者都以無畏的勇氣在戰火中嶄露頭角，儘管身體遍布傷痕，精神與意志卻未曾動搖。西元 1920 年代，我曾與伯納德．弗賴伯格同住在鄉間別墅中。有一天，我請求他展示傷痕，他脫下衣物，我數出了 27 處傷疤與深刻的創口。除此之外，在第二次世界大戰中他又添了 3 處新傷。然而，正如他解釋道，「每當被子彈或彈片擊中時，幾乎總會留下兩個傷口，因為通常子彈是貫穿而過的。」當新的戰爭爆發時，沒有人比他更適合擔任紐西蘭師的指揮官，而他也渴望被選中。1940 年 9 月，我曾設想為他安排更具權力的職位。如今，他終於迎來了擔任這個關鍵指揮官的機會。弗賴伯格的優點在於，無論被派往何處，無論上級給予何種部隊，他總是以不屈不撓的精神為英王與英國而戰，他的堅定意志也激勵著身邊的每一個人。

我們在國內全力支持肩負重任的指揮官及其部隊。

首相致坎寧安海軍上將

1941 年 5 月 1 日

1. 我們正竭盡全力透過空軍來支援你們。我們已經決定迅速進行最近的空軍支援行動，規模將大大超越以往。計劃動用「皇家方舟」號、「阿爾戈斯」號、「狂暴」號和「勝利」號，運送多達 140 架新型「旋風」式戰鬥機及 18 架「海燕」式戰鬥機，飛行員將隨同前往。我們預期，到 5 月 25 日，將有 64 架「旋風」式和 9 架「海燕」式戰鬥機抵達中東。同時，25 名戰鬥機飛行員將於 5 月 23 日動身前往塔科拉迪，以加速「旋風」式和「戰斧」式戰鬥機的運輸。藉助這些航空母艦，航線可經塔科拉迪至埃及，進而提高運輸能力，並將其用於增加「戰斧」式和「旋風」式戰鬥機的運送。此外，我們也將盡量運輸「伯倫翰」式轟炸機。關於轟炸機增援的進一步消息，可能稍後透過電報通知。

2. 海軍再次以極為卓越且成功的行動解救陸軍，並成功撤離全體部隊的五分之四，謹此向你表示祝賀。

3. 如今，我們面臨著為捍衛克里特島和馬爾他島而進行艱苦戰鬥的局面。克里特島似乎即將迎來敵軍的大規模進攻；而馬爾他島可以作為我方小型艦隊的基地，進而騷擾敵人前往利比亞的補給線。美國態度的持續改善以及他們在海軍方面的合作姿態，足以證明我們冒此風險是值得的。你制定的「老虎」計畫極為周詳，成功的希望很大。

4. 然而，我們最為期待的任務是確保昔蘭尼加各港口無法從海上獲得軍需物資，並竭盡所能地摧毀這些港口。每當我們聽到敵人一船接一船地運送寶貴的航空燃料時，便感到憂心忡忡。這場保衛埃及的大戰，正如韋林頓公爵所言，是「勢均力敵」。然而，若我們能夠如計畫所願，透過「老虎」和「美洲虎」計畫（空軍增援）來支持你和韋維爾，並且你能切斷敵軍的補給，那麼，我們在中東的軍隊很快就將重新占據優勢。祝你一切順利。

弗賴伯格與韋維爾對相關狀況心知肚明。

弗賴伯格將軍致韋維爾將軍

1941 年 5 月 1 日

我現有的部隊顯然難以應付敵人可能發起的進攻。除非大幅增加戰鬥機，並部署海軍以抵禦海上襲擊，我難以奢望僅憑地面部隊守住陣地。目前，這支軍隊因希臘戰役的影響，已喪失所有的大炮，缺乏掘壕工具，車輛稀少，裝備和彈藥的戰時儲備也不足。這裡的軍隊願意並能夠戰鬥，但在缺乏海、空軍的充分支持下，擊退敵軍的入侵希望渺茫。如果因其他原因無法立即調遣上述部隊，請重新考慮克里特島的防守問題。根據我職責的規定，我認為有必要將我師中大部分軍隊的現狀告知紐西蘭政府。

他再次向他的祖國政府通報：

1941 年 5 月 1 日

我認為我有責任對克里特島的軍事狀況進行報告。倫敦的決策是無論如何都要守住克里特島。我已經收到陸軍部對於敵軍進攻規模的估測。在我看來，只有在海軍和空軍的充分支持下才能守住該島。目前，沒有跡象顯示派遣足以抵禦海上入侵的海軍，而島上的空軍僅有 6 架「旋風」戰鬥機和 17 架老舊飛機。儘管軍隊有能力且願意作戰，但由於希臘戰役的結果，所有大炮已經丟失，掘壕工具不足，車輛稀少，裝備和彈藥的戰時儲備也不夠。我希望強調向政府指出紐西蘭師大部分部隊面臨的嚴峻局勢，並建議您向倫敦最高當局施加壓力，或者為我們提供充足的人力和物資以保衛該島，或者重新考慮誓死守住該島的決策。對此，我已經致電中東總司令，正式表達了我的意見。

韋維爾將軍致帝國總參謀長

1941 年 5 月 2 日

1. 克里特島的防禦對我方海、陸、空三軍構成了嚴峻的挑戰，主要原因在於敵軍擁有空中優勢。該島的港口和機場皆位於北部，因此我方的飛機和船隻容易被敵方偵察到。島上僅有的一條較好的公路（其實並不算很好）沿著北海岸從東向西延伸，也無從掩藏。

2. 南北向的優良公路尚未建成，南岸亦無港口設施，儘管時間充裕時可逐步建設。島上交通工具極為匱乏。

3. 必須大量供應居民糧食。一旦各城鎮遭受猛烈轟炸，而我們又無法提供戰鬥機保護，那麼可能會面臨政治挑戰。

4. 要有效地防守該島，至少需要 3 個旅團和相應數量的高射炮部隊。目前駐軍包括 3 個英國正規營、6 個紐西蘭營、1 個澳洲營，以及兩個從希臘撤出部隊所組成的混合營。來自希臘的這兩個營，人員和裝備都很有限。沒有配備大炮。高射炮部隊規模較小，但正在增援中。

5. 關於空軍，目前島上並無新型飛機。

6. 目前，希臘軍隊大多缺乏訓練和裝備。

7. 正在應對所有挑戰，倘若有時間，困難可以解決，但空防始終是一個複雜的問題。

紐西蘭政府自然對其師級部隊感到憂慮。對此，我已向紐西蘭政府以及途經開羅前往英國的紐西蘭總理弗雷澤先生詳細說明了局勢。

首相致紐西蘭總理

1941 年 5 月 3 日

1. 紐西蘭師在希臘戰役中展現了非凡的勇氣，並在撤退的緊張時刻有序地到達克里特島，這令我非常欣慰。我們當然會竭力為他們重新裝備，尤其是在大炮方面。韋維爾將軍在大炮方面具備強大的實力。成功保衛克里特島是埃及防禦的關鍵因素之一。韋維爾將軍已經採納我提議任命弗賴伯格為全島守軍司令的建議，這讓我感到非常滿意。請放心，我們將全力支持他。

2. 我們的情報顯示，敵人即將以空降部隊進攻克里特島，也有可能嘗試經由海路實施攻擊。我們的海軍將竭力阻擋敵人的海上進攻，並且海上攻擊的規模不太可能很大。對於空降部隊的襲擊，這正符合紐西蘭軍隊的戰術，因為他們將與敵軍展開肉搏，而敵軍在這種情況下無法利用其慣以依賴的坦克和大炮。如果敵人在克里特島成功登陸，那將是他們困境的開始。島上山巒連綿，森林密布，你的軍隊將有大展身手的機會。我們增援該島比敵人更為容易，何況島上已有 3 萬餘名軍隊。

3. 然而，敵人可能對克里特島只是聲東擊西，實際上計劃穿越該島向東推進。在調遣我們那既有限又負擔沉重的空軍時，必須考慮所有可能的變數。為何稱之為有限且負擔過重？並非因為我們在此地區缺乏需要增加的人力、物力和儲備，也不是因為我們沒有竭盡全力用空軍支援中東。困難在於依賴現有航線和手段將飛機和飛行員送往前線的實際挑戰。請放心，我們將全力以赴增援我們的空軍，並且我們目前正從事一項影響深遠且極具風險的努力。中東各方都急需空軍支援，此事應由各位總司令負責協調。我也希望，中東的局勢將在大約 1 個月內有所改善。

4. 紐西蘭部隊從希臘撤退時，全軍在壓抑著焦慮情緒的同時，表現出一種莊重與冷靜，令人讚嘆不已。該部隊在希臘給予敵人重創，並實現了我們對希臘的承諾後，順利完成了戰鬥，這對帝國來說，是極大的安慰。

弗賴伯格毫無畏懼。他當時並不相信敵方空降部隊的攻勢會如此龐大。他擔心的是敵軍會有組織地從海上發起大規模進攻。儘管我們的空軍力量有限，但我們寄希望於海軍能夠阻止敵軍的海路進攻。

弗賴伯格將軍致首相（在英國）

1941 年 5 月 5 日

畏懼為何物我並不知曉；對於空降部隊的襲擊，我毫無顧慮；我的安排已經就緒，我相信我的部隊足以應付這樣的攻擊。然而，若海運部隊與空降部隊聯手進攻，情況則會不一樣。如果敵軍在我尚未將大炮和運輸工具運抵之前就發起聯合攻勢，局勢可能會變得難以掌控。即便如此，只要海軍能夠提供支援，我相信我們不會失敗。

當我們獲得裝備和運輸工具，並增添若干戰鬥機後，便能堅守克里特島。然而，在此期間，我們將經歷防禦力量相對薄弱的階段。

此地眾人精神振奮，渴望再度與敵軍交鋒，如同昔日在希臘與其相遇時便迎頭痛擊。

英國廣播公司和報紙的報導未提及紐西蘭官兵在希臘後衛戰中的重要而英勇的表現，他們對此感到不滿，這種不滿是有理由的。

我立刻竭盡全力消除紐西蘭軍官心中的不滿情緒。

首相致韋維爾將軍

1941 年 5 月 7 日

倘若您無異議，請將此電文傳達給弗賴伯格將軍：

不列顛的每一個人都曾懷著感激與敬佩之情，注視著紐西蘭師在希臘戰場上所建立的偉大戰功。我們對戰役的整體情況是逐步了解的，並且現在仍在不斷加深了解程度。隨著戰地報導的增多，我們越發了解你們在光榮任務與著名戰役中扮演的重要角色。在整個帝國與英語世界中，紐西蘭的名字令人肅然起敬。我們的心正與諸位同在。願上帝保佑你們。

克里特島的地理條件確實讓防禦變得極為困難。島上僅有的一條公路沿著北海岸延伸，所有容易遭受攻擊的據點都分布在這條公路沿線。每個據點的防禦都需要依靠本身的力量。一旦公路被敵軍切斷並嚴密控制，我們便無法將中央預備隊迅速調往受威脅的據點。從南岸到北岸，僅在斯法基亞和廷巴基有幾條從南部海岸延伸的小路，但這些道路不適合摩托化車輛通行。當軍事指揮官們意識到危機迫在眉睫時，才竭盡全力向該島運送增援部隊、補給和武器，尤其是炮火，但為時已晚。在 5 月的第二週，德國空軍從希臘和愛琴海的基地起飛，有效地對克里特島實施了日間封鎖，襲擊往返該島的所有船隻，特別是對唯一設有港口的北岸進行嚴密封鎖。在 5 月的前 3 週內，計劃運往克里特島的重要物資共計 27,000 噸，實際抵達的不到 3,000 噸，其餘物資在被迫轉運回途中，損失超過 3,000 噸。我們的防空力量包括 16 門重型高射炮（口徑 37 英寸的可移動高射炮）、36 門輕型高射炮（「博福斯」式）和 24 架防空探照燈。僅有 9 輛老舊的步兵坦克駐紮在各個機場，另外還有 16 輛輕型坦克。5 月 9 日，部分海軍基地機動防衛隊抵達該島，包括 1 個重型高射炮隊和 1 個輕型高射炮隊，被立即派往蘇達灣以加強防禦。抵達克里特島的機動防衛隊總計約 2,000 人，但仍有 3,000 人滯留在埃及，儘管當時他們本可調來。島上還有 6,000 名義大利戰俘，這進一步加重了防禦負擔。

我方主要兵力用於保衛登陸地點。在伊拉克利翁駐有兩個英國營和 3 個希臘營；雷西姆農周圍部署了第 19 澳洲旅及 6 個希臘營；蘇達灣附近則有兩個澳洲營和兩個希臘營；在馬利姆，機場附近駐紮著 1 個紐西蘭旅，另 1 個旅則位於其東面，隨時準備支援。除這些正規守軍外，還有幾支由撤離希臘的士兵臨時組成的來福槍隊。希臘營人數不足，裝備僅有雜牌來福槍，彈藥有限。參與保衛克里特島的帝國軍隊總計約有 28,600 人。

德國之所以能夠發起進攻，顯然是因為我方在克里特島的空軍力量十分薄弱。5 月初，皇家空軍在該島僅有 12 架「伯倫翰」轟炸機、6 架「旋風」戰鬥機、12 架「鬥士」戰鬥機，以及海軍航空隊的 6 架「海燕」和「布魯斯特」戰鬥機，其中僅一半可以使用。這些飛機分別駐紮在雷西姆農的簡易機場、專供戰鬥機使用的馬利姆機場以及可接納各種飛機的伊拉克利翁機場。與敵軍即將投入的壓倒性空軍力量相比，這些僅是九牛一毛。我方各部門充分意識到空軍的劣勢，因此在 5 月 19 日，即德國進攻的前一天，將島上所有飛機撤往埃及。戰時內閣、三軍參謀長和中東戰區總司令都明白，此時只有兩條路：要麼在極不利的情況下作戰，要麼迅速撤出該島，而在 5 月初這仍是可行的。然而，我們一致同意迎戰；根據事後分析和所掌握的情況，儘管我們各方面力量不足，但仍認為勝利近在咫尺；即便失敗，這場戰鬥帶來的正面影響也極為深遠。想到這一點，我們對所冒的風險和付出的代價即感到心安理得。

現在，我們可以討論德軍入侵克里特島的計畫，這是在克里特戰役開始後獲得的消息。此計畫由第 11 空軍軍團執行，包括第 7 空軍師和第 5 山地師，第 6 山地師負責接應。約 16,000 名士兵，主要是傘兵，將透過空投著陸，另有 7,000 人將從海上登陸。此外，第 8 空軍軍團提供空中支援。參與戰鬥的飛機數量為：轟炸機 280 架；俯衝轟炸機 150 架；戰鬥機（「梅塞施密特 109」型和「梅塞施密特 100」型）180 架；偵察機 40 架；滑翔機 100 架；「容克 52」型運輸機 530 架，總計 1,280 架。

海運部隊及一批物資將由兩支由希臘輕帆船組成的運輸船隊運送。在沒有其他護航措施的情況下，只有德國空軍提供掩護。我們很快將見證它們的命運。

空降部隊的進攻計畫涵蓋 3 個區域：東部的伊拉克利翁；中部的雷西姆農、蘇達、干干尼亞；最為關鍵的則是西部的馬利姆。總體而言，進攻前的準備工作包括對地面和防空設施進行長達 1 小時的千磅炸彈集中轟炸。隨後，主力部隊透過滑翔機和（或）降落傘從空中降臨。接下來，運輸機將運送增援部隊。在整個作戰計畫中，最為關鍵的步驟是奪取馬利姆機場。若僅靠空投在馬利姆機場幾英里外的鄉村傘兵，不足以使運兵飛機在該機場降落第 6 山地師（每架飛機可運載 4、50 人），並返回繼續運送。德軍當時必須有效且順利地占領機場，這不僅是為了飛機的降落，也是為了飛機的再次起飛。只有透過多次往返，才能運來支撐整個計畫的大量軍隊。

我們以「科羅拉多」作為克里特島的代號，並用「灼熱」來象徵德軍的進攻。

日子在令人不安的氛圍中逐日流逝。我們僅僅因為忙於其他事務，才得以暫時舒緩心中不安。德軍逼近的時刻越發臨近。

首相致韋維爾將軍

1941 年 5 月 12 日

請評估派遣至少 12 輛步兵坦克及熟練人員，以支援「灼熱」作戰計畫的必要性。

首相致韋維爾將軍

1941 年 5 月 14 日

我收到的各種情報顯示，敵人將在 17 日之後的某天啟動「灼熱」作戰計畫。敵人的每一步行動似乎都在為這個計畫做準備，並且安排得極為細緻。希望你為「科羅拉多」準備了足夠的防禦力量，並且當地的部隊也已經裝備了必要的大炮、機關槍和裝甲車。由於敵人策劃如此龐大而複雜的行動，他們可能會推遲開始的日期。因此，現在增派部隊仍有可能及時到達，而且即使敵人已經取得立足點，他們也能趕上第二輪行動。我特別希望我們的精銳部隊能有機會與敵人進行肉搏戰，因為敵人在島上缺乏其通常依賴的機械化優勢，而我們更容易獲得增援。我相信，你已經與坎寧安海軍上將討論了各項細節，並且你和特德在考慮了其他任務後也制定了最合適的空軍作戰計畫。祝你一切順利。

首相致韋維爾將軍

1941 年 5 月 15 日

我越發感受到敵方對「科羅拉多」即將展開的進攻勢必以強大兵力為後盾，尤其是空降部隊。我堅信所有可能的增援力量已經被調遣至該島。

即便在此情此景，韋維爾依舊展現出他的幽默感。

韋維爾將軍致首相

1941 年 5 月 15 日

1. 已盡全力裝備「科羅拉多」以抵禦甲蟲的侵襲。近期運送的支援包括 6 輛步兵坦克、16 輛輕型坦克、18 門高射炮、17 門野戰炮和 1 個營的部隊。我正計劃派遣一支小型部隊，大約 1 個或兩個營，攜帶一些坦克，在「科羅拉多」南岸登陸作為後備力量，同時考慮將波蘭旅作為可能的增援部隊。然而，增援部隊的登陸仍是一個棘手的問題。

2. 5 月 12 日，坎寧安、特德和我就「科羅拉多」問題進行了討論，隨後召開了三軍參謀會議。我們力求制定協調一致的計畫。

3. 保衛「科羅拉多」並不簡單，德國的閃電戰常常首先妨礙對方的增援。然而，我們擁有一位果敢的指揮官領導著一支意志堅定的部隊，士兵們無不蓄勢待發，嚴陣以待。所以，我期待敵人發現他們的「灼熱」作戰計畫確實是個燙手的難題。

韋維爾將軍致首相

1941 年 5 月 16 日

剛剛收到弗賴伯格發來的電報：

「克里特島的防禦計畫已圓滿完成，剛剛結束了對防務的最後一次視察。這次視察讓我深受鼓舞。各地的官兵已整裝待發，士氣高昂。所有防禦工事都已得到加強，陣地周圍布滿鐵絲網。我們部署了 45 門野戰炮，並備有充足的彈藥。每個機場都配備了兩輛步兵坦克。運輸車輛已經完成安裝並分配給各部隊。第二批『萊斯特』式坦克已經抵達，將進一步增強伊拉克利翁的防禦。我不想過於自信，但我認為我們至少能有所作為。我相信，在皇家海軍的協助下，我們能夠守住克里特島。」

首相致地中海戰區總司令

1941 年 5 月 18 日

成功抵禦敵方「灼熱」行動後，將可能改變全球局勢。在這場足以撼動各戰場的重大決戰中，願上帝庇佑你們。

首相致弗賴伯格將軍

1941 年 5 月 18 日

我們欣慰地獲悉你已經做好堅實的安排，增援部隊亦已抵達。在這決定命運的關鍵時刻，我們時刻掛念著你們。我們堅信，你與麾下勇敢的士兵將創造不朽的功績。皇家海軍將竭盡所能。你在堅守之地取得的勝利，將對世界局勢產生深遠影響。

我將自己的所有觀點告訴了經常與我聯繫的史末資。

首相致史末資將軍

1941年5月16日

1. 我一如既往地對你的軍事見解表示高度贊同。最近，我採取了一些措施來加強韋維爾的最薄弱環節，希望在未來幾週內，我們能在西部沙漠的大規模攻勢中取得成功。我們預計敵人將很快對克里特島發動大規模進攻，並已做好一切準備。如果我們在這兩個地點取得勝利，那麼敘利亞和伊拉克的問題就會變得簡單。我們正竭盡全力加強中東的空中支援。我相信，今年夏季的東地中海戰役將取得勝利，並確保尼羅河流域和蘇伊士運河的安全。羅斯福總統正全力將美國的物資運往蘇伊士。我們非常歡迎南非軍隊前往地中海沿岸。

2. 西地中海的情勢越發令人憂慮，然而西班牙始終抵擋住德國的施壓。我們將在適當時機通知達爾朗：若維琪政權的飛機轟炸直布羅陀，我們將不攻擊法國，而是追擊維琪那些卑鄙的傢伙，無論他們藏身何處也絕不放過。我們沒有忽視直布羅陀港口可能無法使用的風險，因此已盡力做好最詳盡的準備。美國或許會願意在西非事務中加大介入力度，特別是在達喀爾。

3. 大西洋戰役終於取得了順利的進展。希特勒本想在5月讓封鎖達到頂峰，但未能如願，而我方運輸船隊在過去的6週中卻取得了數月以來的最佳成績。我們在大西洋必定會獲得美國日益增多的援助，我個人堅信，在年底之前，我們將在各個重要方面加強我們的地位。美國方面正在積極準備，以彌補1941年的船舶損失，因此我認為他們正逐步接近做出重大決策的時刻。然而，我們最好不要對此寄予過高的期望。

4. 顯然，希特勒正在集中力量備戰俄國。軍隊、裝甲車和飛機正不斷從巴爾幹向北調動，從法國和德國向東轉移。我個人認為，最有利於他的行動是進攻烏克蘭和高加索，這將確保糧食和燃料的供應。無人能阻止他這樣做，但我們希望在未來的歲月中能從後方徹底摧毀他的本土。我堅信，上帝會幫助我們消滅納粹政權。

5. 國王告訴我，他將在 5 月 24 日透過專電向你表達生日祝賀，因此我現在向你致以誠摯的祝福。

就這樣，我們來到了克里特島戰役的臨界點。

克里特島戰役詳述

從戰鬥的諸多方面分析，克里特島戰役堪稱獨一無二。這不僅是一場前所未有的衝突。在軍事歷史上，這也是首次大規模採用空降部隊進行進攻。德軍空軍團展現出希特勒青年運動的熱情，強烈地表現出他們為 1918 年失敗復仇的條頓精神。這些納粹傘兵部隊的堅定目標是將生命獻給德國榮耀與全球霸權的事業。他們注定要與充滿自豪感的士兵交鋒，這些士兵之中有許多人來自地球另一端，他們以志願者的身分為祖國而戰，為他們所相信的正義與自由而戰。

德軍為此戰役投入了所有可用的力量，這是戈林在空軍領域的一大成就。若英國失去了本土的制空權，德國原本可以在 1940 年利用這支部隊進攻英倫三島，但他們未能如願。這支部隊也有可能被用於攻擊馬爾他島。然而，我們躲過一劫。德國空軍部隊蓄勢待發，已經等待了 7 個多月。如今，戈林終於可以向他們下達期待已久的命令。當戰鬥初期，我們不清楚德國的傘兵部隊共有多少。我們以為，德國第 11 空軍軍團或許只是 6 個空軍軍團其中之一。直到幾個月後，我們才發現它實際上是唯一的一個。它確是德國長矛的尖端。下文將揭示這支部隊如何初顯鋒芒，又如何土崩瓦解。

1941 年 5 月 20 日清晨，戰鬥拉開序幕。在德國過往的歷次進攻中，未曾有過如這般義無反顧，冷酷無情的經驗。馬利姆機場為其首要目標。短短一小時內，敵機對機場周邊據點實施猛烈轟炸與機槍掃射，前所未見。我方高射炮幾乎瞬間失效。轟炸尚未結束，滑翔機已在馬利姆機場西側降落。上午 8 時，敵機在馬利姆與干尼亞之間區域低空投下大量傘兵，飛行高度僅 300 ～ 600 英尺。敵機絡繹不絕，上午空投 1 團 4 營，下午再投 1 團，毫不顧忌人員與飛機損失。降落傘兵遭遇第 5 紐西蘭旅 1 營的頑強抵抗，其餘部隊從東面支援。我軍一旦暴露，立即遭遇猛烈轟炸，敵人動用大量 500 磅甚至千磅重的炸彈。我方日間反攻無望，兩輛步兵坦克的反擊嘗試也失敗。敵軍滑翔機或運輸機在沙灘、叢林或燃燒的機場上降落或墜毀。首日，馬利姆與干尼亞間及附近降落的德軍傘兵多達 5,000 餘名，遭紐西蘭軍隊炮火與肉搏戰重創。在我方防區內，幾乎所有降落的德軍傘兵均被殲滅，多數被擊斃。入夜前，機場仍在我方控制下，但晚間，安全起見，紐西蘭該營殘餘兵力撤至支援部隊防線。增援的兩個連已經無法及時反攻以確保機場安全。即使如此，機場仍在我軍炮火掌控之中。

清晨，敵軍大規模空襲雷西姆農和伊拉克利翁，隨後在下午投放傘兵，分別在兩地空投兩個營和 4 個營。激戰隨即爆發，但到傍晚，我們仍然堅守住這兩個機場。在雷西姆農和伊拉克利翁，較小規模的空降部隊繼續著陸，戰事激烈，德軍傷亡慘重。因此，首日的戰果，除馬利姆外，相當令人滿意。然而，全副武裝的德軍已在各地自由活動。敵軍的攻勢遠超英國司令部的預期，而我軍的強烈抵抗也讓敵人震驚。

以下是我們收到的報告：

弗賴伯格將軍致韋維爾將軍

1941 年 5 月 20 日下午 10 時

今天一整天都在激烈戰鬥，我軍面臨巨大的壓力。我相信，我們至今仍堅守著雷西姆農、伊拉克利翁與馬利姆的機場和兩處港口。堅守這些地點的希望非常渺茫，如果我將情況描述得過於樂觀，那將是錯誤的。戰鬥異常激烈，我們已消滅了大量德軍。交通極為不便。對干尼亞的空襲極其猛烈。此地的每一個人都深知這是一場生死攸關的戰鬥，我們將奮戰到底。

次日，敵軍再度發起攻擊，軍用運輸機再次出現在島嶼上空。儘管馬利姆機場仍遭受我方大炮與迫擊炮的猛烈轟擊，敵方運輸機依舊在機場及其東側崎嶇地帶降落。德國最高統帥部似乎不顧損失，在此區域至少已有百架飛機損毀。即便如此，飛機仍絡繹不絕。當守軍夜間的一次反攻已經推進至機場邊緣，但天亮後，德軍空軍又迅速出現，導致我方無法守住已奪取的陣地。

至第 3 日，敵軍已能有效利用馬利姆機場。運兵機繼續飛來，每小時達 20 餘架次。更具決定性的是，敵機現已能返回繼續運送援軍。據推估，在這幾天及其後數日內，約有 600 多架敵運兵機在該機場成功著陸或撞毀。隨著敵軍逐漸增多，壓力越發沉重，我們最終不得不放棄大規模反攻計畫，第 5 紐西蘭旅逐步後撤，直至距馬利姆約 10 英里處。干尼亞和蘇達灣地區無顯著變化，雷西姆農仍在我們掌控之中。在伊拉克利翁，敵人已在機場東面著陸，並開始形成並擴展據點。5 月 20 日初攻後，德國最高統帥部命令停止進攻雷西姆農和伊拉克利翁，轉而集中主要兵力攻打蘇達灣地區。

根據空中偵察報告顯示，愛琴海上發現了希臘輕帆船。坎寧安上將已於 5 月 20 日派遣了一支輕型艦隊前往克里特島西北部。該艦隊由金海軍少將指揮，包括巡洋艦「水上女神」號和「珀斯」號，以及驅逐艦「坎大哈」號、「努比亞」號、「金斯頓」號和「朱諾」號。

另在海軍少將羅林斯的指揮下，一支強大的艦隊，包括戰鬥艦「沃斯派特」號和「英勇」號，由 8 艘驅逐艦護航，部署在克里特島以西，以監視預期中的義大利艦隊參戰。5 月 21 日，我方艦隻整日遭受猛烈空襲。驅逐艦「朱諾」號被擊中，兩分鐘後沉沒，損失慘重。巡洋艦「阿賈克斯」號和「獵戶座」號也受損，但仍繼續戰鬥。

那一晚，我們疲憊的部隊望向北方的天空，看到火光閃爍，明白皇家海軍正在激戰。載運德國第一批海上入侵部隊的運輸船隊已經義無反顧地出航。下午，有消息稱，大批小型船隻正駛向克里特島，於是海軍上將坎寧安命令他的輕艦隊駛入愛琴海，阻止德軍在夜色中登陸。夜間11時30分，海軍少將格倫尼指揮巡洋艦「代多」號、「獵戶座」號和「阿賈克斯」號以及4艘驅逐艦，在干尼亞以北18英里的海域攔截了德軍的運兵船隊；這支船隊主要由輕帆船組成，魚雷艇護航。英國艦隻追逐目標兩個半小時，擊沉滿載德軍的輕帆船不少於12隻，以及3艘輪船。推估當夜溺水身亡的德軍人數達4,000人。

此時，金海軍少將統率巡洋艦「水上女神」號、「珀斯」號、「加爾各答」號以及「卡萊爾」號，連同3艘驅逐艦，於5月21日晚間在伊拉克利翁附近海域巡邏，並於22日黎明時向北航行。1艘載有軍隊的輕帆船被摧毀，至上午10時，艦隊接近米洛斯島。數分鐘後，發現北方有敵方驅逐艦和5艘小船，立即開火。隨後，又見另1艘驅逐艦釋放煙幕，煙幕後隱藏著大量輕帆船。實際上，我們已經阻截了另一支滿載軍隊的重要運輸船隊。我方的空中偵察隊已將此事上報給坎寧安海軍上將，但在向金海軍少將確認消息時，已過了一個多小時。自黎明起，他的艦艇不斷遭遇空襲，儘管此時無一艦艇受損，但高射炮彈幾近耗盡。艦隊速度也已降低，因為「卡萊爾」號的最高速度為每小時21英里。金海軍少將未能充分意識到戰果即將到手，擔心進一步深入北部海域可能危及整個艦隊，遂下令向西撤退。當總司令收到訊號時，立即發出如下命令：

> 堅持下去。保持在能夠看到訊號的範圍內。絕不能讓我的陸軍在克里特島失望。千萬別讓敵人的海運部隊在克里特島登陸。

現在要消滅這支運兵船隊已為時過晚。因其已折返，並分散至星羅棋布的島嶼。如此，至少有5,000名德國士兵避免了他們前一批同伴的命運。德國當局命令這些幾乎沒有防禦能力的運兵船隊，穿越既無制海權又無制空權的海域，這種大膽行動足以揭示，他們在 1940 年 9 月可能在北海和英吉利海峽採取的大規模行動。這也顯示，德國人對海軍防禦進攻部隊的威力缺乏了解，並且由於這種無知可能在生命方面付出慘痛代價。

儘管金海軍少將下達了撤退命令，他指揮的分艦隊仍未能躲過空襲。如果他試圖摧毀那支運兵船隊，損失可能也不會更小。在接下來的 3 個半小時裡，他的艦隻接連遭到轟炸。其旗艦「水上女神」號和「卡萊爾」號受到了損傷，「卡萊爾」號的艦長漢普頓上校不幸犧牲。與此同時，羅林斯海軍少將正從西面迅速通過安迪基西拉海峽趕來支援，他的艦隊包括戰鬥艦「沃斯派特」號與「英勇」號，巡洋艦「格羅斯特」號與「斐濟」號，以及 7 艘驅逐艦；下午 1 點 10 分，兩支艦隊匯合。「沃斯派特」號剛剛抵達時就遭到炸彈襲擊，右舷的 4 英寸和 6 英寸口徑大炮被炸毀，速度減慢。此時敵機已撤離，聯合的英國分艦隊於是向西南方向撤退。坎寧安海軍上將堅定果敢，不惜一切代價消滅海上來犯之敵，他確實孤注一擲。顯然，在這幾場戰鬥中，他為了達成目標不僅毫不猶豫地動用最寶貴的艦隻，而且願意將東地中海的制海權作為賭注。他在這場戰鬥中的表現贏得海軍部的高度讚賞。在這場殘酷的戰鬥中，最大賭注的不僅是德國的指揮部門一方。經過 48 小時的海戰，敵人屈服了，他們沒有再嘗試透過海路登陸，直到克里特島的命運塵埃落定。

5 月 22 日和 23 日，成為我海軍遭遇重大損失的日子。羅林斯海軍少將指揮的分艦隊中，驅逐艦「獵犬」號被炸沉。現已整編的艦隊由金海軍上將指揮，他命令另外兩艘驅逐艦去營救倖存者，並指示巡洋艦「格羅斯特」號和「斐濟」號抵禦持續而愈加猛烈的空襲。這導致了整個艦隊行動的延誤，並顯著延長了遭受空襲的時間。22 日下午 2 點 57 分，金上將接到報告稱這兩艘巡洋艦的高射炮彈即將耗盡，遂指示它們擇機撤退。下午 3 點 30 分，報告稱「格羅斯特」號與「斐濟」號在猛烈空襲下高速駛近艦隊。20 分鐘後，「格羅斯特」號遭多枚炸彈命中，立即失去航行能力，艦上烈火燃燒，上層甲板上屍體遍布。「斐濟」號無奈之下只能撤離。該艦與艦隊失去聯繫，燃料逐漸減少，於是與兩艘驅逐艦一同直駛亞歷山大港。在途中 3 個小時內，遭敵轟炸機編隊近 20 次轟炸，所有重型高射炮彈耗盡，此時被敵一架「梅塞施密特 109」式轟炸機擊中；該機從雲端逼近，未被發現。猛烈轟炸後，該艦傾斜，但仍以 17 海里的時速航行，直到再次空襲中被 3 顆炸彈擊中要害才停航。晚 8 時 15 分，該艦傾覆並沉沒，但護航的兩艘驅逐艦救起全體乘員 780 人中的 523 人，並於天黑後返回基地。

此時，距離西方 20 英里的艦隊多次遭到敵機襲擊，「英勇」號被命中，但損傷不大。下午 4 時，海軍上校路易斯 · 蒙巴頓勛爵率領「凱利」號驅逐艦及其他 4 艘最新式驅逐艦從馬爾他島出發，加入艦隊作戰。這支由 5 艘驅逐艦組成的小艦隊是我們剛剛增援至地中海的。黃昏後，他的驅逐艦原本奉命返回搜索「格羅斯特」號和「斐濟」號的倖存者。然而，總司令決定派遣這些驅逐艦在夜幕中巡航克里特島北岸，所以先前這項仁慈的任務被擱置。這是一個正確但令人痛心的決定。蒙巴頓的驅逐艦在 22 日整夜於干尼亞附近海域巡邏，而麥克海軍上校則率領「迦佛斯灣」號和其他 3 艘驅逐艦搜索通往伊拉克利翁的航道。有 1 艘滿載軍隊的輕帆船被「凱利」號摧毀，另 1 艘起火。黎明時，驅逐艦才向南撤退。

在夜幕的掩護下，坎寧安海軍上將掌握了整體態勢以及「格羅斯特」號和「斐濟」號的損失詳情。然而，由於亞歷山大港訊號發布處的抄繕失誤，他誤以為不僅巡洋艦，連戰鬥艦的高射炮炮彈也幾近耗盡。因此，他在凌晨 4 點下令全艦隊向東撤離。事實上，戰鬥艦的彈藥儲備是充足的。坎寧安後來表示，若當時了解實情，他絕不會選擇撤退。若艦隊留駐該地，或許能夠避免次日清晨的另一場災難。接下來，我們將詳細探討這個事件的經過。

23 日黎明時分，「凱利」號與「喀什米爾」號全速繞過克里特島西側撤退。途中兩次遭遇猛烈空襲，幸而未受損。上午 7 時 55 分，一支由 24 架俯衝轟炸機組成的空軍編隊追上了兩艦，瞬間即被擊沉，導致 210 人喪生。所幸驅逐艦「基普林」號就在附近，儘管持續受到轟炸，仍從海中成功救起 279 名官兵，包括路易斯．蒙巴頓勛爵，而「基普林」號本身則毫髮無損。次日清晨，「基普林」號在距離亞歷山大港 50 英里處燃料耗盡，艦上擠滿了人，但最終安全遇到迎接的艦隻，並被拖入亞歷山大港。

在 5 月 22 日和 23 日的戰鬥中，我方海軍損失如下：2 艘巡洋艦和 3 艘驅逐艦被擊沉，戰鬥艦「沃斯派特」號長期失去作戰能力，此外，「英勇」號以及其他多艘艦艇也遭受嚴重損傷。即便如此，克里特島的防禦依舊堅固。海軍不負眾望。在克里特島戰役結束之前，沒有德國士兵經由海路登陸該島。

地中海總司令尚未意識到他所獲得的巨大成就。23 日，他發來電報稱：

在過去 4 天的戰鬥中，地中海艦隊與德國空軍展開了激烈的對抗……恐怕我們必須面對一個殘酷的現實：在克里特島沿海區域的失敗是無法否認的，我們在此損失慘重，以至於阻止敵軍透過海運進攻克里特島的努力變得得不償失。這個結局是我們不得不接受的。正如我一直擔憂的那樣，敵軍擁有我們空軍無法匹敵的制空權，再加上戰鬥是在一個有限的海域進行，並受到地中海惡劣天氣的影響，導致雙方力量對比懸殊。我們唯有透過伺機奇襲並以極其謹慎的用兵戰略才能獲得勝利……

英王陛下的航空母艦「可畏」號已經受損而無法繼續航行，這或許是幸運的，因為我擔心它現在可能已經沉沒。

海軍部立刻透過電報回覆，強調：

若僅是地中海艦隊與德國空軍的較量，我們或許只能接受你關於艦隊行動的各種限制。然而，除此之外，還存在保衛克里特島的戰役。若我方駐紮在克里特島的陸軍能夠在敵方空降部隊到達前順利應對，而艦隊能阻止敵人透過海路向該島輸送增援和補給，那麼我方陸軍或許可以擊退敵人的海運部隊。因此，在接下來的這幾天裡，至關重要的任務是阻止敵軍海運部隊抵達該島，即便這意味著艦隊將遭受更大的損失。海軍部的各長官充分了解你的艦隊在執行任務時所面臨的巨大困難。

在克里特島戰事緊張到極點之際，我撥通了羅斯福總統的電話：

1941 年 5 月 23 日

克里特島戰況激烈，由於有效航程內缺乏機場，空軍無法支援防禦或掩護巡邏艦隊。今日兩艘巡洋艦及兩艘驅逐艦被擊沉。我們正大量消滅德國精銳部隊，並至少擊沉一支運兵船隊。

再次撥通韋維爾的電話：

1941 年 5 月 23 日

克里特島之戰必須取得勝利。即便敵方已經建立穩固據點，亦須在該島上持續作戰，以此牽制敵軍主力於此戰役。這至少會為你爭取時間，以動員「虎仔」並穩定西部沙漠的局勢。只要戰鬥繼續，便能保護賽普勒斯島。希望你每晚盡可能向克里特島增派援軍。能否運送更多坦克以奪回被敵人占領的機場？敵軍精銳部隊的力量已經耗盡，其損失必然慘重。再拖延下去，他們將難以支撐。以下是我對弗賴伯格將軍的話：「全世界正在關注你們的輝煌戰鬥，整體局勢將因此而改變。」

參謀長委員會全體贊同，並通知各總司令：

1941 年 5 月 24 日

我們在克里特島面臨巨大挑戰，但從截獲的情報分析，敵人也同樣困難重重。若我們能夠堅持，敵方力量或將不支。當前最迫切的任務是迅速派遣強大援軍至該島，以在敵軍增援到達前將其殲滅。你等深知這場戰鬥的重要性，因此務必冒險確保勝利。

坎寧安海軍上將回覆海軍部23日的電報稱：

地中海艦隊總司令致海軍部

1941年5月26日

1. 請海軍部各位長官安心並相信：愛琴海戰鬥的關鍵因素不是對損失的恐懼，而是必須避免那些對我們無利卻可能危及艦隊的損失。據我所知，敵人未能透過海路向克里特島運送任何具有實質性的援軍，即便有運送，也微不足道。然而，我同意這樣的觀點：敵軍的增援很快便會達到顯著的規模。

2. 我們對潛在的損失已有充分的經驗累積。在短短3天內，已有兩艘巡洋艦和4艘驅逐艦被擊沉，1艘戰鬥艦在未來幾個月內無法參戰，此外，還有兩艘巡洋艦和4艘驅逐艦遭受重創。如果我們再遭遇一次類似的損失，將無力維持東地中海的制海權。

3. 事實上，敵人並不一定需要透過海路來運輸士兵和補給。雖然他們的運輸船隻遭受了損失並被迫返航，但他們的空軍力量暫時仍然十分強大，可以輕鬆地使用飛機增援並為登陸部隊運送物資。我方空軍對此毫無辦法，而駐紮在克里特島的部隊經常見到大批「容克52」型飛機自由穿行，這也可能對我們的士氣產生影響。

4. 我認為，海軍部的各位長官應當了解，近期的行動對人員的影響愈加嚴重。我們的輕型艦艇和機械力量即將耗盡，軍官與士兵也近乎精疲力竭。自從2月底「光輝」作戰計畫（援助希臘的計畫）啟動以來，我們一直不停地動用這些人員和艦艇，幾乎達到了他們的承受極限。如今，他們的任務更加繁重，又面臨敵人密集的空襲，而這種空襲與挪威之役相比，我堅信後者不過是小巫見大巫。對人員的過度使用是不當的。

5. 我已超越了最初的預期。驅逐艦與巡洋艦每晚在克里特島北岸巡邏，我們曾炮擊馬利姆，今晨則襲擊斯卡潘托島。1 艘潛艇正在監視米洛斯島的情況……然而，我仍未獲得我迫切請求的偵察機支援。

6. 在完成上述各項報告之後，我獲悉英王陛下軍艦「可畏」號和「努比亞」號已遭到炸彈襲擊，正在返回港口。具體情況尚不明朗。

這位堅毅的總司令面臨著更為嚴峻的挑戰，後來的事實表明，他能夠從容應對這些挑戰。

然而，直到 5 月 26 日深夜，韋維爾才接收到弗賴伯格傳來的緊急消息。弗賴伯格表示：

我懷著沉重的心情向您報告，我相信在我的指揮下，蘇達灣的防禦部隊已經達到了人力所能承受的極限。無論各位總司令從軍事角度作出怎樣的決定，我們在此地的陣地無法再堅守。我們這支裝備不良且缺乏機動性的小規模部隊，無法抵擋過去 7 天中遭遇的密集轟炸。我必須告知您，從後勤的角度來看，全面撤出這支部隊存在無法克服的困難。如果立即作出決定，部分部隊仍有可能登船。一旦此戰區失守，敵人以同樣手段攻占雷西姆農和伊拉克利翁將只是時間問題。除了威爾士團和突擊隊，所有我們的部隊都已經無力發起任何進攻。從整個中東局勢來看，如果您認為爭取時間有意義，我們應繼續堅持。但我必須考慮如何最有效地實現爭取時間的目標。蘇達灣可能在 24 小時內遭受敵軍炮火襲擊。新的嚴重傷亡不斷增加，我們的大部分固定火炮已經被摧毀。

我撥通了弗賴伯格的電話：

1941 年 5 月 27 日

你所進行的英勇防禦戰受到了各地民眾的讚賞。我們了解到敵人已陷入困境。我們正在盡力為你提供各種支援。

首相致中東總司令

1941 年 5 月 27 日

克里特島的勝利，在這場戰爭的關鍵時刻顯得至關重要。望繼續投入所有可能的援助。

然而，那天晚上，我們得知所有成功的希望已經完全破滅。

韋維爾將軍致首相

1941 年 5 月 27 日

1. 我擔心克里特島的局勢已經達至最危急時刻。干尼亞前線已然瓦解，蘇達灣似乎最多只能再堅持 24 小時。增援部隊已無法派遣……

2. 駐守在該島的部隊，大多在希臘經歷過敵人空襲的嚴峻挑戰，如今在克里特島再次面臨相似的困境，而且空襲的規模只增不減。如此持續不斷且無法抵禦的空襲，終將迫使最堅韌的軍隊也不得不撤退，並使後勤支持幾乎無法進行。

3. 剛接到弗賴伯格的電話，他表示保全蘇達灣地區軍隊的唯一可行戰略是撤退到島嶼的南部海灘，白天隱藏，夜間行動。他還提到，雷西姆農的軍隊已被切斷，供應耗盡。伊拉克利翁的部隊似乎也即將被圍困。

4. 我恐怕我們必須面對現實，克里特島已無法繼續防守，部隊必須盡力撤離。敵人的空襲規模前所未有地強大，由於多種客觀原因，這些空襲幾乎沒有遭遇任何抵抗，抵禦如此猛烈的空襲是不可能的。

地面戰鬥進入第 4 天，弗賴伯格在馬利姆—干尼亞地區設立了一條新的防線。由於德國空軍能夠自由使用機場，德軍的兵力持續增加。5 月 26 日成為關鍵的一天。我方被迫撤退至靠近干尼亞的部隊，已在日益增強的壓力下堅持了 6 天。最終，他們無法再支撐下去。通往內地的防線被突破，敵人抵達蘇達灣。與弗賴伯格司令部的聯繫中斷，他便依照自己的許可權下令部隊開始向南撤退，穿越該島前往斯法基亞。當晚深夜，決定撤出克里特島。部隊在越過山區的小道上，情勢極為混亂。幸運的是，在萊科克上校指揮下的兩支突擊隊（約 750 人），於 26 日夜間乘布雷艦「阿布提埃爾」號在蘇達灣登陸。這支可算作生力軍的部隊，連同第 5 紐西蘭旅及第 7 和第 8 澳洲營的殘部，展開了一場堅固的後衛戰，進而使我們幾乎所有在蘇達灣—干尼亞—馬利姆區域內的殘餘部隊得以撤至南海岸。

在雷西姆農，儘管部隊在通往內地的一段區域被徹底包圍，補給和彈藥日益匱乏，他們仍然堅守陣地。曾透過汽艇運送一些口糧，但未能傳達突圍撤向南海岸的命令。敵軍逐步合圍，直至 30 日，殘存部隊在擊斃至少 300 名德軍後因糧盡而投降。約有 140 人設法逃脫。

在伊拉克利翁，德軍在機場以東的兵力逐日增加。守軍曾得到部分阿蓋爾和薩瑟蘭蘇格蘭高地人的增援。這支部隊經由廷巴基登陸，突破重圍抵達伊拉克利翁與守軍匯合。同時，海軍也已及時趕來支援。

我們再次被迫面對撤退守軍這個痛苦任務，以及不可避免的重大損失。艦隊在敵機的持續襲擊下，承受著極大的任務壓力，必須設法撤離 22,000 人，主要從斯法基亞的開闊海灘登船，而艦艇需穿越 350 英里敵機控制的海域。皇家空軍極力從埃及派遣幾架能夠到達目標的飛機，主要目標是敵方控制的馬利姆機場，因此晝夜多次轟炸。儘管此類行動對空軍人員已是重負，但規模有限的行動未能產生顯著效果。空軍中將特德承諾為艦艇提供戰鬥機護航，但提醒我們，這種護航將是有限且間斷的。斯法基亞是南部海岸一個小漁村，位於 500 英尺高的懸崖下，僅有一條羊腸小道通行。部隊必須隱蔽在懸崖邊緣，待命登船。在阿利斯海軍上校指揮下，4 艘驅逐艦於 28 日夜間抵達，撤離了 700 人，並為已集結的大批官兵送去補給。返航時有戰鬥機護航，僅 1 艘驅逐艦輕傷。至少有 15,000 人藏匿在斯法基亞附近的崎嶇地形中。弗賴伯格的後衛部隊一直在激戰。

另一支艦隊正面臨一場災難。這支艦隊由巡洋艦「獵戶座」號、「阿賈克斯」號、「代多」號及 6 艘驅逐艦組成，在羅林斯海軍上將的指揮下，前往解救伊拉克利翁的駐軍。從凌晨 5 時直至黃昏，敵機從斯卡潘托島起飛，對艦隊進行猛烈的轟炸。巡洋艦「阿賈克斯」號和驅逐艦「帝國」號險些被命中，前者被迫返航。驅逐艦於午夜前抵達伊拉克利翁，將部隊轉移至外海等候的巡洋艦上。至凌晨 3 時 20 分，任務完成。4,000 名士兵已登艦，艦隊隨即返航。半小時後，受損的驅逐艦「帝國」號的舵機突然失靈，險些與巡洋艦相撞。艦隊必須在拂曉前盡快駛入南部海域。然而，羅林斯海軍上將決定命令驅逐艦「赫脫斯保」號返回，轉移「帝國」號上的所有軍隊和乘員，並將「帝國」號擊沉。他所乘坐的軍艦減速至每小時 15 海里，以便載有 900 名士兵的「赫脫斯保」號在黎明前與他會合。他的行程已比計畫晚了 1 個半小時，直到日出才轉向南方穿過卡索斯海峽。儘管事先安排了戰鬥機掩護，但由於時間上的變更，飛機未能找到艦隻。猛烈的轟炸從早上 6 時開始，持續至下午 3 時，當時艦隊距離亞歷山大港不足 100 英里。

「希爾伍德」號首當其衝。該艦於清晨 6 時 25 分遭遇炸彈襲擊，無法繼續隨護航船隊前行。羅林斯上將果斷決定，讓這艘受創艦隻自行抉擇命運。最終，該艦靠近克里特島海岸。艦上大多數人儘管成為戰俘，但保住了性命。更為不幸的事件接踵而至。在接下來的 4 小時內，巡洋艦「代多」號、「獵戶座」號以及驅逐艦「誘敵」號相繼被擊中。艦隊速度降至 21 海里，但仍能繼續南行。「獵戶座」號的情況尤其慘烈。艦上除船員外，還有軍隊 1,100 名。一顆炸彈穿透艦橋，墜入擁擠的下甲板，約 260 人喪命，280 人受傷。艦長巴克海軍上校殉職，船體重創並燃起大火。至中午，海軍航空隊的兩架「海燕」式戰鬥機飛來，稍稍穩定了人心。儘管皇家空軍戰鬥機竭盡全力，卻未能找到遇難艦隊，但與敵機數次交鋒，並至少擊落敵機兩架。艦隊於29日下午8時抵達亞歷山大港，此時我們發現，從伊拉克利翁撤出的守軍中，有五分之一死傷或被俘。

正如我們所觀察到的，駐紮在開羅的總司令們正承受著來自國內政治和軍事領導層的巨大壓力，而這股壓力又無情地傳遞到勇敢迎戰敵軍的部隊。然而，在歷經了5月29日的動盪之後，韋維爾將軍及其同事面臨著一個關鍵的抉擇：究竟需要動用多少力量來從克里特島撤離我們的軍隊。陸軍正面臨生死存亡的危機，空軍無能為力，任務再次落在疲憊不堪且滿是傷痕的海軍肩上。對於坎寧安海軍上將而言，在如此危急時刻放棄陸軍是違背傳統的。他指出，「建造1艘軍艦需時3年，而建立新的傳統則需300年。撤退（即營救）必須繼續。」然而，經過深思熟慮並與海軍部和韋維爾將軍協商後，他們才決定繼續堅持。至5月29日清晨，已有近5,000名士兵被撤出，但仍有大量人員在等待救援，他們分散在通往斯法基亞的各個路口，一旦白天暴露就立即遭到轟炸。這個讓海軍再次面臨巨大損失的決定，無論從情感還是結果來看，都是合適的。

5月28日傍晚，金海軍上將率領「月神」號、「珀斯」號、「加爾各答」號、「考文垂」號以及「格蘭蓋爾」號突擊艦與3艘驅逐艦駛往斯法基亞。5月29日夜間，約有6,000人成功登船，「格蘭蓋爾」號的登陸艇在過程中發揮了重要作用。凌晨3點20分，全體艦隊開始返航，儘管在5月30日遭遇3次空襲，仍然安全抵達亞歷山大港。唯有巡洋艦「珀斯」號因鍋爐室被擊中而受損。這種幸運應歸功於皇家空軍的戰鬥機，儘管數量有限，但在返航途中多次擊退了敵機的攻擊。當時以為5月29日至30日的夜間是最後的努力之夜，但29日當天，局勢並未如預期般嚴峻。因此，30日清晨，阿利斯海軍上校率領4艘驅逐艦再次前往斯法基亞。期間，兩艘驅逐艦不得不折返，但他帶領「內皮爾」號和「尼贊」號（由海得拉巴王子和人民贈予我們的驅逐艦）繼續前進，成功地將1,500多名士兵接上船。返航途中，這兩艘驅逐艦險些被炸彈擊沉，雖遭受一定損傷，仍安全抵達亞歷山大港。幾天前，希臘國王在歷經重重險阻後已與英國公使一起離開該島。當夜，根據駐開羅各位總司令的命令，弗賴伯格將軍也乘飛機撤出該島。

5 月 30 日下達了命令，以便為救援留在該島的部隊進行最後的努力。當時推估滯留在斯法基亞的士兵人數不超過 3,000 人，但後來的消息顯示，實際人數超過兩倍。金海軍上將在 5 月 31 日早晨再次率領「月神」號、「阿布提埃爾」號和 3 艘驅逐艦前往該島。他們並不奢望能把所有人都帶回，但坎寧安海軍上將命令這些艦隻盡可能地裝載士兵。同時，海軍部被告知，這是最後一夜的撤離。登船過程順利進行，艦隻於 6 月 1 日凌晨 3 時啟航，成功載運近 4,000 名軍人安全抵達亞歷山大港。前去接應進港的巡洋艦「加爾各答」號在距離亞歷山大不到 100 英里時被炸彈擊沉。

超過 5,000 名英國及其帝國的軍隊被遺留在克里特島的某些區域，韋維爾將軍准許他們投降。然而，許多人分散在這座長達 160 英里的多山島嶼上。他們與希臘士兵得到了當地居民的援助。這個情況一旦被發現，居民便遭受無情的懲罰。這些無辜而勇敢的農民遭受殘酷的報復，一批批 20 或 30 人被處決。基於此原因，我於 3 年後的 1944 年在最高軍事會議上建議，對當地發生的罪行應在當地進行審判，並將刑事被告人送回當地受審。此原則被採納，因此一些未償還的血債得以清算。

16,500 名人員被順利撤至埃及，幾乎全為英國及其帝國的部隊。隨後，突擊隊的冒險行動又成功營救出約 1,000 人。我方損失包括約 13,000 名人員死傷或被俘，此外，海軍傷亡人數接近 2,000 人。自戰爭爆發以來，據推估，在馬利姆和蘇達灣區域德軍墳墓超過 4,000 座，而在雷西姆農和伊拉克利翁則有 1,000 座。另有大量不明人數的德軍溺亡於海中，部分傷員在希臘醫院中去世。總體而言，敵軍傷亡人數超過 15,000 人。約有 170 架運輸機被擊毀或損傷，然而，他們為取得這場勝利所付出的代價無法僅以傷亡人數來衡量。

克里特島戰役不僅是一場戰略據點爭奪戰，更是艱苦爭鬥中取得決定性勝利的典範。當時，我們不清楚德國擁有多少傘兵師。事實上，克里特島戰役的爆發，如同本書接下來要描述的，使我們為本土防衛做好了準備，目標是能夠抵禦 4、5 個這樣勇猛的空降師，隨後我們與美國合作，建立了規模更大的空降部隊。然而，德國第 7 空降師實際上是戈林唯一的空降師，該師在克里特島戰役中被徹底消滅。戈林的 5,000 多名勇士陣亡，導致德國空降師的組織結構無可挽回地崩潰，再也沒有以任何有效的形式重現。在克里特島的那場混亂且令人沮喪的戰鬥中，紐西蘭士兵以及其他英國、英聯邦和希臘軍隊或許意識到，他們在一件重大事件中發揮了作用，這個事件在關鍵時刻為我們解除了一大隱憂。

德國失去了他們最精銳的戰士，因此其強大的空降和傘兵部隊在中東即將發生的事件中無法發揮任何作用。戈林在克里特島取得的勝利代價高昂，因為他投入該島的軍力原本可以輕而易舉地幫助他占領賽普勒斯、伊拉克、敘利亞，甚至波斯。這支部隊正是用來征服那些態度搖擺且抵抗不力的廣大地區所需的。他卻愚蠢地在與英帝國戰士進行的一場殊死搏鬥中（常常是肉搏戰）放棄了這種幾乎無限的機會和不可替代的力量。

我們目前掌握了第 11 空軍軍團的「作戰報告」，其中包括第 7 空降師。回顧我們在克里特島作戰部署時遭受的嚴厲批評與自我反思，聽聽另一方的觀點頗具趣味。德國方面表示：「英國在克里特島的地面部隊約為我們預估的 3 倍。他們對島上的作戰區域進行了極為周密的防守準備，運用了各種方法……所有防禦工事都進行了巧妙的偽裝……由於情報不足，無法正確評估敵情，這給第 11 空軍軍團的進攻帶來了極大風險，並導致了相當慘重的傷亡。」

在德國對我們戰俘審訊的報告中，有這樣一段敘述。我懷著感激之情，冒昧地引用那些不知名朋友的言辭：

談及英國軍隊的精神和士氣，尤其值得關注的是，儘管他們在戰鬥中屢遭挫折，但整體而言，對邱吉爾的信任依然是堅定不移的。

英國海軍在地中海的地位，至少從理論上來說，因克里特島的戰鬥和撤退中所遭受的損失而受到了嚴重的影響。3 月 28 日的馬塔潘角戰役，暫時將義大利海軍逼回港口。然而，新的嚴重損失卻降臨於我們的艦隊。克里特島戰役後，坎寧安海軍上將僅剩兩艘戰鬥艦、3 艘巡洋艦和 17 艘驅逐艦可投入使用。另有 9 艘巡洋艦和驅逐艦正在埃及維修，而戰鬥艦「沃斯派特」號、「巴勒姆」號以及僅有的 1 艘航空母艦「可畏」號和其他幾艘軍艦則需離開亞歷山大港進行修理。戰鬥中損失了 3 艘巡洋艦和 6 艘驅逐艦。必須迅速派遣增援以恢復平衡。然而，正如即將敘述的，前方還有更大的不幸在等待著我們。當前這個時期，對於義大利人而言，是對我們在東地中海地區不穩定的海上控制權及其帶來的困難進行挑戰的絕佳機會。很難斷言他們不會抓住這個機會。

俾斯麥號最終命運

當希臘已然崩潰，西部沙漠的局勢仍未塵埃落定，而我們在克里特島的激戰中節節敗退之際，英、德海軍在大西洋上介入了一場具有深遠影響的事件。

除了德國潛艇持續與我們交鋒之外，德國海上襲擊艦已經對我們的船隻造成了超過 75 萬噸的損失。敵方的戰鬥巡洋艦「沙恩霍斯特」號與「格奈森諾」號，以及巡洋艦「希佩爾」號，在強力高射炮的掩護下，依舊停泊在布雷斯特。它們何時會再次擾亂我們的貿易航線，無人知曉。到 1941 年 5 月中旬，各種跡象顯示，新建成的戰鬥艦「俾斯麥」號可能會在配備 8 英寸口徑大炮的巡洋艦「歐根親王」號的伴隨下，投入戰鬥。這些強大且快速的艦艇在大西洋廣闊海域的協同作戰，將對我們的海軍力量構成極大考驗。「俾斯麥」號裝備了 8 門 15 英寸口徑的大炮，建造時未受條約限制，是海洋上裝甲最厚重的軍艦。其排水量比我們最先進的戰鬥艦多出近 10,000 噸，速度則至少相當。希特勒在 5 月視察該艦時說道：「你是德國海軍的驕傲。」

為應對即將來臨的威脅，總司令托維海軍上將將新戰鬥艦「英王喬治五世」號、「威爾士親王」號及戰鬥巡洋艦「胡德」號部署在斯卡帕灣。在直布羅陀港，由薩默維爾海軍上將指揮的「聲威」號和「皇家方舟」號待命。「卻敵」號和新航空母艦「勝利」號此時護送一支載有兩萬餘人的運兵船隊前往中東。「羅德尼」號和「拉米伊」號在大西洋上執行護航任務，若其中任何 1 艘單獨遭遇「俾斯麥」號，皆可能被擊沉。「復仇」號正在哈利法克斯港準備出航。當時，海面上或待出航的運輸船隊共有 11 支，其中有 1 支極為重要的運兵船隊，冒著巨大生命損失的風險。巡洋艦在北海各海口巡邏，空中偵察隊警惕地監視挪威海岸。海上的形勢不明，氣氛緊張，海軍部與我保持密切聯繫，意識到即將發生的事件，並敏銳地察覺到我們在各海域的商船已成為敵方的目標。

1941 年 5 月 21 日凌晨，我們得知兩艘大型戰艦在強大護航艦隻的護送下駛離了卡特加特海峽，並於當天晚些時候確認「俾斯麥」號和「歐根親王」號已停靠在卑爾根峽灣。顯然，重大的軍事行動已經迫在眉睫，因此我們在大西洋的各級指揮機構立刻開始了緊張的運作。海軍部遵循了這個正確且傳統的原則：集中力量對抗敵方的襲擊艦隊，而讓運輸船隊甚至那支運兵船隊去冒險。「胡德」號、「威爾士親王」號和 6 艘驅逐艦，於 5 月 22 日午夜後不久即從斯卡帕灣啟航，去支援「諾福克」號和「薩福克」號，這兩艘軍艦當時正在格陵蘭島與冰島之間被稱為丹麥海峽的那片寧靜的冰凍海域巡邏。巡洋艦「曼徹斯特」號和「伯明翰」號被命令守衛冰島和法羅群島之間的海峽。「卻敵」號和「勝利」號則由總司令直接指揮。那支運兵船隊，僅由驅逐艦護航，經批准自克萊德灣起航。

5 月 22 日，星期四，局勢複雜多變，令人不安。北海的天空被烏雲覆蓋，並且開始降雨。儘管天氣惡劣，一架從奧克尼群島的哈特斯頓起飛的海軍飛機仍然飛往卑爾根峽灣，勇敢地在猛烈炮火下完成了偵察任務。那兩艘敵艦已經不在原地！托維海軍上將在晚上 8 時收到這個消息後，立即登上「英王喬治五世」號，帶領「勝利」號、4 艘巡洋艦和 7 艘驅逐艦，在北海西部占據一個中心位置，如此一來，無論敵人選擇在冰島的哪一側活動，他都能支持他的巡洋艦巡邏。「卻敵」號將在次日清晨與他在海上會合。海軍部認定敵艦可能通過丹麥海峽。當晚，我在收到報告後數分鐘便致電總統：

昨日（5 月 21 日），我們察覺到「俾斯麥」號、「歐根親王」號以及 8 艘商船停泊在卑爾根。由於雲層極低，我們無法展開空襲。今夜，我們注意到它們已經離港。我們有理由相信，敵方意圖在大西洋對我方船隻發動大規模襲擊。若我們無法追蹤它們的行蹤，你的海軍必能為我們指明它們的位置。「英王喬治五世」號、「威爾士親王」號、「胡德」號、「卻敵」號和航空母艦「勝利」號，連同其附屬艦隻，將全力追蹤其動向。請傳達此消息，我們定能完成任務。

「俾斯麥」號與「歐根親王」號實際上已於前一日離開卑爾根，現正位於冰島東北，駛向丹麥海峽。此處因浮冰密集使得海峽縮窄至僅 80 英里，且大部分被濃霧籠罩。5 月 23 日晚，「薩福克」號與「諾福克」號相繼發現兩艘戰艦自北駛來，正於無雲的海域沿著浮冰邊緣航行。海軍部首先收到「諾福克」號的報告，立即以密碼向各相關方廣播。追擊行動展開；目標已在視線之內；我方所有艦隊向敵艦出發。總司令的旗艦向西加速航行。「胡德」號和「威爾士親王」號調整航向，計劃於翌日黎明在冰島西面攔截敵艦。海軍部通知薩默維爾海軍上將指揮 H 艦隊（包括「聲威」號、「皇家方舟」號及巡洋艦「謝菲爾德」號）高速北上，以保護已過愛爾蘭海岸的運兵船隊，或參與戰鬥。薩默維爾海軍上將的艦隊已整裝待發，於 5 月 24 日凌晨兩點自直布羅陀啟航。事實證明，這個航行決定了「俾斯麥」號的命運。

我於星期五（5 月 23 日）下午抵達契克斯。艾夫里爾．哈里曼、伊斯梅將軍及波納爾將軍與我同行，並將在此待到星期一。鑑於克里特島戰事正激烈進行，這可能會是一個令人不安的週末。自然，在這處鄉間官邸中，各類祕書人員一應俱全，並且能夠與海軍部的值勤官及其他關鍵部門保持直接電話聯繫。海軍部的預測顯示，「俾斯麥」號和「歐根親王」號將在黎明時分穿越丹麥海峽，而「威爾士親王」號和「胡德」號將與兩、三艘巡洋艦聯手迫使其交戰。所有艦艇均按照既定計畫向目標區域移動。我們焦慮地等待了大半夜，直到凌晨兩、三點才去休息。

在清晨 7 點左右，我被喚醒去聆聽一個令人震驚的消息。我們最大的、速度最快的主力艦「胡德」號已被摧毀。儘管其船體較輕，卻配備了 8 門 15 英寸口徑的大炮，是我們最珍貴的艦船之一。失去這艘主力艦無疑令人痛心。然而，我深知我們所有在場的艦隻正從四面八方逼近「俾斯麥」號，因此我確信我們將很快擊沉它，除非它掉頭北返。我走向走廊盡頭哈里曼的房間，我們一見面便異口同聲地說：「『胡德』號被炸沉了，但我們一定能擊沉『俾斯麥』號。」我回到自己的房間，由於極度疲憊，再次入睡。大約在 8 點半，我的私人祕書主任馬丁穿著睡衣走進房間，他那嚴肅的臉上顯露出緊張的神情。「我們擊中了它嗎？」我問道。「沒有，而且『威爾士親王』號已經撤出戰場。」這實在令人失望。難道「俾斯麥」號已經向北駛回本國？這是我最為擔心的事。如今，我們對當時的事件已有了清晰的了解。

原本在那個夜晚（5 月 23 — 24 日晚），儘管雨雪交加，天氣惡劣，但「諾福克」號與「薩福克」號仍然巧妙地緊盯住敵艦，不論敵艦如何努力擺脫。整夜，它們持續不斷地發出訊號，準確標示敵艦和友艦的位置。隨著北極的黎明逐漸轉為白晝，「俾斯麥」號在南方 12 英里外的海面上正向南航行。轉瞬間，「諾福克」號左舷前部冒出濃煙。「胡德」號和「威爾士親王」號已進入視野。一場生死搏鬥即將展開。天色漸亮後，「胡德」號確認敵艦位於西北 17 英里海域。英國艦隻立即開火。「胡德」號於上午 5 時 52 分在距離敵艦 25,000 碼處開炮。「俾斯麥」號還擊，「胡德」號立即中彈，4 英寸口徑的大炮起火，火焰迅速蔓延至艦體中央。這時，所有艦隻投入戰鬥，「俾斯麥」號也被擊中。災難驟然而至，6 時，「俾斯麥」號進行第五次齊射後，「胡德」號爆發猛烈爆炸，船體斷裂。數分鐘後，它在煙霧中沉沒，除 3 人外，艦上包括蘭斯洛特．霍蘭海軍中將和雷夫．克爾海軍上校在內的 1,500 多名官兵全部遇難。

「威爾士親王」號迅速調整航向，以避開「胡德」號殘骸，並繼續這場全然不對等的戰鬥。不久，「俾斯麥」號的炮火便擊中了它。在短短幾分鐘內，它被 4 枚 15 英寸炮彈命中，其中 1 枚摧毀了艦橋，艦橋上的人員非死即傷。同時，艦尾的水下部分也被射穿。利希海軍上校是艦橋上少數倖存者之一，他決定中止戰鬥，藉助煙幕撤離戰場。然而，「威爾士親王」號已令「俾斯麥」號受損，導致其航速降低。事實上，「俾斯麥」號的水下船身被兩枚重型炮彈擊中，其中一枚擊穿了油槽，導致大量油料洩漏，引發嚴重後果。德國司令官繼續向西南方向航行，留下明顯的油跡。

現今，指揮重任落在巡洋艦「諾福克」號艦橋上的威克 - 沃克海軍少將肩上。他面臨的抉擇是：立即重新開戰，還是暫時牽制敵人，等待總司令與「英王喬治五世」號及航空母艦「勝利」號到達。一個關鍵因素是「威爾士親王」號的狀況。這艘戰艦不久前才服役，利希海軍上校僅在一週前報告稱該艦「可以作戰」。它已遭重創，艦上 10 門 14 英寸口徑大炮中已有兩門失效。在此情形下，它是否能與「俾斯麥」號匹敵，令人質疑。基於此，威克 - 沃克海軍少將決定不重新開戰，僅監視敵方動向。在這個決策上，他無疑是正確的。

如果「俾斯麥」號當時對其取得舉世矚目的勝利戰績感到滿足，那才是真正的明智之舉。它在短短幾分鐘內便擊沉了皇家海軍中最出色的戰艦之一，可以帶著巨大的功勳返回德國。它的威名和潛在的攻擊能力將會顯著提升，因為這些我們既無法精確評估，也無法充分解釋。

此外，正如我們目前所了解的，「威爾士親王」號已經對其造成嚴重損傷，並且漏油不止。在這種情況下，它如何能在大西洋上執行襲擊我方商船的任務呢？它面臨兩種選擇：載譽而歸，伺機再戰；或者繼續冒險，幾乎注定會被摧毀。其指揮官選擇了背水一戰，這或許是因過於自信，也可能是受到嚴厲命令所致。我在大約 10 點鐘與我的美國朋友會面時，因得知「俾斯麥」號正在南下，故而能以新的信心討論這場海戰的結局。

每天，我必須花費大量時間，及時處理透過專用線路或信差傳遞的軍事、外交和情報電報。這種忙碌讓我倍感安慰，因為當一個人專注於某件事情時，便無暇顧及憂慮。然而，我心中無法釋懷的是那艘巨大的「俾斯麥」號戰艦，它重達 45,000 噸，幾乎刀槍不入，正以高速南下，直指我們的運輸船隊，而「歐根」號則為其偵察艦。我也不禁想到這些運輸船隊。它們的護航戰鬥艦已在追擊過程中離開了隊伍。這些運輸船隊滿載著我們寶貴的士兵，現已接近愛爾蘭南部。薩默維爾海軍上將正全速駛近，幾乎要到達運輸船隊與危險海域之間。我向海軍部值勤官詢問時間和距離，他的報告讓我稍感安心。儘管我們的運輸船隊每小時僅能航行 12 海里，而據我們所知，「俾斯麥」號可以達到 25 海里，但兩者之間仍有一段安全距離。只要我們能緊緊盯住「俾斯麥」號，就有機會將其逼入絕境。然而，若在夜間失去其蹤跡，該如何應對？它可能駛往何處？它的選擇範圍廣闊，而我們幾乎隨時可能遭到攻擊。

當下議院於星期二召開會議時，議員們的情緒顯然並不樂觀。5 月 10 日，下議院被摧毀，現在所有人擠在離下議院不遠的教堂房子裡。儘管這的確是暴風雨中的避風港，但設施簡陋。辦公室、吸菸室、餐廳以及所有常用設施都顯得簡陋不堪。空襲警報頻繁，議員們的生活需求逐漸感到不足。在星期二的會議中，他們能否接受以下這些資訊？——「胡德」號的仇未報，我們的運輸船隊有幾支遭到敵艦攻擊，甚至被全殲，「俾斯麥」號已經返回德國或抵達法國占領區的某個港口，克里特島已經失守，撤退中不可避免地有重大傷亡。如果能讓他們相信我們並沒有將事情搞砸，我堅信，他們會是忠誠而勇敢的。然而，能夠說服他們嗎？我的美國客人以為我輕鬆自在，但強顏歡笑其實並不容易。

5 月 24 日整日，英國的幾艘巡洋艦與「威爾士親王」號繼續緊跟「俾斯麥」號及其僚艦。「英王喬治五世」號上的托維海軍上將仍然距離較遠，但他發來訊號，表示希望在 25 日上午 9 時加入戰鬥。海軍部命令所有艦隻集結。遠在東南方 500 英里的「羅德尼」號接到命令，抄近道航行。「拉米伊」號接到命令脫離歸國的運輸船隊，前往敵艦的西側。自哈利法克斯出發的「復仇」號也奉命趕赴現場。巡洋艦布下陣勢，以防敵艦向北或向東逃脫。與此同時，薩默維爾海軍上將的艦隊則從直布羅陀全速向北出發。儘管海上局勢瞬息萬變，包圍之網正逐漸收緊。

晚上 6 點 40 分左右，「俾斯麥」號突然調頭，與追擊它的艦艇展開短暫的交戰。如今我們了解到，這個動作是為了掩護「歐根親王」號逃脫。該艦隨後迅速南下，加油後順利於 10 天後抵達布雷斯特港。托維海軍上將命令「勝利」號先行，以便發動空襲，減緩敵艦速度。「勝利」號剛剛服役，其中一些飛行員缺乏戰鬥經驗。晚上 10 時，在 4 艘巡洋艦的保護下，該艦派出了 9 架「旗魚」式魚雷機。這些飛機需在雨中和低雲下逆風飛行 120 英里。由海軍少校埃斯蒙德率領，在「諾福克」號無線電導航下，兩小時後發現「俾斯麥」號，冒著猛烈炮火英勇攻擊。一枚魚雷擊中了敵艦艦橋下方。在「勝利」號上，大家正為飛機如何返航犯愁。這時海上漆黑一片，狂風大作，驟雨使人難以睜眼，駕駛員即使白天降落在甲板上也不熟練。此外，唯一能引導他們安全著陸的燈光也失效了。於是，不顧德國潛艇的威脅，打開探照燈和訊號燈，幫助駕駛員返航。他們的卓越努力得到了回報，這是我樂於分享的。所有飛行員在黑暗中安全著陸，大家無不感到欣慰和寬心。

我們的艦隻為翌日清晨的決戰再次整裝待發，然而海軍部的期望再次落空。5 月 25 日凌晨 3 時許，「薩福克」號意外地失去了「俾斯麥」號的蹤跡。該艦曾巧妙地利用雷達尾隨於敵艦的左後方。在進入德國潛艇活躍的海域時，所有艦隻都以曲折航線前進，這成為不幸的根源。「薩福克」號在其雷達上失去了「俾斯麥」號的蹤跡，但在向內航行時又能重新觀測到。或許是因為長時間成功尾隨後過於自信。然而，當它再次轉向西方時，敵艦已不在預期航線上。是向西行駛，還是急轉北上東進？這引發了巨大的焦慮，若無法再次追蹤敵艦將使一切努力付諸東流。「英王喬治五世」號在破曉時分向西搜索，相信「俾斯麥」號正向北海航行，遂轉向東，而所有英國追擊艦隻也都朝此方向駛去。海軍部越來越確信「俾斯麥」號正駛往布雷斯特，但直到 6 點鐘才確認這個判斷。海軍部隨即下令所有艦隻駛向更南的航線。然而，在此期間，由於失去「俾斯麥」號蹤跡導致的混亂和拖延，使得該艦在安全競賽中遙遙領先。至晚上 11 時，它已進入英國旗艦以東的海域。其油槽洩漏，燃料不足。在該艦與目的地之間仍隔著裝備 16 英寸大炮的「羅德尼」號，但「羅德尼」號也正向東北航行，當天下午在「俾斯麥」號前方錯過。起初充滿希望的一天，最終卻化為失望與挫折。幸而「聲威」號、「皇家方舟」號及巡洋艦「謝菲爾德」號從南方乘風破浪而來，正沿一條可截擊敵艦的航線步步逼近。

截至 5 月 26 日清晨，我方分布在遼闊海域的艦艇已經連續航行 4 天，燃料成為急待解決的問題。某些追擊艦不得不降低速度。在這無邊無際的海洋中，我們的努力似乎隨時可能化為泡影。然而，在上午 10 點，當希望幾乎破滅之際，「俾斯麥」號再度被發現。海軍部和空軍海防總隊派出駐紮於愛爾蘭厄恩湖的「卡塔利娜」式遠端轟炸機進行搜索。其中一架發現該逃逸艦正駛向布雷斯特，距離港口約 700 英里。「俾斯麥」號擊傷了這架飛機，通訊中斷。但不到 1 小時，從「皇家方舟」號上起飛的兩架「旗魚」式魚雷機再次發現了目標。它仍在「聲威」號西方相當遠的海域，尚未進入德國空軍從布雷斯特起飛的強大空中掩護範圍。然而，「聲威」號單艦難以應對，需等待「英王喬治五世」號和「羅德尼」號的支援，這兩艘戰艦仍遠遠落後於敵艦。然而，以解救德國「阿爾特馬克」號襲擊艦上英國俘虜而聞名的維安海軍上校，仍在「科薩克」號上，率領其他 4 艘驅逐艦前進，這些艦隻原本負責護衛運輸船隊，隨後接到命令離開。他接收到一架「卡塔利娜」式飛機的訊號，告知「俾斯麥」號的位置。他沒有等待新命令，立即向敵艦駛去。

在這一片混亂中，新的混亂在所難免。薩默維爾海軍上將急於北上，派遣「謝菲爾德」號接近並尾隨敵艦。「皇家方舟」號對此行動不知情，因此當其派出飛機進行攻擊時，雷達引導飛機飛向了「謝菲爾德」號。它們投下炸彈，卻未擊中目標。「謝菲爾德」號意識到被誤炸，巧妙地規避，沒有開火。飛行員帶著歉意返回「皇家方舟」號。這時，「謝菲爾德」號重新找到了「俾斯麥」號，並緊緊跟隨。下午 7 時剛過，15 架「旗魚」式魚雷機從「皇家方舟」號起飛，此時距離敵艦不到 40 英里，這次沒有誤認目標。這些飛機在「謝菲爾德」號的指引下，進行了英勇的攻擊。到 9 點 30 分，它們完成了任務。至少兩枚魚雷命中，可能還有第 3 枚。據一架追蹤的飛機報告，曾見到「俾斯麥」號整整轉了兩個圈，似乎已經失去控制。此時，維安海軍上校的幾艘驅逐艦正在逼近，整夜包圍著這艘受損的戰艦，伺機用魚雷進行攻擊。

週一晚上，我來到了海軍部，站在作戰室的海圖前觀察戰局，戰報每隔幾分鐘便送達一批。「你在這裡做什麼呢？」我問軍需署長弗雷澤上將。他答道：「我在等著看有什麼需要修理的。」4 個小時轉瞬即逝，當我離開時，可以看出龐德海軍上將和他那群傑出的專家們已確信，「俾斯麥」號的命運已成定局。

德國司令官盧金斯海軍上將毫不抱有任何僥倖心理。接近午夜時分，他報告道：「船隻已經無法操控。我們將戰鬥至最後一顆炮彈。元首萬歲！」，「俾斯麥」號距離布雷斯特仍有 400 英里，甚至無法航行至此。與此同時，德國派遣了一支強大的轟炸機隊前來援救，德國潛艇也迅速趕來，其中 1 艘魚雷耗盡的潛艇報告稱，「皇家方舟」號從易受攻擊的距離駛過它旁邊。此時，「英王喬治五世」號和「羅德尼」號正在逼近。燃料問題最令人擔憂，托維海軍上將已經決定：除非能夠顯著降低「俾斯麥」號的速度，否則他將在午夜時分放棄追擊。第一海務大臣根據我的建議發出訊號，指示他繼續追擊，即便需要用拖船將艦隻拖回國也要繼續。但此刻已經獲悉，「俾斯麥」號實際上正朝錯誤方向航行。其主炮仍然完好無損，因此托維海軍上將決定在次日清晨迫使其交戰。

5 月 27 日黎明時分，西北風正強勁吹拂。「羅德尼」號於上午 8 點 47 分率先開火，緊接著，「英王喬治五世」號也加入了炮擊。英國軍艦的炮火迅速命中目標，不久後，「俾斯麥」號開始還擊。儘管德國艦員因 4 天的激烈戰鬥而疲憊不堪，甚至在職位上昏昏欲睡，但其炮火在短時間內仍然精準。當第 3 輪齊射時，炮彈曾落在「羅德尼」號的前後方，但隨後，英國軍艦的攻擊占據了上風，半小時後，「俾斯麥」號的大炮大多已經沉寂。艦體中部起火，船身急遽左傾。此時，「羅德尼」號駛過其艦首，在不超過 4,000 碼的距離內，向其發射密集炮彈。到了 10 點 15 分，「俾斯麥」號的炮聲完全停止，艦桅被擊毀。它在洶湧的海浪中翻滾，火光四起，煙霧騰空，但即便如此，它仍未沉沒。

在上午 11 點，我需要在教堂大廈內向下議院彙報克里特島戰役及「俾斯麥」號這個戲劇性事件。我說道：「今天清晨，『俾斯麥』號幾乎無法行動，且未能獲得支援，遭到英國追擊戰鬥艦的攻擊。我尚不清楚炮擊的結果，但似乎『俾斯麥』號尚未被擊沉，預計將以魚雷迅速解決。我認為這個行動正在進行，並且不會耗時太久。儘管失去『胡德』號對我們是重大損失，但『俾斯麥』號應為當今世界最新且最強大的戰鬥艦。」我剛坐下，就有人遞給我一張紙條，使我不得不再次起身發言。在獲得下議院許可後，我說道：「我剛收到消息，『俾斯麥』號已經沉沒了。」看起來他們對此感到滿意。

最終用魚雷給予致命一擊的是「多塞特郡」號巡洋艦。那艘強大的戰艦在 10 點 40 分時船底朝天沉沒。隨這艘戰艦一同葬身海底的約有 2,000 名德國人及他們的艦隊司令盧金斯海軍上將。我們救起 110 名倖存者，他們精疲力竭，但面帶慍色。由於 1 艘德國潛艇的出現，施救工作被迫中止，英國艦隻不得不撤離。還有 5 名德國人被 1 艘德國潛艇和 1 艘氣象觀測船救起，但隨後趕到的西班牙巡洋艦「卡那利亞斯」號只發現一些浮屍。

這個插曲使我們對海戰的眾多關鍵問題有了更加清晰的認知，它揭示了這艘德國戰艦在結構上的極大堅固，同時也展現了它的出擊帶給我們多艘艦隻巨大的困難與危險。如果它這次逃脫了，而其繼續存在所帶來的心理影響，以及可能對我們的船舶造成的物質破壞，都是災難性的。人們會對我們掌控海洋的能力產生深刻的懷疑，而這些懷疑將會傳遍全球，帶給我們極大的損害和不安。所有相關方都曾為獲得此次成功的戰果而作出努力。最初開始追蹤的是巡洋艦，這次追蹤引發了首次不幸的交鋒。隨後，當敵艦蹤跡消失時，是飛機發現了它，並引導巡洋艦回到追蹤航線上。接著，巡洋艦引導艦載飛機進行決定性的打擊，最後，幾艘驅逐艦在漫漫長夜中緊緊纏住敵艦，使我們的戰鬥艦能夠趕到最終消滅它的戰場。雖然各方都有功勞，但我們不能忘記，這場曠日持久的戰鬥是以「威爾士親王」號的大炮重創「俾斯麥」號為轉捩點的。因此，戰鬥艦和大炮在戰鬥的開端和結尾都造成了關鍵作用。

大西洋的航運保持著平穩順遂的狀態。

我在 5 月 28 日撥通了總統的電話：

稍後我會告知你有關「俾斯麥」號戰鬥的機密細節。它是1艘具有強大威力的軍艦，是造艦史上的一大傑作。擊沉這艘敵艦，使我們的戰鬥艦緊張局勢得到緩解，否則，我們將不得不將「英王喬治五世」號、「威爾士親王」號以及兩艘「納爾遜」級戰艦都駐紮在斯卡帕灣，以防「俾斯麥」號和「提爾皮茨」號的行動，因為它們可以選擇出擊的時機，而我們必須騰出1艘戰鬥艦以能隨時備戰。現在，情況已經改變。這將對日本人產生一定影響，而這種影響對我方是極為有利的。我預料他們正在重新評估局勢。

敘利亞戰役與法國勢力

敘利亞是法蘭西帝國眾多海外領土之一。法國政府投降後，這些領土認為本身應受法國投降協定的約束，而維琪當局則竭力阻止地中海東岸地區的法國軍人投向我方。1940 年 8 月，義大利停戰委員會成立，被拘禁的德國特務因此獲釋並開始活動。年底，更多德國人抵達，利用充裕的經費在地中海東岸的阿拉伯民族中煽動反英和反猶情緒。到 1941 年 3 月底，敘利亞局勢引起了我們的關注。德國空軍已經從佐澤卡尼索斯群島的基地襲擊蘇伊士運河，且顯然準備對敘利亞採取行動，尤其是使用空降部隊。一旦德國人控制敘利亞，埃及、重要的運河區和阿巴丹的煉油廠將面臨持續遭受空襲的威脅。從巴勒斯坦到伊拉克的陸上交通也將受到威脅。埃及可能出現政治反應，我們在土耳其和整個中東的外交地位將大大削弱。

1941 年 5 月 2 日，拉希德・阿里向希特勒請求軍事支援，以助其在伊拉克的反英行動。次日，德國駐巴黎大使館接獲指示：要求法國政府允許透過敘利亞為拉希德・阿里的軍隊運送飛機和軍事物資。5 月 5 日和 6 日，達爾朗海軍上將與德國達成了一項初步協定，根據該協定，運抵敘利亞並由義大利停戰委員會控制的軍事物資，將有四分之三被轉運至伊拉克，德國空軍也將獲得在敘利亞著陸的便利。維琪的高級專員兼總司令當茨將軍已經收到相關指示，因此從 5 月 9 日到月底，約有 100 架德軍飛機和 20 架義大利飛機降落在敘利亞的機場。

此時，正如前述所提及，英國中東司令部的任務已達極限。保衛埃及為首要任務；我們已經撤離希臘；需防衛克里特島；馬爾他島請求增援；衣索比亞尚未完全攻克；現在還需為伊拉克提供軍力。為保衛北面的巴勒斯坦，可前往支援的僅有第 1 騎兵師。這支軍隊雖然優秀，但因他處的需求已經被調走炮隊及附屬部隊。戴高樂將軍極力主張儘早讓自由法國軍隊採取軍事行動，必要時可以不依賴英國軍隊支援。然而，鑑於達喀爾的失敗經驗，無論是現場的韋維爾將軍還是我們在倫敦的人，都認為單獨使用自由法國軍隊，即便是為抵抗德國人透過敘利亞的進攻，也不合適，但這個選擇或許已經無法避免。

儘管如此，我們不能輕言放棄敘利亞，必須竭盡全力採取一切可能的措施。雖然我們不想增加韋維爾的負擔，但仍需請求他盡力支持自由法國軍隊。4 月 28 日，他回電稱，他能調動的兵力僅有一個旅。我在電報上批示：「看來有必要讓韋維爾將軍將他提到的那個旅團和機動部隊盡快做好準備，並前往巴勒斯坦邊境待命。」因此，三軍參謀長指示韋維爾將軍：對當茨將軍不應承諾提供確定的援助，但如果他抵禦德軍從海上或空中的進攻，英國將立即給予一切可能的支援。同時命令韋維爾將軍，對德國的任何襲擊立即採取空軍行動。

展望未來，危機四伏。1941 年 5 月 8 日，我向三軍參謀長提交了一份備忘錄：

首相致函伊斯梅將軍，轉呈參謀長委員會

今天早上，內閣將召開會議，請三軍參謀長為我提供關於敘利亞問題的建議。我們必須竭盡全力阻止德國以少量軍隊在敘利亞建立據點，然後利用敘利亞作為跳板來控制伊拉克和波斯的空域。韋維爾將軍不必為他的東翼出現這樣的動亂而感到煩惱，這是徒勞的……我們應採取各種方法進行援助，而不需考慮維琪政府的反應。

懇請各位參謀長指明當前最佳行動方案，感激不盡。

5 月 9 日，經國防委員會批准，我致電韋維爾將軍：

你必然已經意識到，敘利亞正面臨被數千名空運德軍占領的重大威脅。我們的情報顯示，達爾朗海軍上將可能已經與德國人達成協定，計劃協助德軍進入敘利亞。你當前兵力捉襟見肘，我們別無選擇，只能為卡特魯將軍提供必要的運輸支持，以便他和他的自由法國軍隊在適當時機全力以赴，而皇家空軍則負責應付德軍的空降行動。歡迎你提出任何更好的建議。

5 月 14 日，皇家空軍接到指令，對位於敘利亞和法國機場的德國飛機展開行動。5 月 17 日，韋維爾將軍來電表示，由於需要從巴勒斯坦向伊拉克調派軍隊，敘利亞的事務只能依靠自由法國軍隊，或從埃及派遣軍隊。他對自由法國軍隊的能力表示懷疑，認為可能會導致局勢惡化。他在結尾提到，希望除非絕對必要，否則不讓他承擔對敘利亞的責任。參謀長委員會回電表示，別無選擇，唯一的辦法是在不影響西部沙漠安全的情況下臨時抽調一支大軍，並建議他做好準備儘早進駐敘利亞。軍隊的編制可以由他自行決定。

5 月 21 日，正值德軍攻打克里特島之際，韋維爾命令第 7 澳洲師（不含駐紮在托布魯克的旅）準備進入巴勒斯坦，並指示梅特蘭．威爾遜將軍 —— 本月初從希臘返回後剛任命為巴勒斯坦和約旦司令 —— 制定進攻敘利亞的計畫。

此時，我們這些身在國內的人與韋維爾將軍之間出現了一次誤解，起因是他從參謀長委員會的一封電報中誤以為我們更信任自由法國的領袖，而非他的判斷。因此，他致電帝國總參謀長，表示若情況屬實，他寧可辭去總司令的職務。我立即對此進行澄清，向他保證信任，但同時覺得有必要宣告，我們已經下定決心在敘利亞冒險，並願對這個最終不屬於軍事性質的行動承擔全部責任。

首相致韋維爾將軍

1941 年 5 月 21 日

敘利亞的當前事務絕不應影響我們在克里特島戰役或西部沙漠的勝利……

我們並不反對將英國軍隊與前往敘利亞的自由法國軍隊混合編組。然而，正如你明確指出的，你的部隊並不具備發動正規軍事行動的能力。正如昨日指示，目前只能為實現三軍參謀長 5 月 20 日電報中提及的那種武裝的政治入侵創造最佳條件。

如果你認為電報中提到的政策是依據自由法國領袖的意見制定的，那就錯了。這完全出自於此地對各戰區事務和政策擁有最高指揮權者的意見。我們的觀點是：如果德國人透過少量空軍、遊客以及地方叛變即可掌控敘利亞和伊拉克，那麼我們就不必害怕承受同樣小規模的軍事風險，也不必擔心因失敗可能導致更嚴重的政治風險。我們對這個決定當然完全負責，如果你覺得難以執行，我們將根據你可能提出卸任總司令職務的請求做出安排。

韋維爾在回電中指出，他已對局勢有全面掌握。他闡述，自由法國關於敘利亞局勢的情報已經被證實不可信，這使得他在克里特島、伊拉克及西部沙漠地區急需所有可用兵力之際，不願對敘利亞採取軍事干預。

韋維爾將軍致首相

1941 年 5 月 22 日

敘利亞的局勢令人擔憂，德國空軍已部署在敘利亞，他們距離運河和蘇伊士的距離比從馬特魯港到那裡更近。顯然，維琪法國現在已經完全倒向德國。在與坎寧安、特德和布萊梅經過深入磋商後，我正向巴勒斯坦派遣增援部隊，因為我們認為必須準備對敘利亞採取行動，而三心二意的行動是無效的。目前，中東的整體局勢主要受到空軍力量和空軍基地的影響。敵人在希臘建立了空軍基地，我們就很難守住克里特島，如果他們在昔蘭尼加、克里特島、賽普勒斯和敘利亞等地設立空軍基地，將使我們難以保衛埃及。尼羅河集團軍的目標是盡可能迫使昔蘭尼加的敵軍向西撤退，阻止他們在敘利亞立足，並堅守克里特島和賽普勒斯。就我們的實力和空軍的實力而言，實現這些目標並不容易。我知道你了解這一切，並正在盡力提供必要的支持，我們也在全力確保中東的安全。接下來的幾個月將是艱難的，但我們絕不氣餒。

翌日，我回電：

首相致韋維爾將軍

1941 年 5 月 23 日

感謝您的來電。當下正值困難時期，我們每個人都應竭盡所能，彼此扶持……

關於敘利亞，我們更關心的是你的看法，而非自由法國的立場。你最好設法與戴高樂拉近關係。如果需要我協助你與他接觸，請告知。我們不能因敘利亞問題而讓克里特島的戰役失利。因此，恐怕現在只能採取次優方案了……

有關伊拉克事宜。我們期待哈巴尼亞部隊近期能進入巴格達，並在該地設立一個攝政政府。

隨著克里特島的防禦希望逐漸渺茫，德國對敘利亞構成的威脅日益引起我們的關注。5 月 25 日，韋維爾將軍電報傳達了關於「輸出商」作戰計畫的概要。「輸出商」是當時針對敘利亞的軍事行動代號。威爾遜將軍正準備率領一支軍隊向北推進，其中包括第 7 澳洲師、自由法國部隊、已摩托化的第 1 騎兵師部分以及其他一些部隊。韋維爾推估，最早的行動日期為 1941 年 6 月的第一個星期。儘管德國在地中海東岸設立空軍基地的威脅可能導致極為嚴重的後果，尤其是如果德軍透過土耳其地面行動的可能性成為現實，後果將更加不堪設想，我們仍須優先確保西部沙漠的「戰斧」作戰計畫取得決定性的軍事勝利。

5 月 27 日晚，內閣國防委員會召開會議，分析中東的整體形勢，我將會議的結論總結在致韋維爾將軍的一封電報中。

首相致韋維爾將軍

1941 年 5 月 28 日

……我們在中東即將採取的行動將依據以下情況而定。

1. 敵軍占領克里特島後，即可通過希臘和克里特島的西海岸，建立通往昔蘭尼加的直接交通線。除非我們的空軍能夠在昔蘭尼加立足，否則我們既無法切斷這條交通線，也難以輕鬆地守住馬爾他島，並繼續截斷敵人通往的黎波里的交通線。

2. 敵人經過土耳其和（或）敘利亞發動的進攻，在許多星期內也無法達到具備真實威脅的水準。

3. 我們的首要目標應是在西部沙漠中實現決定性的軍事勝利，全力以赴地在一場戰役中徹底摧毀敵方武裝力量。

4. 與此同時，我們亦需抓住時機，在德國空軍因弗賴伯格的頑強抵抗而大大削弱且尚未恢復之際，及時在敘利亞立足。因此，我們批准你於 5 月 25 日電報概要中所提交的整體計畫。

因此，在對克里特島失守的擔憂以及將兵力優先集中於西部沙漠的不安中，我們開始籌備占領敘利亞的行動。

在 6 月 3 日，我撥通了韋維爾將軍的電話：

首相致韋維爾將軍

1941 年 6 月 3 日

1. 請具體透過電報告知您計劃在敘利亞使用哪些地面部隊和空軍。您打算如何部署波蘭旅？顯然，初期展示強大的空軍力量至關重要，因此，即便是較老舊的飛機也能有所作為，正如它們在伊拉克的表現一樣。

2. 克里特島戰役引發了猛烈的批評，我正被迫就許多問題進行解釋。你無需為此事煩惱，只需專注於敘利亞，尤其是「戰斧」作戰計畫。這兩件事便是對批評的回應，無論其是否公正。可供「戰斧」作戰計畫利用的空軍優勢，將大大超過你在幾個月內可能獲得的空軍。正如拿破崙所言：「戰爭將會作出答覆。」祝你一切順利。

6 月 5 日，韋維爾回電告知我們他計劃投入的軍隊數量。他將盡力避免衝突，進軍的初步策略是進行宣傳、分發傳單，並展示武力。如果遭遇抵抗，他將動用最大兵力。他提到，他對占領敘利亞所需兵力的評估始終是兩個步兵師和 1 個裝甲師，或至少若干裝甲旅。因此，他的判斷無疑是：成功存有一定的不確定性，且要視法國駐軍和當地居民的態度而定。

我意識到戴高樂正遭遇艱難且複雜的問題，因此在我們即將聯手進軍敘利亞之前，我向他發送了以下善意的電報：

首相致戴高樂將軍

1941 年 6 月 6 日

我希望就我們在地中海東岸地區的協同行動的成功，向你致以最誠摯的祝願。我期望你能滿意地看到，我們正竭盡全力支援自由法國的軍隊。我深信，你一定會同意，這次行動，以及我們未來在中東的整體政策，都必須展現雙方的信任與合作。我們在對待阿拉伯人方面的政策必須保持一致。你了解，我們不打算從法蘭西帝國中謀求特殊利益，也無意在法國的艱難時刻中為自己謀取好處。

正因如此，我對你關於批准敘利亞和黎巴嫩獨立的決策表示歡迎。同時，正如你所知，我認為至關重要的是，我們要為這個決策提供堅實的保障。我同意，在解決敘利亞問題時，我們絕不能危害中東局勢的穩定。然而，在此基礎上，我們雙方必須竭盡所能地滿足阿拉伯人的期望和情感需求。我相信，你會牢記這一點的重要性。

我們的心始終與您及自由法國的士兵們同在。在維琪政府的無恥行為達到極點之際，願自由法國的忠誠與勇敢挽回法國的榮譽。

在此情勢嚴峻之際，我必須請求你不要堅持任命卡特魯為敘利亞高級專員。

我按照慣例將詳細情況告知總統。

前海軍人員致羅斯福總統

1941 年 6 月 7 日

1. 我們的部分部隊將於明晨進入敘利亞，目的是阻止德國人進一步滲透。效果如何，主要取決於當地法國軍隊的態度。戴高樂的自由法國軍隊是重要力量，但不擔任先鋒。他正在以法國的名義向阿拉伯人發表宣言，承諾允許他們完全獨立，並給予他們建立 1 個或 3 個自由阿拉伯國家的機會。這些國家與法國的關係將透過類似於英、埃條約的協定來保障既得利益。卡特魯將軍將不再被稱為高級專員，而是法國全權代表。

2. 我無從確定維琪政府將如何回應可能發生的事件。我認為他們不太可能採取比目前更糟糕的行動，但他們確實可能對直布羅陀或弗里敦採取報復措施。如果你能繼續對他們施壓，我將非常感激。在敘利亞，除了贏得戰爭，我們沒有任何政治利益。

韋維爾為此次行動集結的所有部隊包括：第 7 澳洲師、部分第 1 騎兵師、最近從厄利垂亞調回的第 5 印度步兵旅，以及在勒讓蒂奧姆將軍指揮下的自由法國軍隊，後者由 6 個營、1 個炮兵中隊和 1 個坦克連組成。空軍的初期支援約為 70 架飛機。海軍和空軍的首要任務是支援克里特島戰役。為進軍敘利亞，調派了兩艘巡洋艦和 10 艘驅逐艦，以及一些小型艦艇。在當茨將軍指揮下的維琪軍隊，包括 18 個陸軍營，裝備有 120 門大炮和 90 輛坦克，總計 35,000 人；空軍擁有 90 架飛機；海軍在貝魯特基地有兩艘驅逐艦和 3 艘潛艇。

盟軍的使命是占領大馬士革、拉塔基亞和貝魯特，作為控制整個地區的初步步驟。戰役於 6 月 8 日展開，起初幾乎沒有遇到抵抗。沒有人能明確知道維琪軍隊將抵抗到何種程度。儘管我們的攻勢不足以形成突襲，一些觀察者認為敵軍可能只作象徵性抵抗。然而，當敵軍意識到我方兵力的稀薄後，便振作精神，奮起迎戰，或許是為了捍衛其軍隊的榮譽。自由法國的部隊被阻擋在距離大馬士革 10 英里的位置，敵軍在其東翼的反擊威脅著其補給線。沿海岸線推進的澳洲師因地形複雜而進展緩慢。英國 1 營在庫奈特拉遭遇有坦克支援的敵軍兩個營的反擊，結果受挫。海軍曾與維琪的驅逐艦交火，但因對方速度較快而未能將其擊沉。6 月 9 日，海上發生短暫交戰，驅逐艦「賈納斯」號受到重創。6 月 15 日，兩艘英國驅逐艦在炮擊西頓時被敵機炸傷，但 1 艘維琪驅逐艦在靠近海岸時被海軍航空兵擊沉。

經過一週的激烈戰鬥，韋維爾意識到需要增派援軍。他努力為新籌組英國第 6 師的 1 個旅徵集運輸工具，並預計於 6 月底再派遣另一個旅前往敘利亞。他還成功調動參與巴格達戰役的第 1 騎兵師（哈巴尼亞部隊）的 1 個旅團，從南部穿越沙漠攻向帕米拉，並指示駐伊拉克的第 10 印度師的兩個旅沿幼發拉底河向阿勒坡出發。這種擴大行動的戰略從 6 月 20 日開始見效。大馬士革在經過 3 天的激戰後，於 6 月 21 日被澳洲師攻占。他們的推進得益於第 11 突擊隊在敵後從海上勇敢登陸的攻擊。在這次果敢的行動中，突擊隊失去了指揮官佩德上校和 4 名軍官，士兵傷亡約 120 人，超過該突擊隊總人數的四分之一。

1941 年 7 月的首週戰事幾乎導致維琪軍隊的全面潰敗。當茨將軍意識到他的資源已被耗盡，儘管他仍有將近 24,000 的兵力，但已經無力繼續抵抗。他的空軍力量所剩無幾，不足原有的五分之一。7 月 12 日上午 8 點半，維琪方面的代表請求停戰。我方同意了這個請求，並簽署了一項協定，敘利亞因此被同盟國占領。我方傷亡人數超過 4,600 人，敵軍傷亡人數約為 6,500 人。期間發生了一起不愉快事件，被俘的英軍士兵被迅速送往維琪法國，極有可能落入德軍之手。當此事被發現且對方未作補救措施時，當茨將軍及其他高級軍官被扣留作為人質。此舉產生了預期效果，他們遣返了我們的人員。

敘利亞戰役的勝利顯著提升了我們在中東的戰略地位。這徹底破壞了敵人從地中海向東擴張的任何新企圖，使得我們將蘇伊士運河的防禦線向北推進了 250 英里，同時消除了土耳其對其南部邊界的擔憂。倘若它受到攻擊，必定能獲得一個友好強國的援助。儘管為了敘述的方便，我們將伊拉克、克里特島、敘利亞和西部沙漠的戰事分開討論，但絕不可忘記它們是相互關聯並互相影響的，因而形成了攸關生死的複雜事件。儘管如此，可以斷言，最終結果將使得英國及其帝國軍隊在中東取得無可爭議的重大勝利。這個功績應由倫敦和開羅的負責當局共享。

克里特島戰役帶來了巨大的犧牲，卻重創了德國空降部隊的進攻能力。伊拉克的叛亂最終被鎮壓，我們以有限且臨時集結的部隊重新掌控了這個廣闊區域。占領敘利亞是為應付緊迫需求，事實證明，這個行動阻止了德國向波斯灣和印度的推進。若戰時內閣和三軍參謀長僅求穩健，不視每個據點為勝利之地，不強加意志於各司令官，我們將僅有克里特島的損失，而無從得到艱苦戰鬥後的光榮收穫。若韋維爾將軍在精疲力竭之際，被事態發展與命令的緊張壓垮，未來的戰爭及土耳其的前景將難以想像。人們常說，不要勉強做力所不及之事，做事需有把握。然而，這個原則如生活與戰爭中的其他原則一樣，亦有例外。

還有一場戰役，我與三軍參謀長視為西部沙漠最為關鍵的戰役，尚未敘述。雖然這次的行動未能成功，卻使隆美爾停止了近 5 個月。

戰斧計畫實施

國內的我們無不銘記著在西部沙漠戰勝隆美爾的決心。無論軍民，均視此為重中之重，毫無異議。希臘撤退的悲劇、伊拉克和敘利亞的動盪、以及克里特島的苦戰，若與我們在西部沙漠勝利的希望相比，皆顯得不值一提。在倫敦，對這件事的觀點也毫無爭議。

韋維爾自然每天都要面對其他方面的複雜難題，但他的思維與我們高度一致，堅信擊退隆美爾的猛烈進攻，進而解除托布魯克的圍困，將彌補一切損失。此外，他深知我們冒著極大風險才為他在沙漠側翼崩潰時損失的裝甲車輛進行補充。他對「老虎」計畫充滿信心。他明白，通過地中海運送給他近 300 輛坦克的努力意義重大。他精神振奮，並未忽視這個廣泛原則：在戰爭中，如同在生活中，凡事皆為相對。我們的戰略構想可以說是正確的。當時，我們有一名間諜與隆美爾的總部保持密切聯繫，提供準確的情報：隆美爾雖握有實權，但地位不穩，面臨重重困難。我們知道，他想保住自己的地位但活動空間有限，也了解到，德國最高統帥部已向他下達了嚴厲命令，警告不要妄圖僥倖而錯失勝機。

首相致韋維爾將軍

1941 年 5 月 7 日

你和你的將領們能夠自行決定，戰術上的可行性是在薩盧姆，還是托布魯克。然而，若「老虎」計畫得以順利實施，便可全力以赴。「老虎」計畫一旦完成，我將立刻下令從馬爾他島調派「旋風」式飛機支援你。那些德國人一旦失去主動權，就遠沒有那麼可怕了。我們的心與你同在。

韋維爾知悉我們所有的情報，力求掌握主動權。即便在克里特島戰役迫在眉睫之際，他也計劃在德國第15裝甲師尚未全員抵達的黎波里之前，以及班加西未被敵人有效開闢為補給捷徑之前，擊敗隆美爾。因此，他甚至考慮在「老虎」計畫運來的坦克（韋維爾和我在通訊中稱為「虎仔」）尚未投入戰鬥前，就對隆美爾的部隊發起進攻。5月初，西部沙漠的裝甲部隊僅由駐紮在馬特魯東南的兩中隊巡邏坦克和兩中隊步兵坦克組成。韋維爾希望到6月初能夠將這支部隊發展成強大的打擊力量。他認為有機會在「虎仔」準備完畢之前採取行動，並希望在敵軍第15裝甲師增援到達前，出其不意地進行襲擊。

韋維爾將軍致首相

1941年5月9日

我已下令將所有現有坦克調配至戈特的部隊，以便在薩盧姆地區發起攻勢。目前正積極籌備，不久便可實施。只有在「老虎」計畫徹底失敗時，我才會取消這個行動……

韋維爾將軍致首相

1941年5月13日

我沒有等待「老虎」，已經指示現有的坦克加入戈特的部隊，準備攻擊敵人的薩盧姆地區。行動預計在一、兩天內展開，我相信戈特能夠應付敵人的先頭部隊。如果成功，應考慮立即讓戈特的部隊與托布魯克守軍聯手，將敵軍驅逐至托布魯克以西。這可能需要等待「老虎」計畫中運送的部分坦克，但我急於在敵人增援到來之前盡快行動。

我獲得了三軍參謀長的全力支持，這種國內外意見一致的局面，真是令人欣慰！

空軍參謀長致特德空軍中將

1941 年 5 月 14 日

1. 今日，參謀長委員會已經完全贊同你的評估，首相與我隨後進行了詳盡的討論。他對總體部署感到非常滿意，並且因為你將主持這場即將來臨的重要而複雜的空戰而感到欣慰。

2. 以下關於進度和各階段重點的整體構思可能對你有所助益，同時不影響你的行動自由。

3. 在利比亞的勝利應優先考慮，因為其時間和重要性首屈一指。這個結果將影響德國人和伊拉克人對伊拉克局勢的觀點。

4. 我們在伊拉克的目標是在巴格達重建一個友好的政權，因此你應盡力協助，但絕不可阻礙在西部沙漠的勝利。

5. 此處認為「灼熱」作戰計畫（德軍對克里特島的進攻）或許會在利比亞較小規模戰役之後而另一場較小規模戰役之前展開，該大規模戰役能否實施，取決於「虎仔」的狀況。鑑於軍事行動的複雜性，「科羅拉多」（克里特島）可能會比預期時間稍晚遭受攻擊，這一點你可以考慮，但不可依據此項推測影響行動。

6. 一項顯著的成就勝過 10 數個精巧的預防措施。至於伊拉克、敘利亞以及在巴勒斯坦的準備，我們可以稍後再制定長遠規劃。沙漠地區軍事行動的首要重要性，將證明我們在其他地方承擔必要風險是絕對值得的。

在戈特將軍的指揮下，一支部隊由第 7 裝甲旅和第 22 警備旅組成，共配備大約 55 輛坦克。這支部隊沿壕溝內壁向西北推進，並於 5 月 15 日攻占薩盧姆和卡普措堡。與此同時，左翼的裝甲旅則向西迪阿澤茲出發。敵軍迅速進行反攻，當天下午重新奪回卡普措堡，給攻占該地的達勒姆輕步兵營造成嚴重傷亡。第 7 裝甲旅被迫從西迪阿澤茲撤退。敵軍出動約 70 輛坦克，其實力超出我們的預期。儘管當晚我們仍然控制著薩盧姆，但已決定於次日（5 月 16 日）全軍撤退，只在哈爾法亞和西迪蘇里曼壕溝內壁的隘口駐留部隊。

韋維爾對於此次行動的報告顯得不太樂觀。他指出，雖然最初的進攻清除了薩盧姆—巴納迪亞地區的敵軍，但敵軍利用坦克進行反擊，迫使我方撤退至哈爾法亞。

我們仍然能夠守住薩盧姆的前哨據點，而托布魯克守軍的一次突襲也取得了一些成果。我們曾重創敵軍。在國內聽到這個消息時，我們感到欣慰。

首相致韋維爾將軍

1941 年 5 月 17 日

1. 我們對行動結果感到滿意。你未使用「虎仔」便已發動攻勢，推進 30 英里，攻克哈爾法亞和薩盧姆，俘獲 500 名德軍，並令敵軍在兵力與坦克方面遭受重大損失。為了這個戰果，損失 20 輛步兵坦克和 1, 000～1, 500 人的傷亡似乎不算過高的代價。

2. 來自托布魯克的消息同樣令人振奮，尤其是敵軍損失比我們更為慘重。敵人確實對托布魯克感到憂慮，因此當該地局勢穩定時，他們便發出顯然滿意的報告。在托布魯克持續奮戰顯得至關重要。

3. 敵人正在增派援軍，試圖重新掌控局勢。這正是我們所盼望的，因為他們可能無法承受持續的激烈戰鬥。迪爾和我都堅信，持續的壓力將帶來正面的結果，因為我們了解敵人的處境極為不利。我們確信你會在薩盧姆和托布魯克堅持戰鬥。敵人可能不像你那樣能迅速補充兵力。假設你正在這兩個地方充分利用強大的機械化野戰炮隊，迫使敵軍彈藥耗盡，據我們所知，敵軍彈藥供應不足。如果不增加你的個人負擔，在你的幕僚中能委派一位官員，每晚將你的司令部所掌握的重要消息和局勢寫成詳細報告發來，我們將不勝感激。像西部沙漠戰役這樣對全球局勢至關重要的戰事正在進行時，這顯得尤為必要。

4. 您計劃何時讓「虎仔」投入戰鬥？

韋維爾將軍致首相

1941 年 5 月 18 日

敵軍的力量超乎我們的預期，迫使我們採取守勢，等待「虎仔」參戰。這在月底之前不太可能實現，且最好多給他們一些時間適應當地條件，但這要視局勢而定。敵人正在前線地區集結兵力，並可能繼續推進。

你或已得知阿奧斯塔公爵投降的消息，這象徵著東非戰爭的終結。

1941 年 5 月 20 日，韋維爾報告稱，德國第 15 裝甲師的 1 個坦克營已被認為抵達前線。因此，在隆美爾獲得增援之前擊敗他的機會已經消失。儘管事先進行了準備，但「虎仔」的運抵卸裝、組裝以及使其適應沙漠作戰的工作都遭受了嚴重延誤。許多步兵坦克在抵達後被發現機械狀況不佳。

韋維爾將軍致首相

1941 年 5 月 25 日

感謝您的致電。我們深知，儘管我們在此肩負的責任重大，但與您所承擔的英勇任務相比，實在是微不足道……

「虎仔」的斷奶程序正在順利推進，然而，即便是老虎也難免經歷「長牙期的不適」。

我的夫人提到：「我記得，有幾天，契克斯的人們非常不安，甚至憤怒，因為新運來的坦克無法立即參戰。」

然而不久之後，災難便已降臨。在接下來的一個星期裡，敵軍裝甲車輛頻繁調動。根據後來繳獲的文件，我們得知隆美爾計劃發動大規模的攻勢，以緩解托布魯克的局勢，並決心奪回並堅守哈爾法亞，以加劇我們在托布魯克的困境。他將新到達的德國第 15 裝甲師大部分力量部署於此，除了一小支偵察部隊被派往南面，主力則集中在卡普措堡與西迪俄馬之間的邊界。我方哈爾法亞是由一個混合營駐守，包括科爾斯特里姆警備隊第3營、1個炮兵聯隊和兩個坦克中隊。我們其餘的邊界部隊，除派往南面的偵察巡邏隊外，已向後方撤退了一定距離。敵軍於5月26日向哈爾法亞進攻，當晚便占領了隘口北部的高地，從那裡可以清楚地俯瞰科爾斯特里姆警備隊的整個陣地。我軍試圖奪回高地的反攻未能成功。翌日清晨，敵軍在猛烈炮擊後，至少由兩個營和60輛坦克發動聯合進攻，這使我們人數不多的部隊處於極度危險之中。後備支援部隊距離遙遠，無法參與戰鬥，因此唯有撤退。雖然順利完成撤離，但損失慘重。我們的坦克僅剩兩輛可以使用，科爾斯特里姆警備隊損失軍官8人、士兵165名。敵人既已達成目標，便設法在哈爾法亞鞏固陣地，正如他們所願，3週後，這個陣地成為我們的一大障礙。

「戰斧」作戰計畫的籌備工作仍在緊鑼密鼓地推進，然而其前景卻不容樂觀。

韋維爾將軍致帝國總參謀長

1941年5月28日

1. 裝甲部隊將是勝負關鍵，目前所有可用的裝甲部隊均已納入「戰斧」作戰計畫。由於多種困難，第7裝甲師的重組工作一再延遲。從馬特魯向前推進，最早要到6月7日才能開始，甚至可能更晚。

2. 我認為有必要告知您，從我的角度來看，這次行動的成果難以預料。我期望，這次戰鬥能夠將敵軍推至托布魯克以西，並重新建立與托布魯克的陸上連繫。在可能的情況下，我們應盡力爭取更大的勝利。然而，最近的幾次戰鬥中暴露了一些令人擔憂的問題。我們的裝甲車過於輕便，無法抵禦敵方戰鬥機的攻擊，且由於未裝備大炮，難以對抗配備炮火且速度較快的德國8輪裝甲車，這對我們的偵察造成了極大的困難。我們的步兵坦克在沙漠中的作戰速度極為緩慢，且在敵軍強大的反坦克炮火下遭受了相當的損失。我們的巡邏坦克在火力和速度上都不及德國的中型坦克。技術上的障礙依然存在許多。我們無法像對付義大利軍隊那樣，抱有十足的信心在兵力劣勢下迎戰。以上因素可能限制我們的成就，因此我們必須不斷獲得足夠的裝甲部隊增援，並保持充足的後備力量。

5 月 31 日，韋維爾將軍發電報告知在重組第 7 裝甲師時遇到的技術困難。他預計最早能在 6 月 15 日發動「戰斧」戰役。他意識到延遲行動的風險，敵軍可能藉機獲得空軍增援並猛烈進攻托布魯克；然而，他也認為即將到來的戰鬥主要是坦克之間的對抗，他必須為那個裝甲師創造致勝的條件，而等待中的時間應會「倍增成功的希望」。

此刻，我滿懷期待與不安地等待著沙漠中的攻勢，這次行動或許會將戰役的進程轉向對我們有利的方向。為了讓第 7 裝甲師熟練掌握「虎仔」，我們額外投入了兩週的時間。我憂慮的是，德國第 15 裝甲師可能已在此期間全部抵達隆美爾處。

根據我們的情報，我們此時了解到，敵方已經運入或正運往東昔蘭尼加的部隊包括德國第 5 裝甲師和第 15 裝甲師，以及義大利的阿里埃特裝甲師、特蘭托摩托化步兵師和布雷西亞步兵師。在德爾納還有一個義大利步兵師作為後備軍。德國人迅速地利用了班加西，他們的大部分軍隊可能已經廣泛經由該港獲得補給，這與我們在年初的表現相比，確實令人擔憂。

韋維爾在電話中提到，大部分敵軍布置在托布魯克前線，擁有大約 130 輛中型坦克和 70 輛輕型坦克。根據我們的估算，前線地區僅有 100 輛中型坦克，兵力相當於 7 個德國營和 9 個義大利營。因此，我們推測敵軍的三分之二坦克力量留在距離邊境 70 英里的後方。如果托布魯克的守軍能透過一次出擊暫時牽制周圍的敵軍，那麼在邊境裝甲力量方面，我們一開始就可以擁有 100 ～ 180 輛坦克的優勢。韋維爾評論道，這類推估是錯誤的。根據目前可以確定的情況，德軍在此次邊境戰役中完全沒有使用義大利坦克。德軍成功地在前線集結了他們的大部分裝甲力量，而我們對此未能察覺。實際上，他們投入了超過 200 輛坦克，對抗我們的 180 輛坦克。

「戰斧」作戰計畫早在 6 月 15 日便啟動。克雷將軍指揮我們的裝甲部隊，梅塞維將軍負責第 4 印度師和第 22 警備旅的指揮。整體兵力約為 25,000 人，由貝雷斯福德—皮爾斯將軍負責總指揮。起初，戰事相當順利。儘管敵人在哈爾法亞附近的防禦成功抵禦了南北夾擊，另一方面，警備旅於下午攻克卡普措堡，俘虜數百敵軍。警備旅的一部分部隊繼續向薩盧姆西面的防禦地帶推進，但遭遇敵軍阻擋。第 7 裝甲旅為了保護側翼推進，未遇敵軍坦克，順利抵達卡普措堡西面的陣地。6 月 16 日，戰事陷入僵局。哈爾法亞和薩盧姆的敵軍堅守陣地，與我軍對峙，下午出現了強大敵方坦克部隊，顯然意圖從西面包抄我方進攻部隊。第 7 裝甲師，包括裝甲旅和支援部隊，出動應對這個威脅。他們在西迪俄馬附近與敵軍交戰，但因兵力不足被迫撤退。結果，原本被該師保護的主要進攻側翼陷入了危險。

次日，即 6 月 17 日，所有事情都出了差錯。警備旅當天早晨仍駐紮在卡普措堡，面向薩盧姆。傳聞一支相當強大的部隊，配備約 100 輛坦克，從他們手中奪取了卡普措堡。此時，第 7 裝甲旅僅有約 20 輛巡邏坦克可用，駐紮在西迪蘇里曼附近。昨夜迫使他們撤離西迪俄馬的敵軍正向哈爾法亞推進，意圖截斷警備旅。為應付此威脅，克雷建議第 7 裝甲旅從南側發起進攻，而解除與警備旅合作任務的第 4 裝甲旅則從北側進攻。然而，第 4 裝甲旅剛剛展開行動時，來自西面的另一敵方裝甲部隊威脅了警備旅的側翼。第 4 裝甲旅擊退了這次襲擊，但敵人的壓力持續增加，因此梅塞維告知克雷，他擔心步兵會被切斷，所以無法離開這個裝甲旅。

在這個關鍵時刻，韋維爾將軍親臨貝雷斯福德 - 皮爾斯將軍的作戰指揮部。他依然寄希望於克雷的裝甲部隊能夠扭轉戰局。他登機飛往第 7 裝甲師的駐地。剛抵達，便得知梅塞維將軍已單獨決策，鑑於側翼和後方受到雙重威脅（據他當時評估敵軍至少有 200 輛坦克），決定立即撤退以免被圍困，並已下達相關命令。韋維爾與克雷在沙漠側翼面對現實，遂同意此決定。我們的攻勢以失敗告終，撤退在戰鬥機的掩護下有序進行。敵軍未展開追擊，部分因其裝甲部隊遭皇家空軍轟炸機猛烈打擊，但可能還另有原因。現已知隆美爾的指令是採取防禦，將精力留待秋季之戰。若現時越過邊境追擊，致使損失，將與其命令相悖。

利用戰鬥機直接掩護地面部隊的方案，雖見成效，卻導致兵力分散及空軍傷亡率上升。次日，面對敵方空軍活動的增強，我們決定調整戰略，在繼續提供一定程度掩護的同時，採用大編隊在更廣泛的區域進行攻勢。6 月 17 日撤退開始時，敵軍空襲我軍 4 次，我方戰鬥機不僅成功擊退其中 3 次，還與轟炸機協同低空飛行，襲擊敵軍縱隊。這類攻擊顯然阻礙了敵方行動，並造成其重大損失。我們的飛行員對撤退中的部隊給予了極大幫助，但因難以區分敵我部隊，遇到了一些困難。

在 3 日激戰中，我方傷亡略超千人，其中陣亡者 150 人，失蹤者 250 人。損失的裝甲車輛包括 29 輛巡邏坦克和 58 輛步兵坦克，巡邏坦克多被敵方摧毀，而步兵坦克的損失大部分源於機械故障，無拖運裝置可將其回收。傳聞敵軍 100 輛坦克中的精銳亦遭到重大打擊。我軍俘獲敵方 570 人，並掩埋了大量敵軍屍體。

儘管這場戰鬥與地中海地區其他戰役相比規模較小，但它的失敗對我來說是一次沉重的打擊。沙漠中的勝利原本可能意味著隆美爾氣勢洶洶的部隊遭受毀滅。而且我們本可以因此解除托布魯克的圍困，敵軍的撤退很可能會像他們最初進攻時一樣迅速地退到班加西以西。在我看來，我們冒

「老虎」計畫種種風險的原因，正是為了實現這個最高目標。關於6月17日戰事的細節，我尚未收到消息。我知道結果不久將會傳來，因此我前往恰特韋爾莊園，希望能夠獨自一人思考，所以拒絕任何訪客。在那裡，我收到了有關戰事經過的報告。我憂心忡忡地在幽谷中徘徊了數小時。

任何細心研究過韋維爾將軍與我及三軍參謀長之間電報往來的讀者，應該對我在1941年6月下旬所作的決策有了心理準備。我們在國內普遍感到，韋維爾已經顯得心力交瘁。可以說，我們已經把這匹溫順的戰馬用到了極限。總司令一人肩負著5、6個截然不同戰區的艱鉅任務，而各戰區的戰況時好時壞，尤其是失利的情形，所帶來的壓力是極少數軍人曾經經歷過的。我對韋維爾在克里特島防務上的安排感到不滿，特別是因為他沒有再派少量坦克前往該島。三軍參謀長不顧他的意見，主張進行那次雖然小但極其幸運的伊拉克軍事行動，結果成功解救了哈巴尼亞，並在該地區取得了全面勝利。他們的一封電報使他憤而提出辭呈，雖然他沒有堅持，但我也沒有加以挽留。最後是「戰斧」作戰計畫，韋維爾忠實執行了這個計畫，沒有辜負我成功運送「虎仔」所承擔的風險。我對中東司令部接收「虎仔」時的安排不甚滿意。這些坦克是經過極端凶險的地中海運送去支援的，途中冒了極大風險，但我們的運氣極佳。我欽佩他在進行這場小規模但可能極為重要的戰鬥時所展現的精神；我欽佩他不顧個人安危，在廣闊而混亂的戰場上乘飛機四處巡視所表現的勇氣。然而，正如前文所述，這次戰役似乎缺乏良好的協調，特別是未能從托布魯克的突破口進行突擊，這是一個不可或缺的基本協調行動。

比這一切更關鍵的是，隆美爾已在我方沙漠側翼取得突破。這個事態直接影響並推翻了我們原本規劃的希臘軍事行動。這些計畫雖然潛藏巨大風險，但其潛在收益也極具吸引力，因此它們在我們眼中是巴爾幹戰役中至關重要的組成部分。常伴我左右的伊斯梅將軍曾記錄道：「所有在中央工作的人員，包括韋維爾的私人朋友和顧問，普遍感受到他因沙漠側翼的失守而受到嚴重打擊。情報失誤導致這次迅速的進攻完全出乎他的意料。我似乎記得艾登曾說，韋維爾『一夜之間老了 10 年』。」有人曾評論道：「隆美爾已將韋維爾最近獲得的榮譽從他頭上扯下，拋棄在沙漠中。」這並非事實，只是因悲痛而發出的言辭。要對這一切作出準確評估，需結合當時可靠的文件，並根據後來陸續發現的其他重要證據。然而，事實是：在「戰斧」作戰計畫執行後，我意識到有必要進行人事調整。

奧金萊克將軍目前擔任印度總司令。在挪威戰役的納爾維克行動中，我對他的態度頗不贊同。他似乎過於追求安全和確定性，而這些在戰爭中並非總能實現。他總是希望一切都符合他設定的最低要求。然而，我對他的才幹、風度和高尚人格留下了深刻印象。納爾維克戰役後，他接掌南部戰區司令部，我從多個官方和私人管道聽到的評論證實，他為該重要戰區帶來了活力和嚴密的組織。他被任命為印度總司令，廣受讚譽。我們看到，他迅速派遣印度軍隊前往巴斯拉，以及他專注撲滅伊拉克叛亂的熱情。我堅信，任命奧金萊克是為了讓一位充滿活力的新人物承擔中東複雜而艱鉅的任務；另一方面，韋維爾將在龐大的印度司令部內獲得時間，以在新的、迫在眉睫的挑戰和機遇到來之前恢復精力。我發現，我的看法在倫敦的內閣和軍界人士中沒有遭到任何反對。讀者請記住，我從不獨斷專行，因此我始終與政界和專業人士的觀點保持一致並彙集他們的意見。因此，我發出了以下電報：

首相致韋維爾將軍

1941 年 6 月 21 日

1. 經過深思熟慮，我認為最佳的公共利益選擇是任命奧金萊克將軍接替你指揮中東部隊。你在勝利與挫折中展現的卓越指揮能力令我欽佩不已，你所取得的勝利將成為英國陸軍史上輝煌的一頁，並對我們在這場艱難戰爭中最終獲勝作出了重要貢獻。然而，我認為在你長期承擔如此艱鉅任務後，這個面臨最大威脅的戰場需要一個具備新視角的人來領導。無疑，你是擔任印度總司令的最佳人選，也是最優秀的軍官。我已就此事諮詢了印度總督的意見，他向我保證，你肩負這個偉大職務和任務將在印度受到熱烈歡迎，並補充道，與這樣一位 —— 用他的話說 ——「擁有輝煌成績」的人物共事，他將感到無比自豪。因此，我計劃提名你擔任此職，呈報國王陛下。

2. 我已指示奧金萊克將軍立即啟程前往開羅。待他抵達後，你需要協助他了解全局戰況，並與他共同探討在德軍東進迫在眉睫的情況下，你們將採取的聯合措施。我確信，他最遲將在 4、5 天內搭乘飛機抵達。在你與他解決所有問題後，應盡快設法前往印度。此事無需公開，在你們各自抵達目的地之前，務必嚴守祕密。

首相致印度總督

1941 年 6 月 21 日

請將下述電文傳達給奧金萊克將軍。我已另行通知韋維爾將軍。經過對整體局勢的深思熟慮，我決定建議國王任命你為英王陛下駐中東總司令。你需立即前往開羅接替韋維爾將軍。韋維爾將軍將接任你的印度總司令職務。你應與他商討整體局勢，並共同研究應對德軍顯然即將開始的東進攻勢所需的聯合措施。請告知抵達日期。在你正式就任新職前，此次調動須絕對保密。

韋維爾以沉穩而鎮定的態度接受了這個決定。當時他正準備飛往衣索比亞，那次旅行後來被證明極其危險。他的傳記作者提到，他在閱讀了我的電報後表示：「首相的決定非常正確。這個戰場需要具備新視角的人，需要一個新任的指揮官。」對於擔任新的司令職務，他完全服從英王陛下政府的決策。

幾個月來，我對駐開羅的參謀人員顯然不足感到不安。我越發意識到，總司令肩負著許多不必要的重擔。在4月18日，總司令及其他幾位司令官已經請求減輕他們的負擔，並尋求協助。他的兩位專職同僚同意他的看法。「我們認為有必要在此設立某種權力機構，以便在陛下政府規定的廣泛政策範圍內處理涉及多個部門或地區的政治問題，因此該機構應直接向戰時內閣負責，而不是任何單一部門。」當艾登先生訪問開羅時，幾位總司令都曾感受到有高級政治當局在旁的便利。當他離去後，他們感到不知所措。

1941年6月4日，我命令海寧將軍擔任我新設立的「總監」這個重要職位。這位軍官在帝國總參謀長出國期間曾代理其職，因此他對戰時內閣的決策程序和戰爭全局狀態了然於心。我希望他能代表韋維爾負責所有與供應和技術管理相關的事務。我計劃請他全面檢查整個後勤體系，特別關注那些規模龐大的坦克和飛機修理廠，以及日趨重要的鐵路、公路和港口設施。如此，各相關司令便可不必為繁瑣事務分心，而專注於作戰。

我的兒子倫道夫曾經參與突擊隊的行動，現在突擊隊大部分已分散各地，而他目前在沙漠執行任務。他是議會議員，接觸面甚廣。我不常收到他的訊息，不過在6月7日，我收到外交部轉發的電報，這是他從開羅發出的，獲得我們當地大使邁爾斯·蘭普森爵士的知情與支持：

（私人密電）倫道夫·邱吉爾致首相

在此地若無一位具備卓越能力的文官親自到場進行日常的政治與戰略指導，我實在難以想像我們如何能開始取得勝利。為何不派遣一位戰時內閣成員來全面指揮作戰行動？派遣的內閣成員除了需少數隨行人員外，還應有兩位才幹出眾的人負責調配供應及指導檢查、情報和宣傳工作。此地有識之士大多已經意識到，進行根本改革是必要的。僅僅調動人員已經不足以應付現況，看來現在對體制進行變革的時機已經相當成熟且有利。請原諒我打擾了你，但當前形勢確實不佳，要取得任何成就，必須採取緊急措施。

這封電報確實讓我下定了決心。兩週後，我在回給他的電報中寫道：「我近日已反覆思考了你那封富有啟發性和見解的電報中所提到的觀點。」於是我立即採取行動。

在 1940 年 10 月，我曾邀請奧利弗・利特爾頓上尉加入政府，擔任貿易大臣一職。自他年幼時我便認識他。他的父親艾爾弗雷德・利特爾頓曾在 1904 年鮑爾弗內閣中任殖民地事務大臣，並在愛爾蘭自治運動分裂前擔任格拉德斯通的私人祕書。多年間，他在下議院是一位出色的議員。他的兒子在政治氛圍中成長，曾效力於近衛步兵第一團，歷經第一次世界大戰最艱苦的戰鬥，多次受傷並榮獲勛章。我記得 1918 年他因毒氣彈受傷時，我曾去醫院探望他。那次算他幸運，毒氣彈在他腳下爆炸，燒傷了他的全身，若是一般的高爆炸力炸彈，他恐怕已經被炸死。退役後，他進入商界，成為一家大型五金公司的總經理。我了解他的才華，因此毫不猶豫地把他引入議會，賦予重任。他在貿易大臣任期間的表現，贏得聯合政府中各黨派人士的尊重。我不贊同他 1914 年關於衣著配給證的提案，但內閣和下議院都表示支持，這在當時顯然是必要的。儘管他作為下議院新人仍有許多需要學習之處，但我這次非凡的選擇顯然是正確的。他是一位多才多藝且具有活動力的人物，因此我認為他適合擔任戰時內閣駐中東大臣這個新的、前所未有的職位，這將大大減輕軍事指揮官們的負擔。我發現這個想法迅速得到了各黨派同僚的認可。因此，我發出了以下的電報：

首相致韋維爾將軍

1941 年 6 月 29 日

國王愉快地委任前貿易大臣奧利弗・利特爾頓上尉為戰時內閣國務大臣，同時任命勛爵比弗布魯克為軍需大臣。利特爾頓上尉計劃於 30 日攜少數機要祕書搭乘飛機離開英國，預計7月3日抵達開羅。他將作為戰時內閣駐中東的代表，負責主持中東最高司令部的一切非軍事事務，並依據英王陛下政府的政策，迅速處理涉及多個部門或領域的緊急問題，而這些問題通常需要國內批准。這與您4月18日的電報意見一致，但又更進一步。我將在下一次電報中詳細說明我給予利特爾頓上尉的指示。

奧金萊克將軍一旦抵達，請立即告知此事，並通知邁爾斯·蘭普森爵士。至於利特爾頓上尉的行程和任務，在他到達指定地點之前，必須嚴格保密。

這些新安排及隨之而來的行政反應，與中東總司令的更換相輔相成。我發給羅斯福總統的電報，是對這些政務調整的最佳總結。此時，總統正為該戰場提供最關鍵的物質支持。

首相致羅斯福總統

1941年7月4日

我們更換中東總司令的決定基於以下幾個理由。韋維爾曾經徹底擊潰義大利軍隊，征服義大利在非洲的帝國，戰績輝煌。他還曾堅定不移地抵抗德軍進攻，自戰役開始以來，便在多個方面同時指導戰事與戰略。我必須承認，他是我們最傑出的將領。然而，雖然不宜公開說明，但我們感到在長期承擔繁重任務後，他的精力已顯不足。這個面臨重大威脅的戰區，急需一位具有新視野和精力充沛的人選。能夠接替他位置最合適、最傑出的軍官，唯有印度總司令奧金萊克將軍。我們相信，奧金萊克將為尼羅河流域的防務注入新的活力和嚴謹作風，而韋維爾將成為一位備受信任的印度總司令。當我們的沙漠側翼向東推進時，他將在目前劃歸印度的整個廣闊活動範圍內，協助奧金萊克。韋維爾將以印度總司令的身分指揮伊拉克的軍事行動。

韋維爾對此決定表示接受，沒有表現出任何不滿。他表示，進行這次人事變動，並在中東事務上尋求新思路和採取新的行動，是一個明智之舉。印度總督曾向我保證，韋維爾的卓越成就將為他贏得印度軍方和民眾的熱烈歡迎。

目前，中東地區的德軍攻勢暫時趨於平息，這為我方總司令的更換提供了相當的便利及適合性。與此同時，奧利弗·利特爾頓被任命為國務大臣，代表戰時內閣駐紮在該戰區，分擔總司令們身上的許多非軍事任務，例如與自由法國人的關係、與衣索比亞皇帝的關係、對被我方占領的敵國領土的行政管理、宣傳工作及經濟戰等。中東地區的國務大臣還將監督總監（另一個新設職位）的活動，涉及與美國供應品有關的所有事務。

海寧將軍總監將協助陸軍總司令處理涉及後勤及供應安排的具體事務。

我期盼，這些人事調整能夠為我們在中東的行動注入新的活力和推動力，並確保來自聯合王國、英帝國海外及美國的巨大人力和物力得以充分利用。哈里曼肯定會向你彙報所有情況。我們已請他在開羅等待利特爾頓的抵達（目前預計於 7 月 5 日到達），以便彙總各類情報，並商討接收美國供應物資的方法。

蘇聯的誤判與報應

涅墨西斯是被譽為「掌管報應的女神，她摧毀一切不應得的幸運，遏制隨之而來的傲慢……並且是邪惡行徑的懲罰者」。如今我們必須揭露蘇聯政府及其龐大共產黨機器在冷酷算計中的謬誤與虛妄，揭露他們對於本身處境極端無知的事實。開戰伊始他們對西方列強的命運漠不關心，儘管這意味著「第二戰場」的破滅，但不久後又急需開闢這個戰場。他們似乎完全沒有意識到，希特勒早在 6 個月前就決定要摧毀他們。如果說，他們的情報機構曾經通報過德國正向東歐部署大軍的消息（此時規模日益擴大），他們卻忽略了採取必要的措施。也因此，他們任由德國蹂躪所有巴爾幹國家。他們即使憎惡西方民主國家，但對於那些與他們基本利益和本身安全關係重大的 4 個國家，即土耳其、羅馬尼亞、保加利亞和南斯拉夫，原本可在 1941 年 1 月間藉助英國的積極援助，由蘇聯主持聯合起來成立巴爾幹戰線用以抵抗希特勒。但實際上，他們卻讓這些國家陷入混亂，結果，除了土耳其以外，其他國家都被德國一一併吞。戰爭主要是人們行事失策的紀錄，但我們懷疑歷史上是否有像當時史達林和共產黨領袖們所犯的那樣錯誤，他們放棄了在巴爾幹的一切機會而選擇坐視不理，他們也未能察覺德國即將對俄國發動的猛攻。我們此前一直將他們視為自私的謀略家，現在證明他們還是愚笨之徒。俄國人民的力量、群眾意識、勇敢和堅韌的民族性尚待考驗，但從政府領導階層的戰略、政策、視野和才能來看，史達林和他的人民委員們在當時是第二次世界大戰中徹底受騙的愚者。

1940 年 12 月 18 日，希特勒發布了「巴巴羅薩」指令，明確了為侵略蘇聯而集結部隊的總體部署和主要目標。當時，德國在東線的兵力總數為34個師。為了將這個數字擴大到3倍以上，需要一個龐大的計畫和準備過程，因此這花費了1941年初的幾個月。在1、2月間，「元首」決定在巴爾幹採取冒險行動，因而調動了5個師前往南部，其中包括3個裝甲師。到了5月，德國在東部的軍隊增至87個師，同時，在巴爾幹被牽制的德軍不少於25個師。考慮到進攻蘇聯的重要性和風險性，這樣嚴重分散兵力進而妨礙東部軍隊集結的行為顯得不夠明智。我們現在可以看到，巴爾幹的抵抗，特別是南斯拉夫的革命，如何使這次重大的軍事行動延遲了5週。沒有人能精確推估，這次延遲對德、俄戰役的勝敗有多大影響，但我們有理由相信，莫斯科因此得以保全。在1941年5月分和6月初，德國許多精銳師團和所有裝甲師都從巴爾幹調往東線，因此在戰鬥開始時，德國以120個師的力量發動進攻，其中包含17個裝甲師，12個摩托化步兵師。6個羅馬尼亞師也被納入南路集團軍群。此外，作為總後備軍的另外26個師已經集結或正在集結。因此，到7月初，德國最高統帥部至少可以調動150個師，並得到約2,700架飛機的主力空軍支援。

直到1941年3月底，我仍對希特勒決意與俄國展開殊死戰抱持懷疑態度，也不認為這場戰爭已經迫在眉睫。我們的情報資料詳細揭示了1941年1月至3月，德軍大批向巴爾幹地區推進並進入這些國家的情況。我們的情報人員在這些準中立國家中能夠自由活動，並及時準確地通報德國透過鐵路和公路向東南歐集結軍隊的情況。然而，在這些情報之中沒有一條與進攻俄國有直接相關。所有這些消息，都可以合乎邏輯地用德國在羅馬尼亞和保加利亞的利益及政策來解釋，或用德國對希臘的企圖以及與南斯拉夫和匈牙利的協定來解釋。至於大量德軍經由德國本土向進攻俄國的主要戰線——從羅馬尼亞到波羅的海——移動的情況，更是難以獲得情報。要說德國在此階段，在澄清巴爾幹局勢之前能夠與俄國開戰，對我而言是難以想像的。

我們對 1940 年 11 月間莫洛托夫、希特勒和里賓特洛甫在柏林會談的具體內容一無所知，也未能了解其後的談判和建議締結的協定內容。德軍在英吉利海峽彼岸的軍事力量並無減少跡象，德國對不列顛的空襲愈加猛烈。蘇聯政府對於德國在羅馬尼亞和保加利亞集結軍隊的狀況保持緘默，顯然接受了這個事實；我們也有證據顯示俄國向德國輸送大量貴重物資；德、俄兩國在瓜分和破壞英國東方帝國的利益上顯然有共同之處 —— 所有這些跡象都表明希特勒與史達林似乎是以我們為代價達成交易，而非相互開戰。我們現在知道，這種交易在相當程度上正是史達林的目的。

這些是三軍聯合情報委員會的整體看法。4 月 7 日，該委員會指出，歐洲盛傳德國計劃攻擊俄國的傳聞。他們表示，儘管德國在東歐集結了大量軍隊，遲早會與俄國交戰，但當下尚未準備妥當開啟另一條大規模戰爭的戰線。在他們看來，1941 年德國的主要目標仍然是擊敗聯合王國。直到 5 月 23 日，三軍聯合情報委員會仍報告稱，關於德國即將攻擊俄國的謠言已經平息，並聽說兩國即將簽署新協定。他們認為這是可能的，因為德國需要增強經濟實力以因應長期戰爭的需求。德國可以透過武力或協定獲得俄國的必要支持。他們認為，德國會選擇後者，儘管武力威脅將有助於協定的達成。目前，這種威脅正在形成。許多跡象顯示，在波蘭的德國占領區內，公路和鐵路支線正在建設，機場正在興建，且軍隊正在大規模集結，包括從巴爾幹各國調來的軍隊和空軍。

我們的三軍參謀長比他們的顧問更具遠見和自信。他們於 5 月 31 日警告中東司令部：「我們確有證據顯示，德國正在大規模集結陸軍和空軍，目標直指俄國。在此威脅下，德國可能要求俄國作出對我們極其不利的讓步。如果俄國拒絕，德國將準備進軍。」

直至 6 月 5 日，聯合情報委員會才指出，德國在東歐的軍事準備規模似乎表明即將發生比簽署經濟協定更為重大的事件。有可能德國目的在消除其東部邊界上日益壯大的蘇聯軍隊所構成的潛在威脅。他們認為，目前尚難以斷言其結果將是戰爭還是協定。6 月 10 日，他們表示：「在 6 月的下半月，我們將看到的狀態，不是戰爭，就是協定。」最終，他們在 6 月 12 日的報告中指出：「現在有新證據顯示，希特勒已經決意掃除蘇聯的障礙，準備發動進攻。」

我向來對集體智慧的方法感到不滿，更傾向於親自研讀原始資料。因此，早在 1940 年夏天，我便請德斯蒙德．莫頓少校每日為我挑選要聞。我堅持閱讀這些消息，進而形成了我個人的觀點，有時甚至相當超前。

因此，在 1941 年 3 月底，我懷著欣慰與興奮的心情，閱讀了一份來自可靠管道的情報，內容涉及德國裝甲部隊在布加勒斯特至克拉科夫鐵路上的往返調動。情報顯示，當南斯拉夫的部長們在維也納屈服時，正在透過羅馬尼亞向希臘和南斯拉夫南調的 5 個德國裝甲師中，有 3 個師立即被北調至克拉科夫。隨後，在貝爾格勒爆發革命後，這些調動又逆轉方向，那 3 個裝甲師被重新調回羅馬尼亞。約 60 列火車的轉軌和回駛並未逃過我當地情報人員的監視。

這份情報對我而言猶如一道閃電般照亮了東歐的局勢。驟然間，將如此多的裝甲部隊從巴爾幹調往克拉科夫，只能表明希特勒計劃在 5 月進攻俄國。從那時起，我便深信這必然是他的主要意圖。由於貝爾格勒爆發革命，這些部隊不得不返回羅馬尼亞，這個事實可能迫使進攻日期從 5 月推遲至 6 月。我立即將這個重大消息電報告知留在雅典的艾登先生。

首相致艾登先生（在雅典）

1941 年 3 月 30 日

根據我的分析，那名惡棍曾動員大批裝甲部隊及其他力量，試圖透過威懾手段不戰而勝地占領南斯拉夫或希臘。當他相信南斯拉夫將加入軸心國後，便將5個裝甲師中的3個調去對付俄羅斯，認為留下的兩個師足以解決希臘的問題。然而，貝爾格勒的革命打亂了他的計畫，導致部隊向北的調動中斷。在我看來，這意味著他要麼會迅速進攻南斯拉夫，要麼會採取對土耳其的行動。他似乎計劃在巴爾幹半島集中重兵，而暫時將俄羅斯放在一邊。此外，這種政策的頻繁變動，結合貝爾格勒的政變，顯示出德國在東南歐和東歐的計畫極為龐大。這是我們迄今為止看到的最明顯的跡象。請你和迪爾在慎重考慮後告知是否同意我的看法。

我亦希望尋找一些途徑來提醒史達林，使其意識到眼前的風險，以便與他建立類似我與羅斯福總統之間的關係。我將電文寫得簡短而內斂，期望經由這個事實，以及自1940年6月25日我推薦斯塔福德·克里普斯爵士就任大使後首次發出官方電報這一點，能夠引起他的注意和思考。

首相致斯塔福德·克里普斯爵士

1941年4月3日

下述電報需由您親自轉交給史達林先生。

我從一位可信的情報員那裡得知：當德國人認為南斯拉夫已被誘入陷阱時（即3月20日後），他們開始將5個裝甲師中的3個從羅馬尼亞調至波蘭南部。聽到塞爾維亞人革命的消息後，他們立刻命令停止前進。閣下不妨思索這些事實的重要意義。

此時，已從開羅返國的外交大臣進一步補充道：

1. 若您在收到此信後有機會進一步闡述此觀點，您可以強調，德國軍事部署的這個變動無疑表示，由於南斯拉夫的行動，希特勒現已推遲了他原先威脅蘇聯政府的計畫。倘若如此，蘇聯政府應趁此機會強化本身防衛力量。這個延遲顯示，敵軍並非無窮無盡，同時也證明籌組類似聯合戰線這樣的組織是有利可圖的。

2. 蘇聯政府鞏固本身地位的戰略，顯然是向土耳其和希臘提供物質支持，並透過希臘援助南斯拉夫。這種支持或將加劇德國在巴爾幹半島的困難，如此可以進一步推遲德國已顯露出跡象對蘇聯的侵略。然而，如果此刻不全力阻撓德國的計畫，那麼數月之內危機可能會重現。

3. 當然，我們不會暗示我們需要蘇聯政府的任何援助，或暗示蘇聯政府應該僅為了本身利益而採取行動。然而，我們希望他們明白：希特勒一旦有機會，遲早會對他們發起攻擊；如果他沒有遇到目前在巴爾幹所面臨的一些特殊難題，他與我們的交戰這個事實本身並不足以阻止他對蘇聯發動進攻。因此，採取一切可能措施，確保他無法按照自己的意圖解決巴爾幹問題，符合蘇聯的利益。

我駐蘇大使直至4月12日方才發來回電。他提到，在接到我的電報之前，他曾以個人名義致信維辛斯基，信中詳述蘇聯政府屢次未能抵擋德國對巴爾幹的侵略。他以極為嚴厲的措辭指出，若蘇聯不想錯失最後與他國結盟以保衛邊境的機會，便須立刻採取強而有力的方針，與巴爾幹地區仍對軸心國持反對態度的國家進行合作。

他說，若透過莫洛托夫將這封以簡短電文和較弱語氣表達相同意見的電報遞交給總書記，我擔心唯一的結果可能會削弱我致維辛斯基信件所造成的印象。我確信，蘇聯政府將難以理解，基於他們肯定知曉的事實作出如此簡短且片段的評論，既未明確要求蘇聯政府表態，也未建議他們採取行動，為何要以如此隆重的方式遞交這封電報。

我感到有必要向你表達這些考慮，因為我擔心遞交給總書記的信可能無效，甚至成為戰略上的重大失誤。然而，如果你不認同這個觀點，我將立即設法與莫洛托夫會面。

外交大臣因此致函一份簽呈給我：

在當前的新形勢下，我認為斯塔福德·克里普斯爵士關於無需提交電報的論點頗具說服力。若您同意，我計劃告知他，目前無需遞交此份電報。然而，若維辛斯基對他的信表示積極回應，他應將您電報中的事實告知對方。同時，我將請求他盡快以電報方式發送他致維辛斯基信件的摘要，並隨後提供該信的全文。

因此事的處理過程及延誤讓我感到極為不安。在德軍入侵之前，這是我唯一一次直接致電史達林。電報的簡潔明瞭、此通訊的非凡意義，以及由英國政府首腦發出並由英國大使親自遞交給蘇聯領導的事實，這一切都是為了賦予其特殊的重要性，以引起史達林的關注。

首相致外交大臣

1941 年 4 月 16 日

我對遞交給史達林的個人電報一事極為重視。我不明白為何會遭到拒絕。大使未能敏銳地察覺到這些事實在軍事上的重要性。務必執行。

以下是另一份備忘錄：

首相致外交大臣

1941 年 4 月 18 日

斯塔福德·克里普斯爵士是否已經將我警告史達林有關德國可能進攻的私人電報送達？我對此極為重視，這樣的重要消息竟然延誤如此之久，實在令人震驚。

因此，外交大臣於 18 日指示大使遞交我的電報。斯塔福德·克里普斯爵士未作回應，因此我又詢問緣由。

首相致外交大臣

1941 年 4 月 30 日

斯塔福德·克里普斯爵士何時遞交我的電報給史達林？請要求他彙報情況。

外交大臣致首相

1941 年 4 月 30 日

4 月 19 日，斯塔福德·克里普斯爵士將電報遞交給維辛斯基先生，後者於 4 月 23 日書面告知他，該電報已轉交給史達林先生。

我深感歉意，由於疏忽，未能及時將報告一事的電報傳遞給您。現附上抄件。

這便是這些副本：

來自莫斯科的斯塔福德·克里普斯爵士致函外交大臣

1941 年 4 月 19 日

今天，我已將電文遞交給維辛斯基，請他轉呈史達林。關於是否將說明併入電文，或作為我個人的附加說明，你在來電中並未明確指出。因此，考慮到我曾於 4 月 11 日致信維辛斯基，並於昨日與他會面，我認為最好不做任何說明，因為說明只是重複而已。

斯塔福德·克里普斯爵士自莫斯科致函外交大臣

1941 年 4 月 22 日

維辛斯基今日透過書面形式告知我，他已將電報遞交給史達林。

我無從斷言，若電報按我指定的方式及時遞交，事態發展是否會有所不同。儘管如此，未能有效執行我的指示仍令我遺憾。假如我與史達林有直接聯繫，或許能避免他讓如此多的空軍在地面被摧毀。

現已知曉，希特勒在 1940 年 12 月 18 日的命令中曾設定 1941 年 5 月 15 日為攻打俄國的日子，然而在因為貝爾格勒革命而憤怒不已的情況下，他於 1941 年 3 月 27 日將進攻日期延後一個月，隨後又推遲至 6 月 22 日。到 3 月中旬，德國在北方向俄國主要前線調遣部隊，已不再需要採取特別隱祕的措施。然而，柏林當局在 3 月 13 日下令在德國境內工作的俄國考察團成員停止工作，並遣返他們。位於德國這個地區的俄國人僅允許逗留至3月25日。在北部地區，德國已集結重兵。3月20日之後，還將集結更強大的兵力。

1941年4月22日，蘇聯向德國外交部提出指控，稱德國飛機頻繁侵犯俄國邊界。從3月27日至4月18日，此類事件發生了80次。俄國在照會中警告，「若德國飛機持續飛越蘇聯邊界，將導致嚴重事件」。

德國回應了一系列針對蘇聯飛機的反指控。

此刻，德國最精銳的120個師團正分為3個集團軍群，在俄國前線集結。其中，由倫德施泰特指揮的南路集團軍群，由於先前已解釋過的原因，裝甲力量相對薄弱。其裝甲師不久前才從希臘和南斯拉夫撤回國內。儘管進攻時間推遲到6月22日，但因裝甲車輛在巴爾幹地區經歷磨損，迫切需要檢修調整。

1941年4月13日，馮德舒倫堡從莫斯科返回柏林。希特勒在4月28日會見了他，並在會面中對於俄國針對南斯拉夫的態度進行了長篇大論。根據馮德舒倫堡對此次談話的紀錄，他試圖為蘇聯的行為進行辯護。他表示：「俄國聽聞德國即將進攻的傳聞感到非常震驚。他不認為俄國會對德國採取進攻行動。希特勒則表示他已經從塞爾維亞事件中得到了預警。在他看來，那裡的事件是某些國家在政治上不穩定的一個例證。」然而，馮德舒倫堡堅持他從莫斯科發來的所有報告中所遵循的觀點。「我堅信，史達林甚至準備為我們做出更大的讓步。他們已經向我們的經濟談判代表表示（如果我們在適當的時候提出請求的話），俄國每年可以向我們提供500萬噸糧食。」

4月30日，馮德舒倫堡返回莫斯科，與希特勒的會面讓他恍然大悟。他清晰地意識到希特勒決意發動戰爭。他似乎試圖用這個觀點警告駐柏林的俄國大使戴卡諾索夫，並在最後時刻堅持為俄、德諒解政策而奮鬥。

德國外交部常務次長魏茨澤克是一位典型的高效文官人員，這種人常見於許多國家的政府部門。他並非掌握行政權力的政務官，因此按照英國的標準，他不需對國家政策承擔責任。戰勝國設立的法庭判處他 7 年徒刑，目前他正在服刑。儘管被列為戰犯，他曾以書面形式向上司提出忠告，而他的上司當時並未採納，這對我們來說是幸運的。他對這次會晤作出以下評論：

魏茨澤克致里賓特洛甫

1941 年 4 月 28 日

柏林

我能用一句話來總結我對德、俄衝突的看法。如果每一座俄國被毀的城市對我們的價值相當於 1 艘英國軍艦的沉沒，那麼我支持今夏對俄國的戰爭。然而，我相信，我們只能在軍事上戰勝俄國，而在經濟上卻會是失敗者。

對共產主義體制造成致命打擊，或許會被視作一種極具吸引力的行動。而把歐亞大陸納入其中以對抗盎格魯－撒克遜王國及其附庸，也許是合情合理的。然而，唯一的決定性因素在於此計畫是否能加速英國的瓦解。

我們需要區分這兩種可能性：

（1）英國已瀕臨崩潰。若我們承認這一點，卻又增加一個新的敵人，只會激發英國的鬥志。俄國並非英國的潛在盟友。英國無法指望從俄國得到任何好處。俄國人並不想延緩英國的崩潰。對俄作戰無法摧毀英國人的希望。

（2）如果我們不相信英國即將崩潰，那麼自然會想到，要動用武力就必須依賴蘇聯領土上的補給。我確信我們將成功進入莫斯科，甚至超越莫斯科。然而，我非常懷疑在面對斯拉夫人著名的消極抵抗時，我們能否從中獲益。在俄國這個國家中，我看不到任何有實力的反對派能夠取代共產主義政權，與我們聯合並為我們效力。因此，我們可能需要預料到史達林的政權將在俄國東部和西伯利亞繼續存在，並在 1942 年春再次爆發敵對行動。通往太平洋的道路依然不順暢。

德國對俄國的進攻，只會為英國人帶來新的精神力量。在他們看來，這表明德國對戰勝英國並無信心。因此，我們不僅要接受戰爭將會持續很久，實際上，這樣的行動可能會延長戰爭，而非縮短。

5 月 7 日，馮德舒倫堡充滿希望地報告，史達林已經取代莫洛托夫成為人民委員會主席，進而成為蘇聯政府的領袖。

更換的原因或許是因為近期莫洛托夫在外交政策上所犯的失誤。這些失誤使得原本熱絡的德、蘇關係轉冷，而史達林則始終有意促成並維持這種真誠的雙邊關係。

史達林獲得了新的職位，將全面負責政府的內政和外交事務……我堅信，史達林將藉助他的新職務，親自致力於維護和推進德、蘇之間的友好關係。

德國海軍武官從莫斯科發來的報告中指出：「史達林是德、蘇合作的核心。」俄國對德國的妥協行為日益增多。1941 年 5 月 3 日，俄國正式承認了伊拉克親德的拉希德．阿里政府。5 月 7 日，比利時和挪威的外交代表被俄國驅逐出境，甚至南斯拉夫公使也在被驅逐之列。6 月初，希臘大使館全體人員被迫離開莫斯科。正如德國陸軍部經濟司長湯瑪斯將軍後來在其關於德國戰時經濟的論述中所提到的：「俄國人履行交貨任務直到進攻前夕，在最後幾天，還從遠東用快車急運橡膠。」

關於莫斯科的情緒，我們尚未掌握充分情報，但德國的意圖似乎顯而易見且可以理解。我在 5 月 16 日致電史末資將軍稱：「看來，希特勒正集結兵力準備攻擊俄國。軍隊、裝甲部隊和飛機不斷從巴爾幹北調，從法國和德國向東方轉移。」史達林顯然仍對希特勒的政策抱有幻想，委曲求全。在德軍經過又1個月的緊張調動和部署後，馮德舒倫堡於6月13日向德國外交部發出了以下電報：

人民委員莫洛托夫剛剛遞給我一份塔斯社的電訊。該電訊將在今晚播出，明日刊登。其內容如下：

即便在英國大使克里普斯返回倫敦之前，尤其是在他回國之後，英國及其他國家的報紙便廣泛散播關於蘇、德戰爭即將爆發的各種傳聞。這些傳聞稱：

1. 德國似乎已經向蘇聯提出了一系列領土與經濟上的要求，且兩國即將展開談判，以締結一項更新、更緊密的協定。

2. 蘇聯似乎已然回絕了這些要求，因此，德國已在蘇聯邊界集結軍隊，準備進攻俄國。

3. 蘇聯或許已經著手進行對德國作戰的緊張籌備，並在德國邊界部署軍隊。

雖然這些謠言顯然荒誕不經，但莫斯科的相關當局認為有必要指出，這是反對蘇聯和德國勢力所發動的一場愚蠢宣傳攻勢，他們希望戰爭能夠擴大和惡化。

希特勒對於他成功實施的欺騙和隱瞞手段，以及對受害者心理狀態的掌控，理應感到滿意。

莫洛托夫直至末日的愚蠢無知值得被銘記。

馮德舒倫堡致德國外交部

1941年6月22日凌晨1點17分

莫斯科

昨晚9點半，莫洛托夫在其辦公室召見了我。他首先提及蘇聯指控德國飛機多次越境的事件，並表示已經指示戴卡諾索夫與德國外交部長就此事進行會談，隨後莫洛托夫說道：

種種跡象表明，德國政府對蘇聯政府的不滿愈加明顯，甚至有傳言稱德、蘇戰爭即將爆發。這些傳言之所以持久不衰，乃因德國對塔斯社 6 月 13 日的電訊毫無回應，且該電訊甚至未曾在德國刊登。蘇聯政府無法理解德國不滿的原因。如果不滿源於南斯拉夫問題，莫洛托夫認為透過以往的溝通，該問題已得到解決，並且已經是過去的事情。如果我能告知他導致德、蘇關係現狀的原因，他將不勝感激。

我答覆道，由於不掌握具體情況，我無法回應他的問題，並表示會將他的話轉達給柏林。

然而，此刻，時間已然來臨。

里賓特洛甫致馮德舒倫堡

1941 年 6 月 21 日

柏林

1. 接獲此電報後，應立即銷毀所有尚未處理的密碼資料。無線電收發裝置應立刻停用。

2. 請立即告知莫洛托夫先生，有緊急事務需要向他通報，必須馬上會面。會面時，請宣讀以下宣告：

「……德國政府宣稱，蘇聯政府違反了其所承擔的責任，

（1）不僅持續進行，甚至加劇了其暗中破壞德國和歐洲的計畫；

（2）實施了一種日益反德的外交戰略；

（3）將其所有軍隊部署在德國邊界，隨時待命。

「因此，蘇聯政府已背棄與德國簽署的條約，並計劃在德國面臨存亡危機時從背後發起攻擊，因此元首已下令德國武裝部隊以一切可能的手段抵禦這個威脅。」

3. 請勿與他探討此通知。確保大使館人員安全是蘇聯政府的責任。

1941 年 6 月 22 日凌晨 4 點，里賓特洛甫將正式的宣戰書遞交給駐柏林的蘇聯大使。黎明之際，馮德舒倫堡在克里姆林宮會見了莫洛托夫。莫洛托夫默默地聽完德國大使宣讀的通知，然後說道：「這就是戰爭。你們的飛機剛剛轟炸了我們 10 多個未設防的村莊。你認為我們應當如此被對待嗎？」

在面對塔斯社的廣播時，試圖在艾登先生已向駐倫敦的蘇聯大使發出的警告之外再提出新的告誡，或者由我個人嘗試喚醒史達林對其所處危險的關注，都是徒勞無功的。美國甚至頻繁地向蘇聯政府提供更加確鑿的情報。我們之中沒有任何人能夠打破史達林在他自己與那可怕事實之間的固執偏見。儘管根據德國的估算，俄國在其邊界集結了 186 個師，其中 119 個師面對德國前線，但俄國軍隊仍然受到突然襲擊。德軍在前線沒有發現任何進攻的準備跡象，俄國的掩護部隊也迅速被擊潰。如同 1939 年 9 月 1 日波蘭空軍遭遇的災難，此時在俄國的機場上以更大的規模重演。天亮後，數百架俄國飛機在尚未起飛前就被摧毀。於是，蘇聯宣傳機器在午夜播出的對英國和美國的仇恨言辭，到了黎明便被德國的炮火聲淹沒。不義之人並不總是聰明的，獨裁者也不見得總是正確的。

為了完整地記錄這段歷史，我必須提及希特勒為應付新敵人而採取的一項殘酷決策，以及在廣袤而荒涼的土地上，在冬季嚴酷的氣候中執行這個決策的全過程。1941 年 6 月 14 日，希特勒在一次會議上發布了一項口頭命令，這在相當程度上決定了德軍對待蘇聯軍隊和人民的方式，導致了許多殘忍和野蠻的行為。根據紐倫堡文件，哈爾德將軍證實：

在發起對俄國的攻勢前，元首召集所有與最高統帥部相關的將領和人員召開會議，商討即將對俄國展開的軍事行動。我無法回憶起這次會議的確切日期……在這次會議上，元首表示，在對俄戰爭中所採用的戰略，必須與對西方國家時的戰略有所不同……他指出，俄國與德國之間的戰爭，對於俄國人而言，就是殊死一搏。他提到，既然俄國並未簽署海牙公約，那麼，處理俄國戰俘的方式就不必嚴格遵循公約的條款。……他又說人民委員不應被視為戰俘看待。

凱特爾還表示：

希特勒談話的核心觀點在於：這場戰爭本質上是兩種意識形態之間的最終對抗。正因如此，他認為在對蘇聯的作戰中，傳統軍人所遵循並被國際法視為正當之作戰準則將無法適用。

1941 年 6 月 20 日（星期五）晚上，我獨自搭車前往契克斯。我心知肚明，德國對俄國的進攻已是迫在眉睫，可能就在幾天之內，甚至幾個小時之內便會發生。我原本計劃於星期六晚上就此事件發表廣播演說，措辭自然需謹慎。然而此時蘇聯政府的態度依舊傲慢且盲目無知，對我們所有的警告視若無睹，認為這不過是被打敗者想要拉他人一同下水的陰謀。我在車中深思熟慮後，決定將廣播演說推遲至星期日晚上，預期屆時局勢會更加明朗。因此，星期六依舊如常，忙碌地度過。

在 5 天前的 6 月 15 日，我透過電報通知了總統如下內容：

根據我從多個管道獲取的消息，包括最為可靠的來源，德國似乎即將對俄國發動大規模進攻。德國不僅已將主力部隊部署在從芬蘭到羅馬尼亞的防線上，還完成了空軍和裝甲部隊的調動。昨日，「盧佐夫」號袖珍戰鬥艦試圖通過斯卡格拉克海峽，但立即被我方駐紮在海岸的飛機用魚雷擊中。該戰艦原本可能計劃北上，以增強北極側翼的海軍力量。如果這場新的戰爭爆發，我們當然會遵循希特勒是我們必須擊敗的敵人這個原則，給予俄國人最大的鼓勵和我們所能提供的任何援助。我認為，此間不會出現任何階級性的政治反應，並相信德、俄衝突不會讓你感到為難。

週末時來我這裡做客的美國大使，向我傳達了總統的答覆。總統承諾，如果德國進攻俄國，他將立即公開支持「首相可能會歡迎俄國作為同盟國發表的任何宣告」。懷南特先生以口頭形式傳達了這個保證。

在星期日（6 月 22 日）的清晨，我醒來後得知希特勒已經對俄國發動了攻擊。信念化為現實。我對我們的任務和政策毫無疑慮，對我需要表達的內容也十分明確。現在唯一需要做的就是起草這篇演說稿。我指示相關人員立即通知大家，我將在當晚 9 點透過廣播發表演講。不久後，迪爾將軍從倫敦趕到，帶著詳細的情報進入我的臥室。德軍已經沿著一條廣闊的戰線向俄國進攻，並突然襲擊了蘇聯的大部分空軍，似乎正以無可阻擋的態勢迅速推進。這位帝國總參謀長補充道：「我想，他們將會被成群地圍困。」

我整日都在撰寫我的廣播稿。無暇與戰時內閣商議，也無需如此。我確信我們對此事的觀點一致。艾登先生、比弗布魯克勛爵以及斯塔福德·克里普斯爵士（他已於 6 月 10 日離開莫斯科）也整天陪伴著我。

我的私人祕書科爾維爾先生本週末當值，由他所撰寫有關星期日契克斯的情況可能值得一讀。

1941 年 6 月 21 日（星期六），我在晚餐前抵達契克斯，發現懷南特夫婦、艾登夫婦和愛德華·布里奇斯已經在場。用餐時，邱吉爾先生表示，德國進攻俄國已成定局。他認為，希特勒期望獲得英、美資本家和右翼的支持。然而，希特勒的判斷是錯誤的，我們應該全力支持俄國。懷南特表示，美國持相同立場。

飯後，我與邱吉爾先生漫步於槌球場時，他再次提起這個話題。我問他，作為一個堅定的反共人士，這樣的立場是否意味著妥協。邱吉爾先生回答：「絕非如此。我的唯一目標是擊敗希特勒，這使我的人生變得簡單得多。即便希特勒進攻地獄，我至少也會在下議院為魔鬼說幾句好話。」

翌日凌晨 4 點，我被外交部的電話驚醒，來電告知德軍已經向俄國發起進攻。首相曾常言，除非敵軍逼近英格蘭，否則不應因其他事務打擾他的安眠。因此，我推遲至8點才將此事告知他。他僅回應道：「通知英國廣播公司，我將在今晚9點進行廣播。」他於上午11點開始撰寫講稿，除了與斯塔福德·克里普斯爵士、克蘭伯恩勛爵和比弗布魯克勛爵共進午餐之外，他一整天都忙於此事……講稿直到晚上8點40分才完成。

在此次廣播中我表示：

「納粹體制除了無止境的貪婪和種族統治外，毫無其他目標和原則。它的殘酷行徑及野蠻侵略帶來的後果，超越了各種人類罪行。在過去的25年裡，沒有人像我一樣始終如一地反對共產主義。我並不想收回我曾經說過的話。然而，與眼前正在發生的情景相比，這一切都顯得黯然失色。過去的一切，包括它的罪惡、愚蠢和悲劇，都已短暫地掠過。我眼前看到的是，俄國士兵們站在他們故鄉的門前，保衛著他們祖先自古以來耕種的土地。我看到的是，他們在守護他們的家園，母親和妻子們在故鄉祈禱——啊，是的，大家經常都在祈禱——她們在祝願親人平安，祝願她們的養家者、戰鬥者和守護者平安歸來。我看到俄國成千上萬個村莊，那裡的人們依賴土地生活，雖然生活艱辛，但仍然享有基本的人類樂趣，少女們在歡笑，兒童們在嬉戲。我看到，納粹的戰爭機器正以瘋狂的進攻，向這一切猛撲過去；隨後而來的是身著華麗軍裝、佩刀和腳後跟叮噹作響的普魯士軍官們，以及那些剛剛威嚇和壓制10多個國家狡詐的專業特務們。我也看到大批愚昧、訓練有素、唯命是從且凶殘的德國士兵，像一群蠕動的蝗蟲在緩緩前進。我看到德國轟炸機和戰鬥機在空中飛行，它們被英國人多次重創後已經傷痕累累，卻在尋找它們認為更容易和穩妥的攻擊目標。」

在這場令人暈眩的突襲背後，我看到了那一小群策劃、組織並發動這個人類極大恐怖的惡棍……

「我必須宣布陛下政府的決策（我相信偉大的自治領將很快一致贊同這個決定），因為此刻我們必須立即公布這個決定，不能拖延片刻。我必須發布這個宣告，但對於我們將採取何種政策，你們還有疑問嗎？我們只有一個目標，一個唯一且堅定不移的目標。我們決心要徹底摧毀希特勒及其納粹制度的一切遺跡。沒有任何事能動搖我們的決心。絕對沒有。我們絕不與敵人談判，絕不與希特勒或他的任何追隨者對話，我們將在陸地上與他作戰，我們將在海洋上與他作戰，我們將在天空中與他作戰，直到藉助天佑，我們徹底消滅他的影子，從地球上根除他，把全世界人民從他的壓迫中解放出來。任何與納粹帝國作戰的個人或國家，都將獲得我們的支持。任何追隨希特勒的個人或國家，都是我們的敵人……這就是我們的政策，這就是我們的宣言。基於上述理由，我們將對俄國及其人民提供我們所能給予的一切援助。我們將號召世界各地的朋友和盟國，請求他們採取相同的立場，並如同我們一樣，忠誠不渝地堅持到底……」

「這不是階級間的戰爭，而是整個大英帝國與英聯邦無論種族、信仰和政見都共同參與的戰爭。美國的舉動，我不便多言，但我必須指出：若希特勒以為他對蘇聯的入侵會使得那些致力於消滅他的偉大民主國家的目標有所動搖，或讓他們的努力有所鬆懈，那他就大錯特錯了。恰恰相反，我們為解救人類脫離其暴政的努力將更加堅定和受到激勵。我們將增強我們的決心和手段，而不是削弱。」

「某些國家和政府的愚蠢行為導致它們被逐個擊破，而如果它們選擇聯合行動，原本可以拯救本身，並避免這場災難降臨於世界。然而，現在並不是對其愚蠢加以解釋的時機。稍早我提到希特勒被迫或被誘導對蘇聯冒險，表現出其嗜血和貪婪，我指出其暴行背後存在更深的動機。他意圖削弱蘇聯的力量，因為一旦成功，他便能將陸、空軍主力從東歐調回，進而大規模進攻這個島國。他明白，必須征服這個島國，否則將因其罪行而遭到懲罰。對蘇聯的攻擊，僅是其進攻不列顛群島的序曲。他無疑希望在冬季來臨前結束這一切行動，以便在美國海、空軍干預之前擊敗大不列顛。他期望以更大規模重演其各個擊破敵人的戰略，這正是他崛起的手段。隨後，他便能掃清障礙，為其最終目標鋪平道路，即是使西半球屈服於他的意志和制度，否則他征服其他國家的一切成果都將化為烏有。」

「因此，俄國的困境也是我們的困境，同時也是美國的困境，正如俄國人民為捍衛家園而戰的事業，乃是全球自由人民和民族的共同事業。讓我們從嚴峻的經驗中汲取教訓。讓我們竭盡全力，直到最後一刻，團結一致地打擊敵人。」

我們的蘇聯盟友

希特勒對蘇聯的攻擊，重新定義了這場戰爭的意義和關係。蘇聯的偏見遮蔽了他們的視野，未能在全面理解和謹慎分析的基礎上採取必要的步驟以確保本身安全。然而，由於對他國命運的冷漠，他們贏得了時間，因此在 1941 年 6 月 22 日面臨考驗時，他們的力量遠超希特勒的預期。不僅希特勒，他的將軍們也可能因蘇、芬戰爭中蘇軍的糟糕表現而產生了錯誤的印象。儘管如此，俄國人遭受了突襲，戰爭初期的災難無可避免地降臨在他們頭上。這篇記述僅能向讀者介紹當時俄國軍民在這場新戰鬥中的明顯反應。

德國的戰線沿著波羅的海至黑海的整個邊界劃定。利布指揮的北路集團軍群由 29 個師組成，其中包括 3 個裝甲師和 3 個摩托化步兵師，將從東普魯士向聖彼得堡推進。博克領導的中路集團軍群擁有 50 個師，其中包括 9 個裝甲師和 6 個摩托化步兵師，將從波蘭北部向斯摩倫斯克移動。倫德施泰特掌管的南路集團軍群有 41 個師，包括 5 個裝甲師和 3 個摩托化步兵師，將由波蘭南部向聶伯河下游出發。此外，還有 26 個師作為後備部隊，隨時待命或即將集結。全線進攻得到了超過 2,700 架飛機的支援。在北部，12 個波蘭師向聖彼得堡推進以支援主要進攻。在南部，羅馬尼亞軍隊的 11 個師沿普魯特河布防，另有 6 個師參與南路集團軍群的進攻。總計共有 164 個師向東推進。

根據最為可信的資料，侵略者面對俄國的 119 個師以及至少 5,000 架飛機的頑強抵抗。在芬蘭、高加索與俄羅斯中部，另有 67 個師待命。儘管俄軍在數量上與德軍相仿，但在德軍裝甲部隊的猛烈進攻下迅速後撤，空軍也遭受重創。其他國家皆因突襲而迅速淪陷，唯有幅員遼闊的俄國憑藉其廣袤的國土這個無可比擬的優勢得以倖免。這次戰爭再次證明了這一點。在宣戰後的第一個月，德軍深入俄國領土 300 英里。經過激烈戰鬥，儘管俄軍進行了猛烈反擊，斯摩倫斯克失守，而聖彼得堡未被攻占，基輔也依然在俄軍控制之下。

在遭遇希特勒的進攻之前，蘇聯政府似乎對除了本身以外的事務均漠不關心。此後，這種立場更加明顯。在此之前，他們冷眼旁觀了 1940 年法國戰線的崩潰，以及 1941 年我們在巴爾幹戰線上的徒勞嘗試。他們曾為納粹德國提供重要的經濟支持，並在許多次要方面給予幫助。如今，在被欺騙和突襲後，他們也面臨著德國鋒利劍刃的威脅。他們最初的願望和一貫的政策是要求大不列顛及其帝國提供一切可能的援助。在過去的 8 個月裡，史達林與希特勒可能瓜分大不列顛帝國的計畫一直使蘇聯分心，未能注意到德國在東歐的軍隊集結。他們毫不猶豫地以急切且喋喋不休的言辭向在敵襲中掙扎的不列顛呼籲，希望得到英國軍隊極為稀缺的軍火。他們還極力促使美國將我們所寄望的大量軍需品轉運給他們。尤其是在 1941 年夏季，他們大聲疾呼英國應不顧風險與犧牲在歐洲登陸，開闢第二戰場。數量不多的英國共產黨人曾譴責「資本主義和帝國主義的戰爭」，此時卻在一夜之間轉變，開始在圍牆和板壁上塗寫「立刻開闢第二戰場」的標語。

我們沒有讓這些悲慘且羞愧的事件擾亂我們的思緒，我們關注俄國人民在政府帶來的災難中所作出的英勇犧牲，以及他們奮力保衛祖國的情形。只要戰鬥繼續，這將彌補一切。

俄羅斯人並未清楚理解在敵方防禦堅固的海岸進行大規模軍隊登陸所需的複雜作戰性質，甚至當時的美國人也普遍不明白其中的挑戰。為了成功地選擇進攻地點，除了海上優勢，空中優勢同樣不可或缺。此外，還有一個關鍵因素需要考慮：一支龐大的特製登陸艇隊伍，尤其是各類坦克登陸艇的存在，是在強敵陣地前成功登陸的基本條件。正如之前提及且後續仍會談到的，為了建立這樣一支登陸艇隊，我長期以來全力以赴。即便是小規模的登陸艇隊，也無法在 1943 年夏季前準備就緒，而其力量，正如今日人們普遍承認的，要在 1944 年才得以充分顯現。在我們目前討論的 1941 年秋季，除了德國防禦最嚴密的加萊海峽，我們尚未掌握歐洲的制空權。登陸艇尚在建造階段。我們甚至在英國還未建立一支如同我們在法國領土上需要對抗的敵軍那樣強大、訓練有素、裝備精良的部隊。然而，有關第二戰場的荒謬說法與錯誤論述仍如瀑布般湧現。的確，要在當時或任何其他時間讓蘇聯政府相信這一點，幾乎是不可能的。後來，史達林甚至曾向我建議，如果英國人缺乏勇氣，他願意派遣 3 到 4 個軍團來承擔此事。由於缺乏船隻和其他物資條件，按照他的建議行事超出了我的能力範圍。

蘇聯政府對我在德軍進攻當天面向俄國及全球的廣播演說未作任何公開回應，僅有《真理報》和其他俄國政府機關報刊登了部分演講內容，並請求我們接待一個俄國軍事代表團。最高層官員的沉默令人尷尬，因此我覺得有必要打破這種局面。我深知，考慮到自戰爭爆發以來蘇聯與西方盟國之間的一切交手經歷，以及回憶起 20 年前我與布爾什維克革命政府的往事，他們可能感到羞愧。因此，我致電史達林，表示我們將盡力給予俄國人民一切援助。

首相致史達林先生

1941 年 7 月 7 日

在此期間，我們欣然獲悉，俄國軍隊正以堅定和勇敢的姿態抵抗納粹發動的無理侵略。我們對俄國軍隊與人民的勇敢和堅韌表示一致的欽佩。我們將竭盡所能在時間、地域和日益成長的資源允許的範圍內提供幫助。戰事拖延得越久，我們就能提供更多支援。我們的空軍正在不分晝夜地猛烈轟炸所有可及的德國占領區和德國本土。昨日，約有 400 架次的晝間襲擊越過海峽。週六夜間，超過 200 架重型轟炸機襲擊了德國城市，其中一些飛機每架載有 3 噸炸彈。昨夜出動的重型轟炸機約有 250 架。轟炸行動將繼續進行。我們希望藉此迫使希特勒將部分空軍力量調回西歐，進而減輕你們的壓力。此外，我的海軍部已按計畫準備在北冰洋採取重大行動。我希望此後，英國和俄國的海軍能夠建立連繫。同時，我們在挪威海岸的掃蕩行動已截獲多艘正北駛運載各種物資以支持對俄戰鬥的船隻。

我們誠邀俄羅斯軍事代表團到訪，目的在商討未來的計畫。

我們只能堅持戰鬥，徹底消滅這些惡徒。

顯而易見，首要任務是依照蘇聯當局認可的方式與蘇聯軍事指揮部建立連繫。為此，在獲得我們新盟友的必要同意後，立即派出一個具有廣泛許可權的軍事代表團前往莫斯科。同時，促成兩國海軍之間的合作也極為緊迫。7 月 10 日，我將以下備忘錄遞交給海軍部：

首相致海軍大臣及第一海務大臣

1941 年 7 月 10 日

顯然，派遣一支小型的英國混合艦隊前往北冰洋，與俄國海軍建立連繫並協同作戰，是不可或缺的。此舉應在我們計劃的行動之前完成。一支名為英國艦隊的力量前往北冰洋，可能對俄國海軍及陸軍的全面抵抗發揮重大作用，並能避免許多英國人的流血犧牲。

假如俄國人能夠堅持到冬季即將來臨之際並繼續作戰，那麼，我們將獲得的利益是無法估量的。俄國若過早與德國和解，將令我們國內大多數民眾非常失望。只要他們繼續戰鬥，戰線在哪裡並不重要。俄國人民已經證明他們值得支持，因此，我們必須做出犧牲，勇敢面對風險，以維持他們的士氣，即便存在一些困難，而我也清楚這些困難，我們仍需如此行事……那支艦隊無疑應該駛向阿爾漢格爾斯克。

對於此事，務必盡快告知。

我們同樣期待在初期階段奠定兩國軍事同盟的基本框架。

首相致斯塔福德・克里普斯爵士

1941 年 7 月 10 日

請將首相的以下電文迅速傳遞給史達林先生：

1. 克里普斯大使曾經彙報過他與你會談的詳情，並將建議中的英、俄聯合宣告內容分為兩個部分：

（1）不明確規定援助的數量或性質。

（2）任何一國不得單獨與敵和談。

我立即召集了戰時內閣會議，現今紐西蘭自治領總理弗雷澤先生也參與其中。我們需要與加拿大、澳洲和南非的自治領進行磋商，但同時，我願向你保證，我們完全支持你所建議的這個聯合宣告。我們認為，一旦收到各自治領的回覆，應立即簽署，並向全世界公布。

2. 供你自行查閱，我們計劃發布一項宣告，內容如下：大不列顛國王陛下的政府與蘇聯政府達成一致，宣告如下：

（1）兩國政府承諾在當前對德戰爭中相互提供全面援助。

（2）兩國政府承諾在此次戰爭中，除非雙方達成一致，否則不會進行談判或簽署停戰協定或和平條約。

3. 由於需要與自治領進行磋商，暫時不要將原電文告知史達林。然而，這可以幫助你理解我們的意圖，並協助你向史達林提供他可能需要的任何解釋。

兩國外交部之間曾有正式信函交流，然而，直至 7 月 19 日，我才首次接到史達林先生的直接電報。當日，蘇聯駐倫敦大使麥斯基先生拜訪我，並呈遞了以下電文：

史達林先生致首相

1941 年 7 月 18 日

承蒙您寄來兩封私人電報，謹此致謝。

你的電報成為了兩國政府達成共識的起始點。正如你所所言，蘇聯和大不列顛已在對抗希特勒德國的戰鬥中結為盟友。我確信，儘管面臨挑戰，我們兩國將具備足夠的力量去擊敗共同的敵人。

或許，我應該指出，蘇聯軍隊在前線的局勢依然嚴峻。希特勒意外地撕毀了互不侵犯條約，並發動了對蘇聯的突然襲擊，這使得德軍占據了優勢，蘇聯軍隊至今仍承受其影響。

倘若蘇聯軍隊並非在奇西瑙、利沃夫、布列斯特、考納斯和維堡等地抵抗德軍進攻，而是在敖德薩、卡緬涅茨－波多利斯基、明斯克地區及聖彼得堡外圍進行防禦，那麼德軍的局勢無疑將更加有利，顯而易見。

因此，在我看來，如果能在西面（即法國北部）以及北面（即北極地區）開闢一個反對希特勒的戰場，蘇聯和英國的軍事局勢將會顯著改善。

在法國北部建立戰場，不僅能牽制希特勒在東歐的部隊，還會使其對英國的入侵變得不可能。這個戰場的開闢符合英國軍方和南部民眾的期望。

我深知在開闢這個戰場時將面臨的諸多挑戰。然而，我堅信，儘管困難重重，開闢這個戰場是必要的，這不僅對我們的共同事業有利，也對大不列顛本身有益。此刻是開闢這個戰場的最佳時機，因為希特勒的軍隊已經調往東歐，尚未有時間鞏固其在東歐的占領陣地。

在北部開闢戰場相對簡單。此處，英國只需依賴海軍和空軍行動，無需派遣地面部隊或炮兵登陸。蘇聯的陸、海、空軍將參與其中。若英國能從挪威志願軍中調派一個輕裝師或更多兵力至此，以便在挪威北部組織對德抵抗，我們將表示歡迎。

在我們通訊的開端，俄國就積極倡導建立第二戰場，而在隨後的函電交流中，除了極北地區外，他們始終不顧物質條件，不斷重提這個議題。首次收到史達林的電報中，還極少的包含了我所見到的蘇聯態度中唯一的悔意表現。在此電報中，他主動為蘇聯轉向我們這一邊進行辯護，為戰爭爆發前他與希特勒的妥協辯解，並且，強調俄國在戰略上有必要將德國軍隊盡量阻截在波蘭西部，以爭取時間來充分發展俄國的廣泛軍事力量。我從未輕視這個論點，因此能夠以體諒的措辭回覆。

首相致史達林先生

1941 年 7 月 20 日

1. 我非常欣喜地收到了你的電報，並且透過多個管道得知俄國軍隊在保衛祖國時所展現的英勇戰鬥和多次有力反攻，令我感到振奮。我深知，透過逼迫敵人沿著向西的戰線部署部隊作戰，進而消耗其初期行動的部分力量，你們已經在軍事上獲得了優勢。

2. 我們將盡力而為，竭盡所能地提供對你們有益的實質性幫助，但請理解我們在資源和地理位置上的限制。從德軍發起對俄國的進攻那一刻起，我們便認真評估過進攻德國占領下的法國和低地國家的可能性。然而，我的三軍參謀長未能找到任何可行的方法來執行對你們有益的重大行動。德國在法國境內部署了 40 個師，且經過一年多的防禦工事建設，法國海岸線已被大炮、鐵絲網、堡壘和海灘地雷嚴密防守。我們僅能在從敦克爾克到布洛涅的區域中暫時獲得空中優勢，並提供戰鬥機掩護。該區域設防嚴密，海面入口被重炮控制，許多重炮的射程甚至可以跨越海峽。夜間的黑暗時間不足 5 小時，且即便在此期間，整個區域也被探照燈照亮。強行登陸將導致嚴重傷亡且成功機率不高，而小規模襲擊只會對雙方造成不利的後果，無需敵人從東線調動軍隊，亦會在他們尚未調動之前便會被擊潰。

3. 你一定記得，我們已經獨立作戰超過一年。而且，儘管我們的資源逐漸增加，並且從現在起將迅速成長，但是我們的陸軍和空軍在英國境內和中東都處於極度緊張的狀態中。此外，我方海軍的實力雖然強大，但是，為我們的命脈所繫的大西洋戰役，為保護那些在德國潛艇和「福克烏爾夫」式轟炸機封鎖下航行的運輸船隊，已使我們沒有絲毫餘力了。

4. 因此，我們必須在北方尋求任何能夠迅速提供援助的可能性。在過去的3個星期中，我的海軍參謀部一直策劃在挪威和芬蘭以北使用艦載飛機襲擊德國船隻，目的在阻止敵人透過海路運輸軍隊來進攻你們的北極側翼。首先，我們已經要求你的參謀部在7月28日至8月2日期間，也就是我們計劃發動襲擊的時間段內，將俄國艦隻撤出特定水域。其次，我們正在派遣巡洋艦和驅逐艦前往斯匹茲卑爾根群島，以便從那裡協同你們的海軍攻擊敵方船隻。第三，我們計劃派遣一支潛艇隊以截擊沿北極海岸的德國船隻，儘管由於北極地區的極晝現象，這項任務尤為危險。第四，我們準備派遣1艘布雷艦，攜帶各種補給品前往阿爾漢格爾斯克。

這就是我們目前所能竭盡全力去完成的。我希望能夠做得更多。在我們告知你公開這些消息不會造成損害之前，請務必保密。

5. 實際上並不存在挪威輕裝師。此外，在北極的極晝時節，若沒有充足的戰鬥機空中掩護，英國或俄國軍隊在德國占領區登陸是不可能實現的。去年在納姆索斯和今年在克里特島的冒險行動已給我們帶來了慘痛的教訓。

6. 作為進一步的計畫，我們正在考慮派遣幾個英國戰鬥機中隊前往莫曼斯克駐紮。此事首先需要運送一批高射炮，隨後才能將飛機運抵。部分飛機可從航空母艦起飛，另一些則透過船隻運輸。一旦這些飛機完成駐紮，我們在斯匹茲卑爾根群島的艦隊即可前往莫曼斯克，與貴方海軍協同作戰。我們有理由相信，德國已經派遣一支強大的俯衝轟炸機隊，而這些轟炸機正等待我們去擊落。因此，必須逐步推進。然而，這一切可能需要數週時間。

7. 如果你有其他建議，請不要猶豫向我們提出。我們也在努力尋找對抗共同敵人的其他戰略。

自一開始，我便竭力以軍火和軍需品支援俄國，一方面大量轉讓來自美國的物資，另一方面直接由英國作出犧牲。1941 年 9 月初，相當於兩個「旋風」式戰鬥機中隊的飛機已由英艦「阿爾戈斯」號運至莫曼斯克，協助俄國防衛這個海軍基地，並與該地區的俄國軍隊協同作戰。到 9 月 11 日，這些戰鬥機中隊已經投入行動，並在接下來的 3 個月中表現英勇。我深知，在聯盟初期，我們能夠做到的非常有限，因此希望透過禮節來彌補這個不足。

首相致史達林先生

1941 年 7 月 25 日

1. 我很高興地告知你，戰時內閣已經決定加速向俄國運送 200 架「戰斧」式戰鬥機，儘管這將大幅削弱我們現有的戰鬥機力量。其中 140 架將從本地運至阿爾漢格爾斯克，另外 60 架將從美國提供給我們的資源中調撥。關於備用零件以及負責裝配飛機的美國人員的具體細節，尚需與美國政府進一步協商。

2. 英國即將準備好兩、三百萬雙短筒靴以供出口。同時，我們力爭在今年提供大量橡膠、錫、羊毛、呢絨、黃麻、鉛和蟲膠片。關於其他原材料的需求，我們正在進行詳細盤點。如若我方無法滿足或供應不足，我們將與美國進行協商。

具體資訊將透過常規的官方管道進行傳達。

3. 我們懷著敬仰與振奮的心情關注著俄羅斯的壯麗戰鬥。所有的情報顯示，敵軍損失慘重，憂慮不已。我們將以不斷增強的力量持續對德國進行空襲。

橡膠屬稀有且珍貴之物，然而俄羅斯對其需求極為龐大。甚至動用了我們有限的儲備。

首相致史達林先生

1941 年 7 月 28 日

1. 關於橡膠的運輸，我們將從英國本地或美國透過最便捷、迅速的航線進行。請具體說明所需的橡膠類型，以及希望採用的航線。初步指令已經下達……

2. 俄國軍隊為保衛本土展開的偉大抗戰將大家團結起來。德國即將面臨一個遭受轟炸的嚴冬，他們將受到史無前例的重創。我在之前電報中提到的海軍行動正在進行。你在偉大的戰鬥中應可感受到我們貢獻過程的艱難，我對此深表感激。我們將盡最大努力。

首相致史達林先生

1941 年 7 月 31 日

經過我的親自安排，現在已經計劃將 10, 000 噸橡膠從英國運送至俄羅斯北部的一個港口。

鑑於你們的迫切需求，我們冒險動用了國內有限的儲備，這些儲備需要一段時間才能補充。運載橡膠及其他物資的英國船隻將在一週至 10 天內完成裝載，隨後在海軍部安排護航後立即啟程前往你們北方的港口。這 10, 000 噸是除了從馬來亞供應之外所額外撥出的 10, 000 噸橡膠。

我傾盡全力，希望透過頻繁的私人電報，建立起如我與羅斯福總統間那種融洽的關係。在與莫斯科的頻繁通訊中，我遭遇了諸多挫折，僅偶爾能聽到一句好話。多次電報發出後未獲回應，或是被擱置多日後才收到回覆。

蘇聯政府持有一種觀點，認為他們在本土為生存而戰，是對我們的巨大恩賜。他們戰鬥越久，我們的債務就越深。這種看法並不公正。在長期的通訊中，我曾有兩、三次不得不直言抗議，特別是針對對我們海員的不當使用，這些海員冒著極大風險將物資運往莫曼斯克和阿爾漢格爾斯克。

然而，我幾乎總是忍受威脅與責難，並以「耐心一聳肩」回應，因為對於所有必須與克里姆林宮打交道的人而言，「容忍是證明資格的象徵」。此外，我也常常理解史達林和他那不屈不撓的俄羅斯民族所承受的壓力。

德國軍隊已經深入俄國境內。然而，到 1941 年 7 月底，希特勒與總司令布勞齊區在戰略上出現了重大分歧。布勞齊區認為，位於莫斯科前線的提摩盛科集團軍群是俄軍的核心力量，因此應優先將其擊敗。這是傳統的作戰原則。因此，布勞齊區主張攻占莫斯科，因為它是俄國的軍事、政治和工業中心。希特勒對此持強烈反對態度。他希望透過廣泛的戰線來擊潰俄軍並掠奪領土。在北方，他要求攻占聖彼得堡；在南方，他計劃奪取頓內次河流域的工業區、克里米亞半島以及通往俄國高加索石油產區的交通要道。與此同時，攻占莫斯科的行動可以暫緩。

經過激烈的辯論後，希特勒成功壓制了他的陸軍統帥們。德軍北方集團軍群在得到中路增援後，奉命迅速進攻聖彼得堡；中路集團軍群則被指示採取防禦姿態，並命令其派遣一個裝甲兵團，繞過聶伯河，以包抄倫德施泰特部隊追擊下的俄軍側翼。在此行動中，德軍取得連連勝利。至 1941 年 9 月初，俄軍在科諾托普—克雷門丘克—基輔之間形成一個巨大的袋形陣地。在整個 9 月分的激烈戰鬥中，超過 50 萬人戰死或被俘。然而，在北方，德軍未能取得類似的成功。聖彼得堡雖被圍困，但未被攻下。希特勒的決策並不明智。他隨即決定再次轉向中路。圍攻聖彼得堡的部隊被命令派遣機動部隊和部分空軍支援，以增援對莫斯科的重新進攻。曾派往南方支援倫德施泰特的裝甲兵團也被調回參加這次進攻。到 9 月底，曾一度放棄從中路突破的計畫重新被提上日程。此時南方的各個集團軍則向頓河下游東進，窺視高加索。

俄羅斯對波蘭的態度，成為我們在蘇聯關係初期的核心議題。

德國對俄國的進攻，對海外的波蘭人而言並不意外。自 1941 年 3 月以來，波蘭地下組織已向倫敦的波蘭流亡政府報告了德軍在俄國西部邊境集結的情報。在戰事爆發的情況下，蘇俄與波蘭流亡政府之間的關係將不可避免地發生重大變化。首要問題是：如何廢除1939年8月德、蘇條約中關於波蘭的條款，而且不危及已形成的英、俄軍事同盟的統一。當德國進攻俄國的消息傳遍全球時，重新恢復自1939年中斷的波、俄關係就成為關鍵。兩國政府的會談在英國的支持下於1941年7月5日在倫敦開始。波蘭由流亡政府總理西科爾斯基將軍代表，俄國的代表是蘇聯駐英大使麥斯基先生。波蘭人有兩個目標：蘇聯政府承認1939年德、俄瓜分波蘭協定無效；釋放俄國在占領波蘭東部後移送到蘇聯的所有波蘭戰俘和平民。

整個7月，談判在冷淡的氛圍中持續進行。俄國人頑固地拒絕承擔任何符合波蘭願望的明確責任。俄國認為其西部邊界的問題不應被討論。能否信任它或許在遙遠的未來 —— 當歐洲的敵對行動結束時 —— 能公正地處理此事？英國政府從一開始就陷入兩難境地。我們對德作戰，是我們對波蘭作出保證的直接結果。我們有不可推卸的責任去維護我們第一個盟國的利益。在戰爭的這個階段，我們不能承認1939年俄國占領波蘭領土的合法性。如今，在1941年的夏季，在對德戰爭中俄國加入我方還不到兩週時，我們不能強迫我們受到嚴重威脅的新盟國，哪怕是說一句空話，去放棄它世世代代認為對其國家安全至關重要的鄰近地區。當下沒有解決這個問題的方法。波蘭未來領土的問題必須推遲到形勢好轉時再解決。我們負有一種不討好的責任去勸說西科爾斯基將軍，讓他相信蘇聯在未來解決俄、波關係的誠意，而不必在此時堅持為未來取得任何書面保證。從我個人的角度，我真誠地希望，主要的盟國在加深了對希特勒共同戰鬥的夥伴關係經驗後，將能夠在會議桌上透過友好的討論來解決領土問題。在這戰爭的緊要關頭，當前線正在交鋒之時，一切都必須從屬於加強共同的軍事努力。此外，在這次戰爭中，以目前留在俄國數千名波蘭人為基礎的一支重建的波蘭軍隊，將會發揮卓越的作用。俄國方面準備以一種審慎的態度同意這一點。

7月30日，經過多輪激烈磋商後，波、俄兩國政府達成了協定。外交關係得以恢復，並計劃在俄羅斯境內籌組一支波蘭軍隊，隸屬蘇聯政府的最高統帥部。關於邊界問題，只提到一句模糊的話：1939年關於波蘭領土變更的德、俄條約「已失效」。我方外交大臣在7月30日向波蘭政府發出的正式照會中闡明了我們的觀點：

值此蘇、波協定簽署之時，我想藉此機會告知你，英王陛下政府根據1939年8月25日與波蘭簽署的互助條約，並未與蘇聯達成任何影響其與波蘭關係的協定。我也向你保證，英王陛下政府不承認自1939年8月以來波蘭領土的任何變動。

同日，艾登先生在下議院引用了這份照會，並表示：

蘇、波協定的第一節中提到，蘇聯政府承認1939年涉及波蘭領土變更的蘇、德條約已失效。英王陛下政府對此類問題的立場，曾由首相於1940年9月5日在下議院中作出總結說明，當時他表示，英王陛下政府不打算承認任何未經各方自由同意及真誠表達的領土變更。這個原則同樣適用於自1939年8月以來波蘭的領土變動，因此我在正式通知中已告知波蘭政府。

此外，艾登先生在回答一項質詢結束時表示：「我剛才在本院宣讀的雙方照會中，並未包含英王陛下政府對雙方邊界提供任何保證。」

事情就此發展到了這個地步。在這一年的秋天，波蘭人開始著手將仍在蘇聯拘留營中的同胞們集合起來，這是一項令人悲傷的任務。

我們對俄羅斯的參戰表示歡迎，然而其參戰並未立即給予我們實質性的幫助。德軍的力量極其強大，似乎在接下來的幾個月之中，他們既能威脅入侵英國，同時又能深入俄羅斯。幾乎所有負責的軍事人員都認為，俄國軍隊將很快被擊敗，大部分將被擊潰。蘇聯政府的空軍在地面上遭受突然襲擊，俄國的軍事準備尚未完成，這使他們在初期處於不利境地。俄國軍隊遭遇重創。儘管進行了英勇的抵抗，作戰指示有能力且專斷，不惜犧牲人命，並在德軍占領地區的後方展開了殘酷的游擊戰，但聖彼得堡以南長達 1,200 英里的俄軍戰線仍發生了全線退卻，後撤約 4、500 英里。蘇聯政府的力量，俄國人民的堅韌，他們在人員方面無可估量的潛力，他們國土的廣闊，以及俄國冬季的嚴寒 —— 這些都是最終導致希特勒軍隊被毀滅的因素。然而，這些因素在 1941 年並未顯現。羅斯福總統於 1941 年 9 月曾宣稱俄軍戰線能夠守住，莫斯科不會失陷，當時人們認為他的看法非常大膽。俄國人民的光榮力量與愛國心證實了這個觀點。

即便在 1942 年 8 月，當我訪問莫斯科並在那裡召開會議後，隨行的布魯克將軍也同意這樣的看法：德軍將越過高加索山脈，並將控制裏海地區。因此，我們盡可能大規模地準備了一次敘利亞和波斯的防禦戰。對於俄國的抵抗能力，我一向比我的軍事顧問們更為樂觀。在莫斯科，史達林曾向我保證，他將堅守高加索戰線，德軍將無法有一兵一卒抵達裏海，我對此深信不疑。然而，關於蘇聯的資源和意圖，他們向我們透露的消息很少，因此關於這兩種可能性的任何看法，都只不過是猜測。

由於俄國的參戰，德國對大不列顛的空襲被轉移，入侵的威脅也隨之減少。這為我們在地中海區域提供了重要的緩解。然而，我們也必須作出巨大的犧牲，並輸出大量物資。我們終於開始擁有精良的裝備，軍工廠不間斷地生產各種軍需品。我們的軍隊在埃及和利比亞奮戰，急需最新式的武器，尤其是坦克和飛機。國內的軍隊急切地等待已經承諾的新式裝備。現在我們終於能夠持續提供越來越多的新式裝備。然而，我們必須撥出大量武器和重要物資，如橡膠、汽油等。我們肩負的責任是組織英國供應品，特別是美國供應品的運輸船隊，冒著北極航道的風險和嚴寒前往莫曼斯克和阿爾漢格爾斯克。這些美國供應物資實際上是從已經或即將成功跨越大西洋供我們使用的物資中撥出的。為了大規模調撥這些物資，為了在美援物資無法持續供應的情況下不影響我們在西部沙漠的作戰，我們只能限制為應付日本日益增長的威脅而防衛馬來半島及東方帝國和屬地的準備工作。

我們毫不懷疑未來歷史將確認的事實：俄國的抵抗瓦解了德軍的實力，並對日耳曼民族的生命力造成了致命的打擊。然而，必須明確指出，在俄國參戰後的一年多時間裡，它在我們眼中，與其說是助力，不如說是負擔。儘管如此，我們仍然歡迎這個強大的國家與我們並肩作戰。我們都認為，即便蘇聯軍隊撤退至烏拉爾山，俄國仍會展現出巨大的力量，並且，如果它堅持戰鬥，將會發揮最具決定性的作用。

托布魯克防禦與非洲戰事暫歇

奧金萊克將軍實際上是在 7 月 2 日被任命為中東司令，並於 7 月 5 日正式上任。我懷著極大的期望與我們的新任總司令展開連繫。

首相致奧金萊克將軍

1941 年 7 月 1 日

在緊要關頭，你承擔了重要的指揮職責。當所有事實呈現於你眼前，你需要決定是否在西部沙漠重新發起攻勢，以及何時採取行動。你要特別關注托布魯克的狀況，尤其是敵軍增援利比亞的進度及其暫時全力進攻俄國的動向。同時，你也需考慮敘利亞方面若行動鬆懈可能引發的隱患，需在這兩個戰場或其中之一做出決策。你應判斷這些軍事行動能否協調進行，以及如何協調。你無疑會深刻感受到這些問題的緊迫性。我們期待盡快收到你的報告。

翌日再次發送了如下電報：

首相致奧金萊克將軍

1941 年 7 月 2 日

肅清敘利亞後，我們希望你能考慮派遣威爾遜前往西部沙漠，但這當然由你來決定。

令人遺憾的是，這項建議之後再次提交卻未獲得接納。

在 7 月 4 日，奧金萊克將軍回覆了我的首封電報。他表示，待敘利亞安全無虞並重建我們在伊拉克的影響力後，便可考慮在西部沙漠發起進攻。然而，成功的關鍵在於充足的裝甲部隊。他預估需要兩到三個裝甲師，以及一個摩托化步兵師。由於後勤限制，計劃將敵軍逐出北非的行動必須分階段進行。首要目標是重新奪回昔蘭尼加，這也需要分步驟實施。將軍最後指出，同時在西部沙漠和敘利亞採取行動將「導致在兩條戰線上皆遭失敗」。

我認為，明智之舉是對我們所見的整體局勢加以闡述。

首相致奧金萊克將軍

1941 年 7 月 6 日

1. 我同意執行對敘利亞的任務，並且我們始終認為，保住敘利亞是確保或收復賽普勒斯的必要前提。人們希望敘利亞的問題會很快得到解決，這樣你在賽普勒斯就不會遇到障礙。我們完全理解，在局勢發展的情況下，應暫時推遲西部沙漠的進攻行動，而優先專注於這兩個方面的作戰。

2. 然而，今年秋季，西部沙漠依舊是尼羅河流域防禦的關鍵戰場。唯有奪回昔蘭尼加東部的機場，我方海、空軍才能對敵方海上運輸補給進行有效打擊。

3. 韋維爾將軍在 4 月 18 日的電報中提到，他有 6 個團的裝甲部隊人員已經接受訓練，正等待坦克。這成為我們決定運送「老虎」計畫中坦克的關鍵因素之一。此外，還有 3 個坦克團的人員正繞道好望角。因此，儘管韋維爾和你都強調進一步訓練這些已經受訓的裝甲部隊，我們也深刻理解你對裝甲車輛的需求。我們推估，如果工廠組織得當，到 7 月底，你將能夠擁有 500 輛巡邏坦克、步兵坦克和美國巡邏坦克，此外還有大量各種輕型坦克和裝甲車輛。

4. 供應坦克的狀況在 7、8 兩個月內無法得到改善，除非從美國運送一些過來，並在國內進行少量的補充。須知，即便等到 7、8 月之後，因為我們必須從 9 月 1 日起全力抵抗入侵，所以總參謀部自然不願意將大批坦克繞道好望角運往非洲（目前這是唯一的運輸路線），這樣就導致這些坦克在10月初之前無論在國內還是國外都無法發揮作用。10月以後，美國的武器裝備供應應該會增加，因此我們在此間的局勢將有所好轉。然而，在那之前，又會發生許多事情。

5. 根據當前的情報，大量義大利軍隊正在增援利比亞，而德國軍隊則寥寥無幾，甚至可能沒有。然而，一旦俄國戰線瓦解，情勢可能迅速逆轉，對你造成不利影響，且國內面臨的入侵威脅依然存在。

6. 我們已經告知你空軍增援的規模。看起來，你或許能夠在7月、8月以及9月的某些時間段內占據明顯的空中優勢。然而，之後若俄國戰線瓦解，大批德國空軍可能會被調往非洲支援。如果敵人無意進攻英國，只是虛張聲勢，他們在9月便可在你西線獲得空中優勢。

7. 此外，托布魯克的問題也值得關注。我們在此無法評估，在未來兩個月內托布魯克對攻勢的戰略價值，或在此期間可能發生的事件。敵人若要大規模進攻埃及，攻陷或完全包圍托布魯克似乎是必不可少的準備步驟。

8. 綜上所述，在9月的下半月之後，你的狀況難以改善，甚至可能惡化。我堅信，你將迅速對整個問題進行全面的思考……

9. 談及空軍方面，我的看法是，為了實現所有關鍵戰鬥目標，你的戰略必須掌控中東地區所有空軍的部署和使用。須牢記，空軍本身承擔著重要的戰略任務，切忌在對陸軍的小規模掩護中消耗其力量，如同薩盧姆之戰中曾發生的情況。你在電報中提到用於支援陸軍的飛機、海軍的飛機以及執行個別戰略任務的飛機。關鍵在於如何分配比例？這需要各總司令隨時協商安排。然而，這些安排不應妨礙空軍對你已經制定的任何主要作戰計畫的全面支持。人們不禁感到，在薩盧姆戰役中，我們的空中優勢被浪費了，並且，當敵人調動所有可用坦克來擊退我們的沙漠攻勢時，我們駐紮在托布魯克的部隊卻沒有採取任何行動。

7月15日，奧金萊克將軍回應稱，他計劃盡快派遣一個師增援賽普勒斯。他意識到收復昔蘭尼加的重要性，但無法保證 9 月以後還能保住托布魯克。對於那 6 個團經過訓練的裝甲部隊，他提到，由於新到的美國坦克具有不同的特點和裝備，戰術操作方法需要調整，因此需要時間來學習這些課程。他承認，到 7 月底，他將擁有約 500 輛巡邏坦克、步兵坦克和美國坦克。然而，任何戰鬥都需保持 50%的後備坦克，以便能有 25%的坦克留在工廠維修，另 25%可立即補充戰鬥損失。這是一個過於理想化的標準，只有在理想世界中將軍們才能享有這種便利，而且即便有人要求這種便利也不一定能實現。奧金萊克強調，必須給予時間進行個別和集體訓練，並培養有效作戰所需的合作精神。他認為，決戰的戰線在北方，即德軍通過土耳其、敘利亞和巴基斯坦的進攻，而非沙漠。

從上述電報中可以明顯看出，我們兩人的觀點存在嚴重分歧，這令我感到非常失望。這位將軍的一些初步決定也讓人費解。由於我長期堅持，終於促使英國第 50 師被調往埃及。敵方宣傳堅持認為，英國政策是讓其他國家的軍隊作戰，而避免使用自己的軍隊，以免聯合王國的士兵流血，我對此非常敏感。英國軍隊在中東（包括希臘和克里特島）的傷亡實際上超過了我們所有其他軍隊的總和。然而，慣用的部隊名稱引發了不符合事實的誤解。印度師中三分之一的步兵和全部炮兵都是英國人，但並不稱為英國—印度師。在戰鬥中首當其衝的裝甲部隊完全是英國的，但這一點在部隊名稱上並未展現。屢次命令在部隊名稱中加入「英國」字樣，依然無法改變長期以來的習慣。英國第 6 師的許多營參與了激烈戰鬥，但在緊急情況下未能將該師籌組為一個統一實體。這並非小事。在任何戰事報導中，幾乎沒有提到「英國」軍隊，這個事實使得敵人的嘲諷更加刺耳。因此，不僅在美國，甚至在澳洲也引發了對我不利的評論。我曾希望，第 50 師進入埃及的部署可以作為一種有效手段來抵制這些來自各方的批評。奧金萊克將軍決定將該師派往賽普勒斯，這顯然是不幸的，並且可能成為我們無端受指責的理由。國內三軍各參謀長從軍事角度來看，對於如此奇特地使用這支優秀部隊的安排，也表示驚訝。的確，這與我們所理解的任何戰略觀念都不相符。

奧金萊克將軍作出的一個更加嚴峻的決定是，將對隆美爾在西部沙漠的所有戰鬥推遲，最初推遲 3 個月，最終推遲超過 4 個半月。韋維爾在 6 月 15 日發起的「戰斧」行動是可以理解的。儘管我們遭受了一些挫折並退回到原來的陣地，德軍在這個漫長時期內卻無法推進。他們的補給線因托布魯克的威脅而無法運送必要的裝甲部隊甚至炮彈進行增援，使得隆美爾除了依靠他的意志力和聲望堅守之外，別無選擇。他的部隊在補給方面的問題使他感到猶豫，因此人數只能逐步增加。在這種情況下，英軍既有充足的公路、鐵路和海上交通線可供使用，並且在兵員和物資方面以遠超德軍的速度得到補充，就應持續與其作戰。

將領們在獲得機會時，通常傾向於在一切準備妥當後，由他們自行選擇合適的時機來發動一場正式的戰役，而不願透過一系列不起眼的戰鬥來消耗敵人。他們自然更希望穩操勝券而非冒險。然而，他們往往忽視了戰爭的無休無止，它如火焰般日復一日地燃燒，不僅影響單一戰場，也對整個戰局帶來持續的變化。此時，俄國軍隊正面臨艱難困境。

在我看來，第 3 個失誤是對北面側翼的關注過度。雖然這個側翼確實需要保持高度警惕，並應在巴勒斯坦和敘利亞進行大量防禦準備，建立堅固的防線，但該地區的局勢在不久後較 6 月時已經大為改善。敘利亞已被征服，伊拉克的叛亂也被成功鎮壓。我們的部隊控制了沙漠中的所有重要據點。尤其是，德、俄之間的衝突為土耳其帶來了新的信心。只要這場戰事的勝負未定，德國就不會要求其軍隊通過土耳其領土。由於英國和俄國的行動，波斯很快將加入同盟國陣營。這將使我們能夠安然度過冬季。在此期間，總體形勢有利於我們在西部沙漠採取果斷行動。

7月19日，三軍參謀長致電奧金萊克將軍：

你提到，在取得至少兩個或更好是3個經過適當訓練的裝甲師之前，無法在西部沙漠採取攻勢。在德國對俄國展開進攻之前，我們難以從此地調遣任何數量可觀的巡邏坦克增援，因為我們必須考慮到敵人在8月或9月可能入侵本土的顯然可能性。儘管這種可能性不能完全排除，尤其如果俄國迅速崩潰。然而，若增援坦克能夠成功收復昔蘭尼加並帶來相應的利益，我們願意嘗試……你在7月15日的來電中，對能否在9月以後堅守托布魯克表示懷疑。因此，我們認為，任何為收復昔蘭尼加而發起的攻勢，不能推遲到9月以後。我們推估相對的空軍力量可以持續成長到9月，甚至9月以後也可能繼續增強，但這顯然取決於俄國戰事的現狀。

基於上述考量，目前看來，若要收復昔蘭尼加的最佳時機——即便非唯一也至少是最後機會，便是在9月底前發動攻勢。若我們立即向你提供150輛巡邏坦克，你是否願意採取行動？我們預計，這些坦克將在9月13日至20日間運抵蘇伊士。此外，我們計劃透過第11號運輸船隊為你提供4萬兵員，由你決定在我們能提供的兵員和物資中哪些是最為需要的。然而，若你認為無法在9月底於西部沙漠發起攻勢，我們認為，在確定敵人今年不會進攻之前，沒有理由動用進口糧食的船隻，並拆散第1裝甲師以運送150輛坦克。

我也親自發出了一封與之完全一致的電報給他：

首相致奧金萊克將軍

1941年7月19日

1. 三軍參謀長與戰時內閣國防委員會曾經對你7月15日回覆我6月電報的內容進行了長時間的審議。現在，三軍參謀長已將他們的看法告知於你，而我們的看法與其完全一致。

2. 顯然，若你能在9月中旬從此地及美國再獲得一大批坦克，加上其他大量增援，那麼，你便能將其作為後備力量，憑藉這支後備力量，在得手時可以加緊攻勢，失利時可以保衛埃及。

3. 國防委員會注意到，第 50 師，即你所擁有的那支裝備精良且全新的英國師，竟然滯留在賽普勒斯島，執行看似僅僅是防禦性的任務，這讓他們深感擔憂，並且無法理解為何找不到其他部隊。

4. 他們無法理解，在 9 月底之前，德國如何能夠從北方對敘利亞、巴勒斯坦和伊拉克發起攻勢。國防委員會認為，波斯面臨著更大的德國滲透和陰謀的威脅，因此應該在那裡採取果斷行動。然而，這個問題屬於韋維爾將軍的職權範圍，他顯然有意採取行動，此事正在此地受到熱切而嚴肅的關注。

5. 倘若我們不趁因德、俄戰事而獲得的這段喘息期來恢復昔蘭尼加的局勢，這個機會可能會永遠消失。自從我軍在薩盧姆遭遇失利，已經過去一個月，要重新採取行動或許還需再過一個月。在此期間，應該有足夠的時間進行訓練。看來，我們應在局勢對我們不利之前，在西部沙漠展開一場激烈的決戰，冒非此不足以勝利的巨大風險。

6. 我們仍然堅持認為，除非你計劃親自指揮下一次攻勢，否則應由威爾遜來負責領導。

7 月 23 日，奧金萊克將軍回覆了我的電報。他表示，將第 50 師調往賽普勒斯島是經過深入考量後的決定。「若有必要，我可以電告你我認為無可爭辯的詳細原因。我希望這類部署事宜由我全權負責。」他預估德軍或許會在 9 月上旬透過安納托利亞向敘利亞發起進攻。

我完全贊成趁德國當前專注於對俄戰爭之際在利比亞攻擊敵軍，但我必須強調，在我看來，利用我們當前有限的人力和物資進行進攻並非明智之舉。結果幾乎不可避免地會將我們能夠發起成功進攻的時間進一步推遲。要成功，就需要冒險。如果有充分的理由冒險，我願意承擔風險。

最終，他表示：

我當前的目標如下：首先，迅速強化我們在賽普勒斯和敘利亞的立足點，同時確保我們在敘利亞的影響力不受削弱。其次，加快對各師和旅進行急需的重組與重新裝備工作，這些部隊不僅在希臘、克里特島、利比亞、厄利垂亞和敘利亞遭受了人員和裝備的損失，還常常被分散使用而非作為整體編隊。再次，與總監合作，加速改組並現代化後勤機構，以提升補給、調動和維修等方面的效率。第四，確保裝甲部隊的訓練與裝備到位，因為沒有這些部隊，無法開展攻勢行動。最後，積極展開在利比亞的進攻性偵察與規劃，這在中東總司令們於 7 月 19 日發給三軍參謀長的電報中已有提及。我堅信，計畫的開展將促使我請求你近期進一步提供成功所需的物資和裝備。

此時，我不由得感受到奧金萊克將軍態度的僵化，這對我們共同的事業並無助益。自戰爭爆發以來，出版的書籍揭示了開羅作戰參謀部中某些有影響力的成員對向希臘派遣軍隊這個決策的遺憾。他們並不知曉韋維爾將軍是多麼欣然且毫無保留地接受了這個決策，更不了解戰時內閣和三軍參謀長如何小心翼翼地向他提交了這個問題 —— 幾乎遭到否決。傳聞韋維爾曾被部分政界人士誤導，而一系列的失敗則是在他遵循了他們的意願後發生的。如今，作為他善良性情的代價，在他多次勝利後遭遇挫折時被解除職務。我毫不懷疑，這些參謀人員中有一種強烈的情緒，即新任司令不應被迫採取危險的冒險行動，而應採取穩健的戰略。這種情緒顯然影響了奧金萊克將軍。顯然，透過通訊單獨解決問題的效果有限。

首相致奧金萊克將軍

1941 年 7 月 23 日

所有你發給我們的電報以及我們給你的電報都顯示，我們需要進行一次面對面的會談。三軍參謀長對此事非常重視。除非當前戰局確實讓你無法抽身，否則希望你能立即攜帶一、兩位參謀軍官前來。在你請假期間（需保密），你的職務將由布萊梅代理。

奧金萊克願意來訪，他在倫敦的短暫停留顯然是有成效的。他與戰時內閣成員、三軍參謀長以及陸軍部的關係都處理得非常融洽。他與我在首相郊外的官邸共度了一個漫長的週末。我們的未來相當程度上取決於這位傑出軍官的才能。隨著我們對他的深入了解，以及他對英國作戰機構領導人物的熟悉，我們之間的信任不斷增加。然而，我們無法使他放棄在 11 月 1 日發動精心籌劃攻勢的長期計畫。這次攻勢被稱為「十字軍戰士」行動，將是我們前所未有的一場大戰。他確實用詳細的論述動搖了軍事顧問們的立場。至於我個人，我並未被他說服。然而，奧金萊克將軍無可置疑的能力、出色的表達能力以及高貴而莊重的品格讓我相信他或許是正確的，即便他錯了，他仍是最佳人選。因此，我同意在 11 月發動攻勢，並全力以赴爭取這次行動的成功。我們未能說服他在戰鬥開打時讓梅特蘭·威爾遜將軍指揮，這讓我們頗為遺憾。他更傾向於選擇在阿比西尼亞屢次勝利後聲望卓著的艾倫·坎寧安將軍。我們必須竭盡全力確保事情順利進行，半途而廢的事情不值得嘗試。因此，我們同意了他的決定，並因此分擔了他的責任。

我們如今完全了解德國最高統帥部對隆美爾境況的看法。他們對他的膽識及其帶來的非凡成就表示極大欽佩，但仍認為他身陷險境。在獲得強大援軍之前，他們嚴令他不得冒險。或許藉助他的聲望，能夠度過這段危險時期，直到最高統帥部能給予最大支持。他的補給線延伸至的黎波里，長達千里。為了獲取部分物資和增援，班加西是一個戰略上更有價值的港口。然而，無論是前往的黎波里還是班加西，航運損失與日俱增。英軍在兵力上已經逐漸占據顯著優勢，並且不斷持續擴充。德軍坦克在效能和編制上占優，但空軍力量較弱，炮彈極為短缺，因而擔心耗盡彈藥。托布魯克成為隆美爾後方的致命威脅，隨時可能切斷其補給線。他們無法揣測我們的進攻計畫，是從托布魯克出擊，還是以主力發動攻擊。然而，只要我們保持靜止，他們對過去的每一天都感到慶幸。

1941 年 6 月 2 日，德、義兩國在布倫納山隘召開會議。軍事方面的主要人物為德國凱特爾元帥和義大利卡瓦勒羅將軍。凱特爾表示，秋季之前無法對埃及發動攻勢。在這個攻勢中，不應動用大量軍隊，而應依賴少數裝備精良的特種部隊。進攻部隊應包括 4 個裝甲師，其中兩個為德國師，此外還需要 3 個摩托化步兵師。北非地區不得有多餘的糧食消耗者，糧食供應應僅限於戰鬥人員。卡瓦勒羅將軍指出，非洲軍中的義大利師已經嚴重損耗，人員和裝備損失達 40%～ 60%。車輛狀況非常糟糕，帕維亞師僅剩 27 輛卡車。

凱特爾指出，當前最緊迫的任務是部署高射炮和海岸炮，以增強對敵人襲擊供應港口和補給站的防禦能力。其次，應優先將增援非洲軍團的炮隊運送至前線，因為未來行動的關鍵之一是攻占托布魯克。由於缺乏重炮，德、義軍隊目前無法攻下該地。除此之外，在進攻開始之前，必須準備大量的補給物資和運輸隊伍。僅德國非洲軍團每月就需要 4 萬噸到 5 萬噸的補給物資，此外還要為義軍提供補給。義軍可以使用非洲軍團不需要的所有車輛。德國運輸機的可用艙位非常有限。義軍必須自行保護海上和海岸運輸，因為德國空軍正在從西西里島撤出。更強大的德國空軍部隊正被調往北非，以確保海岸和海上運輸的安全。

卡瓦勒羅將軍對這位德國軍事首長的發言表示感激。他與墨索里尼都認可他的觀點。義大利的首要任務是維持現有陣地。北非的防衛力量不足，圍攻托布魯克的部隊需要輪換並進行休整。薩盧姆的局勢一直存在風險。

在 1941 年 8 月分，德國空軍作戰參謀部發布了一份報告：

北非軍隊的供應緊張狀況眾所周知……至今，班加西港的吞吐能力尚未得到充分利用。自從奪回德爾納後，港口區域被英國人破壞的部分仍未修復……拜爾迪耶港同樣需要修復。因此，我們緊急通知義大利人，要求他們立即展開必要的修復工作。充分利用班加西、德爾納和拜爾迪耶等港口運入補給物資至關重要。這將減輕的黎波里港的部分壓力，並減少從的黎波里到班加西這段危險的海岸運輸。非洲的運輸狀況極為嚴峻，使得我們越來越難以依賴從的黎波里到班加西的陸上運輸線。從這個角度來看，這個問題顯得更加重要。

在東歐停止戰鬥以前派遣空軍增援地中海地區是不現實的。

1941 年 8 月底，凱特爾和卡瓦勒羅將軍均出席了希特勒在俄國前線司令部召開的會議。凱特爾指出，攻占托布魯克之前，北非局勢尚未明朗。如果非洲的運輸進展順利，德軍可以在 9 月中旬為攻擊做好準備。卡瓦勒羅將軍回應，領袖已經下令加快托布魯克攻勢的準備。但義大利軍隊到 9 月中旬尚無法準備好進行攻勢，預計到 9 月底才能完成準備。

實際上，他們在 9 月底仍未做好攻擊準備。無論是德軍還是義軍，10 月和 11 月都未整裝待發。即使如此，但當遭遇攻擊時，他們還能夠進行頑強抵抗，這點毋庸置疑。

1941 年 8 月 29 日，德國與義大利的參謀部達成共識，認為：

近期，從利比亞對蘇伊士運河發起攻勢是不現實的。即便秋季攻占托布魯克，力量對比仍然不支持這樣的行動。同樣地，任何有限目標的進攻也不適宜，因為東進一步將加劇我方的供應緊張，反之改善英國的供應狀況。

1941 年 9 月 9 日，德國聯席參謀部在評估局勢時表示：

儘管德、義空軍對托布魯克進行了持續的轟炸，那裡的總體情況基本保持不變。直到現在，我們仍未能阻止敵人在夜間透過驅逐艦和小型艦艇向這座要塞運送補給……據非洲空軍司令部稱，托布魯克的防空力量已顯得非常強大，與馬爾他島的防空能力相差無幾……英國駐軍的多次攻擊，無論強弱，似乎都是在試探包圍圈的薄弱之處。這是為突圍做準備，預計這將與南方戰線攻勢同時展開……

我已就推遲攻勢的軍事商討發表了意見。我亦需記錄我的信念：奧金萊克將軍在沙漠地帶拖延4個半月才與敵軍交戰，此舉既是錯誤的，也令人遺憾。

本章亦需涵蓋我們與澳洲政府之間意見不合的描述。澳洲的英勇軍隊在整個埃及防衛戰中發揮了關鍵作用。

1941年5月，澳洲總理孟席斯先生與我們告別，他在英國的長期停留實屬罕見。在兩個緊要的月分，他參與了戰時內閣，並與我們一起作出了許多艱難的決策。他對戰時內閣的構成以及我在指揮戰事中所擁有的廣泛權力感到不滿。他曾多次向我表達意見，而我也闡述了反對他觀點的理由。他希望建立一個包含四個自治領代表的帝國戰時內閣。在返國途中，他將建議書當面提交給麥肯齊・金先生、史末資將軍和弗雷澤先生。然而，他們沒有一人支持這種變革，尤其是麥肯齊・金先生運用了憲法上的有力論據，反對加拿大因派代表而對倫敦會議的決定承擔責任。

首相致澳洲總理

1941年8月19日

毫無疑問，如果你能再次造訪我們，並在逗留期間以總理身分參與我們的會議，將受到熱烈歡迎。我們樂於接待任何以此方式與我們分擔責任的自治領總理。然而，戰時內閣中不可能包含自治領總理以外的閣員，因為四個自治領的代表會使戰時內閣的常任成員過於龐大，進而引發我們尚未考慮到的重大組織變革。根據我的調查，其他自治領不會同意由單個自治領派出的閣員在戰時內閣中代表它們。我希望你在制定計畫時牢記這些要點。致以最誠摯的問候。

然而，澳洲的政壇很快經歷了劇烈的變動。在接連不斷的困境之後，聯邦內閣在戰爭指揮上出現了分歧。澳洲工黨反對批准孟席斯先生前往倫敦的動議。面對政府內外的不同聲音，他向同僚遞交了辭呈，並表示願意在一個全國性的聯合內閣中效力。1941 年 8 月 25 日，澳洲工黨拒絕了這個提議，要求政府下臺。8 月 28 日，孟席斯先生辭職，由副總理法丁先生繼任。失去最有能力的領導者使澳洲政府變得更加脆弱，在議會中僅占一票優勢，並且在此危急時刻，面臨一個渴望掌權的反對黨。儘管我們之間存在分歧，聽聞孟席斯先生辭職的消息，我感到非常遺憾。儘管我們意見大相逕庭，但關係一直友好。他在戰時內閣短短兩個月內對我們事務和戰爭的了解，以及我們與他建立的聯繫都付諸東流，這讓我深感惋惜。於是我發給他以下的電報：

首相致孟席斯先生

1941 年 8 月 28 日

儘管我謹慎地避免介入澳洲的政治事務，但得知你辭職的消息後，我不禁感到無比惋惜。在這動盪的兩年裡，你曾肩負國家重任，並在澳洲最不安的時刻與我們並肩同行。我們對你的勇氣和幫助深表感激。透過我們的私人友誼，我獲益良多。我也曾有類似的經歷：就在我有能力讓澳洲和紐西蘭軍團在達達尼爾海峽取得勝利時，卻被解除海軍大臣職務。在這種情況下，知道自己已經盡力而為，總是一種安慰。我的妻子和全家向你致以問候。

我迅速與法丁先生建立了緊密的私人聯繫，並就戰時內閣的構成及日本威脅的問題向他陳述了我們的觀點。

首相致澳洲總理

1941 年 8 月 29 日

如今，你已履行你的崇高職責，我懷著最誠摯的心願祝你成功，並向你承諾，我與我的同事將以與孟席斯先生共事時的友好精神和誠意全力配合你。我們欣喜地獲悉，孟席斯先生在你的領導下擔任國防協調部長一職。

隨後，我依據同事們的意見，從帝國與憲法兩個角度對孟席斯先生提出的問題進行了詳盡的闡述。

我們與法丁先生的政府以及後來柯廷先生所代表的工黨政府之間的關係，並不像與前任政府時那般融洽，甚至出現了威脅到我們作戰執行的嚴重分歧。新政府在反對黨的巨大壓力下，對澳洲師在托布魯克的狀況異常關注。他們希望將派駐中東的軍隊整編為一支統一的部隊，以便讓其休整、恢復紀律並重新裝備，以滿足澳洲國內的輿論呼聲。他們也擔心駐守堡壘的部隊「體力下降」，並憂慮由於持續的體力消耗和無法抵擋敵人的猛烈進攻而導致災難的潛在風險。因此，他們要求立刻派遣其他部隊接替這些澳洲士兵。奧金萊克對此變動表示強烈反對，他指出更換部隊的困難，並強調這將破壞他的新攻勢計畫。我努力安撫這位將軍的疑慮。

首相致奧金萊克將軍

1941 年 9 月 6 日

我確信，只要坦誠地向澳洲人展示現實，他們會繼續支持。我們不想讓你在托布魯克的補給和其他合作行動受到阻礙。如果答應他們的要求會導致這個後果，那我就告訴他們事實。澳洲絕不會容忍任何失去尊嚴的事情。當然，如果此事並無重大影響，我們應當滿足他們的願望。

我認為，我們應該向兄弟政府提供一個全面的說明。根據我的建議，奧金萊克將軍曾設法將駐守托布魯克的澳洲步兵旅團中的一個旅撤出，並用波蘭旅取而代之。這給海軍帶來了相當大的風險，因為幾乎所有的艦隻都會遭到敵機的攻擊。這位總司令最終提出中止這個行動的理由，聲稱這可能「進一步推遲西部沙漠的攻勢」。「因此，我建議，」他說，「要果斷放棄繼續大規模替換駐守托布魯克澳洲人員的計畫，而立即用一個步兵坦克營增援守軍。」我將他的電報轉交給法丁先生，並向他作出如下呼籲：

首相致澳洲總理

1941 年 9 月 11 日

1. 茲附上奧金萊克將軍關於澳軍接管托布魯克事宜的親啟電報全文。我之所以這樣做，是因為我深信你能夠妥善處理此事。奧金萊克將軍的電報是經過與中東戰區海、空軍司令長時間會商後所得出的結論。

2. 從他的電報中可以明顯看出，即便你堅決要求接替駐守托布魯克的澳洲軍隊，實際上也無法及時完成此項任務，以便在本月中向聯邦議會提交你預期的說明。事實上，僅有一半的部隊能夠在 9 月的無月光期間撤退，剩餘部分最早則會在 10 月下旬撤出。而此時，發動進攻的準備工作正達到緊張階段，空軍的準備也要求他們將全部力量集中於攻擊敵人的後方、補給站和機場。此外，無論如何，你也無法在聯邦議會做出任何說明，因為任何涉及接替澳洲軍隊的公開暗示，都會在你們撤軍時引發敵人對托布魯克港和沿海地區的猛烈空襲。然而，如果你堅持撤出澳洲軍隊，我們將不得不下達命令，儘管這必然會帶來損失並危害戰情。守住托布魯克直至勝利，是澳洲的榮譽。若持續配合堅守，這個榮譽將在上帝的庇佑下永遠屬於澳洲。我相信，你會在歷史面前認真權衡你剝奪澳洲這個榮譽所承擔的重大責任。

3. 我必須再次強調，你務必要對接下來的軍事行動和軍隊的部署保持絕對的保密。這些消息是由於澳洲軍隊接替的問題而迫使總司令向我們透露的。

我的呼籲結果毫無成效，我只能持續給出如下的回覆：

首相致法丁先生

1941 年 9 月 15 日

我將立即執行您的決定並發布命令。目前，保密對於所有人來說至關重要。

我撥通了奧金萊克的電話並說道：

首相致奧金萊克將軍

1941 年 9 月 17 日

我對澳洲政府的態度感到痛心，但長期以來，我就擔憂，似乎我們僅依靠自治領軍隊在中東進行所有戰鬥的觀念，會在澳洲和全球輿論中引發危險的迴響。因此（且不談對你增援的願望），我一直在敦促多派遣一些英國步兵師。你知道，你決定將英國第 50 師派往賽普勒斯島讓我們感到痛苦。我明白，當你將這個師部署在那裡時，你認為賽普勒斯島是一個特別危險的地方。然而，隨著德軍入侵俄國，局勢已發生變化，因此，我相信，你將繼續考慮是否讓這個英國師承擔看似沒有危險的防禦任務……

我期望澳洲軍隊的撤離不會再延緩你的進攻計畫。非洲形勢已然惡化。敵軍的燃料供應比以往充裕許多。非洲裝甲軍現已更新為非洲裝甲集團軍。若你等待增援一旅人馬，可能會發現敵軍又增添了一師兵力。敵人必然會察覺到你運輸車輛的動向及補給站的設立。1942 年中東戰役的整體前景以及我們與土耳其和俄羅斯的關係都取決於這次進攻。

奧金萊克將軍感到極度受辱，因法丁政府堅守其立場，導致他考慮辭職，理由是未能獲得澳洲政府的信任。從各個角度來看，這個事件在當時都是有害的。

我請求當時駐紮在開羅的國務大臣奧利弗·利特爾頓先生進行調解。

首相致國務大臣

1941 年 9 月 18 日

1. 奧金萊克誤解我們在托布魯克澳洲軍隊問題上的立場，這種誤解是不應該的。我的多封電報，尤其是 9 月 11 日致法丁並抄送奧金萊克的那一封，現在也抄送給你，內容清楚顯示我們如何竭力勸說澳洲撤回當前撤離前線的決定。此外，當奧金萊克回國時，我特別鼓勵他不要因不必要的交替而影響托布魯克的防禦。

2. 我對澳洲政府的決策感到訝異，我相信，如果將實際情況揭示，他們會撤回這個決定。我們應理解這個政府，它僅以一票的微弱優勢執政，並面臨著強烈的反對派，其中至少有部分人持有孤立主義的觀點。

3. 最為關鍵的是，避免大不列顛和澳洲之間出現公開的爭執，因此，必須壓抑所有個人情緒以保持表面上的團結。問題的起源多半在於歷次戰鬥中缺少英國步兵師，導致外界和澳洲誤以為我們僅依賴自治領的軍隊進行作戰。

4. 我正在撥打電話給奧金萊克，告知他三軍參謀長全然贊同他的軍事看法。

如此，私人的紛擾暫告一段落，然而，關於 10 月撤出最後一批澳洲軍隊的具體行動，依然是我們需要解決的問題。

首相致奧金萊克將軍

1941 年 9 月 29 日

如今，一切都取決於這場戰鬥。敵人或許會給予你所需的時間。然而，每一次拖延，都是在更大範圍內以高昂代價換來的。我們爭取的目標是土耳其，它的行動可能與昔蘭尼加之戰的勝利息息相關。

我希望能勸說澳洲政府，在 10 月無月光的時段不從托布魯克撤走他們最後的兩個旅，以免影響你的計畫。

此刻，我向法丁先生詳細彙報了所有情況，並再次提出強烈呼籲。雖然他的答覆依然固執，但隨後，由於政府在預算表決中失利，柯廷先生領導下的澳洲工黨政府接替上臺，仍是以微弱的多一票優勢執政。我立即與這位新任總理建立了友好的聯繫，他也向我發來電報。

首相致澳洲總理

1941 年 10 月 8 日

在你負責總攝聯邦事務期間收到你的電報，我深表感謝。我真誠地向你表達同樣的美好願望。你可以放心，我們將在最緊密的信任與友誼基礎上與你合作。

然而，新政府亦對我們的請求持反對態度，因此最好將這個不愉快的插曲畫上句號。

首相致奧金萊克將軍

1941 年 10 月 5 日

令我遺憾的是，前任澳洲政府未能就避免再次「過分負擔」（接替托布魯克的澳洲軍隊）的問題提供任何有益的答覆。此外，我尚未與新政府取得聯繫，但我希望「十字軍戰士」行動不會被推遲。

在經過一段合理的間隔之後，我就托布魯克的問題給柯廷先生打了電報。

首相致澳洲總理

1941 年 10 月 14 日

我認為，你應重新審視我之前致前任總理電報中提及的問題。奧金萊克將軍再次發來電報，指出若澳洲其餘部隊能在即將到來的戰鬥行動前繼續駐守托布魯克，將為他的全面指揮帶來極大的便利。我不想重複我之前的論點，但我願意補充：若你認為可以同意，這不會讓你們的軍隊面臨任何過度或不當的風險，而我們將視此為當前戰鬥中的友好舉措。

首相致奧金萊克將軍

1941 年 10 月 14 日

1. 我曾提及，若其他澳洲軍隊的替換能夠延至「十字軍戰士」行動之後，將對你有極大地助益。因此，今天早晨我已將附上的電報發往澳洲政府。或許新政府願意提供你所期待的便利。如果他們真的如此，我將為澳洲及歷史感到欣慰。在一、兩天內，我便會知曉他們的決定，並及時告知你。

2. 有關俄國的消息愈加嚴峻。當下全看你的了。

柯廷先生的政府遵循其前任的決定，因此，我不得不告知奧金萊克將軍，接替澳洲軍隊的任務必須執行。

在托布魯克被圍困期間，儘管敵軍的空襲持續不斷且規模日益擴大，海軍的支持始終未曾中斷。然而，由於我們的飛機場位於東面遙遠之地，戰鬥機無法為港口提供掩護。普通商船很快無法在通往埃及的航線上行駛，因此一切物資運輸必須在無月光的夜晚透過驅逐艦和小型艦艇進行。從 1941 年 7 月起，托布魯克航線的情況因「阿布提埃爾」號和「拉托娜」號兩艘快速布雷艦的加入而大為改善。除了維持軍火和補給的供應外，大批軍隊也被運入或撤出這座被圍的堡壘，並運進包括坦克在內的各種新式武器。海軍總共運送給守軍 34,000 名兵員、72 輛坦克、92 門大炮，以及 34,000 噸的軍需品。此外，除了傷兵和俘虜不計外，撤出的軍隊幾乎等於運入的數量。這個艱鉅而又必不可少的任務，使海軍損失了 1 艘布雷艦、兩艘驅逐艦以及其他 22 艘艦艇，另有 18 艘遭受重創。9 艘商船和兩艘醫院船也被擊沉或受損。這些犧牲確保了托布魯克的守軍在長達 242 天中抵抗住敵軍的持續襲擊。在此期間，這座堡壘在整個戰役的戰略層面上，尤其是在即將展開的攻勢戰略中，發揮了正面而顯著的作用。

1941 年 10 月 25 日晚，澳洲兩黨急切期待的行動在極其危險的狀態下展開，承受了相當大的損失。我已將此消息電告柯廷先生。

首相致澳洲總理

1941 年 10 月 26 日

昨夜，我海軍艦隻在駛往托布魯克以運送最後一批澳洲軍隊共 1,200 人時，遭遇敵機空襲，我們的全新快速布雷艦「拉托娜」號被擊沉，驅逐艦「英雄」號也遭到損傷。上天保佑，你們的兵員並不在船上。我尚未得知我們的傷亡情況。據坎寧安海軍上將報告，在下一次（11 月）無月光的時期之前，無法撤出這 1,200 名兵員。已經竭盡全力來滿足你的願望。

首相致澳洲總理

1941 年 10 月 27 日

幸而英艦「拉托娜」號僅運送 38 名其他軍士前往托布魯克。其餘約 1,000 人則乘坐 3 艘隨行驅逐艦。從 19 時至 22 時 30 分，敵機低空轟炸約 15 次。傷亡統計為：「拉托娜」號上有 4 名海軍軍官失蹤、1 名受傷，船員中 25 人失蹤、17 人受傷。陸軍軍官 6 名失蹤；其他軍士中有 7 人失蹤，1 人受傷。英艦「英雄」號無傷亡。敵機空襲未在接替初期階段開始，這對我們來說相對幸運。

我在敘述此事時感到痛苦。然而，完全不提此事是不現實的。此外，澳洲民眾有權知曉曾經發生的事情以及其背後的原因。同時，澳洲各屆政府在當時沒有理由信任英國對戰事的指揮，尤其是在沙漠側翼被突破和希臘戰役中，其軍隊面臨的危險使他們倍感不安。另一方面，我們應深切銘記澳洲所展現的崇高情操 —— 正是這份信念，使他們毅然派出僅有的三個完整師，將國內成年男子中最優秀的精銳部隊投入中東戰場。此外，澳洲軍隊在中東作戰期間所展現出的英勇無畏與卓越表現，同樣值得我們由衷敬佩與永誌不忘。

與羅斯福的會談

關於敵人入侵不列顛的問題，此前已經多次探討。然而，1941 年 5 月，帝國總參謀長約翰·迪爾爵士以其無可置疑的權威性再次提出這個問題。他於 5 月 6 日遞交一份重要文件給我（如下），並將副本分發給他的海、空軍同事和伊斯梅將軍。若採納此建議，將意味著徹底回歸防禦立場。除了為中東或遠東征募士兵外，將無法再派出任何增援。我們將沒有任何部隊可以用於主動行動。事實上，我的中東裝甲部隊每月需要補充 50 輛坦克以勉強維持正常運作，因此奧金萊克將軍不僅無法進攻，甚至可能在力量上被敵人壓制。

中東對聯合王國安全的關係

1941 年 5 月 6 日

1. 入侵的威脅似乎暫時減少。然而，一旦德國的陸軍和空軍從巴爾幹戰場撤退，他們可以在 6 到 8 週內集結以進攻英國。隨著美國援助的與日俱增，敵人必定在耐心等待一個有利的時機，發動可能為他帶來勝利的戰役。

2. 德軍在地形迥異的巴爾幹和利比亞兩地取得的勝利，再次證明了在強大空軍支援下的裝甲部隊具有無可匹敵的威力。在這場戰爭中，這種協同作戰始終主導著各個戰場。防禦方面，由於無法準確預測敵方的進攻點，兵力必然被迫分散，而勝負的關鍵在於能否保持大量用於反擊的坦克、反坦克武器和飛機儲備。

3. 三軍參謀長在經過詳盡調查後，最新評估顯示，敵軍裝甲部隊可能對我本土發起的進攻規模為 6 個裝甲師，總計約 2, 400 輛坦克。我完全同意本土部隊總司令的看法，他認為，為了抵禦如此規模的進攻以確保大不列顛的安全，需動用 6 個裝甲師和 4 個陸軍坦克旅(即約需 2, 600 輛坦克)。建議在東部和東南地區各部署兩個裝甲師和兩個陸軍坦克旅，以有效反攻從東英吉利及肯特郡和蘇塞克斯郡海岸滲透的敵軍。其餘兩個裝甲師應作為預備力量，並指定其中一個師在北部待命。

接著，他描述了截至 1941 年 6 月國內裝甲部隊的編制情況，指出我們用於本土防衛的坦克總數約為 1,250 輛，其中包括 150 輛輕型坦克和 490 輛教練用坦克。在這些坦克中，有 360 輛可以在接到通知後 3 週內投入戰鬥。他詳細論述了對裝甲部隊進行特別訓練的必要性，並繼續說道：

6. 步兵部隊守護著我們防禦薄弱的綿延海岸線，部署在廣闊的陣地上，1 個師的防線延伸至 45 英里，因而難以控制深度。我們的海灘障礙物設計良好，但這些師的反坦克炮數量不到標準的一半，且缺乏反坦克地雷。德國裝甲部隊若使用特製登陸艇，必能成功登陸。皇家空軍任務繁重，且我們缺乏專門為陸軍密切配合而設計和訓練的空中力量。德國空軍勢必全力爭奪進軍途中的空中優勢。因此，地面防禦將主要依靠我們的裝甲部隊，實施強大而迅速的反擊。然而，考慮到訓練因素，我推估到 6 月，英國的裝甲力量將相當於 3 個滿編裝甲師，以此來對抗敵方的 6 個裝甲師。

7. 認為德國不具備制海權，假定我方空軍能夠在敵軍啟航前及登陸海灘時摧毀其遠征軍，或在空中消滅敵方掩護登陸的空軍，或認為如此規模的登陸在技術上無法克服，進而忽視敵軍裝甲部隊發動猛攻的可能性是危險的。在我方本土周圍海域集結足夠的海軍艦隻，需要 5 ～ 7 天的時間。我們的轟炸機無法有效應付超過 6 個的入侵港口，即便應付 6 個入侵港口，也需要良好的天氣條件。不能依賴空襲來挫敗敵軍的登陸行動，正如敵人透過空襲未能阻止我們在敦克爾克的撤退一樣。如果敵人不惜承受重大損失，我們的戰鬥機將無法完全抵禦敵人的轟炸機，而且，毫無疑問，德國的計畫中包含了在基地上空消滅我方戰鬥機的措施。至於登陸的技術困難，德國人多次證明他們在計畫制定和特殊裝備製造方面具有卓越的技能和周密性，並且他們已有足夠的時間進行妥善安排。補給問題可能不會如預期般嚴重消耗他們的資源。裝甲部隊在短期內所需的食物和汽油數量相對較少，而且敵人可以在當地找到足夠的物資。

8. 我們在挪威和比利時低估了德國的實力。最近在利比亞和巴爾幹發生的事件，再次教會我們了解到克服重大困難的能力限制。

9. 依我之見，失去埃及並不意味著災難的降臨，且若無激烈的戰鬥，我們不願輕易接受此種損失。然而，埃及的喪失並不會終結戰爭。只需一次成功的入侵，便可能導致我們最終的失敗。因此，至關重要的是聯合王國，而非埃及，因此聯合王國的防禦必須被優先考慮。在優先次序上，埃及也不能列為第二，因為作為最後的依託，新加坡的安全應優先於埃及的安全，這是我們戰略上的一個公認原則，然而新加坡的防務仍然遠未達到標準。

10. 當然，戰爭中需要承擔風險，但應是合理的風險。我們絕不能因削弱關鍵地點的安全性而犯錯。如有需要，我們必須在時機流失前減少派駐相對不重要地點的軍力損失。

11. 大不列顛的防務與愛爾蘭的防衛及大西洋各島的占領緊密相連。我堅信，即使我們在保衛大不列顛的安全上沒有超過極限，也已經達到了頂點。在接下來的 3 個月內，我認為不應再從本國冒險運出過多的坦克，應該將其數量限制在維持中東現有或正在運往中東的坦克後備數量以內。即便如此，按每月消耗 10%的速度計算，每月仍需運出大約 50 輛坦克。

我對收到這份文件時感到驚訝，一週後以略帶爭論的語氣作出如下回覆：

首相致帝國總參謀長

1941 年 5 月 13 日

1. 在您於 5 月 6 日提交的文件中，有許多部分我表示贊同，但也有一些論點讓我難以信服。我完全同意，在第八點中，您提到我們的軍事顧問低估了德國在挪威、比利時和利比亞的力量，尤其是在比利時的情況最為明顯。然而，我從未聽過任何英國軍人指出馬奇諾防線支線的脆弱性，或是反對英國占領比利時。我提到這一點，僅僅是為了說明，即便是最有經驗的軍事專家的意見，有時在戰爭的多變中也可能出現錯誤。

2. ……我推測，你寧願失去埃及和尼羅河流域，寧願我們駐紮在那裡的 50 萬大軍投降或被殲滅，也不願失去新加坡。而我並不同意這種觀點，我也不認為我們會失去新加坡。新加坡的防禦所需的軍隊，只是尼羅河流域抵禦德、義軍隊所需部隊的一小部分。我曾向你闡述過部署新加坡防務的政治理由。即是說，如果日本參戰，美國極有可能站在我們這邊。而且，無論如何，日本也不太可能一開始就圍攻新加坡，因為與其將巡洋艦與戰鬥巡洋艦分布在東方貿易線上相比，圍攻新加坡對他們更危險，對我們造成的危害則較小。

當然，那時，日本人在中南半島尚未站穩腳跟。

3. 我不確定德國在巴爾幹地區的行動能否作為「他們克服巨大困難能力」的範例。作為一種歷史觀點的表達，我的看法正好相反。德國人在未遭遇任何抵抗的情況下集結了大軍，並在南斯拉夫尚未動員且被其戰前政府出賣時發起攻擊。當時希臘的軍隊幾乎被義大利軍隊消滅，希臘被義大利占領，因此我們實際上是在單獨抵抗他們壓倒性的進攻，當時我們的裝甲車輛只有他們的五分之一，幾乎沒有空軍。即便德國享有這些輕而易舉的優勢，卻未能有效阻止我軍巧妙撤退並重新登船，這個事實增強了我的信心，而非引發恐懼。

4. 第10點中提到的至理名言，其適用性完全取決於具體情勢。然而，我期望最後一句話與埃及當前的局勢毫無關聯。

我所接觸的諸多政府，若聽聞來自最高軍事權威的如此嚴厲斷言，往往會感到沮喪。然而，我毫不費力地說服了我的政治同僚，當然，這也得益於海軍和空軍首長們的支持。因此，我的觀點占據了上風，中東的增援並未削減，持續不斷地運送。讀者可以看到，我甚至認為無需重複那些反駁德國成功入侵不列顛可能性的論據。約翰·迪爾爵士本人必然意識到輿論與他的看法相左，因此在發出警告後便不再提及此事。

然而，兩個月後，從另一個角度重新探討了這個議題。7月中旬，哈里·霍普金斯再次作為總統的特使來到英國。他首先詢問的就是希特勒入侵俄國所帶來的新局勢，以及這個局勢對我們依賴租借法案從美國獲取物資的影響。其次，一位美國將軍在便利條件下進行視察後，提交了一份報告，質疑我們抵禦入侵的能力，這讓總統感到憂慮。因此，正如前文提到的，總統對我們是否明智地保衛埃及和中東的疑慮加深。我們是否會因為試圖承擔過多而失去一切呢？最後，便是安排我與羅斯福在不久的將來於某地會面的事宜。

這一次，霍普金斯不再是孤身一人。多位美國陸軍和海軍的高級軍官駐紮於倫敦，表面上與租借法案有關，尤其是海軍上將戈姆利，他參與了我們的海軍部日常事務，共同探討大西洋的作戰戰略以及美國在此問題上所承擔的責任。7月24日，我在唐寧街10號與霍普金斯一行人及三軍參謀長召開了一次會議。與霍普金斯一同出席的，除了海軍上將戈姆利，還有被稱為「特別觀察員」的陸軍少將錢尼和美國大使館的陸軍武官李准將。艾夫里爾·哈里曼剛從埃及之行返回，在他逗留埃及時，我曾指示他參觀我們所有的軍事設施。此時，他也隨霍普金斯出席了會議。

霍普金斯表示，在美國擔任重要職務並制定國防政策的人士認為，中東對於大英帝國而言是一個難以防守的據點，而為了維持這個據點，英國正在付出巨大的代價。在他們看來，大西洋戰役是決定戰爭勝負的關鍵戰鬥，因此應將所有力量集中於此。他提到，總統較傾向於支持中東的軍事行動，因為他認為敵人所在之處即為戰鬥之地。錢尼將軍將大英帝國的 4 個問題按以下順序排列：聯合王國及大西洋航線的防衛；新加坡及通往澳洲和紐西蘭航線的防衛；一般海洋航線的防衛；最後是中東的防衛。這些問題都很重要，但他按照這個順序排列。李將軍贊同錢尼將軍的看法。戈姆利上將指出，如果美國軍火大量運往中東，他擔心中東運輸線的安全。這難道不會削弱大西洋的戰鬥嗎？

接著，我邀請英國三軍參謀長分享他們的見解。第一海務大臣詳細說明了為何他認為今年比去年更有信心能殲滅入侵敵軍。空軍參謀長指出，與去年 9 月相比，皇家空軍在對抗德國空軍方面顯著增強，並提到我們摧毀敵軍出發港口的能力最近有所提升。帝國總參謀長同樣自信地表示，現在的英國陸軍較去年 9 月間強大得多。我接下來解釋了從克里特島的經驗中學到的教訓後，為保衛機場所採取的特殊措施。我邀請我們的客人參觀他們感興趣的任何機場。「敵人可能使用毒氣，但這將對他們不利，因為我們已準備好立即進行報復，他們在海岸建立的任何據點都將成為我們的目標。毒氣戰也會蔓延到敵國。」隨後，我請迪爾談論中東問題。他對 5 月撰寫的文件所述與此無異，並有力地陳述了我們必須留在那裡的幾個原因。

在討論結束時，我感覺到，我們的美國朋友在聽取我們的講解後已經信服，並對我們之間的團結一致留下了深刻的印象。

即便如此，若日本對我們發動戰爭，我們在本國防務上的信心卻無法延伸至遠東地區。約翰．迪爾爵士對此類令人憂慮的情況也感到不安。我仍然認為，在迪爾心中，新加坡的地位比開羅更為重要。這確實是一個令人痛苦的抉擇，猶如在兒子與女兒的生死之間作出選擇。就我個人而言，我不認為，馬來亞發生的不幸所帶來的損失，能夠比得上失去埃及、蘇伊士運河及中東的五分之一。我無法接受放棄為埃及而戰的念頭，因此決心寧願在馬來亞付出任何必要的代價。我的同僚們也持有類似的觀點。

我認為在遠東重新派駐國務大臣是必要的。駐遠東的國務大臣將與戰時內閣保持密切聯繫，這可以減輕各總司令和當地總督的部分責任，並幫助我們解決迅速累積的嚴峻政治問題。我有一位朋友和同事，達夫·庫珀先生，當時擔任新聞大臣。他從其核心位置了解整體局勢。他堅定的性格使他在 1938 年慕尼黑協定後辭去海軍大臣職務。他不僅口才出眾，而且文采斐然。此外，他在 1914 至 1918 年的戰爭中擔任近衛步兵第一團軍官，具有軍事經驗。這些因素使他具備了最恰當的資格。1941 年 7 月 21 日，他被任命為蘭卡斯特公爵郡大臣，由布倫丹·布雷肯先生接替他的新聞大臣職務。8 月初，他與夫人黛安娜同行，經由美國前往遠東。直到 10 月底，他才從新加坡返回後提交報告。

數個月以來，英、美兩國政府在緊密合作下應付日本。1941 年 7 月底，日本完成了對中南半島的軍事占領。由於這明目張膽的侵略行為，他們的軍隊已處於可進攻英屬馬來亞、美屬菲律賓及印尼群島的態勢。7 月 24 日，總統要求日本政府，作為全面解決的前奏，應使中南半島中立化，並撤回其軍隊。為增強這些建議的力度，頒布了凍結所有日本在美國資產的行政命令，使一切貿易陷入停滯。英國政府同時採取行動，兩天後，荷蘭政府也跟進。荷蘭的附和意味著立即剝奪了日本重要的石油供應。

7 月下旬的某個午後，哈里·霍普金斯步入唐寧街的花園，我們在陽光下並肩而坐。他開門見山地表示，總統非常願意在一個偏僻的港灣與我會面。我立刻回應道，我確信內閣會批准我請假。於是，很快就敲定了一切。會面地點選在紐芬蘭的普拉森夏灣，日期定於 8 月 9 日。隨後，命令我們的最新戰鬥艦「威爾士親王」號做好出發準備，我迫切希望能與羅斯福先生見面。至今，我與他透過信件日益緊密地交流已經將近兩年。而我們之間的會談，將向世界表明：英、美兩國的團結愈加密切，這將令我們的敵人感到憂慮，促使日本審慎思考，並令我們倍感振奮。關於美國參與大西洋事務、對俄國的援助、我們本身的供應問題，尤其是日本日益增加的威脅，都有許多問題急待解決。

前海軍人員致羅斯福總統

1941 年 7 月 25 日

內閣已批准我的休假。我計劃在 8 月 4 日出發，若對你適宜，大約在 8 日、9 日或 10 日與你會面。具體的祕密會晤地點稍後再確定。海軍部將透過常規管道告知詳情。我將與第一海務大臣龐德海軍上將、帝國總參謀長迪爾以及空軍副參謀長弗里曼同行。我對這次有望為未來帶來益處的會談充滿期待。

我告訴伊斯梅：「你和波特爾必須留下來，以便管理事務。」

同行的還有：外交部的亞歷山大．卡多根爵士，國防部的徹韋爾勛爵、霍利斯上校和雅各布上校，以及我的私人幕僚。此外，技術、行政和計劃部門的多名高級官員也將隨行。總統表示，他將與美國三軍首長及國務院的薩姆納．韋爾斯一同出席。由於當時北大西洋有大量德國潛艇，保密工作至關重要。為確保祕密，總統假借休假巡遊為掩護，在海上轉乘「奧古斯塔」號巡洋艦，將遊艇留作迷惑之用。儘管哈里．霍普金斯健康狀況不佳，但羅斯福批准他經由挪威、瑞典和芬蘭，飛越一段既疲憊又危險的漫長航程前往莫斯科，以便直接從史達林處獲取最詳細的蘇聯局勢與需要資訊。他將在斯卡帕灣登上「威爾士親王」號。

在首相郊區住所附近，我登上了一列長長的特級班車，這列車載著我們一行人，包括一大批譯電人員。我們在斯卡帕灣從 1 艘驅逐艦登上了

「威爾士親王」號戰艦。

8月4日黃昏，「威爾士親王」號與護航的幾艘驅逐艦駛入遼闊的大西洋。我注意到，哈里·霍普金斯經過長途飛行和莫斯科艱難的會議後，顯得異常疲憊。實際上，他在兩天前抵達斯卡帕時，精神狀態非常萎靡，以至於龐德海軍上將立即安排他臥床休息。儘管如此，他依舊如常地保持愉快，在航程中逐漸恢復體力，並與我分享了他在莫斯科的全部經歷。

前海軍人員致羅斯福總統

1941年8月4日至5日

哈里從俄羅斯歸來時疲憊不堪，但如今已恢復了活力。我們會在途中幫助他恢復健康。我們剛剛出發。德國人在27年前的今天挑起了上次大戰。這次我們必須認真對待。兩次大戰已是極限。我對我們的會面充滿期待。向你致以最誠摯的問候。

位於螺旋槳上方的那些寬敞艙房，在船停泊港內時最為舒適，然而在海上遇到波濤洶湧時，由於搖晃使人難以安身。因此，我遷移到艦橋上艦隊司令的艙房，在那裡工作和休息。我非常喜歡我們的艦長利希，他英俊可愛，具備英國水手應有的一切品格。唉！不到4個月，他和他的許多同伴便隨那艘極好的戰艦沉沒於波濤之下。次日，海上風浪如此之大，我們不得不減速，否則就得丟下護航的驅逐艦。隨後，第一海務大臣龐德海軍上將作出了決定。從此，我們便以高速度單獨航行。報告稱發現幾艘德國潛艇，因此我們曲折前進，大幅迂迴以避開它們。艦上嚴禁發出無線電波。我們可接收電報，但在一段時間內只能偶爾交談。我的日常工作因此暫停，感到一種自戰爭以來未曾有過的生疏空閒。許多個月來，我首次能看一本休閒書。駐開羅國務大臣奧利弗·利特爾頓曾贈我一本《皇家海軍霍恩布洛爾上校》，我發現這本書非常有趣。我趁機電告他說：「我發現霍恩布洛爾好得很。」這件小事竟在中東司令部引發不安，那裡的人以為

「霍恩布洛爾」是他們未獲知的某項特殊軍事行動的暗號。

由於海面波濤洶湧，後甲板無法使用，但我每天數次穿梭於各個艙房，並攀爬通往艦橋的扶梯，藉此獲得足夠的鍛鍊。晚上，我們享有一個高級電影院，專為我們和不當值的軍官放映最新的優秀電影。卡多根在日記中寫道：「晚餐後，觀看《忠魂鵑血離恨天》。非常好。首相看過 5 次，仍深受感動。放映結束後，他對大家說：『諸位，這部電影的內容很像你們親身經歷的那些大事，所以我想，它會使你們感興趣的。』」這次航行是一段愉快的插曲。

當我在艦橋上的那間雖小但舒適的艙房及床鋪上躺著時，我回顧了所有關於春季戰事的報告，思考著沙漠地區未來的戰鬥。在沉思中，我起草了一份致三軍參謀長的備忘錄，其中我非常滿意的首句是：「在這場戰爭中，首先奪回被重型裝甲坦克搶去的大炮在戰場上勇往直前的指揮官將享有盛名。」這句話將在本卷的相關部分出現。

在我離職的時段，代任首相職務的艾德禮先生對我的安全表示關切。他擔憂若有任何風聲走漏，敵方可能會派遣「提爾皮茨」號戰艦追擊「威爾士親王」號。

首相致掌璽大臣

1941 年 8 月 6 日

我認為，消息洩漏的風險不大。如果有人在下議院直接詢問，應該建議提問者避免提出該問題。但若對方堅持，可以答覆：「我不負責回應謠言。」至於「提爾皮茨」號的問題，可能就沒那麼幸運。我相信，羅斯福在我們返航時會考慮我們的安全。我們現在已經有了新的驅逐艦護航。

啟程之前，我思忖，最好讓比弗布魯克勛爵負責處理關於向俄國提供美國物資的整體事宜。我擔心我們可能會失去那些我們急切盼望且急需的物資。因此，出發時留下了以下指示：

首相致函愛德華·布里奇斯爵士、伊斯梅將軍及機要室

1941 年 8 月 3 日

大約在 10 日，或前後幾日，一架可能搭載比弗布魯克勛爵的飛機將從倫敦起飛。這架飛機除了運送信件和緊急公文外，還將攜帶外交部各類重要電報，這些電報可能已被譯釋。必須安排熟練的人員進行篩選，並將電報裝入一個沉重的箱子，以確保在飛機發生意外時能沉入海中。

這件事務務必完成。

在海上之際，我傳送了如下電報：

首相致比弗布魯克勛爵

1941 年 8 月 7 日

若你願意前來，我將非常歡迎。請計劃在 11 日下午或 12 日上午抵達，但請避免不必要的風險。或許，你可以在美國多停留一段時間。

8 月 9 日（星期六）上午 9 點，我們抵達了位於紐芬蘭普拉森夏灣的會面地點。

首相呈國王陛下

1941 年 8 月 9 日

為履行我的職責，我已安全抵達，計劃於今日上午拜會總統。

在海軍例行敬禮之後，我登上「奧古斯塔」號軍艦向羅斯福總統致意。總統以隆重的禮儀迎接我。在兩國國歌奏響時，他由兒子埃利奧特攙扶站立，隨後對我致以熱情的歡迎詞。我將國王的信交給他，並介紹了我們一行人員。接著，總統和我、薩姆納·韋爾斯與亞歷山大·卡多根爵士，以及雙方的參謀人員之間開始了會談。在我們逗留的幾天內，這些會談幾乎是不斷進行的，有時是私人談話，有時是較大規模的會議。

在 8 月 10 日星期日的清晨，羅斯福先生與他的隨從以及數百名美國

海軍和海軍陸戰隊的官兵代表登上「威爾士親王」號，在後甲板上參加禮拜儀式。我們都感受到，這是兩國人民信仰一致的感人展現。參與者無不銘記那個陽光明媚的早晨，那擁擠的後甲板上呈現的景象——講壇上懸掛著英、美兩國的國旗；美、英牧師共同誦讀祈禱文；兩國最高級的海、陸、空軍軍官們聚集在總統和我身後；英、美水兵混合在一起，共用一本《聖經》，熱情參與雙方都熟悉的祈禱與唱詩。

我親自挑選了兩首讚美詩——〈海上遇險歌〉和〈基督徒進軍歌〉。我們以〈上帝是我們千古的保障〉結束，這首詩使我們回憶起麥考利的作品，鐵騎軍曾在約翰·漢普頓下葬時吟唱它。每個字都彷彿在心中震顫。這是生命中的壯麗時刻。在場的唱詩者中，大約有一半不久將戰死。

大西洋憲章的簽立

在我們首次會談中，羅斯福總統對我表示，他相信最好起草一份聯合宣告，概述若干廣泛原則，以指導我們的政策朝同一方向發展。我非常願意接受這個極具價值的建議，因此在次日（8 月 10 日）提交給他一份初步宣告草案，內容如下：

英、美兩國關於原則的聯合宣言

美國總統與代表聯合王國國王陛下政府的首相邱吉爾先生進行會晤，目的在尋求並商定對策，以保障各自國家免受納粹和德國侵略，並解除因德國侵略而導致的全球危機。他們認為，應公開某些雙方接受的原則，作為政策制定的指引，並據此希望世界能夠擁有更光明的未來。

首先，他們的國家並不追求領土或其他形式的擴張。

其次，兩國反對任何不符合民族自由意願的領土變更。

第三，兩國尊重各國人民選擇其政府形式的權利。它們只關注言論和思想自由的保障，因為沒有這些權利，所謂的選擇將毫無意義。

第四，兩國將致力於確保重要產品的公平合理分配，這不僅限於各自國境內，還涵蓋全球各國之間。

第五，兩國追求和平。這種和平不僅目的在徹底消除納粹暴政，還要透過有效的國際組織，確保所有國家和民族能夠在其疆域內讓人民安居樂業，渡海時無須擔心非法襲擊，也無需負擔沉重的軍事裝備。

鑑於關於我對「舊世界」反動觀點的傳言，以及總統因此據稱感受到的困擾，我願意記錄下後來被稱為「大西洋憲章」的文件的初稿，其核心內容和精神來源於英國方面，由我親自執筆。

8 月 11 日無疑會是一個繁忙的工作日。

首相致海軍部

1941 年 8 月 11 日

在接下來的 24 小時內，務必盡可能翻譯從此地發送的電報。

早晨會晤時，總統遞給我一份修訂稿，作為討論的基礎。唯一與我初稿顯著不同的是第四點（關於貨物產品獲取問題）。總統希望加入「不加歧視，並在平等條件下」字樣。此外，總統還提出了另外兩點：

第六，兩國追求在公共海域確保全球的和平。

第七，兩國堅信，全球所有國家必須秉持放棄武力的原則。因為，若那些在境外威脅或可能威脅動用武力的國家繼續使用陸、海、空軍，將無法維持未來的和平。兩國認為，這類國家解除武裝至關重要。兩國將進一步採取切實可行的措施，以減輕熱愛和平的各國人民在軍備上的沉重負擔。

在我們討論該文件之前，總統指出，他的意圖是在華盛頓和倫敦同時（可能在 8 月 14 日）發布一份簡短宣告。宣告將包括以下要點：總統和首相曾在海上舉行會晤；他們各自的幕僚也參與了會議；他們的幕僚討論了依據租借法案援助各民主國家的問題；關於海軍和陸軍的討論，沒有在美國國會授權範圍之外承擔任何未來的義務。宣告將繼續指出，首相和總統曾就某些世界文明原則進行討論，並同意就這些原則發布宣告。我建議，不必在宣告中強調沒有承擔義務的內容，這可能被德國利用，並使中立國和戰敗國士氣低落。我們也不願聽到這句話。因此，我希望總統將宣告的內容僅限於援助民主國家的積極方面，尤其是因為他提到租借法案已經使立場穩固。總統採納了這個建議。

接下來便是對宣言修正稿進行詳盡討論。雙方對幾個小改動達成一致意見。主要的難點在於第四和第七點，尤其是第四點。對此，我立即指出，「不加歧視」這幾個字可能被操作成批評渥太華協定的理由，因此我難以接受。這份宣言的文字必須提交本國政府，而且，若要保持目前的措辭，就必須提交各自治領政府。我難以期望它會被接受。薩姆納·韋爾斯先生表示，這正是問題的核心，而且，這一段反映了美國國務院過去 9 年來努力實現的理想。我不得不提到英國 80 年來面對不斷增加的美國關稅而堅持自由貿易的經驗。我們曾允許所有殖民地盡量輸入外國商品，甚至大不列顛周圍的沿海貿易也向全球商業競爭開放。而我們得到的回報就是美國不斷實施的保護政策。聽到這些話後，韋爾斯先生似乎有些驚慌不安。我隨後說，如果可以插入「在適當考慮兩國現有義務的條件下」，刪除「不加歧視」，並用「貿易」代替「市場」，那麼，我當可將宣言文字提交英王陛下政府，並對其接受抱有幾分希望。總統顯然受到觸動，沒有再堅持己見。

關於第七點的那些概念，我提到，儘管我同意這個宣言文字，英國輿論可能會因宣言沒有表明建立一個國際組織以維持戰後和平的意圖而感到失望。我承諾盡力尋求一個合適的修正方案，並在當天稍晚時向總統建議在第二句中加入「在建立一個更廣泛、更持久的普遍安全制度以前」這一段話。

雙方海軍和陸軍的指揮官們頻繁會晤，廣泛達成共識。我曾向總統簡要提及德國可能入侵伊比利半島的威脅，並解釋我們為因應此行動而計劃占領加那利群島的「香客」作戰計畫。隨後，我將討論概要電告艾登先生。

首相致外交部

1941 年 8 月 11 日

1. 總統曾收到薩拉查博士的一封信。信中指出，若德國入侵葡萄牙，他期望將亞速群島作為他及該國政府的避難所。並表示，由於他的國家與英國有著長期的聯盟關係，他希望在被迫留在亞速群島期間獲得英國的保護。

2. 然而，若因其他地區事務的繁忙導致英國無暇顧及，他樂於接受美國的援助以替代英國的保護。總統對此請求表示樂意接受，並希望在預期狀況發生時，英國能向薩拉查博士發出責任轉移的通知。該安排同樣適用於維德角群島。

3. 我向總統陳述了我們計劃執行一個名為「香客」的作戰方案。我們可能需要在德國入侵伊比利半島之前就採取措施。我強調，儘管「香客」作戰方案未必會引發該半島的危機，但這種可能性相當高；並詢問我們為實施此計畫所做的準備是否會妨礙他承擔第一點宣言中提到的責任。他答道，既然「香客」作戰方案不涉及葡萄牙，他的行動就不會受到影響。

4. 總統認為，倘若葡萄牙的島嶼面臨威脅，他會有充分理由採取行動。因此，我們達成了一致意見，認為若實施「香客」作戰計畫，那些島嶼勢必面臨風險，因為德國人可能會在那些地方優先對我們採取先發制人的行動。

5. 在此情形下，他依舊願意支援葡萄牙在大西洋的島嶼，並維持一支為此目的而設的強大軍隊。

我已將上述內容呈交總統，他認為這是對事實的準確陳述。

同日，我們的話題轉到了遠東。1941 年 7 月 26 日美國對日本實施的經濟制裁曾令東京震驚。恐怕我們之中沒有人真正意識到這種制裁的強大威力。近衛公爵迅速尋求重啟外交談判。因此，日本駐華盛頓特使野村海軍大將於 8 月 6 日將關於全面解決爭端的建議提交給國務院。日本承諾不再向東南亞擴張，並表示將在「中國事件」（他們如此稱呼與中國的 6 年戰爭）結束後從中南半島撤軍。作為交換，美國應恢復與日本的貿易關係，並幫助日本從西南太平洋獲取所需原料。顯然，這是一項措辭巧妙的建議，使日本能夠立即獲得一切可能的便利，而不對未來做出任何承諾。無疑，這是近衛從日本內閣中能提出的最佳方案。在「奧古斯塔」號艦上的會議桌旁，沒有必要對已經足夠清晰的問題進行爭論。我在會中發給艾登先生的電報，足以說明此事。

首相致外交大臣

1941 年 8 月 11 日

以下是關於日本局勢的情況：

1. 總統此前曾向日本提出建議，主張在美國、日本、英國、中國及其他國家的聯合保障下，使中南半島和泰國維持中立。日本的回應（在處理完更緊急的電報後將立即全文電傳）同意不侵犯泰國並從中南半島撤軍的原則，但同時提出了一些根本無法接受的條件。例如，要求在「中國事件」解決後才從中南半島撤軍，這意味著撤軍要等到蔣介石被處死後才能進行，並進一步要求承認日本在這些地區的優勢地位，還要求美國停止在這些地區的任何軍事準備，並尋求取消經濟制裁。

2. 總統的構想是透過談判這些難以接受的條件來爭取時間，例如，延遲 30 天，在這段時間內我們可以改善在新加坡的態勢，使日本不得不按兵不動。然而，他將向日本提出這樣的條件：在談判期間停止侵略行動，不將中南半島作為進攻中國的基地。他也將暫時停止針對日本的那些經濟制裁。這些談判似乎不太可能成功，但總統認為，爭取到一個月的時間是極其珍貴的。我當然指出，日本可能會欺騙他，嘗試進攻中國，或切斷中緬交通線。然而，你可以這樣來看待這個問題：他們認為應當從這些方面展開談判，鑑於美國和日本之間的歷史情況，接受這個事實是必要的。

3. 在這些談判過程中，總統將再次提議使泰國和中南半島保持中立。

4. 總統正在進行為期約一週的海上巡遊，返回後，他計劃向日本大使遞交一份正式照會。在這份照會的結尾，他將加入我所撰寫的文字：

「若日本在西南太平洋地區繼續擴張，美國政府將被迫採取反制行動，即便此舉可能導致美、日兩國之間的戰爭，也在所不惜。」

他還補充了一些內容，表示蘇聯顯然是美國的友好國家，美國政府同樣關注西北太平洋地區的衝突。

我認為這完全是件好事，我們應該馬上加入，並設法讓荷蘭人全力參與其中，因為日本人若不是拒絕總統的條件（即繼續經濟制裁，日本不採取行動，不侵入泰國），就是會持續進行軍事行動，同時在外交上對美國虛與委蛇。

5. 在這種情形下，前述第四點中提到的最後一段所列條件將顯得尤為重要，而類似的宣告也將取得顯著效果。同時，這件事應隨時告知蘇聯政府。儘管向他們透露我們為中國人所做的事情可能存在風險，但我們可以用模糊的語言確保所有措施都已經考慮到他們的安全。

6. 基於上述理由，我相信我們應當支持已經提出的行動計畫，並告知各自治領，這代表著以聯合力量在遏制日本侵略方面邁出了一大步。

我已經透過電報向艾德禮先生傳達了會談中所有主要問題的詳細概要。

首相致掌璽大臣

1941 年 8 月 11 日

關於海軍第四點計畫，即美國海軍對美洲與冰島之間大西洋海域的接管，現已圓滿解決。

其次，總統計劃採取與「香客」作戰計畫協同或相輔相成的行動，這對我們將有極大助益。

第三，他計劃透過延遲時間（例如一個月）來與日本展開談判。在此期間，日本不會在中南半島採取進一步的軍事行動，也不會侵犯泰國。他已經同意以我起草的一份非常嚴厲的警告作為他的照會內文結尾……

第四，總統計劃在全面公開會議內容時（可能在 14 日或 15 日），發布一份由他和我（代表英王陛下政府）共同簽署的聯合宣告，以利用這個有利時機闡述激勵美國和英國的那些廣泛原則。我隨電附上他起草的宣告稿。你會發現，起草此類宣告時總會遇到一些不可避免的困難。第四點顯然需要修改，以確保我們履行在渥太華所承擔的義務，而不損害帝國特惠權的未來。待戰後經濟全面解決並全球大幅降低關稅及消除貿易壁壘時，這一點可以著手解決。但目前我們無法解決。為了迅速達成一致，我確信他會接受我們的修改意見。

第七點的重要性顯而易見。總統顯然計劃解除敵對國的武裝，並在一個不確定的時間段內保持英、美聯合的強大海、空軍力量。

鑑於我們對國際聯盟及其他國際組織的看法，我建議在「必須」一詞後進行如下修改：「在建立更廣泛和持久的普遍安全體系之前。」

儘管他可能不太樂意這種修改，但由於他對聯合宣言極為看重，並且確信這將左右美國輿論的整體趨勢，所以我認為他會予以贊同。

從我們的角度看，提出不必要的反對意見是相當草率的行為。我們應將這份宣言視為暫時性和部分地表達戰爭目標的文件，目的是讓所有國家了解我們正義的意圖，而非展示我們在勝利後應該建立的完善機構。

你應召集所有戰時內閣成員，以及任何你認為需要參加的人士，今晚召開會議，並請立即將你們的看法告知我。同時，有關其他事項的詳情和卡多根的會談報告將立刻透過電報傳達。我擔心，如果無法發布聯合宣告，總統將非常憤怒，我們的重要利益可能因此受到影響。

原本我計劃於 12 日下午離開此地，然而目前我們雙方都需將離開時間延後一天。

下午兩點左右，我才完成了這些電報的口述。在接下來的12小時內，我將會收到戰時內閣發來極具幫助的回覆電報，這將是所有相關人員努力的結果。我後來得知，我的電報直到午夜之後才發往倫敦，許多大臣已然入睡。即便如此，次日凌晨1點45分，戰時內閣會議仍然召開，所有成員都出席了，包括當時在英國的紐西蘭總理彼得．弗雷澤先生。經過充分討論，他們在凌晨4點剛過時拍發了一封電報給我，表示歡迎這項提議，並對第四點（關於在世界貿易中不加歧視）提出了另一種說法，同時插入了一段關於社會安全的問題。當時，我已經獲悉總統接受了我在8月11日向他建議的所有修正詞句。

8月12日中午左右，我前往拜訪總統，目的是與他就宣言的最終形式達成一致。我向總統提出了內閣對第四點的修正意見，但他更願意保留已同意的措詞，對此我沒有再堅持。他愉快地同意加入內閣希望增加的關於社會安全的段落。雙方同意對多處詞句進行了修改，宣言因此定稿。

美國總統和英國首相的聯合宣言

1941年8月12日

美國總統羅斯福與代表聯合王國國王陛下政府的首相邱吉爾先生已進行會晤，認同須公開部分兩國政策的共同原則，他們期望以此為基礎改善全球未來。

首先，他們的國家並不追求領土或其他形式的擴張。

其次，兩國反對任何不符合相關民族自由意願的領土變更。

第三，兩國尊重各國人民選擇其統治形式的權利；兩國主張任何被強制剝奪主權和自治權的民族應恢復這些權利。

第四，在考慮到其當前義務的情況下，兩國努力確保所有國家，無論大小、強弱，在平等條件下進行貿易，並在全世界之內獲取其經濟繁榮所需的原材料。

第五，兩國希望在經濟領域中促進各國間的全面合作，目的在提升各國的勞動標準、促進經濟成長以及實現社會安全。

第六，在徹底消滅納粹暴政之後，兩國期待建立一種和平，使各民族能夠在本身疆域內安居樂業，並確保各地居民享有無懼無憂的生活。

第七，這種和平應確保所有人在國際海域上自由航行而不受阻礙。

第八，雙方深信，全球所有國家出於實質和精神的緣由，必須放棄武力的使用。若有國家在其邊界之外實施或可能實施侵略威脅，並繼續維持陸、海、空軍事力量，則難以維持長久的和平。雙方認為，在建立更廣泛和持久的普遍安全體系之前，需解除此類國家的武裝。雙方還將支持並倡導一切其他切實可行的方法，以減輕熱愛和平的各國人民在軍備方面的沉重負擔。

此後，我才接到內閣於 8 月 12 日上午再次開會結果的電報。電報中解釋了內閣對第四點問題的疑慮原因。然而，我認為，最終稿中「在適當照顧到它們現有義務的條件下」這句話實際上限制了整個段落，已足夠維護我們的立場。

這份聯合宣言的重要性及其深遠影響毋庸置疑。儘管美國在名義上保持中立，但與交戰國共同發表如此宣告，本身已是非同尋常。宣言中提及「最終摧毀納粹暴政以後」的措辭（取自我原稿中的一句），此等言辭在和平時期無異於戰爭挑釁。最後一點的現實意義不容忽視，其明確宣示戰後美國將與我們攜手合作以維護全球秩序，直至建立更優良的局面。

總統與我個人計劃共同簽署一封致史達林的電報。

1941 年 8 月 12 日

哈里・霍普金斯從莫斯科返回後提交了一份報告，我們藉此機會商討在你們英勇抵抗納粹進攻時，我們兩國如何能以最有效的方式援助你們。

當前，我們正緊密合作，盡可能提供你們急需的物資。已有多艘船隻裝載物資離開我們的海岸，近期將有更多貨船出發。

此刻，我們需要制定一項長期的政策，因為在徹底勝利之前，我們依然要經歷一段漫長且艱辛的旅程。若無法實現全面勝利，我們的付出與犧牲將毫無意義。

戰爭在多個戰線上展開，並且在戰爭結束之前，可能會出現更多戰線。儘管我們的資源豐厚，但畢竟有限，因此必然面臨這樣的問題：在哪個時間和地點才能最有效地利用這些資源，以實現我們共同努力的最大效果。這同樣適用於軍事產品和原材料。

你們的武裝力量和我們武裝力量的各種需求，只有在充分理解我們在決策過程中必須考慮的因素後，才能做出決定。為了便於迅速確定我們共同資源的分配，我們建議籌備在莫斯科召開一次會議。我們將派遣高級代表參加，以便直接與您討論這些問題。如果您同意召開此會議，我們希望告知您，在會議做出決定之前，我們將繼續盡快運送軍需物資和原材料。

我們深刻理解，蘇聯在抵抗中的英勇果敢，對於戰勝希特勒主義的重要性。因此，我們認為，在任何情況下，我們必須迅速採取行動，立即制定未來分配我們共同資源的計畫。

比弗布魯克勛爵渴望收到我在出國期間發出的邀請。同時，我也需要帕維斯先生，他無論如何都要回到華盛頓。我認為，比弗布魯克和帕維斯（在很多方面代表加拿大）的聯手會提供一個絕佳的機會，以因應我們與蘇俄共享物資的艱難決策，這是必須執行且不可避免的。我還希望比弗布魯克能推動並擴大美國的整體生產能力。在等待他們的到來期間，我準備了一份備忘錄。比弗布魯克和帕維斯相隔幾小時從普雷斯特威克乘坐兩架不同的飛機出發。兩人乘坐哪架飛機的機會相同。比弗布魯克安全抵達紐芬蘭機場，並在 8 月 12 日早上乘坐火車長途旅程後與我會面。帕維斯和機上其他所有乘客則遭遇不幸，飛機起飛後不久便撞上了一座不高的山，全員遇難。帕維斯的去世是巨大的損失，因為他掌握著許多關於英國、美國和加拿大的關鍵消息，並且在多方的協調合作中，他一直是出謀劃策的人。馬克斯到達後，我告訴了他這個驚人的消息。他沉默了片刻，沒有說什麼。這是戰爭時期啊。

下列電報概述了我們最近一次會議的結論：

首相致掌璽大臣

1941 年 8 月 12 日

1. 內閣的覆電來得異常迅速，請代為轉達謝意。我曾向總統提交你們重新擬定的第四條，但他更願意保持已經同意的措辭。我個人也未察覺兩者之間有實質性差異。「考慮到現有義務」這句話確保了我們與自治領的關係。我們不認為廉價勞工的競爭會構成障礙，因為在找到更佳解決方案之前，各國都保留按其認為合適的方式維持或徵收關稅的權利。

2. 總統誠摯地接受了你們新增的第五點，不過，你會注意到，「匱乏」一詞仍舊按照總統原本的意圖放在第六點的結尾。此外，還加入了一些少量的潤飾文字和無關的詞句。

3. 我們曾特別強調總統在致日本照會中警告的關鍵之處。人們一直擔心，國務院可能會降低照會的語氣，然而總統已經明確承諾使用強硬的措辭。

4. 由於俄國以受歡迎的身分加入到「飢餓者的餐桌」，由於我們和美國的軍隊都需要進行大規模的補充計畫，調整和擴大美國的生產計畫變得刻不容緩。總統計劃不久後請求國會通過一項 50 億美元的租借法案。總統歡迎比弗布魯克前往華盛頓，並且，我堅信，這是一項必要的實際措施。請你也查閱羅斯福與邱吉爾聯名致親愛的老約的電報。我相信，他們將派遣哈里曼作為代表，因此我建議比弗布魯克代表我們前往莫斯科或俄國政府所在地的任何地方。我們不希望俄國的會議在9月下半月之前召開，因為我們希望屆時能夠了解冬季俄國的前線位置。

5. 他們將再交付我們15萬支步槍，我也請求增加重型轟炸機和坦克的配額。我希望他們負責所有運輸，並由美國飛行員在英國和西非執行，這些人中有許多可以留下來與我們一起進行戰鬥訓練。

6. 因為你的快速行動，我得以在今天（8月12日）啟程回國。總統已派遣美國驅逐艦與我們同行，雖然這些驅逐艦不被視為護航艦，但若有任何麻煩，它們將參與我們的行動。小富蘭克林在其中1艘驅逐艦上服役，並被指派為我在冰島當天的聯繫官。我們將在冰島舉行一次英、美軍隊的聯合檢閱。

7. 比弗布魯克勛爵目前正與哈里曼搭乘飛機飛往美國。

8. 我堅信，我的同事們會發現此次旅行收穫頗豐。我深信，我已與我們偉大的朋友建立了深厚的私人友誼。

在啟程返回祖國前，我收到了國王發來的賀電。在航行途中，我回覆了這封電報以及其他幾封電報。

首相呈國王陛下

1941年8月13日

對於陛下的祝福，我心懷感激。掌璽大臣將會呈交所有關於會談的電報全文。我與總統已建立了最真摯的私人友誼，我堅信陛下會發現會談的成果證明此行的價值。總統交給我一封致陛下的私人信函，我希望能在8月19日（星期二）的午餐時親自呈遞。

我再次致電回覆內閣代表艾德禮先生發來的電報。

首相致掌璽大臣

1941 年 8 月 13 日

感謝你的來電。我很高興得知你將親自進行政府宣告和聯合宣言的播報。請在前言和正文之間做一個清晰的區分，你可以說：「現在我將宣讀聯合宣言的正文。」我認為不需要再做任何評論，因為宣言的發布本身就會引起媒體的廣泛關注。我可能會在回國後的星期日晚間進行廣播，屆時，美國對我們會談和宣言的反應應該已經顯現。

1. 新聞界可以獲得任何必要的機密指導，然而，他們自然會注意到聯合宣言的首要事項：徹底摧毀納粹政權；解除所有侵略國的武裝，而英、美則繼續保留軍備。至於這一點的功過，是留待我們的朋友和敵人自己去研究的。

2. 有一個祕密要告訴你，總統為了掩護我返回國內，將會留在海上直至週末。我告訴他這樣做並無必要，然而他仍堅持。

3. 我們最關心的便是了解大家對此事的看法。

4. 我很高興閱讀到你在國會休會期間發表的那篇關於戰事狀況的精彩演講。

我向澳洲總理孟席斯先生發去了如下電報：

1941 年 8 月 15 日

1. 你無疑已經看到與大西洋會談相關的電報。我相信你會同意我們的行動。總統承諾將以雙方認可的措辭向日本發出警告。一旦我們確認他已經這樣做，我們將堅定地表明，如果日本與美國開戰，它也將同時與英國及其自治領交戰。我正與艾登協調此事，你將透過常規的聯繫管道獲知相關消息。你會注意到，總統的警告包括了日本若對俄國發動進攻的情況，因此史達林可能也會參與進來，荷蘭當然也不會置身事外。如果這個包括中國在內的聯合陣線能夠形成，我堅信，日本將會有所收斂，但關鍵在於使用最堅定的措辭並保持最強的團結。

2. 美國海軍正在掌控從美國到冰島的部分大西洋海域，這樣就減輕了我們的防務負擔，等於釋放出 50 艘驅逐艦和反艇艦。不久後，這些艦艇將能部署到本土海域及南大西洋。

航行至冰島的途中一切平穩，唯有在某處因報告顯示德國潛艇出沒而被迫改變路線。我們的護航僅有兩艘美國驅逐艦，其中 1 艘上面有總統的兒子，海軍少尉小富蘭克林 · D · 羅斯福。8 月 15 日，我們遇見了一支由 73 艘船隻組成的返航聯合運輸船隊，所有船隻在順利橫跨大西洋後，保持著整齊的隊形。這一幕令人振奮。商船上的海員見到「威爾士親王」號也十分欣喜。

8 月 16 日（星期六）清晨，我們抵達冰島，停泊於赫瓦爾斯灣，隨後乘坐驅逐艦前往雷克雅未克。抵港時，我受到眾多人的熱烈歡迎。逗留期間，只要有人認出我們，便給予友好的歡迎，至我們下午離開時，熱情達至頂點，歡呼和掌聲不斷。有人告訴我，這樣的歡呼和掌聲在雷克雅未克的街道上非常罕見。

我對冰島議會大廈進行了短暫的訪問，向攝政者和冰島內閣成員致以敬意，隨後參與了英、美軍隊的聯合檢閱儀式。當時，3 人一排的長隊伍經過，《美國海軍進行曲》的旋律深深印入我的腦海，久久迴盪。我還抽空視察了我們正在建設的新飛機場，並參觀了那些奇特的溫泉及其用於溫室的應用。我立即想到，這些溫泉可以用於為雷克雅未克供暖，並嘗試在戰時推進這個計畫。我欣喜地獲悉，這個計畫現已實現。我與站在我身旁的總統之子一同接受了軍隊的敬禮，這次檢閱再次生動展示了英、美的團結一致。

返回赫瓦爾斯灣後，我對「拉米伊」號進行了檢閱，並向停泊在港內的英、美艦艇上的船員代表發表演講。其中包括驅逐艦「赫克拉」號和「邱吉爾」號。

歷經這段漫長而令人筋疲力盡的旅途後，我們在黃昏時分出發，航向斯卡帕灣。一路順遂無虞。8 月 18 日清晨，我們抵達該灣，而我則在次日返回倫敦。

孤戰困局，邱吉爾記下最艱困的防線：
盟軍尚未集結、敵軍持續壓境，英國在焦土與外交間尋找下一步

作　　者：[英] 溫斯頓 · 邱吉爾（Winston Churchill）
編　　譯：伊莉莎
發 行 人：黃振庭
出 版 者：複刻文化事業有限公司
發 行 者：崧燁文化事業有限公司
E-mail：sonbookservice@gmail.com
粉 絲 頁：https://www.facebook.com/sonbookss/
網　　址：https://sonbook.net/
地　　址：台北市中正區重慶南路一段61 號 8 樓
8F., No.61, Sec. 1, Chongqing S. Rd., Zhongzheng Dist., Taipei City 100, Taiwan

電　　話：(02)2370-3310
傳　　真：(02)2388-1990
印　　刷：京峯數位服務有限公司
律師顧問：廣華律師事務所 張珮琦律師
定　　價：520 元
發行日期：2025 年 06 月第一版
◎本書以 POD 印製

國家圖書館出版品預行編目資料

孤戰困局，邱吉爾記下最艱困的防線：盟軍尚未集結、敵軍持續壓境，英國在焦土與外交間尋找下一步 / [英] 溫斯頓 · 邱吉爾（Winston Churchill）著，伊莉莎 編譯 . -- 第一版 . -- 臺北市：複刻文化事業有限公司 , 2025.06
面；　公分
POD 版
ISBN 978-626-428-142-3(平裝)
1.CST: 第二次世界大戰 2.CST: 英國
712.84　　114006629

電子書購買

爽讀 APP

臉書